Betriebsratsgründungen

Forschung aus der Hans-Böckler-Stiftung 181

Herausgegeben von der Hans-Böckler-Stiftung, Düsseldorf

Ingrid Artus
Clemens Kraetsch
Silke Röbenack

Betriebsratsgründungen

Typische Prozesse, Strategien
und Probleme – eine Bestandsaufnahme

Die Deutsche Nationalbibliothek verzeichnet diese
Publikation in der Deutschen Nationalbibliografie;
detaillierte bibliografische Daten sind im Internet
über http://dnb.d-nb.de abrufbar.

ISBN 978-3-8487-2517-5 (Print)
ISBN 978-3-8452-7133-0 (ePDF)

edition sigma in der Nomos Verlagsgesellschaft

1. Auflage 2015
© Nomos Verlagsgesellschaft, Baden-Baden 2015. Printed in Germany. Alle Rechte, auch die des Nachdrucks von Auszügen, der fotomechanischen Wiedergabe und der Übersetzung, vorbehalten. Gedruckt auf alterungsbeständigem Papier.

Umschlaggestaltung: Gaby Sylvester, Düsseldorf – www.sylvester-design.de
Umschlaggrafik: © Werner Bachmeier, Ebersberg – www.wernerbachmeier.de

Druck: Rosch-Buch, Scheßlitz

Inhaltsübersicht

	Inhaltsverzeichnis	7
1	Einleitung und Fragestellung	11
2	Stand der Forschung und theoretisches Konzept	15
2.1	Zum Stand der Forschung	15
2.2	Theoretisches Konzept: Interessen, kollektive Repräsentation und Mobilisierung	26
2.3	Phasen der Betriebsratsgründung	37
2.4	Dimensionen einer Typologie von Betriebsratsgründungen	42
3	Überblick über die empirische Datenbasis	47
3.1	Zum methodischen Vorgehen	47
3.2	Merkmale der Untersuchungsbetriebe	53
4	Gründungen von Betriebsräten	61
4.1	Überblick über eine Typologie von Betriebsratsgründungen	61
4.2	Betriebsrat als Schutz der gemeinschaftlichen Sozialordnung	66
4.3	Betriebsrat als Erweiterung der individuellen Interessenvertretung	104
4.4	Betriebsrat als Mittel der kollektiven Emanzipation	143
4.5	Betriebsrat als Vertretung von Partialinteressen	170
4.6	Blockierte Partizipation	194
5	Die Rolle externer Akteure bei Betriebsratsgründungen	219
5.1	Die Rolle von Gewerkschaften	219
5.2	Die Rolle von Gesamt- und Konzernbetriebsräten	238
6	Fazit	255
	Literatur	269
	Verzeichnis der Abbildungen und Tabellen	276
	Anhang	277

Inhaltsverzeichnis

	Inhaltsübersicht	5
1	**Einleitung und Fragestellung**	11
2	**Stand der Forschung und theoretisches Konzept**	15
2.1	Zum Stand der Forschung	15
2.1.1	Interessenvertretung in Klein- und Mittelbetrieben	17
2.1.2	Interessenvertretung im Bereich (hoch-)qualifizierter Dienstleistungsarbeit	20
2.1.3	Interessenvertretung im prekären Dienstleistungsbereich	22
2.2	Theoretisches Konzept: Interessen, kollektive Repräsentation und Mobilisierung	26
2.2.1	Die interessenpolitische Kultur der Austauschbeziehungen	27
2.2.2	Soziale Gruppenbildung und kollektive Repräsentation	31
2.2.3	Mobilisierung	34
2.3	Phasen der Betriebsratsgründung	37
2.4	Dimensionen einer Typologie von Betriebsratsgründungen	42
3	**Überblick über die empirische Datenbasis**	47
3.1	Zum methodischen Vorgehen	47
3.2	Merkmale der Untersuchungsbetriebe	53
4	**Gründungen von Betriebsräten**	61
4.1	Überblick über eine Typologie von Betriebsratsgründungen	61
4.2	Betriebsrat als Schutz der gemeinschaftlichen Sozialordnung	66
4.2.1	Strukturelle Merkmale der Betriebe	70
4.2.2	Innerbetriebliche Austauschbeziehungen und kollektive Interessendefinition: „eine Kultur des Gebens und Nehmens"	74
4.2.3	Anlässe: die gemeinschaftliche Sozialordnung in der Krise	79
4.2.4	Konstituierung einer repräsentativen sozialen Gruppe: vom informellen Belegschaftssprecher zur kollektiven Interessenrepräsentation	84
4.2.5	Verlaufsformen: „kurz und relativ unproblematisch"	88

4.2.6	Vertretungswirksamkeit: Verhandlungspartner und keine Befehlsempfänger	95
4.2.7	Exkurs ‚Grenzfälle' der Vertretungswirksamkeit	102
4.3	Betriebsrat als Erweiterung der individuellen Interessenvertretung	104
4.3.1	Strukturelle Merkmale der Betriebe	109
4.3.2	Innerbetriebliche Austauschbeziehungen und kollektive Interessendefinition: Erosion der Leistungsgemeinschaft	112
4.3.3	Anlässe: „Irgendwann wird das Fass halt voll und dann läuft es über"	118
4.3.4	Konstituierung der repräsentativen Gruppe: „die Zeit war reif, genau"	125
4.3.5	Verlaufsformen: „das gärt dann immer weiter"	129
4.3.6	Vertretungswirksamkeit: Entstehung professioneller Gremien mit eingeschränktem Gewerkschaftsbezug	135
4.4	Betriebsrat als Mittel der kollektiven Emanzipation	143
4.4.1	Strukturelle Merkmale der Betriebe	146
4.4.2	Innerbetriebliche Austauschbeziehungen und kollektive Interessendefinition: „aber das lag immer nur im Ermessen der Obrigkeit"	149
4.4.3	Anlässe: „einfach Gerechtigkeit"	154
4.4.4	Konstituierung der repräsentativen sozialen Gruppe: „hier muss was passieren" und „da ist eine Einheit da"	157
4.4.5	Verlaufsformen: Konspirative Vorbereitung und Überrumpelung der Geschäftsleitung oder „wir haben gewusst, wofür wir kämpfen"	160
4.4.6	Vertretungswirksamkeit: „mit der Gründung des Betriebsrates wird ihnen jetzt mal klargemacht, was ist ein Betriebsverfassungsgesetz"	165
4.5	Betriebsrat als Vertretung von Partialinteressen	170
4.5.1	Strukturelle Merkmale der Betriebe	173
4.5.2	Innerbetriebliche Austauschbeziehungen und kollektive Interessendefinition „besser kann man's nicht haben" – aber „es sind Dinge im Gange, die sind komisch"	174
4.5.3	Anlässe: „und plötzlich wird eine ‚Familie' zerstört durch irgendwelche, die kommen"	176
4.5.4	Konstituierung der repräsentativen sozialen Gruppe: das mittlere Management verteidigt seine Partialinteressen	182

4.5.5	Verlaufsformen: strategische Planung und massive Repression	184
4.5.6	Vertretungswirksamkeit: brüchige Repräsentationsbeziehungen und prekäre Zukunftsaussichten	188
4.5.7	*Exkurs:* Der Betriebsrat als Mittel der Durchsetzung überbetrieblicher Interessen	193
4.6	Blockierte Partizipation	194
4.6.1	Strukturelle Merkmale der Betriebe	198
4.6.2	Innerbetriebliche Austauschbeziehungen und kollektive Interessendefinition: asymmetrische Machtverhältnisse und ein Dasein als Befehlsempfänger	199
4.6.3	Anlässe: „wir müssen ja um unsere Rechte kämpfen"	203
4.6.4	Konstituierung der repräsentativen sozialen Gruppe: Heterogenität, Spaltung und räumliche Zersplitterung als systematische Problemlagen	205
4.6.5	Verlaufsformen: Verhinderungsversuche durch die Geschäftsleitung, aber „da hatten wir auch mit Kollegen ganz viel Stress"	207
4.6.6	Vertretungswirksamkeit: eine Negativspirale aus Repression, Spaltung und mangelnder Professionalisierung	213
5	**Die Rolle externer Akteure bei Betriebsratsgründungen**	**219**
5.1	Die Rolle von Gewerkschaften	219
5.1.1	Aufgaben und Funktionen der Gewerkschaften bei Betriebsratsgründungen	219
5.1.2	Kritische Einschätzung gewerkschaftlicher Unterstützung aus der Sicht der Befragten	230
5.2	Die Rolle von Gesamt- und Konzernbetriebsräten	238
5.2.1	Rechtliche Möglichkeiten von Gesamt- und Konzernbetriebsräten zur Initiierung eines Betriebsrats und Forschungsergebnisse zur Umsetzung	239
5.2.2	Gesamt- bzw. Konzernbetriebsräte und ihre unterschiedlichen Beteiligungsformen	240
5.2.2.1	Zur Rolle von Gesamt- bzw. Konzernbetriebsräten bei Betriebsratsgründungen	242
5.2.2.2	Zur Bedeutung von Gesamt- bzw. Konzernbetriebsräten für die Stabilisierung und Professionalisierung neugegründeter Betriebsratsgremien	250

5.2.3	Zusammenfassung zur Rolle von Gesamt- und Konzernbetriebsräten	252
6	**Fazit**	**255**
	Literatur	269
	Verzeichnis der Abbildungen und Tabellen	276
	Anhang	277

1 Einleitung und Fragestellung

Das Forschungsprojekt, dessen abschließende Befunde wir hiermit veröffentlichen, war inhaltlich längst überfällig. Es ist erstaunlich, dass erst nach über 60 Jahren bundesdeutscher Betriebsräteforschung ein Forschungsprojekt systematisch der Frage nachgeht, weshalb und unter welchen Bedingungen Belegschaften von ihrer betriebsverfassungsrechtlich gesicherten Option Gebrauch machen, einen Betriebsrat zu wählen. Bis weit in die 1990er Jahre hinein war der Blick der Forschung nahezu ausschließlich auf die Verhältnisse in Betrieben *mit* Betriebsräten gerichtet – so als ob dessen Existenz quasi selbstverständlich sei. Das Interesse richtete sich darauf, inwieweit die gewählten Betriebsräte als Partner oder auch Gegenspieler des Managements anerkannt waren, über welche Durchsetzungsmöglichkeiten und Machtpotenziale sie verfügen, welche Strategien sie verfolgen und welche Thematiken sie auf welche Art und Weise behandeln (vgl. etwa die grundlegenden Studien von Kotthoff 1981, 1994; Bosch et al. 1999; Artus et al. 2001 sowie die große Zahl spezieller Studien zu den Themen Umsetzung von Tarifverträgen, Ressourcen- und Qualifikationsprobleme, Probleme mit Stellenabbau und Umstrukturierungen etc.). Die Verhältnisse in Betrieben *ohne* Betriebsräte standen ebenso wenig zur Debatte wie die Frage, wie es überhaupt dazu kommt (oder auch nicht), dass Betriebsräte gegründet werden. Allenfalls ‚am Rande' mancher Forschungsprojekte und auch erst in jüngster Zeit wurden Prozesse der *institutionellen Dynamik* betrieblicher Mitbestimmung ‚mit-thematisiert', so etwa im Zuge der Forschung über Betriebe ohne Betriebsräte (vgl. Artus et al. 2006; Artus 2008a; Böhm/Lücking 2006; Lücking 2009), über alternative Formen der Interessenregulierung (vgl. Hauser-Ditz et al. 2006, 2008, 2009; Hertwig 2011, 2013), über Mitbestimmung in Klein- und Mittelbetrieben (vgl. u.a. Artus et al. 2006; Artus 2008a, 2010; Schlömer et al. 2007, Schlömer-Laufen et al. 2012) sowie über die Effekte der Reform des Betriebsverfassungsgesetzes im Jahr 2001 (Wassermann/Rudolph 2005; Rudolph/Wassermann 2006). Die jahrzehntelange Ignoranz der Forschung gegenüber Fragen der *Initiierung* eines Betriebsrats ist umso erstaunlicher, als der Deckungsgrad von Betriebsräten in Deutschland zwar (relativ) konstant ist, jedoch nur einen Anteil von ca. 10% aller betriebsratsfähigen Betriebe umfasst (genaueres vgl. Kap. 2.1). Hinter dieser scheinbaren Konstanz verbirgt sich zudem eine erhebliche Dynamik des ‚Wegsterbens' oder der Auflösung von Betriebsräten (und Betrieben) einerseits und der Neuwahl von Gremien andererseits (vgl. Ellguth 2004). Hinzu kommt, dass die Institution des Betriebsrats durch Veränderungen im System industrieller Beziehungen (vor allem Dezentralisierung des Tarifsystems) eher aufgewertet wurde; auch die Prekarisierung der Erwerbsarbeit, insbesondere die Ausbreitung des Niedriglohnsektors in den schnell wachsenden, niedrig entlohnten Dienstleistungsbereichen, hat zur Folge, dass das Vorhandensein von Mitbestimmungsmöglichkeiten im wahrsten Sinne des Wortes für immer mehr Beschäftigte existentiell ist. Vielfach garantieren nur Betriebsräte aufgrund ihrer gesetzlich verankerten Eingriffsrechte die Einhaltung minimaler Standards hinsichtlich der Arbeitsbedingungen und Arbeitsbeziehungen; aber in genau diesen Segmenten ist der Deckungsgrad mit Betriebsräten besonders gering (vgl. Ellguth/Kohaut 2015: 294). Um Arbeitnehmerinteressen zukünftig weiter angemessen vertreten und durchsetzen zu können, ist es also nicht nur wichtig, bereits bestehende Betriebsratsgremien zu erhalten und zu professionalisieren, sondern auch neue Betriebsräte zu gründen.

Ziel der vorliegenden Studie war es daher, erstmals systematische Einsichten darüber zu gewinnen, wie und warum, in welchen Betrieben, unter welchen Bedingungen und mit welchen Erfolgschancen Betriebsräte gegründet werden. Die empirische Studie konzentrierte sich auf folgende Themen und Fragestellungen:

- Welche typischen Muster von Betriebsratsgründungsprozessen gibt es?
- Welche Entwicklungen (z.B. ökonomische Krise des Betriebs, Eigentümerwechsel etc.), Argumente (z.B. gewerkschaftliche Kampagnen, öffentlicher Diskurs über die Legitimität von Mitbestimmung) und Impulse (z.B. konkrete Konfliktfälle) sind für betriebliche Akteure handlungsrelevant bei der Gründung eines Betriebsrats? Wann kommt es zu ‚Voice'- statt ‚Exit'-Strategien? Welche Interessen, Haltungen und Orientierungen spielen dabei eine Rolle? Welche Strategien der Kommunikation und Politisierung lassen sich finden?
- Wie entstehen kollektive Sichtweisen und schließlich kollektives Handeln? Von welchen Beschäftigten(-gruppen) geht die Initiative zur Gründung aus? Wer trägt den Prozess der Gründung mit (und wer nicht)? Wie entwickelt sich die Beteiligung unterschiedlicher Beschäftigtengruppen im gewählten Gremium und bei der Existenzsicherung des Gremiums?
- In welchem Zusammenhang stehen die (unterschiedlichen) ‚Gründungswege' mit strukturellen Einflussfaktoren wie Branchen, Tätigkeitsfeldern, regionaler und branchenspezifischer Mitbestimmungskultur, Betriebsgröße, ökonomischer Situation des Betriebs etc.?
- Welche Haltungen und Argumentationen entwickeln Management und Unternehmensleitung im Zuge einer Betriebsratsgründung? Welche Maßnahmen zur Verhinderung verfasster Mitbestimmung werden eventuell ergriffen?
- Wie gelingt es neu gegründeten Gremien, die eigene Rolle in der betrieblichen Sozialordnung auszugestalten, handlungsmächtig zu werden und sichtbare Erfolge für die Beschäftigten zu erreichen?

Einleitung und Fragestellung 13

- Welchen Einfluss haben Gesamtbetriebsräte bzw. Konzernbetriebsräte auf Betriebsratsgründungen? Wie und mit welchen Ergebnissen nutzen sie ihre seit der Novellierung des Betriebsverfassungsgesetzes von 2001 gestärkten Einflussmöglichkeiten?
- Welche Rolle spielen Gewerkschaften bei der Gründung von Betriebsräten? Wie werden die gewerkschaftlichen Strategien, Konzepte und Unterstützungsleistungen von den unterschiedlichen Akteuren bewertet?

Die hiermit vorgelegte Untersuchung liefert systematische Informationen über Hintergründe und Verläufe von Betriebsratsgründungen und intendiert damit, eine bestehende Lücke in der bisherigen Betriebsräteforschung zu schließen oder zumindest deutlich zu verkleinern.

Das vorliegende Buch gliedert sich wie folgt: Im Kapitel 2 werden die Grundlagen der Untersuchung umrissen. Zunächst wird ein knapper Überblick über den Stand der Forschung zum Thema Betriebsratsgründungen gegeben. Hierbei geht es einmal darum, spezifische (neue) Herausforderungen betrieblicher Mitbestimmung zu skizzieren sowie systematische ‚weiße Flecken' in der Betriebsräteforschung aufzuzeigen. Daran anschließend wird das theoretische Konzept der Untersuchung vorgestellt: Erfolgreiche Betriebsratsgründungen sind demnach höchst voraussetzungsvolle Akte kollektiven Handelns; sie setzen die Definition von (unterschiedlichen) Interessen ebenso voraus wie die Fähigkeit einer kleinen Gruppe von betrieblichen Protagonist/inn/en zur Repräsentation eines kollektiven Belegschaftswillens und schließlich auch die Mobilisierung zum (kollektiven) Handeln. Diese Bedingungen für ‚gelingende' Betriebsratsgründungen werden anhand von drei theoretischen Ansätzen diskutiert: dem Konzept der politischen Kultur innerbetrieblicher Austauschbeziehungen (Bosch et al. 1999; Schmidt/Trinczek 1999), dem Konzept der *représentation au quotidien* von (Dufour/Hege 2002) und einer spezifischen Variante der Mobilisierungstheorie (Tilly 1978; Kelly 1998). Im Kapitel 3 wird das (ursprüngliche und revidierte) Untersuchungsdesign dargestellt und wichtige Merkmale der Untersuchungsbetriebe beschrieben. Das Kapitel 4 umfasst mit der Rekonstruktion und dichten Beschreibung typischer Muster von Betriebsratsgründungen die zentralen Ergebnisse der Untersuchung: Nach einem Überblick über die Gesamtkonstruktion der Typologie und zentraler typkonstituierender Merkmale werden insgesamt fünf typische Konstellationen anhand des umfangreichen qualitativen empirischen Materials detailliert beschrieben. Im Kapitel 5 wird die Rolle externer Akteure bei Gründungsprozessen von Betriebsräten untersucht. Es wird erläutert, dass die grundlegend wichtige Rolle der Gewerkschaften bei Betriebsratsgründungen je nach betrieblichem Kontext durchaus unterschiedlich akzentuiert ist. Auch die Gesamt- und Konzernbetriebsräte können, u.a. aufgrund ihrer – mit der Novellierung des BetrVG von 2001 deutlich gestärkten –, Eingriffsrechte' bei Betriebsratsgründungen wichtige Akteure sein. Im abschließenden Fazit (Kapitel 6) werden die zentralen Ergebnisse der empirischen Untersuchung zusammengefasst.

2 Stand der Forschung und theoretisches Konzept

2.1 Zum Stand der Forschung

Wie in der Einleitung bereits angemerkt, hatte die Betriebsräteforschung primär die *be*stehenden, jedoch kaum die *ent*stehenden Betriebsräte im Fokus. Das dürfte sicher auch mit einer gewissen „Verengung der Aufmerksamkeit auf die [...] Branchen der klassischen Industrieproduktion" (Deutschmann 2002: 26), die traditionell mitbestimmungsstark waren, sowie dem Großbetriebsbias der einschlägigen Forschung zusammenhängen. In Großbetrieben des Verarbeitenden Gewerbes ist die Existenz von Betriebsräten quantitativ wie betriebskulturell ‚normal'. Betrachtet man dagegen den Deckungsrad mit Betriebsräten insgesamt, dann fällt dieser mit etwa 10% (bezogen auf Betriebe) nicht nur erstaunlich gering aus, er hat sich überdies seit fast 20 Jahren nur relativ wenig verändert (vgl. Tab. 1).[1]

Diese ‚scheinbare' quantitative Stabilität verdeckt jedoch eine hohe institutionelle Dynamik; laut IAB-Betriebspanel gründen sich in einem erheblichen, wenngleich schwer zu schätzenden, Umfang Betriebsräte und lösen sich wieder auf. Die ‚Orte' jener institutionellen Dynamik sind dabei nicht zufällig, sondern hängen mit den Entwicklungen der letzten Jahrzehnte zusammen, was nachfolgend kurz referiert werden soll.

Ausgangspunkt für die Präzisierung der Untersuchungsfragen und des Untersuchungsdesigns war die arbeits- und industriesoziologische Forschung der letzten Jahre, die sich intensiv mit der Frage auseinandersetzte, wie sich Mitbestimmung, Interessenvertretung und Partizipation unter den sich verändernden Rahmenbedingungen infolge von Globalisierung und finanzmarktdominiertem Kapitalismus entwickeln (werden). So führt(e) der wirtschaftliche Strukturwandel dazu, dass das klassisch mitbestimmungsstarke produzierende Gewerbe quantitativ deutlich kleiner geworden ist. Im Gegenzug ist die große Mehrheit der Beschäftigten inzwischen im Dienstleistungsbereich und dazu verstärkt in Klein- und Mittelbetrieben tätig. Der Dienstleistungsbereich – mit Ausnahme des öffentlichen Dienstes, der Bereiche Verkehr, Nachrichten sowie (noch) Banken und Versicherungen – war und ist jedoch traditionell eher ‚mitbestimmungsfern' und

---

1 Wie die Tabelle auch zeigt, ist der Deckungsgrad hinsichtlich der Beschäftigten deutlich höher, weist allerdings eine seit gut zehn Jahren kontinuierlich abnehmende Tendenz auf. Dieser Rückgang betrifft vor allem Klein- und Mittelbetriebe mit 51 bis 500 Beschäftigten, in Großbetrieben (über 500 Beschäftigte) und Kleinbetrieben (bis 50 Beschäftigte) gibt es dagegen seit Jahren kaum Veränderungen (Ellguth/Kohaut 2014: 293).

zugleich hinsichtlich typischer Arbeits- und Entlohnungsbedingungen ausgesprochen heterogen. Eigene Forschungen über ‚Betriebe ohne Betriebsräte' (Artus et al. 2006; Artus 2008a; Böhm/Lücking 2006; Lücking 2009) haben allerdings auch gezeigt, dass zwar auf der einen Seite in den genannten Wirtschaftssegmenten eine ‚Betriebsratslücke' besteht, dass es sich jedoch auf der anderen Seite dabei um genau jene primären Orte institutioneller Dynamik betrieblicher Mitbestimmung handelt, in denen verstärkt Betriebsratsgründungen stattfinden.

Tab. 1: Anteil der Betriebe bzw. Beschäftigten mit Betriebsrat im Zeitverlauf zwischen 1996 und 2014

	Anteil der Betriebe mit Betriebsrat (in Prozent)		Anteil der Beschäftigten in Betrieben mit Betriebsrat (in Prozent)	
	Westdeutschland	Ostdeutschland	Westdeutschland	Ostdeutschland
1996	12	11	51	43
1998	10	9	50	40
2000	12	12	50	41
2001	12	12	50	41
2002	11	11	50	42
2003[a]	11	11	48	40
2004	10	9	47	40
2005	11	10	47	40
2006	10	10	46	39
2007	10	10	46	39
2008	10	9	45	37
2009	10	10	45	38
2010	10	10	45	37
2011	10	9	44	36
2012	9	9	43	36
2013	9	10	43	35
2014	9	9	43	33

a – Im Vergleich zum Vorjahr veränderte Fragestellung
Quelle: Ellguth/Kohaut 2014: 292, 2015: 294

So rar die Forschung zu Betriebsrats*gründungen* ist, zum Thema betriebliche Mitbestimmung in Klein- und Mittelbetrieben, im (hoch-)qualifizierten und im prekären Dienstleistungsbereich gibt es mittlerweile wichtige empirische Ergebnisse, an die die vorliegende Untersuchung mit Gewinn anknüpfen konnte.

Stand der Forschung und theoretisches Konzept 17

2.1.1 Interessenvertretung in Klein- und Mittelbetrieben

Durch die Forschung ist gut belegt, dass das Interessenhandeln in Klein- und Mittelbetrieben[2] wesentlich geprägt ist von einer Distanz sowohl zu kollektiver betrieblicher Interessenvertretung als auch zu gewerkschaftlicher Organisation. Der Deckungsgrad mit Betriebsräten sowie die Tarifbindung der sogenannten KMU (kleinen und mittleren Unternehmen) sind eher gering (vgl. Ellguth/Kohaut 2014: 290ff.). Trotz der Dynamik bei der (insbesondere quantitativen) Entwicklung der kleinen Betriebe wird dieser Unternehmensform nach wie vor relativ wenig (wenn auch zunehmend) Interesse von Seiten der Industrial-Relations-Forschung entgegengebracht.

In der Pionierstudie von Kotthoff/Reindl (1990) findet sich die erste umfassende Untersuchung zu der Sozialordnung und den Arbeitsbeziehungen in Klein- und Mittelbetrieben. Die Autoren arbeiteten eine spezifische Form der Sozialordnung in Klein- und Mittelbetrieben heraus, die sie durch Gemeinschaft, Produktivismus und Kooperation charakterisiert sehen. Das Interessenhandeln der Beschäftigten sei primär individuell sowie informell, eine formalisierte kollektive Interessenvertretung bei der Gestaltung der innerbetrieblichen Austauschbeziehungen daher eher selten. Als prägend für die Verhältnisse in den Betrieben werden politische, soziale, gewerkschaftliche und kulturelle Traditionen der Region angesehen. Betriebsratsgründungen sind vorrangig das Ergebnis der einseitigen Aufkündigung von sozialer Gemeinschaft durch die Unternehmensleitung (vgl. ebd.: 344f.). Außerdem lassen sich ‚Korrelationen' zwischen Betriebsgröße, Alter des Betriebs, regionalen Traditionen und dem Vorhandensein eines Betriebsrats feststellen. Die Autoren resümieren:

„Die Bedingungen für die Etablierung von Betriebsräten sind [...] am günstigsten, wenn das Unternehmen eine bestimmte Größenordnung überschritten hat, die etwa bei 100 Beschäftigten liegt, wenn die Firma in die Jahre gekommen ist, wenn die Unternehmerrolle sich als eigenes Aufgabenfeld ausdifferenziert hat, [...] wenn der Betrieb in einer Stadt oder einer Region mit gewerkschaftlicher

---

2 Die scheinbar klare Abgrenzung des Klein- und Mittelbetriebs über den Faktor der Beschäftigtenzahl besitzt bei näherem Hinsehen eine erhebliche Unschärfe (vgl. Dufour et al. 2006). So definiert etwa Eurostat die Schwelle von 250 Beschäftigten für die Abgrenzung von Großbetrieben, in Deutschland gelten dagegen Betriebe mit einer Beschäftigtenzahl bis zu 500 Beschäftigten als Mittelbetriebe. Jenseits diskutabler Betriebsgrößenabgrenzung gibt es jedoch insgesamt eine Tendenz zur Verkleinbetrieblichung. So stieg zwischen 1980 und 2000 der Anteil der Kleinbetriebe an allen Betrieben mit 20 bis 99 Beschäftigten von 34 auf 63%. Kleinbetriebe mit bis zu 50 Beschäftigten stellen in Deutschland 95% aller Betriebe mit 42% aller Beschäftigten. Der enorme Zuwachs im Bereich der Kleinbetriebe ist zu einem guten Teil durch Outsourcing-Aktivitäten von großen Unternehmen bedingt (‚erzwungener Mittelstand') und nicht durch ein Wachstum klassischer Mittelstandsunternehmen (vgl. Wassermann/Rhode 2004).

Tradition angesiedelt ist – dies ist mit der wichtigste Faktor! – und wenn gesellschaftsweit über die ‚Demokratisierung des Betriebs' nachgedacht und diskutiert wird." (Kotthoff/Reindl 1990: 348)

Diese Zusammenhänge sind inzwischen teilweise durch Ergebnisse des IAB-Betriebspanels (Ellguth 2006; Ellguth/Kohaut 2010), durch Trendreports zu den Betriebsrätewahlen 2002 und 2006 (Rudolph/Wassermann 2002; Wassermann/ Rudolph 2006) oder auch durch die WSI-Betriebsrätebefragungen (Schäfer 2005, 2008) bestätigt worden.

Eine kontinuierliche branchen- und teilweise auch länderübergreifende Forschung zum Thema Interessenvertretung in Klein- und Mittelbetrieben wurde vom Büro für Sozialforschung Kassel (BfS) durchgeführt (vgl. u.a. Rudolph/Wassermann 2002, 2006; Wassermann/Rhode 2004; Wassermann/Rudolph 2005; Dufour et al. 2006). Aufgrund der ‚Verkleinbetrieblichung' betrachten die Autoren die Erhöhung der Mitgliederbasis in Klein- und Mittelbetrieben als ein existenzielles Erfordernis für die Gewerkschaften und letztlich für die langfristige Stabilität des deutschen Modells der Mitbestimmung. Betriebsratswahlen gelten dabei als Ausgangspunkt und wesentlicher Impuls für gewerkschaftliche Organisation in den Betrieben und für die Mobilisierung von Beschäftigten (vgl. Wassermann/Rhode 2004: 91). Untersucht wurden auch die Auswirkungen der Novellierung des Betriebsverfassungsgesetzes von 2001 auf Betriebsratsgründungen in Klein- und Mittelbetrieben (Wassermann/Rudolph 2005; Rudolph/Wassermann 2006).[3] Die Forscher konstatierten, dass es keineswegs zu einem „deutlichen" Anstieg an Betriebsgründungen kam, wie sicherlich erhofft worden war (vgl. ähnlich Behrens 2003).[4] Interessant ist in diesem Zusammenhang auch die Untersuchung von 124 Fällen von Betriebsratsneugründungen (Wassermann/Rudolph 2005).[5] Die empirische Basis bildeten hier allerdings nicht Interviews mit betrieblichen Akteuren, sondern Angaben von Gewerkschaftssekretär/inn/en. Demnach wurde in über zwei Dritteln der dokumentierten Betriebsratsneugründungen das vereinfachte Wahlverfahren angewandt, wobei dieses für Betriebe mit bis zu 50 Beschäftigten nach der Reform obligatorisch ist. Die Initiative zur Betriebsratsneugründung ging nach Angaben der Gewerkschaftssekretäre/Gewerkschaftssekretärinnen in zwei Dritteln der Fälle von den Beschäftigten aus; nur

---

3 Die Vereinfachung des Wahlverfahrens sollte Betriebsratsgründungen für Beschäftigte in Kleinbetrieben erleichtern und die Akzeptanz auf der Arbeitgeberseite durch einen geringeren Kosten- und Zeitaufwand erhöhen.

4 Allerdings gaben die Autoren selbst zu bedenken, dass aufgrund der unklaren Datenlage durch das Fehlen einer offiziellen Betriebsrätestatistik und Mängel der gewerkschaftlichen Erfassung von Betriebsratsgremien keine eindeutige Aussage möglich sei (vgl. Wassermann/Rudolph 2005: 22f.).

5 Die Betriebe waren zu 54% Industrie- und zu 26% Handwerksbetriebe, 20% waren dem Dienstleistungsbereich zuzurechnen; knapp 60% der Betriebe hatten bis zu 50 Beschäftigte.

Stand der Forschung und theoretisches Konzept 19

vereinzelt initiierten Gesamtbetriebsräte eine Betriebsratswahl vor Ort. Das neue verkürzte Wahlverfahren werteten die Autoren dabei nicht als eigenständigen Auslöser für Betriebsratsgründungen, sondern eher als unterstützendes Hilfsmittel. Primärer Faktor für die Initiierung eines Betriebsrates seien „betriebliche Konfliktlagen" (Wassermann/Rudolph 2005: 58). Hierbei handelte es sich z.B. um tiefgreifende Veränderungen in der betrieblichen Arbeits- und Führungsstruktur, Konflikte um Einkommen und Arbeitszeit sowie Verunsicherungen hinsichtlich der wirtschaftlichen Lage oder Eigentumsverhältnisse, wie etwa Gerüchte um Insolvenz, Entlassungen und Eigentümerwechsel. In aller Regel brauche es außerdem die Unterstützung und Hilfe von ‚außen' – etwa durch die örtlichen Gewerkschaften. Insgesamt kommen Wassermann/Rudolph (2005: 214) jedoch zu dem Schluss, dass trotz der Reform des Betriebsverfassungsgesetzes die institutionalisierte Mitbestimmung im kleinbetrieblichen Bereich marginal bliebe; typische Widerstände gegen Betriebsratswahlen in Klein- und Mittelbetrieben konnten auch durch gesetzliche Änderungen nicht nachhaltig überwunden werden.

Mit einer Kombination aus quantitativen und qualitativen Methoden wurde in Zusammenarbeit des Instituts für Mittelstandforschung und des Büros für Sozialforschung Kassel eine Untersuchung zu „Mittelstand und Mitbestimmung" durchgeführt (Schlömer et al. 2007). Hier bestand in 29% der untersuchten Betriebe ein Betriebsrat. Betriebsratsneugründungen waren dabei nicht explizit Thema der Untersuchung. Die Studie befasste sich vielmehr damit, welche Faktoren Einfluss auf die Existenz bzw. Nicht-Existenz eines Betriebsrats haben und wie die innerbetriebliche ‚Mitbestimmungskultur' beschaffen ist. Im Zuge dessen wurden jedoch viele der bereits oben referierten Annahmen bestätigt, wie u.a. der Umstand, dass in inhabergeführten Betrieben deutlich seltener Betriebsräte existierten als in managementgeführten. Im Anschluss daran analysierte das Institut für Mittelstandsforschung in einer empirischen Untersuchung „Belegschaften als Initiatoren von Betriebsratsgründungen" (Schlömer/Kay 2010). Die Autorinnen erfassten in einer quantitativen Erhebung Unterschiede zwischen Betrieben, in denen ein Betriebsrat gegründet wurde und solchen, in denen eine Betriebsratswahl ausblieb. Zudem wurden Fallstudien in 22 mittelständischen Unternehmen durchgeführt. Die Ergebnisse (vgl. Schlömer-Laufen/Kay 2012) bestätigen im Großen und Ganzen, dass betriebliche Konflikte und Krisen wichtige Ursachen für Betriebsratsgründungen sind, und dass vereinzelt sogar die Geschäftsführungen die Betriebsratsgründungen initiierten.[6]

Einige interessante Studien zum Thema Interessenvertretung in Klein- und Mittelbetrieben sind zudem in den letzten Jahren mit international vergleichen-

---

6 Die Studie von Schlömer-Laufen/Kay (2012) war für die vorliegende Studie inspirierend, da sie ebenfalls bereits eine Typologie für Betriebsratsgründungen skizziert. Diese basiert allerdings auf nur zehn Fällen, von denen wiederum sieben aus der historischen Ausnahmesituation zwischen 1990 und 1992 in den neuen Bundesländern stammten.

der Perspektive entstanden (vgl. Dufour et al. 2006; Bluhm/Schmidt 2008; Artus 2008a, 2010). Diese zeigen deutlich, dass Klein- und Mittelbetriebe zwar international als ‚schwieriges' Terrain gewerkschaftlicher Interessenvertretung gelten können; differente nationale Systeme industrieller Beziehungen sowie länderspezifische Vertretungskulturen haben jedoch deutliche Auswirkungen auf die Präsenz von Gewerkschaften und Vertretungsinstitutionen in Klein- und Mittelbetrieben. Ob es in kleineren Betrieben zur Wahl ‚offizieller' Belegschaftsvertretungen kommt, hängt nicht nur von betrieblichen Faktoren ab, sondern auch von den Anreizen, die der Gesetzgeber setzt, um die in Kleinbetrieben häufig stark informell geprägten Austauschbeziehungen ein Stück weit zu formalisieren. ‚Der kleine Betrieb' ist also durchaus nicht notwendig ein gewerkschafts- und institutionenfreies Terrain.

2.1.2 Interessenvertretung im Bereich (hoch-)qualifizierter Dienstleistungsarbeit

Einschlägige Forschungen zum Interessenhandeln in den Bereichen hochqualifizierter Dienstleistungsarbeit (insbesondere der sogenannten Wissensarbeit) betonen, dass hier stark individualisierte Formen der Interessenvertretung oder auch Selbstvertretung vorherrschen. Ein Betriebsrat werde nur ‚im äußersten Notfall' mit eingeschaltet bzw. gegründet. Betrachtet man den öffentlichen und teilweise auch den wissenschaftlichen Diskurs über die sogenannte ‚New Economy', erscheint der Bereich der hochqualifizierten Wissensarbeit zudem als Trendsetter moderner Unternehmens- und Managementphilosophien. Es wird zuweilen vermutet, hier etabliere sich ein radikal neues, bisherigen Konzepten von Lohnarbeit und kollektiver Interessenvertretung entgegengesetztes Modell, das die (traditionelle) verfasste Mitbestimmung überflüssig mache. Angesichts dieser normativ aufgeladenen öffentlichen Debatten befassten sich Forschungen in diesem Bereich mit der Frage, ob sich tatsächlich nachhaltige ‚innovative Formen' der Partizipation und Mitbestimmung jenseits der verfassten Mitbestimmung herausgebildet haben und – falls überhaupt – unter welchen Bedingungen auf ‚klassische Formen' der Interessenvertretung – d.h. Betriebsrat – zurückgegriffen wird (vgl. Boes/Baukrowitz 2002; Ittermann 2003, 2007; Ittermann/Niewerth 2004; Boes 2006; Boes/Trinks 2006; Eichmann 2006).

Für Boes (2005, 2006) stellt das bisherige Muster der Arbeitsbeziehungen in der IT-Industrie ein Übergangsphänomen dar, das sich nach dem „Ende des Hype" (Martens 2005) grundsätzlich wandelt. Mit dem Ende des Booms habe sich der vermeintliche Sieg humaner Arbeitsbedingungen ins Gegenteil verkehrt: Job-Nomadentum, das Ende der Stammplatzgarantien und eine verstärkte Industrialisierung der IT-Dienstleistungen seien zu beobachten (Boes 2005: 12). Die individualistischen Arbeitsbeziehungen ermöglichten es, dass Produktionsstrukturen und Produktivkräfte ohne ausreichende Kompensation und Gratifikation voll ausgeschöpft würden. Es komme bei den Beschäftigten zu „Erschütterungen der (bisher) bestimmenden Kultur", da „zentrale Momente der Sozialintegration [...] dem Rotstift zum Opfer" fallen (Boes 2005: 14). Aufgrund der Erfahrungen des Schrumpfens der eigenen Primärmacht vollzögen nicht wenige IT-Beschäftigte eine Neuorientierung hinsichtlich der eigenen Interessenwahrnehmung. Es beginne die Suche nach neuen und vor allem einklagbaren Formen von Interessenvertretung. Verfasste Mitbestimmung scheine an Attraktivität zu gewinnen, denn Selbstbestimmung ohne Mitbestimmung habe sich als wenig tragfähig erwiesen. Ein Betriebsrat werde nicht (mehr) prinzipiell abgelehnt, sondern situativ für die eigene Interessenwahrnehmung (additiv) als notwendig betrachtet. Betriebsratsgründungen – so könnte aus der Darstellung von Boes gefolgert werden – müssten somit verstärkt auf der Tagesordnung stehen.

Abel/Ittermann (2006) und Ittermann (2007) zeichnen in ihren Studien zu Unternehmen im Bereich der Neuen Medien ein etwas anderes Bild. Sie bestätigen zwar, dass Krisen- und Lernerfahrungen hinsichtlich der Grenzen des Selbstvertretungskonzepts stattgefunden hätten, gehen aber davon aus, dass trotzdem – besonders in kleineren Mittelbetrieben – nicht zwangsläufig ein Rückgriff auf gesetzliche Mitbestimmung erfolge. Vielmehr blieben alternative Vertretungs- und Selbstvertretungsformen, weil durchaus vertretungswirksam aus Sicht der Beschäftigten, dominant für ihr Interessenhandeln – selbst bei Existenz eines Betriebsrats. Das Verhältnis zwischen hochqualifizierten Beschäftigten und Betriebsräten bzw. Gewerkschaften gestalte sich weiterhin schwierig; es lasse sich kein Automatismus hin zu einer zunehmenden Verbreitung von Betriebsräten feststellen.

Die hier nur knapp skizzierten Forschungen verweisen auf eine durchaus differenzierte Entwicklung von Interessenvertretung und betrieblicher Mitbestimmung im Bereich hochqualifizierter Dienstleistungsarbeit: Formen nichtverfasster und verfasster Mitbestimmung existieren nebeneinander.[7] Aufgrund von Krisenerfahrungen gibt es neben den ‚Selbstvertreter/inne/n' eine vielleicht wachsende Gruppe von Beschäftigten, die institutionalisierter Mitbestimmung positiv gegenübersteht. In Bezug auf die konstatierte Tendenz von Beschäftigten, kollektive Formen der Interessenvertretung (wieder oder überhaupt) als Option wahrzunehmen, muss die Frage nach den Bedingungen gestellt werden, unter denen eine Haltung auch in Handlung umschlägt und Betriebsratsgründungen erfolgen.

---

7 Zu Varianten sogenannter Alternativer Vertretungsorgane (AVO) und ihrer Verbreitung in der Privatwirtschaft vgl. auch Hauser-Ditz et al. 2008 sowie Hertwig 2011.

2.1.3 Interessenvertretung im prekären Dienstleistungsbereich

Die deutliche Zunahme atypischer bzw. prekärer Beschäftigungsformen[8] und das ‚Übergreifen' dieser Beschäftigungsformen auch auf Bereiche, in denen bislang das Normalarbeitsverhältnis[9] dominierte, hat nicht nur Auswirkungen auf die soziale Sicherung sowie individuelle Lebens- und Zukunftsplanung, sondern auch auf das System industrieller Beziehungen als Ganzes und die betriebliche Interessenvertretung im Speziellen (vgl. Dörre et al. 2004; Dörre 2005; Keller/ Seifert 2006a, b; Brinkmann et al. 2006; Artus 2007; Brehmer/Seifert 2008; Castel/ Dörre 2009). Es etabliert sich zunehmend eine neue Norm(alität) gering entlohnter, ‚verwundbarer' Arbeitsverhältnisse mit hohen erzwungenen Flexibilitätsanforderungen und ohne eine angemessene Möglichkeit der Interessenvertretung für die Beschäftigten (Dörre 2005: 250). Als unsichere oder auch ‚verwundbare' Arbeitsverhältnisse können insbesondere geringfügige und befristete Beschäftigungsverhältnisse, Leiharbeit sowie unfreiwillige Teilzeitarbeit klassifiziert werden. Ein wichtiger Aspekt prekärer Beschäftigung ist auch das Fehlen eines existenzsichernden Einkommens. Hiervon ist ein wachsender Teil der abhängig Beschäftigten in Deutschland betroffen. Der Niedriglohnsektor[10] wuchs von 15% (1995) auf gut 23% (2010) an, liegt damit inzwischen über dem Durchschnitt Großbritanniens und nähert sich dem der USA (25%) (vgl. Bosch/ Kalina 2005; Bosch et al. 2008; Böckler Impuls 6/2012). Gleichzeitig zeigt sich, dass sich das Problem niedrig entlohnter und prekärer Beschäftigung mit eingeschränkten Partizipationschancen nicht länger auf Bereiche mit geringen oder Jedermann-Qualifikationen beschränkt, sondern auch für Bereiche mit mittleren Qualifikationsanforderungen relevant geworden ist.[11] Detailreiche Fallstudien zu einzelnen

---

8 Nicht jede Form atypischer Beschäftigung ist gleichzeitig auch prekär (vgl. Keller/Seifert 2006a; Brehmer/Seifert 2008). Prekäre Arbeit kommt jedoch überproportional häufig im Bereich atypischer Beschäftigung vor. Der Begriff der Prekarität meint die relative Benachteiligung bei Entlohnung, Beschäftigungssicherheit und Interessenvertretung und die permanente Bedrohung durch Armut, Isolation und Entrechtung (vgl. Mayer-Ahuja 2003; Castel/Dörre 2009).
9 Zur Definition des Normalarbeitsverhältnisses vgl. Mückenberger 1985.
10 Laut OECD bezeichnet der ‚Niedriglohn' einen Bruttolohn, der unterhalb von zwei Dritteln des nationalen Medianbruttolohns aller Vollzeitbeschäftigten liegt.
11 Studien für Deutschland belegen, dass fast zwei Drittel der Niedriglohn-Empfänger/innen eine qualifizierte Berufsausbildung oder höhere Qualifikationen besitzen (Schäfer 2006). Typische Handicaps von prekär Beschäftigten auf dem Arbeitsmarkt sind somit nicht immer geringe Qualifikationen, sondern häufig vor allem mangelnde räumliche und zeitliche Flexibilität (etwa aufgrund von Familienarbeit oder beschränkter Arbeitserlaubnis), eine mangelhafte Beherrschung der einheimischen Sprache, diskontinuierliche Erwerbsbiographien, körperliche Einschränkungen sowie die Betroffenheit von rassistischer und sexistischer Diskriminierung (vgl. Artus 2008a).

Stand der Forschung und theoretisches Konzept 23

Branchen und Unternehmen untermauern diese Einschätzungen zu Arbeitsbedingungen, Disziplinierungs- und Kontrollstrategien und zur Lage der Interessenvertretung im Bereich niedrig entlohnter Dienstleistungsarbeit (vgl. u.a. Royle 2000; Mayer-Ahuja 2003; Dribbusch 2003; Nolting 2004; Richter 2006; Peter 2006; Bosch/Weinkopf 2007; Artus 2007, 2008).

Da sich das bundesdeutsche Modell der Mitbestimmung nach wie vor vornehmlich am Normalarbeitsverhältnis orientiert (vgl. Frerichs 2001; Dörre 2005), trifft man gerade in Bereichen atypischer und/oder prekärer Beschäftigung auf Arbeitsbeziehungen mit systematisch defizitärer Interessenvertretung und Arbeitnehmerbeteiligung. Offenbar besteht ein sich wechselseitig verstärkender Begründungszusammenhang zwischen dem Anstieg niedrig entlohnter und prekärer Beschäftigung einerseits und der Erosion bzw. unzureichenden Ausstattung mit institutionell verankerter Mitbestimmung andererseits: Der Rückgang in der Absicherung der Beschäftigten durch Tarifverträge und Betriebsräte ist eine wichtige Ursache für die Zunahme der Niedriglohnbeschäftigung (vgl. Bosch/Kalina 2005). Vielfach gibt es keine Instanz, die wirksam gegen Arbeitsbedingungen einschreiten könnte, welche gegen tarifliche oder gesetzlich vorgeschriebene Standards verstoßen. Umgekehrt sind prekäre Arbeits- und Lebenssituationen ein wesentlicher Grund für die Persistenz erheblicher Lücken im Deckungsgrad der Mitbestimmung (vgl. Artus 2007, 2008a, c). So sind oder wären Betriebsräte aufgrund ihrer gesetzlich verankerten Rechte *die* zentrale Instanz zur Durchsetzung von Arbeitnehmerrechten und der Verbesserung von Arbeitsbedingungen. Betriebsratsgründungen erweisen sich aber offenbar dort als besonders schwierig, wo sie besonders notwendig wären. Dies lässt sich zusammenfassend auf drei Begründungskomplexe zurückführen: a) die häufig fragmentierte Arbeitssituation im Bereich einfacher Dienstleitungsarbeit, b) die subjektiven Auswirkungen von prekären Arbeitsverhältnissen auf die davon Betroffenen und c) die Wirksamkeit von Prekarität als Kontrollmodus über die prekären Beschäftigungssegmente hinaus.

a) Prekäre Dienstleistungsarbeit findet häufig sowohl in räumlicher wie zeitlicher Hinsicht stark fragmentiert statt. Anders als in industriellen Großbetrieben, in denen die Beschäftigten räumlich konzentriert, gleichzeitig, zeitlich lang andauernd sowie langfristig zusammenarbeiten, erfolgt einfache Dienstleistungsarbeit typischerweise räumlich zersplittert, diskontinuierlich, kurzzeitig sowie in häufig wechselnder personeller Zusammensetzung oder sogar vereinzelt. Typisch sind relativ kleine betriebliche Einheiten – sei es im Rahmen von Filialnetzen, Franchising-Systemen oder ‚echten' Kleinbetrieben. Teilzeitarbeit, geringfügige Beschäftigungsverhältnisse und hochflexible Arbeitszeitmodelle erschweren die Herausbildung kollegialer Beziehungen sowie kollektiver Situationsdeutungen. Zudem ist der personelle

Wechsel in der Belegschaft oft sehr hoch. Unter diesen Bedingungen ist die gewerkschaftliche Anbindung oft gering, und es gibt keine oder nicht genügend professionalisierte Betriebsräte.

b) Es herrscht Übereinstimmung darin (vgl. u.a. Dörre et al. 2004; Dörre 2005; Keller/Seifert 2006b; Artus 2008a, c), dass prekäre Lebens- und Arbeitsbedingungen die Konzessionsbereitschaft von Beschäftigten gegenüber Zumutungen der Arbeitgeberseite deutlich erhöhen und gleichzeitig die Überzeugung von der Legitimität betrieblicher Interessenvertretung untergraben. Bereits Pierre Bourdieu (1998) formulierte einen negativen Zusammenhang zwischen Prekarität und der Fähigkeit zur kollektiven Organisation und Interessenvertretung. Die reale oder befürchtete Schwäche der eigenen Position hat erhebliche disziplinierende Wirkungen; ein intensivierter Existenzkampf lässt überdies nur wenig Energie übrig, um sich gegen Zumutungen zur Wehr zu setzen. Eine alltägliche Lebensführung, die den Zufällen des Schicksals ausgeliefert ist, reduziert den individuellen Planungshorizont sowie den Glauben an die Wirksamkeit rationaler Strategien. Angesichts der „Übermacht des Gegners" und häufig explizit repressiver Personalpolitiken scheinen zudem Ansätze zur kollektiven Organisierung kaum erfolgsträchtig und zugleich hoch riskant (vgl. Artus 2008a, c). Die Nicht-Realisierung des eigenen Rechts zur Vertretung durch einen Betriebsrat ist somit in vielen Fällen prekärer Dienstleistungsarbeit wohl kaum Ausdruck einer „freien Wahlentscheidung", sondern eher dessen, was Bourdieu auch als „Wahl des Schicksals" bezeichnet hat: Angesichts der Internalisierung beschränkter Aussichten auf Gegenwehr schickt man sich ‚freiwillig' in die kaum veränderbar erscheinenden Verhältnisse.

c) Prekarität als ein Macht- und Kontrollmodus reicht zudem über den direkten Bereich prekarisierter Lohnarbeit weit hinaus (vgl. Dörre 2005, 2008, 2010). Verunsicherung und der schleichende Verzicht auf Arbeitnehmerrechte können sich auch dort einstellen, wo die Arbeits- und Mitbestimmungsbedingungen bislang noch ‚normal' sind, im Sinne der Einhaltung rechtlich und gesellschaftlich vorgegebener Standards. Die Angst, in die ‚Zone der Prekarität' oder gar der ‚Entkopplung' (Castel 2000) abzurutschen, kann mittelfristig auch den Widerstandswillen von Stammbeschäftigten untergraben. Oder anders: Durch die „Stabilisierung des Instabilen" kommt es allmählich zu einer „Destabilisierung des Stabilen" (Dörre 2010). In diesem Sinne sind die virulenten Mitbestimmungslücken im Bereich prekärer Dienstleistungsarbeit durchaus auch als Problem der (bislang noch) gewerkschaftlich gut organisierten Bereiche von Mitbestimmung aufzufassen und das Thema Betriebsratsgründungen avanciert auch in dieser Hinsicht zu einem Zukunftsproblem für das Gesamtsystem industrieller Beziehungen.

Die bisherigen Forschungen über Mitbestimmung(sdefizite) im Bereich prekärer Dienstleistungsarbeit zeigen, dass ein sich wechselseitig verstärkender Zusammenhang zwischen Prekarität und defizitärer Interessenvertretung besteht, oft „Unternehmenskulturen contra Betriebsräte" (Artus 2008b) vorherrschen und das Management Betriebsratsgründungen zum Teil offensiv zu verhindern versucht (Artus 2007, 2008a, c, 2010). Die mit der letzten Novellierung des Betriebsverfassungsgesetzes geschaffenen Möglichkeiten, dass ein Gesamtbetriebsrat lokale Betriebsratsgründungen initiiert und unterstützt (§ 17 BetrVG) bzw. per Tarifvertrag oder Betriebsvereinbarung überbetriebliche oder unternehmensübergreifende Betriebsräte gegründet werden (§ 3 BetrVG), können diese Probleme nicht allein lösen. Sie stellen jedoch Ansatzpunkte für betriebliches Handeln dar, die in übergreifende Politik- und gewerkschaftliche Strategien zu integrieren wären.

In der jüngsten Vergangenheit greifen Gewerkschaften genau aus den Gründen defizitärer Mitbestimmungsmöglichkeiten und -praxis im Bereich prekärer Beschäftigung auch auf Organizing-Strategien zurück (wie z.B. Sicherheitsgewerbe, Logistikbranche, filialisierter Einzelhandel, Gebäudereinigung, öffentlicher Nahverkehr;[12] vgl. u.a. Kocsis et al. 2013). Es geht dabei nicht nur um neue Strategien der Mitgliedergewinnung und damit den Aufbau gewerkschaftlicher Organisationsmacht, sondern auch um die Ausweitung betrieblicher Mitbestimmung durch Betriebsräte (vgl. Brinkmann et al. 2008), gerade weil Betriebsräte im dualen System industrieller Beziehungen in Deutschland faktisch den zentralen Zugang der Gewerkschaften zu den Betrieben bilden. Während über das Für und Wider einer erfolgreichen Übertragung des ursprünglich US-amerikanischen Organizing-Modells auf das deutsche System industrieller Beziehungen unter Industrial-Relations-Forscher/inne/n relativ intensiv debattiert wurde (vgl. u.a. Bremme 2007; Brinkmann et al. 2008; Frege 2000; Prott 2013; Rehder 2008, 2014), stehen umfassende empirische Studien noch aus. Einige der bislang vorliegenden Analysen zu Organizing-Projekten in unterschiedlichen Branchen (vgl. u.a. Nachtwey/Thiel 2014; Nachtwey/Wolf 2013; Scholz 2013; Singe/Wolf 2013; Schmalz et al. 2013) skizzieren vor allem die unterschiedlichen Herangehensweisen der einzelnen Gewerkschaften – mit differenten Ergebnissen. Für verallgemeinernde Schlussfolgerungen ist es an dieser Stelle noch zu früh, festhalten lässt sich jedoch, dass weder ablehnende Skepsis noch überschwängliche Euphorie angebracht sind. Die ersten empirischen Studien

---

12 Organizing-Projekte gibt es nicht nur im Bereich der Dienstleistungen. Die IG Metall oder auch die IG BCE starteten Organizing-Projekte auch im Verarbeitenden Gewerbe (Kfz-Handwerk), in neu entstehenden Branchen (z.B. Windkraftkraftanlagen) sowie zur Erschließung neuer regionaler Cluster (z.B. Kunststoffindustrie in Thüringen und Sachsen) (vgl. hierzu insbesondere Wetzel 2013).

lesen sich vor allem als Beschreibungen differenzierten Organisationslernens, auf dessen weiteren Fortgang und Resultate man gespannt sein darf.

2.2 Theoretisches Konzept: Interessen, kollektive Repräsentation und Mobilisierung

Die vorliegende Studie kann nicht nur in ‚materiell-inhaltlicher' Hinsicht auf viele vorangegangene Studien aufbauen, auch ihre theoretische Perspektive beruht in diversen Aspekten auf bereits existierenden Konzepten der Industrial-Relations-Forschung. Diese wurden jedoch für die hier interessierende Fragestellung von Betriebsratsgründungen in teils neuer Weise interpretiert und integriert. Im Folgenden wird die Gründung eines Betriebsrats als ein Akt kollektiven Interessenhandelns begriffen, der höchst voraussetzungsvoll ist. Insbesondere drei Bedingungen müssen gegeben sein, um die Initiative einer Betriebsratswahl zu begründen:

(a) Eine spezifische Interessendefinition, die sich dadurch auszeichnet, dass die Interessen von Belegschaft und Management zumindest partiell als different begriffen werden – oder dass gemeinsame Interessenlagen (‚das Betriebswohl') unterschiedlich interpretiert werden. Nur in diesem Fall braucht es eine Institution, die einen besonderen Vertretungsauftrag der Belegschaft rechtfertigt.
(b) Eine in der Belegschaft verbreitete Überzeugung, wonach spezifische Interessen der Beschäftigten bessere Vertretungs- und Durchsetzungschancen haben, wenn sie nicht (nur) individuell, sondern im Rahmen kollektiver Repräsentation vertreten werden. Die Wahl eines Betriebsrats nach dem Betriebsverfassungsgesetz ist dann zwar nicht die einzig denkbare Institution kollektiver Repräsentation (vgl. Hauser-Ditz et al. 2008; Hertwig 2011, 2013), die eingerichtet werden könnte; sie verbürgt jedoch größtmögliche Rechtssicherheit und ist in Deutschland kulturell etabliert.
(c) Ein Mobilisierungsprozess, in dessen Verlauf individuelle Akteure, welche die oben genannten Überzeugungen teilen, zu kollektivem Handeln motiviert und befähigt werden.

In der soziologischen Literatur existieren diverse Konzepte, um jede der drei oben genannten Handlungsvoraussetzungen theoretisch zu erfassen. Es erschien daher nicht sinnvoll, für die Konstruktion einer Typologie von Betriebsratsgründungen ‚theorielos' ins Feld zu gehen (wie dies etwa die ‚grounded theory' vorschlagen würde), sondern es wurden einige dieser Konzepte genutzt, um den Blick auf die Empirie zu schärfen und sinnvolle Dimensionen der Typkonstruktion (vgl. Kap. 2.4) zu bestimmen. Für jede der aufgeführten Handlungsvoraussetzungen wurde primär ein Theoriekonzept herangezogen, das besonders geeignet schien, die jeweilige Problematik zu erfassen und das daher in besonderer Weise erkenntnisleitend war:

- *zu a):* Um die Interessendefinition der Akteure zu erfassen, wurden Anleihen gemacht beim *Konzept der politischen Kultur innerbetrieblicher Austauschbeziehungen* (Bosch et al. 1999; Schmidt/ Trinczek 1999), das in Erlangen entwickelt und von einem Teil der Verfasser/innen dieses Berichts bereits im Rahmen verschiedener Forschungsprojekte genutzt worden ist (Artus et al. 2001; Artus 2008a, 2014) (vgl. Abschnitt 2.2.1).
- *zu b):* Um die Dynamik kollektiver Repräsentationsbeziehungen zu erfassen, wurde das aus Frankreich stammende Konzept der ‚représentation au quotidien' (Dufour/Hege 2002) genutzt, das in der Vergangenheit bereits erfolgreich mit dem zuvor genannten Erlanger ‚interessenpolitischen Ansatz' kombiniert wurde (Artus 2008a) (vgl. Abschnitt 2.2.2).
- *zu c):* Um den Übergang von individueller Unzufriedenheit zu kollektivem Handeln erklären und abbilden zu können, waren Ansätze der *Mobilisierungstheorie* hilfreich (Tilly 1978; Kelly 1998). Diese sind insbesondere mit dem Erlanger Ansatz gut verknüpfbar, da auch hier die Interessenkategorie im Zentrum steht[13] und von kapitalismuskritischen Grundpositionen ausgegangen wird (vgl. Abschnitt 2.2.3).

Im Folgenden werden die Basisprämissen der drei genannten Konzepte kurz erläutert und auf ihre Nutzung im Rahmen der vorliegenden Studie eingegangen. Ein Resultat ist die analytische Unterscheidung typischer Phasen von Betriebsratsgründungen (vgl. Kap. 2.3) sowie die Bestimmung zentraler Dimensionen für eine Typologie von Betriebsratsgründungen (vgl. Kap. 2.4 und Kap. 4.1). Weder die ‚Betriebsratsgründungsphasen' noch die typkonstitutiven Dimensionen oder gar die Typologie selbst wurden aber freilich rein theoretisch-analytisch oder rein empirisch gewonnen, sondern entstanden in einem abduktiven Prozess wechselseitiger Befruchtung von Theorie und qualitativer Forschung.

2.2.1 Die interessenpolitische Kultur der Austauschbeziehungen

Ähnlich wie im interessentheoretischen Ansatz (Schmidt/Trinczek 1999; Artus 2008a, b), aber auch bei Autoren, die der englischen Labour Process Debate verpflichtet sind (z.B. Edwards 1986; Kelly 1998), wird im Folgenden davon ausgegangen, dass Lohnarbeit unter kapitalistischen Verhältnissen von einem grundlegenden Interessenwiderspruch zwischen Kapital und Arbeit geprägt ist.

---

13 Vgl. Kelly (1998: 25): „The fulcrum of the model is *interests* and the ways in which people (particularly members of subordinate groups) come to define them" (Hervorheb. im Original).

Infolge der Logik der Mehrwertausbeutung sowie des sogenannten ‚Transformationsproblems' (der Verwandlung von Arbeitsvermögen in verausgabte Arbeitsleistung) sind die Lohnarbeitsbeziehungen potenziell konfliktträchtig. Auf dieser Basis wurde der interessentheoretische Ansatz oder auch das Konzept einer politischen Kultur innerbetrieblicher Austauschbeziehungen Ende der 1980er Jahre entwickelt und im Rahmen von zwei umfangreichen Forschungsprojekten über das Verhältnis zwischen Betriebsräten und Management in größeren westdeutschen (Bosch et al. 1999) sowie ostdeutschen (Artus et al. 2001) Metall- und Elektrobetrieben empirisch genutzt sowie verfeinert. Es verknüpft eine marxistisch orientierte Interessentheorie mit einem interaktionistischen Konzept mikropolitischer Aushandlung (Trinczek 1989). Obwohl dabei von objektiv widersprüchlichen Interessen zwischen Kapital und Arbeit ausgegangen wird, wird zugleich die Komplexität und partielle Widersprüchlichkeit der Interessenlagen betont. In der Konsequenz – so die Argumentation – existiert eine große Vielfalt von möglichen Interessendeutungen der Akteure.[14] Diese sind nicht von strukturellen Rahmenbedingungen oder gar vom Kapitalverhältnis ‚ableitbar', sondern werden im Laufe einer Interaktionsgeschichte beeinflusst und geformt. Der wichtigste Interaktionszusammenhang ist dabei der Betrieb. Im Verlauf der „ökonomischen, politischen und sozialen Betriebsgeschichte" kristallisieren sich „üblicherweise innerbetrieblich weitgehend geteilte Standards einer ‚normalen' Beziehung" heraus, eben eine „betriebsspezifisch eingefärbte ‚political culture' der Austauschbeziehungen zwischen Kapital und Arbeit mit ihren je eigenen Regeln und Ritualen" (Bosch et al. 1999: 29). Es ist also eine von der Empirie zu klärende, prinzipiell offene Frage, welche Interessen von den prägenden Akteuren und von beiden Betriebsparteien artikuliert werden. Bosch et al. (1999) systematisieren diese insbesondere danach, wie das Verhältnis von gemeinsamen und differenten Interessen von beiden Betriebsparteien definiert wird.

Obwohl im Folgenden viele der theoretischen Prämissen des interessenpolitischen Ansatzes geteilt werden und manche der Begrifflichkeiten von den genannten Arbeiten beeinflusst sind, zeigte sich, dass Betriebsratsgründungsprozesse nicht sinnvoll (nur) entlang der Frage unterschieden werden können, welche Bedeutung gemeinsame bzw. differente Interessen (von Geschäftsleitung

---

14 Vgl. hierzu sehr ähnlich Kelly (1998: 25), der im Anschluss an Tilly (1978) sowie Edwards (1986: 58–77) annimmt, dass die Ausbeutungs- und Herrschaftsverhältnisse zwischen Kapital und Arbeit einen Interessenkonflikt zwischen den sozialen Klassen konstituieren, aber zugleich gilt: „The conflict of interest that lies at the heart of the capitalist employment relationship does not necessarily give rise to conflict behaviour. Since workers depend on employers to hire their capacity to work, then they too have an interest in the viability of their particular employing organization. Moreover, the subordinate class often exists in a state of disorganization, lacking an agreed view of its interests and without the organizational resources with which to pursue them".

Stand der Forschung und theoretisches Konzept 29

und Beschäftigten) aus Sicht der zentralen Akteure haben. Grund dafür ist, dass die Orientierung an gemeinsamen Interessen und dem Betriebswohl in den meisten Argumentationen für die Gründung eines Betriebsrats eine große Rolle spielt. Zwar werden in der Regel auch ‚besondere' Interessen der Belegschaft gesehen und Betriebsratsgründungen sind häufig auch Punkte, an denen eine (erste) Interessendifferenzierung stattfindet, die Wahrnehmung grundsätzlich unterschiedlicher Interessen von Geschäftsleitung und Beschäftigten war jedoch von deutlich geringerer Bedeutung als in der Untersuchung von Bosch et al. (1999), die in Metallbetrieben mit meist langjährig etablierten Betriebsräten stattfand. Häufiger fanden sich hingegen Konflikte aufgrund unterschiedlicher Interpretationen des (als gemeinsames Interesse definierten) Betriebswohls. Die – verglichen mit älteren Studien wie Bosch et al. 1999 oder auch Artus et al. 2001 – stärkere Orientierung an gemeinsamen Interessen mag unterschiedliche Gründe haben: Zunächst ist es *erstens* immanent logisch, dass Betriebsratsgründungen vor allem in Betrieben stattfinden, in denen bislang (d.h. vor der Gründungsinitiative) ‚besondere Interessenlagen' der Beschäftigten weniger stark thematisiert wurden, sei es, weil diese eher selbstverständlich von der Geschäftsleitung im Alltag gewahrt wurden, sei es, weil ihre Vertretung als illegitim galt oder sogar unterdrückt wurde. Im Rahmen der vorliegenden Studie wurden vor allem Betriebe untersucht, in denen der Betriebsrat erst seit kürzerer Zeit existierte, so dass auch eine Interessendifferenzierung in der Wahrnehmung der Akteure häufig erst am Anfang stand. *Zweitens* bestand das empirische Feld zu einem großen Teil aus Branchen und Betriebstypen (Dienstleistungsbetriebe, kleinere Unternehmen), in denen die Thematisierung ‚besonderer Interessen' der Beschäftigten eine geringere Tradition besitzt als dies z.B. in (den von Bosch et al. 1999 untersuchten) Mittel- bis Großbetrieben der Metallindustrie der Fall ist. Und *drittens* mag es auch eine Rolle spielen, dass seit den Erlanger Studien nunmehr über 20 Jahre vergangen sind. Seitdem haben sich sowohl typische betriebliche Interessenkonstellationen als auch hegemoniale Diskursstrukturen verändert. In Zeiten des finanzmarktgetriebenen Shareholder-Value-Kapitalismus (Dörre/Röttger 2003) häufen sich Situationen, in denen Akteure vor Ort eine Art ‚Pakt' zur Wahrung des Betriebswohls eingehen – mit dem übergeordneten Ziel, das Überleben bzw. die Konkurrenzfähigkeit des lokalen Standorts zu sichern gegenüber einer Unternehmensstrategie, die primär kurzfristige Profitinteressen ins Zentrum stellt. Betriebsratsgründungen sind nicht selten Reaktionen auf derartig veränderte Unternehmensstrategien und finden zuweilen daher auch die Unterstützung des lokalen Managements. Die prägende interessenpolitische Trennungslinie, die in solchen Fällen Anlass für eine Betriebsratsgründung sein kann, verläuft dann jedoch nicht primär zwischen Beschäftigten und (lokalem) Management, sondern zwischen Einzelbetrieb und Unternehmen bzw. Konzern. Hinzu kommen die erheblichen diskursiven Veränderungen nach 25 Jahren neoliberaler Politikgestaltung, fortschreitender Tertiarisierung, Prekarisierung und auch Feminisierung der Erwerbsarbeit. Klassische Paradigmen des ‚Arbeiterbewusstseins', etwa die solidarisierende Verortung von ‚denen da oben und wir da unten' oder auch Elemente des selbstbewussten Produzentenstolzes, haben möglicherweise an Einfluss verloren zugunsten individualistischer Problemlösungskonzepte, scheinbar alternativloser Anpassung an von der Konkurrenz diktierte Bedingungen bzw. der Überzeugung, nur durch betriebliche Leistungsgemeinschaften das Überleben des Betriebs und den eigenen Arbeitsplatz sichern zu können. All dies mögen Gründe dafür sein, dass ‚besondere Interessen' als kollektiv identische Interessenlagen von Beschäftigten in der Wahrnehmung vieler aktuell interviewter Akteure eine vergleichsweise geringe Rolle spielten. Wenn sie dennoch formuliert wurden (was durchaus der Fall war), dann wurden sie nicht selten auch mit dem Hinweis auf dadurch gewahrte ‚gemeinsame' Interessen (im Sinne der ‚Wahrung des Betriebswohls') legitimiert. Trotz einer geringeren Artikulierung ‚differenter Belegschaftsinteressen' hat das Konfliktpotenzial in den Betrieben unseres Erachtens jedoch nicht abgenommen. Eher das Gegenteil ist der Fall.[15]

In der Konsequenz wurde das Konzept der interessenpolitischen Kultur innerbetrieblicher Austauschbeziehungen daher adaptiert, ohne jedoch den (allzu) zentralen Fokus auf die Interessendefinition der Akteure als typkonstituierendes Merkmal für Betriebsratsgründungen aufrecht zu erhalten. Die für die folgende Typologie wichtige Dimension *‚innerbetriebliche Austauschbeziehungen'* erfasst nicht nur (aber auch) die kollektive Interessendefinition zentraler Akteure, sondern versucht auch – zugegebenermaßen etwas weniger präzise, aber dafür umfassender – die Gesamtheit der Sozialbeziehungen im Unternehmen zu thematisieren. Es geht also um die Rekonstruktion dessen, was an anderer Stelle z.B. als „betriebliche Sozialverfassung" (Hildebrandt/Seltz 1989) oder auch „betriebliche Sozialordnung" (Kotthoff 1981, 1994; Kotthoff/Reindl 1990) konzipiert wurde. Eine sinnvolle Referenz war dabei auch die Orientierung an einer Studie über „Betriebe ohne Betriebsrat", die – ebenfalls in Kontinuität des Erlanger interessenpolitischen Ansatzes – zwischen 2003 und 2006 an der TU München durchgeführt wurde (Artus et al. 2006; Lücking 2009). Hier wurden (für Betriebe ohne Betriebsrat) insgesamt vier typische Interaktionsmuster zwischen Management und Beschäftigten unterschieden, die sich mit den Begriffen „Einbindung und Autonomie", „Anerkennung und Loyalität", „Patronage und

---

15 Aktuelle Studien über Arbeitskonflikte weisen übereinstimmend darauf hin, dass Konflikte nicht abgenommen haben, sich jedoch wesentlich ‚kleinteiliger' gestalten und dezentraler ausgetragen werden als in früheren Jahrzehnten. Auch die Zunahme von Mobbing sowie arbeitsbedingten psychischen Erkrankungen deutet darauf hin, dass nicht das Konfliktpotenzial zurückgegangen ist, sondern die Formen seiner Verarbeitung sich gewandelt haben.

Pragmatismus" sowie „Repression und Ohnmacht" kennzeichnen lassen (Lücking 2009). Da die im Rahmen der vorliegenden Studie untersuchten Betriebe, in denen Betriebsratsgründungsprozesse stattfanden, ja alle zunächst ‚Betriebe ohne Betriebsrat' waren, ist es nicht erstaunlich, dass sich viele von ihnen – zumindest für die Ausgangssituation vor Bekanntwerden der Betriebsratsinitiative – recht gut einem der genannten Interaktionsmuster zuordnen ließen.

2.2.2 Soziale Gruppenbildung und kollektive Repräsentation

Eine Initiative für die Gründung eines Betriebsrats bedarf also der wenigstens rudimentären Wahrnehmung ‚besonderer' Interessen der Belegschaft; zugleich kommt sie aber auch nur dann zustande, wenn ein handlungsfähiger Teil der Beschäftigten davon überzeugt ist, ihre besonderen Interessen besser *kollektiv* als individuell durchsetzen zu können. In der Konsequenz bedarf es der Möglichkeit kollektiver Meinungsbildung und der Formierung eines *Kollektivinteresses*, das von einer demokratisch gewählten Institution in legitimer Weise *repräsentiert* und vertreten werden könnte. Dass ein Kollektivinteresse bzw. eine Gruppenmeinung mehr und anderes ist als die reine Addition individueller Interessenlagen ist eine weithin bekannte Einsicht sowohl der Organisationssoziologie (vgl. Olson 1992) als auch der Sozialpsychologie und Gruppensoziologie (vgl. Schimank 2003). Die Herausbildung einer kollektiven Interessendefinition setzt ein Mindestmaß an sozialer Gruppenbildung voraus, d.h. der Formierung eines „Ensembles von Individuen, die sich miteinander identifizieren und auf der Basis stillschweigend geteilter Werte, Normen und Ziele interagieren" (ebd.: 222). Einen guten theoretischen Zugang zu solchen Prozessen sozialer Gruppenbildung als Voraussetzung kollektiver Repräsentationsfähigkeit im Betrieb bietet das aus Frankreich stammende Konzept der *représentation au quotidien* (Dufour/Hege 2002; vgl. auch Artus 2008a), das auf Basis einer empirischen Studie betrieblicher Interessenvertretung in vier europäischen Ländern (Deutschland, Frankreich, Italien und Großbritannien) entwickelt wurde. Es betont die Notwendigkeit eines identitären Kollektivs mit einigermaßen kohärenten interessenpolitischen Deutungsmustern als Voraussetzung für die Möglichkeit legitimer Sprecher/innen. Nur für solche repräsentationsfähigen Kollektive benutzen Dufour/Hege (2002) den Begriff der *sozialen Gruppe*[16] (groupe social), in Absetzung zur *momentanen Gruppe* (groupe momentané) oder auch zur *physischen*

---

16 Mit der Begrifflichkeit der überindividuell und überzeitlich gedachten sozialen Gruppe schließen Dufour/Hege an das Konzept der „Selbsterhaltung der socialen Gruppe" von Simmel (1898) an. Theoriegeschichtlich verweisen Dufour/Hege auch auf Durkheim, der bereits betonte, das Ergebnis eines gelungenen Repräsentationsprozesses sei die Transformation einer Vielzahl individueller Meinungen in eine Gruppenmeinung. Dies sei wiederum die Basis für das Fortdauern der so konstituierten Gruppe.

Gruppe (groupe physique). Letztere Begriffe beziehen sich auf Beschäftigte, wie sie sich zu einem bestimmten Zeitpunkt in ihren statistischen Merkmalen erfassen lassen (z.B. Verhältnis Arbeiter/Angestellte, Frauen/Männer, Anzahl von Teilzeitbeschäftigten, Leiharbeiter/innen etc.). Die Belegschaft als physische Gruppe(n) ist/sind jedoch nicht identisch mit jener oder jenen sozialen Gruppe(n), welche im Fall von Betriebsratsgründungsprozessen bestimmte interessenpolitische Deutungsmuster zur betriebsöffentlichen Diskussion stellen und mit ihrer Initiative den Anspruch erheben, ‚dem Belegschaftswillen' Ausdruck zu geben.

Wer ist jedoch geeignet, zu einem gegebenen Zeitpunkt in legitimer Weise den Anspruch zu verkörpern, die ‚Kollektivmeinung' zu vertreten? Wie formiert sich ein handlungs- und vertretungsfähiges Kollektiv? Laut Dufour/Hege (2002) ist nicht erst die demokratische Wahlprozedur der Moment, in dem repräsentationsfähige ‚Sprecher/innen' gekürt werden. Repräsentationsfähigkeit beginnt im betrieblichen Alltag, d.h. in einer Vielzahl von konkreten Vertretungsprozessen. Sie existiert daher ‚in nuce' vermutlich in allen Betrieben und Abteilungen (mit einer gewissen Mindestgröße an Personen) und zeigt sich in praktischen Interaktionssituationen, nämlich dann, wenn einzelne Beschäftigte für andere eintreten oder auch als ‚Fürsprecher/innen' und Unterstützer/innen zu Rate gezogen werden. Repräsentant/inn/en emergieren also im betrieblichen Alltag zunächst als ‚Sprecher/innen für andere', etwa für einzelne Kolleg/inn/en oder auch für eine bestimmte Abteilung. Für die vorliegende Studie bedeutet diese Erkenntnis, dass Betriebsratsgründungsinitiativen besonders erfolgreich sind, wenn sie von Menschen getragen werden, die *bereits vor* und auch jenseits der Betriebsratswahl über ein Mindestmaß an Repräsentationsfähigkeit und -praxis verfügen. Die Betriebsratsgründung ist dann ein kollektiver Akt, bei dem (im besten Fall) bereits zuvor im Alltag etablierte *informelle* Repräsentationsbeziehungen formalisiert und institutionalisiert werden. Solche Vertretungsformen ‚unterhalb' oder auch ‚jenseits' der Schwelle einer formalen Betriebsratswahl sind in der Vergangenheit verstärkt wissenschaftlich untersucht worden, etwa in Studien über ‚Betriebe ohne Betriebsrat' (Artus et al. 2006; Artus 2008a; Lücking 2009) sowie über ‚andere Vertretungsformen' (Hauser-Ditz et al. 2008; Hertwig 2011, 2013). Diese haben eine große Vielfalt von informellen oder auch semiinstitutionalisierten Vertretungsorganen beschrieben, die teils von der Geschäftsleitung implementiert, teils auch nur von ihnen toleriert oder sanktioniert werden. Solche „anderen Vertretungsorgane" (ebd.) sind nicht immer als ‚Keimzellen' oder auch Vorformen formell gewählter Betriebsräte anzusehen.[17] Zuweilen

---

17 Die etwa von Hertwig (2013) beschriebenen Vertretungsorgane, die von der Geschäftsleitung als „Instrumente im Leistungsprozess" implementiert wurden, dürften wohl eher selten eine ‚Keimzelle' für Betriebsratsgründungen darstellen. Jedenfalls haben wir im Rahmen unserer Empirie keine solchen Fälle gefunden.

Stand der Forschung und theoretisches Konzept 33

sind sie sogar dezidiert als Alternativvariante und mit dem Ziel der Verhinderung gesetzlich legitimierter Mitbestimmung im Unternehmen aufzufassen. In anderen Fällen (von denen einige im Folgenden empirisch beschrieben werden) entwickeln sich solche informellen Repräsentationsbeziehungen jedoch weiter zu formalisierten Betriebsratsgremien.

In gewissem Sinne kann übrigens auch das alltägliche, hierarchisch strukturierte Verhältnis von Vorgesetzten und deren Untergebenen als eine soziale Repräsentationsbeziehung gelten. In einer primär interessenpolitisch angeleiteten Logik mag es erstaunen, dass ausgerechnet Vorgesetzte zu Initiator/inn/en kollektiver Vertretungsgremien werden; das Konzept der *représentation au quotidien* kann hingegen gut erklären, weshalb sich in unserer Empirie verschiedene Fälle finden, in denen ausgerechnet Mitglieder des unteren oder mittleren Managements zu zentralen Akteuren einer Betriebsratsgründung wurden.

Eine Betriebsratswahl stellt aber freilich wesentlich höhere Anforderungen an die kollektive Meinungsbildung und Repräsentationsfähigkeit als die oben genannten informellen oder auch hierarchisch vorgegebenen Vertretungsformen. Eine solche Initiative impliziert schließlich den Anspruch, ein Organ zu institutionalisieren, das die *Gesamtheit* der Belegschaft repräsentieren soll, d.h. den Anspruch, eine kollektive Identität zu symbolisieren, die in manchen Betrieben bislang kaum existierte oder in anderen Betrieben vom Eigentümer oder ‚vom Chef' inkarniert wurde. Ein ‚crucial point', d.h. ein besonders heikler Punkt im Zuge aller Betriebsratsgründungsprozesse ist daher im Regelfall die offizielle Einleitung eines Wahlverfahrens und damit der rechtlich verbindlich dokumentierte Anspruch auf die Formierung einer managementunabhängigen interessenpolitischen kollektiven Identität der Belegschaft. Dieser Akt ist einerseits (im Regelfall) Ausdruck einer erfolgten sozialen Gruppenbildung,[18] andererseits meist Katalysator einer neuen Dynamik kollektiver Vergemeinschaftung – oder auch Abgrenzung. Nicht selten brechen in dieser Situation, in der (meist) zum ersten Mal in der betrieblichen Geschichte der Anspruch auf eine einheitliche Vertretung ‚der' Belegschaft als kohärentes Kollektiv formuliert wird, bislang latente Widersprüche zwischen Belegschaftsteilen oder auch einzelnen Beschäftigten auf. Alltägliche Stereotype der kollektiven Integration und Abgrenzung[19]

---

18 Eine Ausnahme wären Betriebsratsinitiativen, die im Wesentlichen von Einzelpersonen vorangetrieben werden. Diese sind jedoch relativ selten. Bereits das formale Procedere sieht ja mindestens die Unterstützung von drei Personen vor, so dass ein Minimum an sozialem Gruppenbildungsprozess als Voraussetzung einer Betriebsratsgründungsinitiative in der Regel garantiert ist.

19 Gemeint ist hier das ‚tacit knowledge' von identitären Abgrenzungen und wechselseitigen Vorurteilen im betrieblichen Alltag, etwa zwischen Produktionsarbeiter/inne/n und den als „Wasserkopf" oder „Krawattenbunker" verschrienen Angestellten – oder ähnliche Stereotype, die sich in Abhängigkeit von den konkreten betrieblichen Bedingungen im Laufe der Betriebsgeschichte herausgebildet haben mögen.

spielen dabei ebenso eine Rolle wie berufliche, ethnische oder geschlechtliche Identitäten sowie manifeste unterschiedliche Interessenlagen. Die Herausbildung einer Schlüssel- oder Kerngruppe von Beschäftigten, die ‚im Namen der Belegschaft' den Formalisierungsprozess des Vertretungshandelns vorantreibt, ist oft ein konflikt- und spannungsreicher Prozess der innerbetrieblichen Interessenformierung. Folgt man der theoretischen Perspektive der représentation au quotidien, so erfordert eine erfolgreiche Betriebsratsgründung jedenfalls letztlich die *Herausbildung einer kollektiven Identität, die Repräsentant/inn/en und Repräsentierte gleichermaßen einschließt.*

Die Fähigkeit zur Repräsentation einer Gruppe (oder einer Gesamtbelegschaft) hängt also *erstens* vom internen Zusammenhalt dieser Gruppe (d.h. der Belegschaft) ab, und es bedarf *zweitens* im Regelfall identitärer Kerngruppen („groupes noyaux identitaires" oder auch „groupes moteurs"; Dufour/Hege 2002: 199ff.), die fähig sind, gemeinschaftsstiftende Werte und Normen zu etablieren und zu repräsentieren. Die Frage nach der *Konstituierung der repräsentativen sozialen Gruppe*, nach den Etappen der kollektiven Identitätsbildung und der Herstellung eines aktiven Repräsentationsverhältnisses zwischen Aktivist/inn/en und Belegschaft ist daher eine zentrale Dimension der folgenden Betriebsratsgründungstypologie. Sie ist – in einer anderen Theoriesprache formuliert – auch die Frage nach der Möglichkeit von „leadership" (Kelly 1998).

2.2.3 Mobilisierung

Bislang wurden Betriebsratsgründungen als Ausdruck von Initiativen für eine repräsentative Vertretung kollektiver Belegschaftsinteressen diskutiert. Diese Konzeption ähnelt Ansätzen der Mobilisierungstheorie, die z.B. bei der Analyse von Streikbewegungen ebenfalls die Frage nach Interessen und ihrer Definitionsweise ins Zentrum stellen (Kelly 1998: 27ff.); diese interessieren sich ebenfalls dafür, wie es zu kollektivem statt individuellem Handeln kommt (z.B. Tilly 1978) und wie Prozesse der Herausbildung einer „sozialen Identität" (vgl. Kelly 1998: 30ff.)[20] ablaufen. Die Mobilisierungstheorie geht jedoch in einem wichtigen Punkt über das bisher Gesagte hinaus: Als eine Denktradition, die versucht soziale Bewegungen und auch historische Revolutionsereignisse zu erklären, fragt sie energischer als die bislang diskutierten Theorieansätze danach, worin der Impetus für kollektive Mobilisierung besteht. Woher stammt ‚der Funke', um sich (vielleicht nach einer langen Phase des Erduldens schlechter Lebens- und Arbeitsbedingungen) für kollektive Veränderung zu engagieren? Was ist

---

20 Bei Kelly wird dieser Prozess unter dem Stichwort der ‚social identification' diskutiert. Dieser Prozess, in dem Menschen ein ‚Wir-Gefühl' auch in Abgrenzung zu anderen Gruppen entwickeln (z.B. Produktionsbeschäftigte versus Management) wird bei ihm vor allem unter Rückgriff auf Theorien sozialer Identität konzeptualisiert.

das Movens, der ‚Zünder' für kollektives Handeln? Da Betriebsratsgründungsprozesse in der Regel als eine Art ‚sozialer Aufbruch' oder auch als eine soziale Bewegung im betrieblichen Rahmen aufgefasst werden können, macht es Sinn, hier auch mit Kategorien der Mobilisierungstheorie zu arbeiten.

Laut Kelly (1998: 27) sind insbesondere zwei Fragen zentral für soziale Mobilisierungsprozesse:

> „Erstens, wie und warum erwerben Menschen einen Sinn für *Ungerechtigkeit oder Leiden?* Und zweitens, wie entwickeln sie das Gefühl, dass ihr Leiden *kollektiv* ist?" (Übersetzung I.A., Hervorheb. Kelly)

Über den bisher diskutierten Aspekt der kollektiven Interessendefinition geht diese Fragestellung insofern hinaus als ein bestimmtes kollektives Werturteil als konstitutiv angesehen wird für soziale Mobilisierung: „The *sine qua non* for collective action is a sense of injustice, the conviction that an event, action or situation is ‚wrong' or ‚illegitimate'" (ebd.). Folgt man diesem Gedankengang, so ist eine Betriebsratsgründung dann zu erwarten, wenn die betrieblichen Verhältnisse nicht länger als legitim erachtet werden. Es geht also nicht (nur) um die Durchsetzung von Interessen, sondern es braucht immer auch ein Moment der moralischen Empörung, das die eigene Interessendurchsetzung auch im Widerspruch zu den bisherigen Verhältnissen als legitim erscheinen lässt. Die Anlässe und Gründe für einen solchen *kollektiven Eindruck von Ungerechtigkeit und Illegitimität* können stark variieren und eignen sich insofern in ihrer konkreten Sachlichkeit nur bedingt für eine sinnvolle Typologie. Die für die Konstruktion unserer Typologie im Folgenden verwendete Dimension des *‚Anlasses' von Betriebsratsgründungen* zielt daher nicht in erster Linie auf konkrete Themen von betrieblichen Konflikten (z.B. Lohnhöhe, Arbeitszeit, Urlaub, prekäre Beschäftigung o.ä.); vielmehr werden im Folgenden zwei ‚Qualitäten' von Anlässen unterschieden, die unseres Erachtens in typischer Weise mit den betrieblichen Sozialbeziehungen und den Gründungsdynamiken verknüpft sind:

Erstens finden sich Betriebsratsgründungen, die auf *ein zentrales Ereignis* zurückgeführt werden können, das klar als Ursache und Auslöser für eine kollektive interessenpolitische Mobilisierung benannt werden kann (z.B. die wirtschaftliche Krise des Unternehmens oder ein Eigentümerwechsel). *Zweitens* gibt es Betriebsratsgründungen, in denen vielfältige und *dauerhafte Problemlagen* Grundlage für ein virulentes Ungerechtigkeitsempfinden in der Belegschaft sind. Im ersten Fall erfolgt die Delegitimierung der Sozialordnung durch einen Bruch mit den gewohnten Verhältnissen (bzw. einer Drohung damit). Bislang etablierte Modi der Rechtfertigung innerbetrieblicher Herrschaft, etwa der Verweis auf allgemein anerkannte, tradierte Regeln und der Appell an gemeinsame Normen und Werte (vgl. Kelly 1998: 28ff.) können in solchen Fällen buchstäblich ‚über Nacht' hinfällig werden. Anders ist die Situation bei Betriebsratsgründungen aufgrund dauerhafter Problemlagen. Hier wird die betriebliche Sozialordnung möglicherweise schon seit längerer Zeit nicht (mehr?) als legitim empfunden; es mangelt jedoch an der Fähigkeit und/oder an den Erfolgsaussichten für soziale Mobilisierung (vgl. Kelly 1998: 37; McAdam 1988). In solchen Fällen wird deutlich, dass die schiere Wahrnehmung von Ungerechtigkeit oft ebenfalls nicht als Movens für ein transformatives Engagement ausreicht. Die Chancenstruktur („opportunity"; Kelly 1998: 37) muss in der Perspektive zentraler Akteure auch so gestaltet sein, *dass es eine reale Chance für eine Veränderung gibt*. Solche Einschätzungen können sich zuweilen wandeln – etwa durch Informationen über garantierte Rechte des Arbeits- und Betriebsverfassungsgesetzes, durch gezieltes gewerkschaftliches Organizing oder auch einfach, weil dem einen oder dem anderen Akteur (zum Teil eher zufällig) bewusst wird, dass er oder sie mit seiner/ihrer Kritik nicht alleine dasteht. Umgekehrt beeinflusst freilich auch die Drohung oder die Ausübung von Repression gegenüber Betriebsratsgründungsinitiativen die wahrgenommene Chancenstruktur und damit die Wahrscheinlichkeit kollektiven Handelns.

Immer wichtig für die Bewertung einer Situation als ‚illegitim' und die Einschätzung potenzieller Veränderungschancen ist zudem die Frage, wie die als veränderungsbedürftig empfundenen betrieblichen Verhältnisse ‚erklärt' werden. Wem wird die Verantwortung für die Situation zugewiesen und sind die ausgemachten Ursachenzusammenhänge beeinflussbar? Kelly (1998: 30) bezeichnet diesen Prozess der Situationsdeutung als „Attribuierung" (attribution). Für die Gründung von Betriebsräten spielt es eine wichtige Rolle, ob Verantwortung für einen illegitimen Zustand z.B. bestimmten Personen im Betrieb oder aber schwer beeinflussbaren externen Instanzen zugerechnet wird, etwa ‚dem Markt', ‚der Konzernleitung im Ausland' oder gar ‚dem Schicksal'. Nur wenn die betrieblichen Verhältnisse als kontrollier- und veränderbar eingeschätzt werden, d.h. wenn man sich auch eine realistische Chance auf machtpolitische Einflussnahme ausrechnet und nicht zu viele ‚Kosten' in der Form von Repression drohen, sind Initiativen kollektiven Handelns wahrscheinlich.

Laut Kelly (1998: 29) spielt daher *Ideologie* (im Sinne der Rechtfertigung von Herrschaft) eine wichtige Rolle im Rahmen sozialer Mobilisierung. Die diskursive Rahmung von Ungerechtigkeit ist zentral für kollektives Handeln. Auch *Sprache* spielt damit eine wichtige Rolle (Kelly 1998: 33). Je nachdem, welche Begriffe verwendet werden, werden Verhältnisse unterschiedlich interpretiert und normativ aufgeladen. Sprache kann als Machtressource wirken.[21] Eine zentrale

---

21 Vgl. hierzu auch Gumbrell-McCormick/Hyman (2013: 31), Schmalz/Dörre (2014: 231) sowie Lévesque/Murray (2010, 2013), die in ähnlicher Weise Sprache als Machtressource für Gewerkschaften diskutieren. Sie sprechen in diesem Zusammenhang von „Diskursmacht" oder auch „discursive/communicative power ressources".

Stand der Forschung und theoretisches Konzept 37

Rolle beim ‚Framing', d.h. der diskursiven Rahmung bestimmter Vorfälle und Gegebenheiten sowie im Prozess der Verantwortungszuweisung haben dabei die zentralen Aktivist/inn/en oder auch informellen Anführer/innen, oder (nach Dufour/Hege 2002) die „groupes moteurs". Sie nehmen (im besten Fall) eine privilegierte Stellung bei der Interpretation der betrieblichen Weltsicht ein und verfügen über eine gewisse Deutungshegemonie. Sie können das Gefühl der Ungerechtigkeit wecken, Beschäftigte zum Widerstand ermutigen und auch im Fall von Repression entschlossen vorangehen. Nicht selten entsteht dabei eine Dialektik zwischen ‚überzeugten und überzeugenden Anführer/inne/n' und intransigenten Vorgesetzten(-gruppen), die in ihrer Eskalationsdynamik eine wichtige Rolle spielen kann für die Herausbildung einer kohärenten sozialen Gruppe.[22] „This cycle of inter-group conflict, hostility and in-group cohesion leading to further conflict is a classical pattern of inter-group relations" (Kelly 1998: 32). In vielen Studien der Bewegungsforschung wird zudem darauf hingewiesen, dass es für soziale Mobilisierungsprozesse stets eine ‚kritische Masse' von Aktivist/inn/en brauche. ‚Leadership' sei wichtig. Im Fall von Betriebsratsgründungen spielen in diesem Zusammenhang nicht nur die betrieblichen ‚groupes moteurs' eine wichtige Rolle, sondern eventuell auch die Hilfe von Gesamt- oder Konzernbetriebsräten und natürlich gewerkschaftliche Unterstützung.

2.3 Phasen der Betriebsratsgründung

Der Überblick über die theoretischen Prämissen der Studie sollte deutlich gemacht haben, dass Betriebsratsgründungen im Regelfall eine starke und wechselvolle Dynamik besitzen: Es geht um die *Formierung von Interessen,* um die *Herausbildung einer kollektiven Identität* und um soziale *Mobilisierung.* Der Prozess, der hier abläuft, ist einschneidend und transformativ für die betriebliche Sozialkultur. Die Interaktionsmodi des ‚Ausgangszustands' (vor der Betriebsratsinitiative) unterscheiden sich häufig eklatant von den Verhältnissen nach der Etablierung einer formalen Beschäftigtenvertretung. Für die systematisierte Darstellung dieses Prozesses haben wir, sowohl theoriegeleitet als auch empirieba-

---

22 Vgl. hierzu etwa auch die Beschreibung sogenannter „verrückter Kämpfe" in prekären Dienstleistungsbereichen. Hier existiert häufig eine eklatante Machtasymmetrie zwischen Beschäftigten und Management. Aktivist/inn/en (z.B. für Betriebsratsgründungen) müssen oft mit direkter Repression, d.h. Entlassung rechnen. Dies ist nicht selten eine effiziente Maßnahme und sorgt wieder für ‚Ruhe' im Unternehmen. In Fällen, in denen es jedoch gelingt, eine betriebliche Kollektividentität zu schmieden, welche die Entlassenen dauerhaft einschließt, kommt es zuweilen zu einer erstaunlichen Dynamik der Konflikteskalation, die manchmal auch mit (partiellen) Erfolgen der vermeintlich ‚Schwachen' enden kann (vgl. Artus 2008a: 333ff.).

siert, ein heuristisches Konzept entwickelt, das insgesamt fünf verschiedene Phasen unterscheidet, die – bei aller Differenz im Detail – typisch sind für diesen Entwicklungsprozess. Sie sollen im Folgenden kurz dargestellt werden:

Auch ohne bzw. vor der Existenz eines Betriebsrats finden (wie bereits im Abschnitt 2.2.2 erläutert) innerbetrieblich eine Vielzahl an nicht formalisierten oder semi-institutionalisierten Repräsentations- und Vertretungsprozessen statt (z.B. durch Vertrauensleute, informelle Anführer/innen, Sprecher/innen, Vorgesetztenverhältnisse etc.). Wir nennen diese Situation eines „Betriebs ohne Betriebsrat" (Artus et al. 2006; Lücking 2009) daher die *Phase informeller Interessenrepräsentation*. Zuweilen mag es auch in dieser Phase bereits vereinzelt Dis-

Abb. 1: Phasen einer Betriebsratsgründung

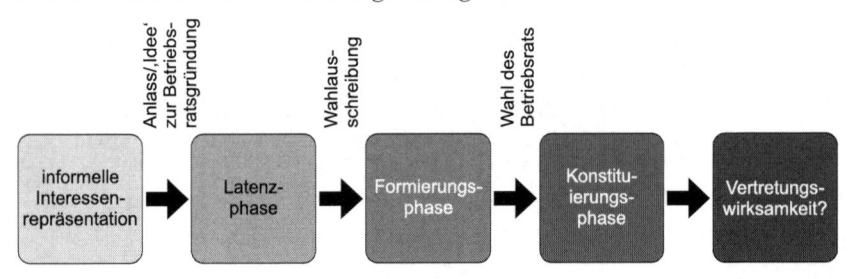

| informelle Interessenrepräsentation | → | Latenzphase | → | Formierungsphase | → | Konstituierungsphase | → | Vertretungswirksamkeit? |

(Übergänge: Anlass/‚Idee' zur Betriebsratsgründung; Wahlausschreibung; Wahl des Betriebsrats)

kussionen über die Möglichkeit einer Betriebsratsgründung geben oder Betriebsratsgründungsinitiativen sind vielleicht in der Vergangenheit gescheitert. Hegemonial für die betriebliche Kultur ist jedoch (noch) die Perspektive, wonach eine formalisierte Interessenvertretung nicht wünschenswert, nicht notwendig oder auch einfach nicht realisierbar sei.[23]

Ausgehend von ‚informellen Vorformen' der Interessenvertretung setzt die zweite Phase von Betriebsratsgründungsprozessen dann ein, wenn die Idee zur Einrichtung einer formalisierten Interessenvertretung auftaucht und (zunächst in kleinem Kreise) handlungsrelevant wird. Wir haben diese zweite Phase *Latenzphase* genannt, weil die Idee der Betriebsratsgründung vorerst in aller Regel auf einen kleinen Kern von Beschäftigten beschränkt bleibt, die (noch) nicht betriebsöffentlich den Prozess einer Betriebsratsgründung vorbereiten. Sie sprechen untereinander über Sinn, Erfolgsaussichten und geeignetes Vorgehen bei diesem Projekt und weihen dann meist noch einige wenige weitere Beschäftigte, die als vertrauenswürdig eingestuft werden, in die Planungen ein. Auch der erste

---

23 Zu den unterschiedlichen Konstellationen und Begründungsmustern, die sich in ‚Betrieben ohne Betriebsrat' finden, vgl. ausführlicher Lücking (2009). Zu differenten Managementideologien der Ablehnung eines Betriebsrats vgl. Trinczek (2004), Böhm/Lücking (2006) sowie Artus (2008b).

Stand der Forschung und theoretisches Konzept 39

Kontakt mit der Gewerkschaft ist für diese Phase typisch. Es geht um rechtliche Information und Strategiefindung. Von Fall zu Fall unterschiedlich ist sowohl die Notwendigkeit als auch die Fähigkeit zur ‚Latenz' bzw. Geheimhaltung der Organisierungsinitiative. In unserer quantitativen Befragung behaupten beispielsweise die befragten Manager/innen in knapp der Hälfte aller Fälle, sie hätten mit Aufkommen der Idee einer Betriebsratsgründung von dieser erfahren; ein knappes weiteres Drittel sagte, sie seien im Laufe der informellen Vorbereitungen zur Betriebsratswahl informiert worden. Unsere Interviewpartner/innen in der qualitativen Erhebung, die vor allem aus Betriebsratsaktivist/inn/en bestanden, betonten hingegen in großer Mehrheit die Wichtigkeit gut gehüteter ‚Latenz',[24] die im Idealfall bis zu dem Zeitpunkt andauert, zu dem ein Wahlvorstand eingesetzt wird und das Wahlausschreiben den Betriebsratsgründungsprozess öffentlich und rechtswirksam einleitet. Die ‚Wahrung der Latenz' ist deshalb so zentral, weil sie zunächst eine Art diskursiven Schonraum garantiert. Unbeeinflusst und ungestört von Managementinterventionen, aber auch von allzu kritischen Stimmen aus der Belegschaft, können Beschäftigte, denen eine prinzipiell positive Einstellung zum Thema Mitbestimmung unterstellt wird, zunächst in Ruhe Argumente austauschen und auch einen ersten Prozess der Vergemeinschaftung im Sinne der Formierung einer kollektiven Identität vorantreiben. Eine ‚kritische Einmischung' in diesen Prozess (sei es aus der Belegschaft oder von Seiten des Managements) erfolgt bei ‚gut gehüteter Latenz' somit erst, wenn ein Mindestmaß an sozialer Gruppenbildung erfolgt ist und man sich wechselseitig versichert hat, dass das Ziel der Etablierung eines Betriebsrats – aus guten Gründen – im kollektiven Interesse liegt und dass man bei der Verfolgung dieses Ziels untereinander solidarisch sein will. In dieser Frühphase sozialer Mobilisierung sind die Aktivist/inn/en zudem rechtlich noch völlig ungeschützt. Repressive Maßnahmen (z.B. Abmahnung, Versetzung, Entlassung von vermuteten ‚Unruhestifter/inne/n') oder auch generell Einflussnahme der Geschäftsleitung (Überzeugungsarbeit, Beförderungen bei ‚Wohlverhalten', Suche nach ‚alternativen Vertretungsformen' o.ä.) haben in dieser Phase noch die größten Aussichten auf Erfolg, da die sich herausbildende soziale Gruppe noch nicht sehr umfassend und auch noch nicht allzu solide organisiert ist. Nichtsdestoweniger existieren natürlich diverse Fälle, in denen das Vorhaben einer Betriebsratswahl informell ‚durchsickert' oder auch ohnehin wenig Wert auf Geheimhaltung ge-

---

24 Der Unterschied in den Aussagen der Gesprächspartner/innen lässt sich zum einen dadurch erklären, dass in der Telefonumfrage weniger konflikthaft ablaufende Betriebsratsgründungen überrepräsentiert waren, in denen die Geheimhaltung vermutlich tatsächlich weniger wichtig war; zum anderen mag auch eine Rolle spielen, dass die befragten Manager/innen möglicherweise bis heute nicht wissen, dass die Latenzphase deutlich länger dauerte, als sie dies vermuten. Auf diesen Sachverhalt deuten jedenfalls die qualitativen Interviews hin.

legt wird. In solchen Fällen beginnen auch die betriebsöffentlichen Diskussionen über den Sinn und die Zielrichtung einer Betriebsratsgründung meist bereits vor der Einsetzung des Wahlvorstandes und dem offiziellen Wahlausschreiben. In diesen Fällen könnte man daher von einer ‚Überlappung' von Latenzphase und der – idealtypisch – darauf folgenden Formierungsphase sprechen. Gleichsam ‚offiziell' und in seiner Entschlossenheit endgültig ernst zu nehmen ist das Ansinnen einer Betriebsratswahl jedoch erst mit der Einleitung rechtlicher Schritte, weshalb diese auch definitorisch den zentralen Einschnitt bildet zwischen Latenzphase und Formierungsphase.

Die (aufgrund rechtlicher Fristen vorgegebene) mehrwöchige *Formierungsphase* zwischen dem Wahlausschreiben und der Betriebsratswahl[25] wird begrifflich als solche bezeichnet, weil sie sich im Regelfall durch eine erheblich dynamisierte soziale Meinungs- und Gruppenbildung auszeichnet. Freilich ist der Begriff streng genommen fragwürdig, da der Prozess kollektiver Interessenformierung weder erst mit der Einsetzung des Wahlvorstandes beginnt noch mit der Betriebsratswahl endet. Dennoch wird das Thema ‚Betriebsrat' spätestens durch die offizielle Einleitung der Betriebsratswahl zum innerbetrieblichen Politikum. Personen werden als mögliche Kandidat/inn/en angesprochen oder bieten sich selbst als solche an; man diskutiert über deren Eignung und auch über die Reihung der Kandidat/inn/en. Dabei geht es nicht nur um individuelle Eignung oder professionelle Qualifikationen möglicher Repräsentant/inn/en, sondern auch darum, wer welche Interessen und kollektiven Identitäten repräsentieren kann, die Vertretung welcher Interessen überhaupt legitim ist und wer dies zuverlässiger Weise tun kann und wird. Es geht um die diskursive Konstruktion eines (möglichst) identitären Kollektivinteresses. Auch die Frage, ob es überhaupt eine formalisierte Interessenvertretung braucht, wird möglicherweise (erneut) betriebsöffentlich diskutiert und spätestens jetzt schaltet sich vermutlich die Geschäftsleitung mit ihren Argumenten und Strategien in den Prozess ein. Möglicherweise entstehen sogar differente Listen, und es kann zu Konflikten zwischen verschiedenen Belegschaftsteilen bzw. zwischen Betriebsratsinitiator/inn/en und Geschäftsleitung kommen.

Mit der erfolgten Betriebsratswahl und der konstituierenden Sitzung des neuen Betriebsrats endet die Formierungsphase und es beginnt die *Konstituierungsphase*, in der die nunmehr mit einem offiziellen Mandat ausgestatteten Repräsentant/inn/en sich als handlungsfähiges Kollektiv konstituieren (sollten). Dies ist alles andere als einfach. Es bedeutet z.B., dass man sich auf bestimmte Modi funktionaler Arbeitsteilung einigen muss und diese müssen auch effizient umgesetzt werden. Dies ist auch mit der Zuweisung von Verantwortlichkeiten (z.B. dem Vorsitz im Betriebsrat) und Ressourcen (z.B. Freistellungen) ver-

---

25 Im normalen Wahlverfahren beträgt diese Phase mindestens sechs Wochen.

Stand der Forschung und theoretisches Konzept 41

knüpft. Oft müssen Ressourcen auch erst noch (zuweilen konflikthaft) errungen werden (Büro, Computer, Freistellung für Schulungen etc.). In diese Phase fällt die Notwendigkeit grundlegender Qualifizierung und Einarbeitung der neuen Betriebsratsmitglieder in rechtliche Zuständigkeiten und Möglichkeiten der Interessenvertretung. Das Hauptproblem besteht jedoch vielleicht darin, dass der frisch gewählte Betriebsrat sich nunmehr über das eigene Selbstverständnis und interessenpolitische Ziele klar werden muss. Auch die Umsetzung dieser Ziele durch strategisches betriebspolitisches Handeln muss oft erst erlernt werden – nicht selten durch ‚trial and error'. Dies gelingt zumeist dann relativ leicht, wenn die vorangegangene Formierungsphase unproblematisch und intensiv war, d.h. wenn der Betriebsrat einen klaren Vertretungsauftrag von der Belegschaft erhalten hat und die gewählten Repräsentant/inn/en diesen Vertretungsauftrag nicht nur professionell umsetzen, sondern auch glaubwürdig ‚symbolisieren'. Es ist hingegen besonders schwierig, wenn sich schon in der Formierungsphase deutliche Spaltungslinien in der Belegschaft zeigen und der Betriebsrat auch personell nicht so gestaltet ist, dass er die Belegschaft in legitimer und akzeptierter Weise ‚repräsentiert' (vgl. das Muster *Blockierte Partizipation*, Kap. 4.6). Das Erlernen eines taktischen Umgangs mit Machtressourcen, Organisierungslogiken, Kommunikations- und Informationsmechanismen ist alles andere als einfach und nicht selten fühlen sich anfänglich hoch motivierte Betriebsratsmitglieder bald überfordert. Glaubte man sich mit der Wahl eines Betriebsrats doch bereits am Ziel seiner Wünsche, so stellt man schnell fest, dass dies lediglich der erste Schritt war auf einem langen Weg zu einer durchsetzungsfähigen Interessenvertretung. Gerade im ‚verflixten ersten Jahr' ist daher die personelle Fluktuation im Gremium häufig hoch und externe Unterstützungsleistungen durch Gewerkschaften und/oder Gesamt- bzw. Konzernbetriebsräte sind essenziell, damit die Konstituierungsphase allmählich in einen Zustand (mehr oder weniger) effizienter *Handlungs- und Repräsentationsfähigkeit* übergeht. Erst jetzt endet nach unserer Auffassung der Prozess der Betriebsratsgründung, wenn man diesen nicht nur als formalen Wahlakt betrachtet, sondern als Herstellung eines aktiven Repräsentationsverhältnisses zwischen Beschäftigten und Betriebsrat.

Dieser letzte Schritt gelingt jedoch nicht allen gewählten Betriebsräten. Eine relevante Minderheit (etwa ein Drittel) der von uns qualitativ untersuchten Betriebsratsgründungen hatte diesen Schritt zumindest bis zum Zeitpunkt unseres/r Interview/s nicht geschafft (vgl. die Betriebsratsgründungsmuster *Vertretung von Partialinteressen* und *Blockierte Partizipation*, Kap. 4.5 und 4.6). Da die Wahrscheinlichkeit, relativ schnell nach der formellen Wahl auch faktisch als Interessenvertretung handlungsfähig zu werden, in typischer Weise mit der betrieblichen Sozialordnung und den Gründungsdynamiken der Betriebsräte zusammenhängt, ist in unserer Typologie von Betriebsratsgründungen die Dimension der *Vertretungswirksamkeit* ein typkonstitutives Merkmal (vgl. Kap. 4.1).

2.4 Dimensionen einer Typologie von Betriebsratsgründungen

In den vorangegangenen Kapiteln wurden bereits (fast) alle wesentlichen Dimensionen erwähnt und auch theoretisch begründet, die wichtig sind, um Dynamiken von Betriebsratsgründungen in idealtypischer Weise voneinander zu unterscheiden. Im Folgenden soll nun noch einmal ein systematischer Überblick über diese typkonstitutiven Kriterien gegeben werden. Es handelt sich dabei um:

a) Strukturelle Merkmale
b) Innerbetriebliche Austauschbeziehungen und kollektive Interessendefinition
c) Anlässe
d) Konstituierung der repräsentativen sozialen Gruppe
e) Verlaufsformen
f) Vertretungswirksamkeit

a) Strukturelle Merkmale: Die einzige typkonstitutive Dimension, die bislang nicht explizit erwähnt wurde, sind die strukturellen Merkmale der Betriebe, in denen Betriebsratsgründungsprozesse stattfanden. Da es (bezogen auf die Privatwirtschaft) keine Brancheneinschränkung des Untersuchungsfeldes gab, sind die betrieblichen Merkmale der Untersuchungsbetriebe ausgesprochen breit gestreut (vgl. Kap. 3.2). Dies gilt neben der Branche bzw. dem Produkt des Betriebs auch für die Betriebsgröße (Beschäftigtenzahl), die Belegschaftsstruktur (vor allem Qualifikationsstruktur, Geschlechterverteilung), das Verhältnis von Stamm- und Randbelegschaft (unbefristete Vollzeit versus Befristungen, Teilzeit, geringfügige Beschäftigung, Leiharbeit etc.), die Eigentumsverhältnisse (eigentümergeführt; Konzernbetrieb; ausländische Aktiengesellschaft o.ä.) und die wirtschaftliche Lage. Es ist nicht davon auszugehen, dass es simple deterministische Zusammenhänge zwischen einzelnen Strukturmerkmalen und Dynamiken der Betriebsratsgründung gibt. Dennoch erwies es sich als sinnvoll und zum Teil sogar unabdingbar, die strukturellen Rahmenbedingungen in die Analyse einzubeziehen, um damit zusammenhängende Merkmale der Betriebskultur verstehen zu können. Einige der im Folgenden (vgl. Kapitel 4) dargestellten typischen Varianten von Betriebsratsgründungen sind dann auch relativ eng assoziiert z.B. mit bestimmten Branchen oder auch mit dem Vorhandensein einer starken ‚Randbelegschaft'.

b) Innerbetriebliche Austauschbeziehungen und kollektive Interessendefinition: Wie im Abschnitt 2.2.1 bereits erläutert, zielt die Dimension *innerbetriebliche Austauschbeziehungen* auf die Gesamtheit der Sozialbeziehungen im Unternehmen. Als in etwa äquivalent gedachter Begriff wird manchmal auch das Kotthoff'sche Konzept der betrieblichen Sozialordnung benutzt – oder als theoretisch etwas weniger anspruchsvoller Begriff auch jener der ‚Betriebskultur'.

Diese ist im Regelfall stark vom Führungsverhalten und der Managementphilosophie beeinflusst, aber auch von oft wechselvollen Ereignissen der Betriebsgeschichte. Infolgedessen mag z.b. eine eher gemeinschaftlich oder eher instrumentell geprägte Sozialordnung existieren.[26] Soweit dies im Rahmen der beschränkten Erhebungstiefe möglich war, wurde versucht, insbesondere die interessenpolitischen Konstellationen und Deutungen der betrieblichen Akteure detailliert nachzuvollziehen, d.h. die Interpretationen der Interessenlagen durch das Management und Belegschaft(-steile) und die Art und Weise, wie gemeinsame, besondere, individuelle und kollektive Interessenlagen definiert wurden.

c) Anlässe: Wie bereits im Abschnitt 2.2.3 kurz dargestellt, werden in der Dimension ‚Anlässe' insbesondere ‚kurzfristige Ereignisse' von ‚dauerhaften Problemlagen' als Anlass für Betriebsratsgründungen unterschieden. Kurzfristige Ereignisse, die auch als ‚exogener Schock' für die etablierte Betriebskultur aufgefasst werden können, sind z.B. Eigentümer- oder Managementwechsel, Übernahme des Betriebs durch einen anderen Konzern, betriebliche Fusionen oder Ausgründungen, wirtschaftliche Krisen und Insolvenzerlebnisse, aber auch gewerkschaftliches Organizing – kurz alle Ereignisse, die so einschneidend sind, dass sie in kurzer Zeit eine Transformation der etablierten innerbetrieblichen Austauschbeziehungen herbeiführen. Dauerhafte Problemlagen, die zwar nicht ‚über Nacht' zu einer Betriebsratsgründung führen, jedoch im Sinne des Prinzips ‚steter Tropfen höhlt den Stein' kontinuierlich für Unzufriedenheit unter den Beschäftigten sorgen und somit möglicherweise einen anhaltenden Prozess der Delegitimierung der betrieblichen Sozialordnung verursachen, treten vor allem in zwei Varianten auf: Einerseits finden sich Betriebe mit systematischen Problemen der Unternehmensorganisation, z.B. infolge eines recht schnellen Größenwachstums. Mangelnde Transparenz und Gerechtigkeitslücken in den betrieblichen Strukturen sind oft die Folge (vgl. Typus *Erweiterung individueller Interessen*, Kap. 4.3). Andererseits finden sich Betriebe, deren Management- und/ oder Konkurrenzstrategien die regelmäßige und vielfältige Verletzung von Beschäftigteninteressen impliziert, sei es aufgrund mangelnder Professionalität oder auch als systematische Strategie der Lohnkostenreduktion. Typische Probleme sind hier gesundheitsbelastende und entwürdigende Arbeitsbedingungen, ungerechte und niedrige Löhne, die direkte und kurzfristige Weitergabe marktbedingter Flexibilitätserfordernisse an die Beschäftigten, autoritäres Vorgesetz-

---

26 Als trennscharfe sowie heuristisch sinnvolle Unterscheidung für die empirische Ausprägung von ‚Betriebskulturen' hat sich einmal mehr die Differenzierung zwischen ‚gemeinschaftlichen' und ‚instrumentellen' Betriebskulturen erwiesen. Diese Kategorien finden sich bereits bei Kotthoff (1981, 1994) und Kotthoff/Reindl (1990); sie wurden z.B. auch von Hertwig (2011, 2013) adaptiert oder finden sich – unter etwas anderen Begrifflichkeiten – bei Dufour/Hege (2006).

tenverhalten u.ä. (vgl. Typus *Kollektive Emanzipation*, Kap. 4.4). Institutionentheoretisch gesprochen handelt es sich bei den ereignisbezogenen Gründungen von Betriebsräten um einen exogen verursachten Institutionenwandel, bei den Gründungen aufgrund von dauerhaften Problemlagen um endogene oder auch inkrementelle Wandlungsprozesse (vgl. Streeck/Thelen 2005).

d) Konstituierung der repräsentativen sozialen Gruppe: Im Abschnitt 2.2.2 wurde ausführlich dargestellt, dass Prozesse der kollektiven Identitätsbildung und Interessenformierung unabdingbar sind für erfolgreiche Betriebsratsgründungen. Dabei geht es sowohl um die Herausbildung der Belegschaft als sozialer Gruppe mit kollektiver Interessendefinition als auch um den Aufbau einer aktiven Repräsentationsbeziehung zwischen dieser und einem Aktivist/inn/enkollektiv, dessen Vertretungshandeln (sowohl vor als auch nach der Betriebsratswahl) im hegemonialen Diskurs der betrieblichen Öffentlichkeit als legitim eingeschätzt wird und aus dessen Kreis sich potenzielle Repräsentant/inn/en (d.h. Betriebsratsmitglieder) rekrutieren.

e) Verlaufsformen: Im Kapitel 2.3 wurden fünf typische Phasen der Betriebsratsgründung dargestellt, die – je nach Prozessdynamik bzw. Typik der Betriebsratsgründung – unterschiedlich gestaltet sind. In ihrer Ausprägung sind sie insbesondere abhängig von der betrieblichen Sozialordnung und vom Gründungsanlass. Auch das Verhalten der Geschäftsleitung, etwa die Frage, ob Repressionsmaßnahmen ergriffen werden, ist ein wichtiger Einflussfaktor. Zugleich kann auch die Unterstützung von Gewerkschaften und Gesamt- bzw. Konzernbetriebsräten eine Rolle für den Gründungsverlauf spielen.

f) Vertretungswirksamkeit: Unser Begriff der Vertretungswirksamkeit ist äquivalent zu dem von Dufour/Hege (2002) benutzten Begriff der „Repräsentationsfähigkeit im betrieblichen Alltag" (représentation au quotidien) gedacht. Er zielt *nicht* in erster Linie auf die *formale* Wahlprozedur und damit erlangten *rechtlichen Befugnisse* des neu gewählten Betriebsrats, sondern auf seine *praktische Vertretungsfähigkeit* und -effizienz im betrieblichen Alltag. Er zielt also auf *Legitimität*, nicht Legalität, und auf *Vertretungsmacht* – ganz im Sinne von Max Weber – in Form der Fähigkeit zur ‚Durchsetzung von Belegschaftspositionen auch gegen das Widerstreben anderer' (in der Regel der Geschäftsleitung oder der Vorgesetzten). Quelle von Vertretungswirksamkeit sind somit nicht oder erst in zweiter Linie gesetzlich verbriefte Rechte (oder ‚Sekundärmacht' im Sinne von Jürgens 1984); sie ergibt sich in erster Linie aus den realen oder potenziell aktivierbaren Unterstützungsbeziehungen zwischen Betriebsrat und Belegschaft (also der Möglichkeit zur Mobilisierung von ‚Primärmacht'). Vertretungswirksamkeit ist somit vor allem Ausdruck einer bestimmten Qualität der sozialen Beziehungen zwischen ‚Repräsentant/inn/en und Repräsentierten' (vgl. Dufour/ Hege 2002; Artus 2008: 48), zwischen Vertreter/inne/n und Vertretenen. Mobilisierungstheoretisch könnte man auch von der Herstellung ‚aktiven' und glaubwürdigen ‚Leaderships' sprechen: Laut Kelly (1998: 35, eig. Übersetzung) „stimulieren" vertretungswirksame Repräsentant/inn/en „Gruppenkohäsion und kollektive Identität, welche den Arbeitern Mut macht, über ihre kollektiven Interessen nachzudenken". Sie „aktivieren bestimmte soziale Identitäten in einer Weise, dass ‚Untergebene' in Kategorien ihrer Gruppenidentität agieren" (ebd.). Auch Kelly betont also den Zusammenhang zwischen der Herstellung einer kollektiven Identität (der Belegschaft) und der dadurch erst entstehenden Möglichkeit ihrer ‚wirksamen' Vertretung (durch den Betriebsrat).

Vertretungswirksamkeit manifestiert sich im Alltag in einer Vielzahl sowohl praktischer wie symbolischer Interaktionen zwischen Betriebsratsmitgliedern und Beschäftigten: Beschäftigte wenden sich mit ihren Anliegen an die Vertreter/innen; sie ‚vertrauen' sich ihnen an und ‚beauftragen' sie mit der Wahrung ihrer Interessen; sie informieren den Betriebsrat über betriebliche Ereignisse und unterstützen die Vertreter/innen in der Betriebsöffentlichkeit, sei es in Diskussionen mit Kolleg/inn/en oder durch Beifall auf Betriebsversammlungen; im Extremfall sind sie auch bereit, individuell oder kollektiv Vertretungsstrategien des Betriebsrats durch eigenes Handeln zu bestärken. Auch die Gewerkschaftsmitgliedschaft gehört häufig zum Ensemble symbolischer Praktiken, welche die Existenz einer kollektiven Identität und eine Solidaritätsbereitschaft sowohl untereinander als auch mit den betrieblichen Interessenvertreter/inne/n ausdrückt. Der Betriebsrat ist vertretungswirksam, wenn und weil er diese kollektive Identität sowohl in den Augen der Belegschaft als auch der Geschäftsleitung in glaubwürdiger Weise *repräsentiert.*

Eine *mangelhafte Vertretungswirksamkeit* neu gegründeter (oder auch bereits existierender) Betriebsräte ergibt sich dementsprechend häufig daraus, dass die Herausbildung einer betrieblichen kollektiven Identität und/oder eine ‚enge Verbundenheit' von Beschäftigten und Betriebsrat (noch?) nicht vorhanden ist. Dies kann vielfältige Ursachen haben. Sie zeichnen sich häufig bereits in der ‚Formierungsphase' ab: Ausgeprägte Spaltungen und Konflikte innerhalb der Belegschaft erschweren oder verunmöglichen im Extremfall die Herausbildung kollektiv akzeptierter ‚Sprecher/innen'. Möglicherweise stellen sich auch nicht die ‚richtigen' Beschäftigten zur Wahl, d.h. die im Betriebsalltag etablierten informellen Sprecher/innen und Anführer/innen sehen das ‚Projekt Betriebsrat' eher skeptisch oder wollen sich nicht den Stress der offiziellen Verantwortungsübernahme aufhalsen. Repression von Seiten der Geschäftsleitung oder auch die Förderung ‚geschäftsleitungsnaher' Listen erschwert häufig die ohnehin nicht einfache Herausbildung kollektiver Vertretungsfähigkeit zusätzlich. Die offiziellen Wahlen, die im Fall von Betriebsratsneugründungen oft mit sehr hoher Wahlbeteiligung stattfinden, sind dann zwar im Regelfall ein wichtiger Baustein und Schritt in Richtung legitimer Repräsentation und insofern auch eine direkte Quelle von Vertretungswirksamkeit. Sie sind jedoch nur ein Zwischenschritt. Nach erfolgter Wahlprozedur muss sich das neu gegründete Gremium seine Repräsentativität und nachhaltige sowie umfassende Vertretungswirksamkeit in einer Vielzahl von Vertretungsakten zunächst erwerben. Auch hier kann vieles schief gehen: Vielleicht fehlt eine klare Schwerpunktsetzung, so dass der Betriebsrat zwar vieles will, aber nur wenig durchsetzen kann. Vielleicht fehlt ausreichende rechtliche oder strategische Kompetenz. Zwar betonen Dufour/Hege (2002: 191, eig. Übers.), dass „die repräsentative Wirkungsmacht [*efficacité*] sich nicht an der Messlatte der Interventionsfähigkeit spezialisierten Expertentums" bemesse, sondern „anhand der Fähigkeit der Repräsentanten, eine enge Beziehung zu ihren Mandanten zu sichern"; ein gewisses Maß an Professionalität, d.h. auch rechtlichen Qualifikationen, betrieblichen wie überbetrieblichen Informationsnetzwerken sowie Strategiefähigkeit ist allerdings im Regelfall unabdingbar und muss meist erst nach und nach erworben werden. Vielleicht ist der Betriebsrat auch intern gespalten und beschäftigt sich mehr mit seiner internen Fraktionierung als mit der Entwicklung eines klaren Vertretungsprofils. Vielleicht gibt es eine hohe interne Fluktuation, weil die neu gewählten Kandidat/inn/en sich ihren Vertretungsjob längst nicht so zeitaufwändig und kompliziert vorgestellt hatten. Vielleicht blockiert auch die Geschäftsleitung dauerhaft die Vertretungsinitiativen des Betriebsrats und dieser schafft es – auch angesichts noch nicht ‚voll' etablierter Vertretungswirksamkeit – nicht, sich gegen den starken und eventuell auch repressionswilligen ‚Gegner' durchzusetzen. In solchen Fällen kommt es nicht selten zu einem ‚negativen Rückkopplungseffekt': Die Nicht-Akzeptanz des Betriebsrats als legitimer Ansprech- und Verhandlungspartner der Geschäftsleitung beschädigt dessen Reputation in der Belegschaft und verhindert den Aufbau von Vertretungsmacht – was wiederum seine Durchsetzungsfähigkeit gegenüber der Geschäftsleitung unterminiert. Unter solchen Bedingungen kann es lange dauern, bis der Betriebsrat vertretungsmächtig wird.

Die Etablierung eines sozial ‚funktionierenden' Vertretungsverhältnisses zwischen Betriebsrat und Belegschaft braucht jedoch *immer* eine gewisse Zeit. Im Rahmen des Forschungsprojektes kristallisierte sich das ‚verflixte erste Jahr' nach der Betriebsratsgründung als besonders schwieriger Zeitraum heraus, in dem – im besten Fall – die nachhaltige Begründung eines Vertrauensverhältnisses und die Etablierung kollektiver Repräsentationsmacht stattfindet. Im schlechteren Fall erfolgt dies erst zu einem deutlich späteren Zeitpunkt – oder auch überhaupt nicht, d.h. der Betriebsrat entwickelt sich nicht zu einem Organ umfassender Interessenvertretung, sondern er vertritt lediglich selektive Partialinteressen bzw. er schafft es nicht, ausreichende Vertretungsmacht zu erringen und die Partizipation der Belegschaft bleibt – trotz Existenz eines formalen Repräsentationsgremiums – weiterhin blockiert.

3. Überblick über die empirische Datenbasis

3.1 Zum methodischen Vorgehen

Das Phänomen Betriebsratsgründungen gehört, wie erwähnt, immer noch zu den eher ‚weißen Flecken' in der Betriebsräteforschung. Zwar wurde im Rahmen der Forschungen zu Betrieben ohne Betriebsräte oder zu alternativen Formen der Interessenregulierung und ebenso in Untersuchungen zur Mitbestimmung in Klein- und Mittelbetrieben auch auf Betriebsratsgründungen eingegangen, aber systematische empirische Untersuchungen dazu gab es bislang kaum.[1] Dass die institutionelle Dynamik betrieblicher Mitbestimmung derart unterbelichtet blieb, hängt mit mehreren Faktoren zusammen, die letztlich auch den Ausschlag für das gewählte Erhebungsdesign der vorliegenden empirischen Untersuchung gaben:

- *Großbetriebsbias der Forschung:* Die Mitbestimmungsforschung konzentriert(e) sich, ebenso wie die Industriesoziologie insgesamt, in erster Linie eher auf große (klassische) Produktionsbetriebe (vgl. Deutschmann 2002; Greifenstein/Kißler 2010; Kotthoff 2013). Betriebsräte sind aber gerade in mittelgroßen und großen Produktionsbetrieben relativ selbstverständlich. So existiert in etwa drei Viertel der Betriebe mit 200 bis 500 Beschäftigten und sogar in knapp neun von zehn Betrieben mit mehr als 500 Beschäftigten eine betriebliche Interessenvertretung (Ellguth/Kohaut 2013: 285, 2015: 294). Am unteren Ende des Betriebsgrößenspektrum sieht es dagegen anders aus, lediglich in etwa 5% der Betriebe mit fünf bis 50 Beschäftigten existierte 2014 ein Betriebsrat (Ellgut/Kohaut 2015: 294). Insofern spielte die institutionelle Dynamik betrieblicher Mitbestimmung wie Neugründungen von Betriebsräten im traditionellen Untersuchungsfeld der Arbeits- und Industriesoziologie nur eine untergeordnete Rolle.
- *Hoher Suchaufwand:* Abgesehen davon handelt es sich bei Betriebsratsgründungen um ‚seltene Phänomene'. Zwar ist die Gründungsdynamik in Klein- und Mittelbetrieben vergleichsweise höher als in Großbetrieben, dennoch werden laut Einschätzung des Instituts für Arbeitsmarkt- und Berufsforschung (IAB) nur etwa in 1,5 bis 2% der Betriebe mit 20 bis 199 Beschäftigten pro Jahr Betriebsräte gegründet. Die Seltenheit in Verbindung mit dem Fehlen einer amtlichen Statistik zu Betriebsräten bedingen einen hohen methodischen und kostenintensiven Suchaufwand, um die Phänomene überhaupt ‚in den Blick' zu bekommen.

---

1 Eine wichtige Ausnahme war die Untersuchung von Schlömer-Laufen/Kay (2012).

- *Geringe Teilnahmebereitschaft bzw. hohe Verweigerungsquoten:* Selbst wenn man eine prinzipielle Auskunftsbereitschaft der Zielgruppen unterstellen könnte, Betriebsratsmitglieder wie auch Vertreter/innen des Managements in kleineren Betrieben sind zeitlich eventuell (noch) stärker eingespannt (als ihre Kolleg/inn/en in Großbetrieben), was die Bereitschaft zur Teilnahme an einer empirischen Erhebung restringiert. Außerdem muss mit erhöhten Verweigerungsquoten gerechnet werden, weil es sich bei Betriebsratsgründungen häufig um ein sensibles Thema handelt, über das betrieblichen Akteure, vor allem Vertreter/innen des Managements, ungern ‚Externen' gegenüber Auskunft geben.[2]

Die skizzierte Problematik des Forschungsfeldes, besonders die Seltenheit des Phänomens, bestimmte das methodische Vorgehen der empirischen Untersuchung und war letztlich auch für die notwendige Anpassung des Forschungsdesigns im Verlauf der empirischen Erhebung, d.h. die Konzentration auf die *qualitativen* Kurzfallstudien, mit verantwortlich.

Da Betriebsratsgründungen eher in kleinen bzw. mittelgroßen als in Großbetrieben zu finden sind, lag der Fokus bei der *Auswahl der Untersuchungsbetriebe* auf privatwirtschaftlichen Betrieben in jenen Größenklassen. Für die *zusätzliche Fragestellung* nach der Rolle von Gesamt- und Konzernbetriebsräten bei der Initiierung von lokalen Betriebsratsgründungen (vgl. Kap. 5.2) wurden Großunternehmen bzw. Großkonzerne mit filialisierten Betriebsstrukturen in die Untersuchung einbezogen, diese werden bei der Darstellung der Fallbetriebe nicht gesondert ausgewiesen. Auf eine *Branchenvorauswahl* wurde verzichtet, weil eine mögliche branchenkulturelle Vielfalt von Betriebsratsgründungsprozessen nicht von vornherein beschnitten werden sollte.

Das ursprünglich geplante *Erhebungsdesign* sah einen *mehrstufigen* Zugang zum Forschungsfeld vor, der allerdings so nicht umgesetzt werden konnte und deshalb angepasst wurde. Nachfolgend werden (1) das geplante Erhebungsdesign und (2) das tatsächliche Vorgehen skizziert, dem sich (3) kurze methodenkritische Anmerkungen anschließen.

(1) Ursprünglich geplantes Erhebungsdesign

Im Rahmen der *quantitativen Erhebung*, die als computergestützte Telefonbefragung (CATI)[3] konzipiert worden war, sollten aus einer großen Betriebsstichprobe

---

2   Hohe Verweigerungsquoten bei Befragungen zum Thema betriebliche Mitbestimmung werden in der Literatur immer wieder belegt. So antworteten z.B. in einer schriftlichen Befragung im Rahmen eines Forschungsprojekts des Instituts für Mittelstandsforschung zu diesem Thema von 14.000 angeschriebenen Geschäftsführungen aus Klein- und Mittelunternehmen lediglich 809 (Schlömer-Laufen/Kay 2012).
3   Mit der CATI-Befragung wurde ein externes Erhebungsinstitut beauftragt.

Überblick über die empirische Datenbasis 49

mittels eines kurzen Screenings[4] diejenigen Betriebe identifiziert werden, in denen innerhalb des Untersuchungszeitraums (Jahre 2000 bis 2012) ein Betriebsrat gegründet worden war, und die daher zur Untersuchungsgruppe gehörten. Aus dieser Untersuchungsgruppe von Betrieben mit Betriebsratsgründungen sollten wiederum etwa 200 bis 300 Betriebe zum Verlauf der Betriebsratsgründung standardisiert befragt werden *(quantitatives Untersuchungssample)*. Hierfür wurde eingedenk der Seltenheit des Phänomens und der erwarteten Verweigerungsquote aus der Firmendatenbank von beDirect[5] eine geschichtete Stichprobe[6] von ca. 15.000 Betrieben mit 20 bis 199 sozialversicherungspflichtigen Beschäftigten bundesweit und aus allen Branchen (mit Ausnahme des öffentlichen Dienstes, privater Haushalte und exterritorialer Organisationen) gezogen. Idealerweise hätten je eine/n Vertreter/in der Managementseite als auch des Betriebsrates zu betrieblichen Grunddaten sowie zum Kontext der Betriebsratsgründung interviewt werden sollen. Anvisiert wurden insgesamt etwa 300 Interviews.

Aus diesem *quantitativen Untersuchungssample* von etwa 200 bis 300 Betrieben mit einer Betriebsratsgründung sollten anschließend kontrastierende Fälle von Betriebsratsgründungsprozessen für *qualitative Kurzfallstudien* ausgewählt werden. Geplant waren 20 Kurzfallstudien mit insgesamt ca. 30 bis 40 themenzentrierten Leitfadeninterviews wiederum sowohl mit der Geschäftsführung bzw. Personalleitung als auch mit Betriebsratsvertreter/inne/n in etwa 20 Betrieben. Während die quantitative CATI-Erhebung gewissermaßen die Kartographierung von Betriebsratsgründungen ‚in der Breite' zum Ziel hatte, sollten im

---

4   Die Kurzbefragung der Betriebe hatte das Ziel, zu ermitteln, ob ein Betrieb zur Untersuchungsgruppe gehört oder nicht.

5   Da die entsprechend der Projektantrags geplante Stichprobenziehung aus der Betriebsdatei der Bundesagentur für Arbeit (BA) nicht realisiert werden konnte – aut BA zählte die Forschungsfrage nicht zum (Kern-)Sozialleistungsbereich nach §§ 11, 18-30 SGB I – wurden kommerzielle Betriebsdatenbanken wie Hoppenstedt, der IHK, Creditreform/ beDirect auf ihre Tauglichkeit für das Forschungsvorhaben geprüft. In Absprache mit der Hans-Böckler-Stiftung fiel die Entscheidung zugunsten der Firmendatenbank von beDirect, da sie weitgehend den notwendigen Anforderungen entsprach. Das Unternehmen beDirect GmbH & Co. KG, Joint Venture von arvato (Bertelsmann) und Creditreform, verfügte zum Zeitpunkt der Stichprobenziehung über eine hinreichend große Datenbank (ca. 128.000) mit Unternehmen in den projektrelevanten Betriebsgrößenklassen (20 bis 199 Beschäftigte). Im Unterschied zur Betriebsdatenbank der BA handelt es sich hierbei um eine Unternehmensdatenbank, d.h. in der Stichprobe befanden sich auch Unternehmen mit mehreren Betrieben, Niederlassungen oder Filialen. Das externe Erhebungsinstitut wurde daher instruiert, gegebenenfalls Kontakt zu jenen Betrieben der Unternehmen herzustellen, in denen eine Betriebsratsgründung stattgefunden hatte.

6   Um eine statistisch aussagefähige Auswertung für verschiedene Betriebsgrößen innerhalb des Korridors von 20 bis 199 sozialversicherungspflichtigen Beschäftigten zu ermöglichen, wurden die Betriebe mit 100 bis 199 sozialversicherungspflichtig Beschäftigten überrepräsentiert.

Rahmen der qualitativen Kurzfallstudien die je spezifischen Gründungsprozesse ‚in der Tiefe' untersucht werden. Hierzu wurden für beide Seiten in weiten Teilen vergleichbare Interviewleitfäden entlang folgender Themenschwerpunkte entwickelt: a) Geschichte, grundlegende Strukturdaten, Arbeitsbeziehungen und Führungskultur der Betriebe; b) Vorgeschichte, Initiative und Vorbereitung der Betriebsratsgründung, Wahlprozess und Institutionalisierungsprozess; c) Betriebsratsalltag, Beziehungen zwischen Betriebsrat und Management bzw. Betriebsrat und Belegschaft sowie d) Einschätzung der zukünftigen Entwicklung des Betriebsrates.

Die ergänzende Fragestellung von *Betriebsratsgründungen in filialisierten Unternehmen*, hier insbesondere zu *Rolle und Einfluss der Gesamt- und Konzernbetriebsräte*, sollte von vornherein im Rahmen *qualitativer Fallstudien* untersucht werden: Da auch hier der Betriebszugang als schwierig eingeschätzt wurde, sollten Auswahl der Unternehmen bzw. Betriebe gezielt über leitfadengestützte Experteninterviews mit Gewerkschaftsvertreter/inne/n erfolgen. Angedacht waren etwa zehn qualitative Fallstudien, in denen jeweils neben den lokalen Betriebsrats- und Managementvertreter/inne/n auch Mitglieder der Gesamt- bzw. Konzernbetriebsräte interviewt werden sollten.

(2) Realisiertes methodisches Vorgehen

Das angedachte und zunächst auch verfolgte Untersuchungsdesign aus einem Mix von quantitativer und qualitativer Erhebung musste im Verlauf der CATI-Befragung angepasst werden. Es zeichnete sich relativ schnell nach Beginn der Telefonbefragung ab, dass die geplante Zahl von 300 Interviews in 200 bis 300 Betrieben mit hoher Wahrscheinlichkeit nicht erreicht werden würde. Nach einer Feldzeit von gut zweieinhalb Monaten und der Kontaktierung von mehr als 40% aller Betriebe der Betriebsstichprobe[7] sowie dem erfolgreichen Screening von mehr als 20% (ca. 3.200 von etwa 15.000 Betrieben) konnte das externe Erhebungsinstitut insgesamt lediglich 62 Betriebe ermitteln, in denen im Untersuchungszeitraum eine Betriebsratsgründung stattgefunden hatte und die damit zur Untersuchungsgruppe gehörten. Zwischen Juli und September 2012 wurden in 35 von ihnen 45 vollständige Interviews mit Betriebsratsmitgliedern und/oder Vertreter/inne/n der Geschäftsleitung bzw. des Personalmanagement durchgeführt. Selbst bei einer ausgesprochen optimistischen Prognose des weiteren Befragungsverlaufes wäre die anvisierte Anzahl an Untersuchungsbetrieben bzw. standardisierten Interviews sehr wahrscheinlich deutlich verfehlt worden. Die Telefonbefragung wurde deshalb nach eingehender Kosten-Nutzen-Analyse und in Absprache mit der Hans-Böckler-Stiftung im September 2012 vorzeitig be-

---

7 Fast 6.300 Betriebe aus der gesamten Betriebsstichprobe wurden mindestens einmal vom Erhebungsinstitut kontaktiert.

endet und das Erhebungsdesign zugunsten einer stärkeren Akzentuierung der qualitativen Erhebung verändert. Immerhin erklärten sich zehn Betriebe aus der Telefonbefragung zur Teilnahme an der weiterführenden qualitativen Erhebung bereit, sie werden bei der Beschreibung der Untersuchungsbetriebe im Regelfall nicht gesondert ausgewiesen.

Um darüber hinaus weitere Betriebe für die Kurzfallstudien zu gewinnen, erfolgte der Feldzugang – wie im Fall der Unternehmen mit filialisierten Betriebsstrukturen – größtenteils über DGB-Gewerkschaften (vgl. Tab. 2, Kap. 3.2). Ausgehend von elf Interviews mit Vertreter/inne/n der IG Metall, ver.di., IG BCE, NGG und IG BAU, die zwischen September und Dezember 2012 geführt wurden, kontaktierte das Forscher/innenteam in einem deutschlandweit angelegten aufwändigen Schneeballverfahren insgesamt mehr als 50 Gewerkschafter/innen per Telefon bzw. E-Mail und bat um die Unterstützung beim Zugang zu Betrieben mit Betriebsratsgründungen.[8] Auf diese Weise konnten schließlich in 54 Betrieben (darunter auch in filialisierten Unternehmen mit Gesamt- bzw. Konzernbetriebsräten, vgl. Kap. 5.2) *qualitative Interviews* realisiert werden. So erfreulich die Gesamtzahl ist, es mussten erhebliche Abstriche – wenngleich nicht unerwartet – bei der Befragung des Managements gemacht werden. Nur in 13 der 54 Betriebe konnten neben Betriebsratsmitgliedern auch Vertreter/innen der Geschäftsführung bzw. des Personalmanagements interviewt werden. Wie schon angesprochen, ist davon auszugehen, dass die Verweigerung nicht nur Desinteresse oder Zeitmangel geschuldet war, sondern ebenso mit mehr oder weniger konflikthaften Verläufen der Betriebsratsgründungen zusammenhing. Die qualitativen Interviews wurden mittels eines thematischen Kodier- und Auswertungsverfahren analysiert (vgl. Schmidt 2005) und die Ergebnisse miteinander in Beziehung gesetzt, Ziel der Analysen war die Ausarbeitung einer Typologie von Betriebsratsgründungen (vgl. Kap. 4.1).

(3) Methodenkritische Anmerkungen

Angesichts der sehr geringen Fallzahl bei der Telefonbefragung sind an dieser Stelle kurze *methodenkritische* Anmerkungen gestattet: Ausgehend von der Zahl von 2.839 Betrieben, die entsprechend dem Screening grundsätzlich betriebsratsfähig waren, aber keinen Betriebsrat hatten,[9] war die Anzahl von 62 Betriebsratsgründungen über einen Zeitraum von mehr als zehn Jahren im Sample überraschend niedrig. Unter den Annahmen, dass zum einen die Firmendatenbank von beDirect mit insgesamt 128.000 Firmen einen repräsentativen Querschnitt über die Betriebsgrößenklassen sowie Branchen enthielt sowie die Stich-

---

8   An dieser Stelle sei allen Gewerkschafter/inne/n gedankt, die zur Suche nach Betriebsfällen und somit zum Gelingen des Forschungsvorhabens beigetragen haben.
9   Das waren etwa 82% der laut Screening betriebsratsfähigen Betriebe.

probe von 15.016 Betrieben ordnungsgemäß gezogen wurde, und zum anderen das Erhebungsinstitut die Betriebe zufällig kontaktiert hatte,[10] dürfte die geringe Zahl von ermittelten Neugründungen im Untersuchungssample ein Hinweis auf eine Überschätzung der Dynamik von Betriebsratsgründungen in den unteren bzw. mittleren Betriebsgrößenklassen sein.

Kritisch muss auch die erhebliche Anzahl von Interviewausfällen gesehen werden, zu denen neben expliziten Verweigerungen auch stichprobenneutrale Ausfälle[11] zählen. Zieht man hierbei in Betracht, dass Telefonanrufe durch Unbekannte relativ einfach (auch automatisch) ignoriert werden können (vgl. Schnell 2012: 285), dann könnten sich hinter scheinbar zufälligen Ausfällen bei Telefonbefragungen durchaus eine große Zahl ‚weicher' Verweigerungen verbergen: Der größte Teil der stichprobenneutralen Ausfälle resultierte in der vorliegenden Untersuchung daraus, dass die zuständigen Ansprechpartner/innen ‚nicht kontaktiert werden konnten'. Allerdings war auch die explizite Verweigerung mit über 90% – gemessen an der bereinigten Telefonstichprobe – sehr hoch: Die meisten Befragten begründeten ihre Verweigerung mit Desinteresse. Die Verweigerungsquote ist damit ähnlich hoch wie bei vergleichbaren schriftlichen Befragungen (vgl. u.a. Schlömer-Laufen/Kay 2012). Das wirft zwangsläufig Fragen hinsichtlich der Zweckdienlichkeit von Telefonbefragungen in diesem Forschungsfeld auf. Freilich wurde die standardisierte Telefonbefragung nicht nur deshalb gewählt, weil sie lange Zeit deutlich höhere Ausschöpfungsquoten gegenüber postalischen Befragungen zu garantieren schien. Nach wie vor gilt, dass es zum Auffinden ‚seltener Ereignisse' mittels Screeningverfahren letztlich nur wenig Alternativen zum CATI-Erhebungsmodus gibt (höchstens noch ‚Web'-Befragungen). Vor diesem Hintergrund stellt die wachsende Verweigerungshaltung gegenüber Telefonbefragungen bei ansonsten ‚telefon-affinen' Befragtengruppen ein schwerwiegendes und künftig vermutlich zunehmendes Problem für die empirische Sozialforschung dar (vgl. Schnell 2012: 285). Vor dem Hintergrund der skizzierten Erfahrungen wäre zu überlegen, ob durch ein Mixed- Mode-Design, d.h. durch die Kombination verschiedener Erhebungsmodi (postalisch, CATI, Web) eine größere Ausschöpfungsquote erreicht werden könnte (vgl. ebd.: 312ff.). Das lässt sich an dieser Stelle nicht abschließend beantworten, weil bislang noch recht wenige Erfahrungen mit Mixed-Mode-Studien bei Betriebsbefragungen (wie der vorliegenden) vorliegen (ebd.). Abschließend lässt sich jedoch festhalten: Auch wenn die erwarteten Erträge aus der quantitativen Erhebung deutlich geringer ausfielen als erwartet – solange es keine amtliche Statistik zu Betriebsräten gibt –, ist ein mehrstufiges Erhebungsdesign mit einem

---

10   Das Erhebungsinstitut versicherte, die Stichprobe nicht ‚in Tranchen' wie z.B. Größenklassen, Bundesländer, Branchen o.ä. abgearbeitet zu haben.
11   Gemeint sind zufällige, die Stichprobe nicht systematisch verzerrende Ausfälle.

Mix aus quantitativer und qualitativer Erhebung prinzipiell sinnvoll, um solche komplexen und seltenen Phänomene wie Betriebsratsgründungen ‚in der Breite' zu untersuchen. Für derartige Studien müssten künftig allerdings, so viel sollte deutlich geworden sein, weitaus höhere ‚Kosten' einkalkuliert werden, mithin größere Stichproben und längere Feldzeitzeiten. Aufgrund der geringen Fallzahl der Telefonbefragung wurde bei der vorliegenden Veröffentlichung auf die weitere Darstellung einzelner Befunde der quantitativen Erhebung verzichtet.

3.2 Merkmale der Untersuchungsbetriebe

Nachfolgend werden einige wesentliche Merkmale der Untersuchungsbetriebe zusammenfassend dargestellt, aus denen sich ein detailliertes Bild des Untersuchungssamples ergibt.

Zugang zu den Untersuchungsbetrieben: Wie bereits ausgeführt, konnten im Rahmen der quantitativen Telefonbefragung nicht in ausreichender Zahl Betriebe für Kurzfallstudien akquiriert werden, so dass der Feldzugang alternativ über Ansprechpartner/innen bei den DGB-Gewerkschaften gesucht wurde. Darüber hinaus wurden auch bestehende Kontakte genutzt sowie Medienrecherchen durchgeführt. Dieses Vorgehen erwies sich als sehr erfolgreich, so dass statt der geplanten Betriebsratsgründungen in 30 Betrieben insgesamt *54 Betriebe* untersucht wurden. Der Zugang erfolgte bei den meisten Betrieben, wie bereits angesprochen, über Gewerkschaftskontakte (vgl. Tab. 2).

Tab. 2: Zugänge zu den Untersuchungsbetrieben

Zugänge zu den Betrieben	Anzahl
Gewerkschaftskontakte	38
CATI-Sample	10
Kontakte aus früheren Projekten	3
Recherchen in Presse und Internet	3
Gesamt	54

Anzahl der Interviews: Die Interviews fanden im Zeitraum zwischen September 2012 bis September 2013 statt und wurden von den Forscher/inne/n meist vor Ort geführt.[12] Sie dauerten zwischen 60 und 180 Minuten. Zum Einsatz kamen

---

12 Die Interviews fanden größtenteils in den Untersuchungsbetrieben statt, in einigen Fällen wurden auch Räume der zuständigen Gewerkschaft, Hotels am Untersuchungsort, Privatwohnungen der Befragten sowie Räume des Instituts für Soziologie der Friedrich-Alexander-Universität Erlangen-Nürnberg genutzt.

themenzentrierte Leitfäden, die für Betriebsrat und Management analog aufgebaut waren. Neben Informationen zum Unternehmen ging es um den Prozess der Betriebsratsgründung und die nachfolgende Entwicklung der betrieblichen Mitbestimmung – jeweils aus Perspektive der Betriebsräte oder Aktivist/inn/en und des Managements. Insgesamt wurden in den 54 Untersuchungsbetrieben 76 Interviews durchgeführt (zur Aufschlüsselung der Untersuchungsbetriebe und Interviews nach Branchen vgl. auch Tab. 8 im Anhang). Erwartungsgemäß fand in allen Untersuchungsbetrieben mindestens ein Interview mit einem bzw. mehreren Betriebsratsvertreter/inne/n statt, zumeist mit der/dem Vorsitzenden bzw. Stellvertreter/in. In einigen filialisierten Unternehmen wurden darüber hinaus Mitglieder der Gesamt- oder Konzernbetriebsräte befragt (vgl. Kap. 5.2), woraus sich schließlich die Gesamtbilanz von 63 Betriebsratsinterviews ergibt. Wie bereits ausgeführt, konnten lediglich 13 Interviews mit Geschäftsleitungen bzw. Personalverantwortlichen geführt werden. Überdurchschnittlich häufig, nämlich in sieben der 13 Fälle handelte es sich um Betriebe, die bereits an der Telefonbefragung teilgenommen hatten. Es deutete sich schon während der Telefonbefragung an, dass sich die teilnehmenden Betriebe durch ein positives Bias auszeichneten, d.h. die Betriebsratsgründungen verliefen dort relativ konfliktarm und im Regelfall entstanden betriebsweit respektierte und vertretungswirksame Betriebsräte. Diese Vermutung bestätigte sich durch die Kurzfallstudien eindrücklich.[13]

Branche: Wie der Tabelle 3 zu entnehmen ist, wird das Untersuchungssample eindeutig durch unterschiedliche Branchen des Dienstleistungssektors dominiert, auch wenn die Untersuchungsbetriebe aus dem Verarbeitenden Gewerbe die größte Einzelgruppe darstellt. Inwiefern sich dahinter Selektionseffekte beim Betriebszugang verbergen oder/und dies auch als Indiz für eine vermehrte Gründungsdynamik im Dienstleistungsbereich zu werten ist, lässt sich aufgrund der Fallzahl nicht valide abschätzen. Von Seiten der befragten Gewerkschaften wurde jedoch immer wieder betont, dass Beschäftigung besonders stark in bestimmten Dienstleistungsbranchen wie Gesundheit/Wellness, Logistik, Handel oder auch Systemgastronomie wachse.

Gewerkschaftsbereich: Entsprechend der Branchenzugehörigkeit fällt der größte Teil der Untersuchungsbetriebe in den Zuständigkeitsbereich der Dienstleistungsgewerkschaft ver.di, die zweitgrößte Gruppe wurde durch die IG Metall betreut; erfreulicherweise konnten auch zehn Betriebsratsgründungen im Be-

---

13 Neun der zehn ursprünglich aus der Telefonbefragung stammenden Untersuchungsfälle können den beiden Gründungsmustern *Betriebsrat als Schutz der gemeinschaftlichen Sozialordnung* (vgl. Kap. 4.2) und *Betriebsrat als Erweiterung der individuellen Interessenvertretung* (vgl. Kap.4.3) zugeordnet werden, bei denen die neu gegründeten Gremien relativ schnell handlungs- bzw. vertretungswirksam wurden.

reich der Hotels und Systemgastronomie bzw. Nahrungsmittelindustrie (NGG) untersucht werden (vgl. Tab. 4).

Betriebs(rats)größe: Bei der Auswahl der Betriebe nach Belegschaftsgröße lag der Fokus, wie die Tabelle 5 widerspiegelt, auf den kleinen und mittleren Betrieben, weil dort von einer größeren Dynamik an Betriebsratsgründungen auszugehen war. Entsprechend den Befunden des IAB-Betriebspanels sind Betriebsratsgründungen in den beiden oberen Betriebsgrößenklassen schon deshalb seltener, weil in der Mehrheit der größeren Betriebe bereits Betriebsräte existieren (Ellguth/Kohaut 2015: 294). Dennoch wurde versucht, auch Betriebsratsgründungen in größeren Betrieben zu untersuchen, was dank der Unterstützung durch die beteiligten Gewerkschaften auch in 17 Betrieben gelang. Da die Größe des Betriebsratsgremiums im Regelfall durch die Belegschaftsgröße definiert wird, sind fünf-, drei- bzw. siebenköpfige Betriebsräte am häufigsten im Sample vertreten.

Tab. 3: Untersuchungsbetriebe nach Branchen

Branche	Anzahl der Betriebe
Verarbeitendes Gewerbe	17
Handel; Instandhaltung und Reparatur von Kfz	11
Information und Kommunikation	2
Erbringung von sonstigen wirtschaftlichen Dienstleistungen	2
Gesundheits- und Sozialwesen	4
Erbringung von Finanz- u. Versicherungsdienstleistungen	1
Erziehung und Unterricht	1
Kunst, Unterhaltung, Erholung	1
Verkehr und Lagerei	5
Gastgewerbe	8
Baugewerbe	2
Gesamt	*54*

Tab. 4: Untersuchungsbetriebe nach Gewerkschaftsbereichen

	Zuständige Gewerkschaft					
	ver.di	IG Metall	NGG	IG BCE	IG BAU	*Gesamt*
Anzahl der Betriebe	23	14	10	4	3	*54*

Zeitraum der Betriebsgründung: Bei den Untersuchungsbetrieben handelt es sich um relativ junge Betriebe, die größtenteils nach 1990 gegründet wurden (vgl. Abb. 2). Die jüngsten von ihnen, die nach dem Jahr 2000 entstanden, gehören vorrangig zum Dienstleistungssektor, insbesondere zum Handel, Gastgewerbe,

Logistik oder auch Gesundheits- und Sozialwesen. Hier kommen vermutlich zwei Prozesse zusammen: Zum einen finden seit Jahren verstärkt Betriebsgründungen bzw. Beschäftigungsaufbau im Dienstleistungssektor statt, zum anderen handelt es sich bei den neuen Beschäftigungsverhältnissen häufig um prekäre Beschäftigung, die – insofern sich handlungswillige und durchsetzungsstarke Aktivist/innen unter den Beschäftigten finden – über kurz oder lang zu Betriebsratsgründungen führen können.

Tab. 5: Untersuchungsbetriebe nach Größe der Belegschaft (zum Zeitpunkt der Befragung)

Betriebsgröße	Anzahl der Betriebe
10 bis 49	11
50 bis 99	16
100 bis 199	10
200 bis 499	8
≥ 500	9
Gesamt	54

Abb. 2: Untersuchungsbetriebe nach Zeitraum ihrer Gründung (N = 54)

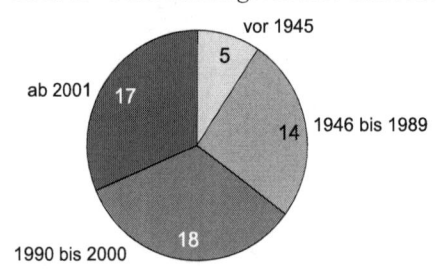

- vor 1945: 5
- ab 2001: 17
- 1946 bis 1989: 14
- 1990 bis 2000: 18

Zeitraum der Betriebsratsgründung: Bei den Betriebsräten handelt es sich um relativ junge Gremien (vgl. Abb. 3), was dem Auswahlprocedere der Untersuchungsbetriebe geschuldet ist. Der Gründungszeitpunkt sollte explizit nicht länger als etwa zehn Jahre zurückliegen, um noch detaillierte und verlässliche Informationen zum Gründungsverlauf ermitteln zu können. Der Schwerpunkt der Betriebsratsgründungen im Zeitraum zwischen 2006 und 2013 dürfte wiederum mit dem selektiven Zugang zu den Betrieben zusammenhängen: In Abhängigkeit von der Gesamtzahl der Betriebsratsgründungen in den lokalen Gewerkschaftsgliederungen dürften sich die stärksten Erinnerungen bei den befragten Gewerkschaftsfunktionär/inn/en in erster Linie auf die jüngsten, vielleicht auch schwierigsten Betriebsratsgründungen konzentrieren. Auch bei der Medienrecherche wurden vor allem die aktuellsten Berichte nach Gründungsfällen gescannt.

Überblick über die empirische Datenbasis

Vergleicht man die Zeiträume der Betriebs- sowie Betriebsratsgründungen (vgl. Abb. 2 und Abb. 3), so fällt auf, dass die meisten der untersuchten Betriebsratsgründungen in jungen Betrieben stattfanden. Das deutet eventuell auf einen zeitlichen Zusammenhang hin: Betriebsratsgründungen erfolgen offenbar eher selten unmittelbar nach Gründung eines Betriebes, da die Beschäftigten offenbar mit grundsätzlich positiven Erwartungshaltungen bzw. mit Zurückhaltung in neue Beschäftigungsverhältnisse starten. Erst wenn sich diese nicht erfüllen oder verschlechtern, könnte dies Anlass für engagierte Beschäftigte sein, einen Betriebsrat zu gründen (vgl. hierzu Röbenack/Artus 2015).

Abb. 3: Untersuchungsbetriebe nach Zeitraum der Betriebsratsgründung (N = 52[a])

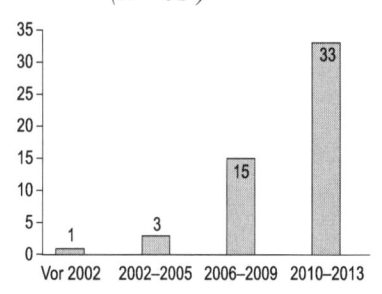

Zeitraum	Anzahl
Vor 2002	1
2002–2005	3
2006–2009	15
2010–2013	33

a – In einem Betrieb scheiterte die Betriebsratsgründung und in einem weiteren Fall war der Gründungsprozess zum Erhebungszeitpunkt noch nicht abgeschlossen.

Bundesland: Die Abbildung 4 zeigt, dass die 54 Untersuchungsbetriebe in insgesamt zwölf Bundesländern ansässig waren, wobei es ein deutliches Übergewicht von Betrieben in Bayern und Berlin gab. Das ist vor allem dem – im vorherigen Abschnitt skizzierten – selektiven Feldzugang geschuldet. In Bayern spielte sicher der ‚Heimvorteil' eine gewichtige Rolle: Die Friedrich-Alexander-Universität Erlangen-Nürnberg ist eine renommierte Universität in der Region und außerdem sind die beteiligten Wissenschaftler/innen durch langjährige intensive Forschungskontakte regional sehr gut vernetzt, was den Zugang zu lokalen Betrieben erheblich erleichtert. In Berlin wurden dagegen im Zuge des Projektes sehr enge Kooperationsbeziehungen zur NGG sowie zu ver.di aufgebaut und intensiv genutzt. Von den ostdeutschen Bundesländern ist Thüringen prominent im Sample vertreten, was ebenfalls primär mit bestehenden Forschungskontakten in Erfurt und Jena zusammenhängt. In den übrigen vier Bundesländern (Brandenburg, Mecklenburg-Vorpommern, Schleswig-Holstein und Sachsen-Anhalt) konnten dagegen keine Betriebszugänge realisiert werden. Die Bundesländer, in denen es keine Untersuchungsbetriebe gibt, wurden aus Gründen der Vereinfachung nicht aufgelistet.

Unternehmensstruktur: Die meisten Untersuchungsbetriebe (36) sind Teil eines größeren Unternehmens oder Konzerns, in zwei Fällen handelt es sich um die Unternehmenszentrale (vgl. Abb. 5). Darin drückt sich einerseits das Projektziel aus, wonach ausdrücklich auch die Rolle von Gesamt- bzw. Konzernbetriebsräten bei lokalen Betriebsratsgründungen untersucht werden sollte, zum anderen legt die Branchenstruktur (vgl. Tab. 3 oben) eine Dominanz von abhängigen Betrieben, Filialen bzw. Niederlassungen nahe.

Abb. 4: Untersuchungsbetriebe nach Bundesländern (N = 54)

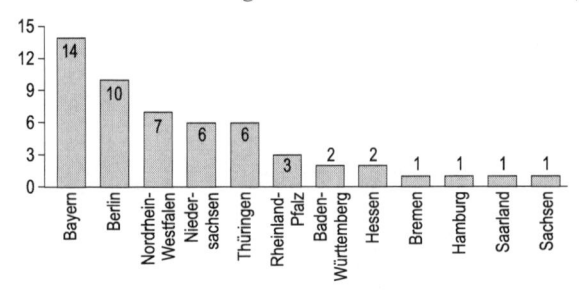

Bayern 14; Berlin 10; Nordrhein-Westfalen 7; Niedersachsen 6; Thüringen 6; Rheinland-Pfalz 3; Baden-Württemberg 2; Hessen 2; Bremen 1; Hamburg 1; Saarland 1; Sachsen 1

Abb. 5: Untersuchungsbetriebe nach Unternehmensstruktur (N = 54)

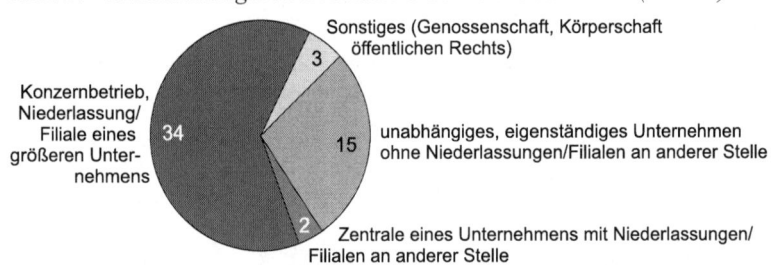

- Konzernbetrieb, Niederlassung/Filiale eines größeren Unternehmens: 34
- Sonstiges (Genossenschaft, Körperschaft öffentlichen Rechts): 3
- unabhängiges, eigenständiges Unternehmen ohne Niederlassungen/Filialen an anderer Stelle: 15
- Zentrale eines Unternehmens mit Niederlassungen/Filialen an anderer Stelle: 2

Tarifbindung: 17 Untersuchungsbetriebe waren tarifgebunden, die meisten (fast zwei Drittel) unterlagen dagegen zum Zeitpunkt der Interviews keiner Tarifbindung (vgl. Abb. 6). Im Vergleich zum bundesdeutschen Durchschnitt (30%)[14] fällt damit die Tarifbindung der Untersuchungsbetriebe (35%) etwas stärker aus. Auf den ersten Blick mag das überraschen, aber Betriebsräte werden ja häufig gerade deshalb gegründet, um die Arbeits- und Entlohnungsbedingungen grundlegend zu verbessern. Die Etablierung betrieblicher Mitbestimmungsstrukturen wurde daher von einigen der befragten Aktivist/inn/en als ein erster Schritt in Richtung Tarifbindung verstanden und genutzt.

---

14 Laut WSI-Tarifarchiv unterlagen 2013 etwa 30% der Betriebe einem Tarifvertrag. (http://www.boeckler.de/pdf/ta_tarifbindung_betriebe_2013.pdf, letzter Zugriff am 10. 09.2015).

Überblick über die empirische Datenbasis

Abb. 6: Untersuchungsbetriebe nach (Art) Tarifbindung (N = 49[a])

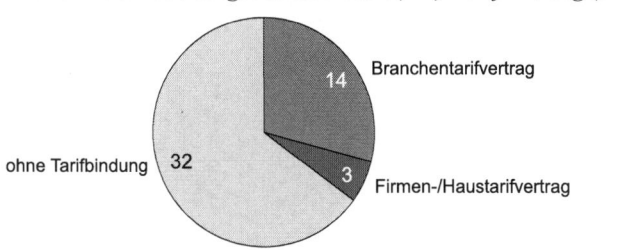

- Branchentarifvertrag: 14
- ohne Tarifbindung: 32
- Firmen-/Haustarifvertrag: 3

a – Bei fünf Betrieben liegen keine Informationen zur Tarifbindung vor.

Fazit: Das Untersuchungssample kann u.a. aufgrund seines Erhebungsmodus bzw. selektiven Betriebszugangs sowie seiner Größe keine Repräsentativität im statistischen Sinne für sich beanspruchen. Dennoch wurde ein relativ breites Spektrum an Betrieben bezüglich unterschiedlicher Merkmale wie Größe, Standort, Branche usw. in die Untersuchung einbezogen. Trotz des notgedrungen veränderten Erhebungsdesigns ist es unseres Erachtens gelungen, eine sowohl ‚breite' als auch angemessen ‚tiefe' Empirie zum Thema Betriebsratsgründung zusammenzutragen, die durchaus fundierte und begrenzt verallgemeinerbare Aussagen zu Gründungsprozessen von Betriebsräten erlaubt.

4 Gründungen von Betriebsräten

4.1 Überblick über eine Typologie von Betriebsratsgründungen

Für das Ziel des Forschungsprojektes, typische Muster von Betriebsratsgründungen zu rekonstruieren, erwiesen sich sechs Dimensionen als zentral (strukturelle Merkmale, innerbetriebliche Austauschbeziehungen und kollektive Interessendefinition, Anlässe, Konstituierung der repräsentativen sozialen Gruppe, Verlaufsformen sowie Vertretungswirksamkeit, vgl. Kap. 2.2). Diese Dimensionen erlauben es, das empirische Material sowohl in theoretisch reflektierter als auch in einheitlich gegliederter Weise aufzubereiten und darzustellen, wie die im Anschluss folgenden Beschreibungen typischer Muster von Betriebsratsgründungen deutlich machen sollten (vgl. Kap. 4.2 bis 4.6). Die entlang der genannten Dimensionen vorgefundenen typischen Konstellationen von Betriebsratsgründungen lassen sich sinnvoll durch ein heuristisches Modell darstellen, das zwei der genannten Dimensionen in den Vordergrund stellt, nämlich die ‚Anlässe' sowie eine letztlich (nicht immer) erreichte ‚Vertretungswirksamkeit' von Betriebsratsgründungen.[1] Die von uns rekonstruierten fünf typischen Varianten von Betriebsratsgründungen lassen sich entlang dieser beiden ‚Achsen' wie folgt verorten (vgl. Abb. 7).

Entlang der X-Achse werden die Betriebsratsgründungen nach der *zeitlichen Logik ihrer Mobilisierungsdynamik* unterschieden: Idealtypisch differenzieren wir erstens zwischen Betriebsräten, die in Reaktion auf mehr oder weniger punktuelle Ereignisse in einem meist recht kurzfristigen Prozess gegründet werden. Solche *Ereignisgründungen* (vgl. hierzu Kap. 4.2 und 4.5) entstehen als Antwort auf einen einschneidenden Vorfall, der aus Sicht der Belegschaft bzw. einzelner

---

1 Im Projektverlauf haben wir das empirische Material tentativ auch entlang der Dimension ‚Innerbetriebliche Austauschbeziehungen' regruppiert. Eine Konstruktion von Idealtypen primär entlang dieser Dimension wäre grundsätzlich ebenfalls möglich gewesen, allerdings hätten wir – angesichts der beschränkten Zahl empirischer Fallbeispiele – dann eine der beiden nun ‚zentralen' Analysekategorien weniger stark und trennscharf beleuchten können. Die Entscheidung, die Frage der zeitlichen Dynamik sowie des Erreichens von Vertretungswirksamkeit in den Mittelpunkt der Typkonstruktion zu stellen, erfolgte nicht zuletzt auch unter der Prämisse, auf diese Weise politisch wichtige und möglicherweise auch beeinflussbare Faktoren auf Gründungsinitiativen stärker in den Blick zu rücken. Die Dimension der ‚innerbetrieblichen Austauschbeziehungen' ist nichtsdestoweniger als Unterscheidungskriterium der verschiedenen idealtypischen Gründungsverläufe stark präsent – nicht primär als unabhängige Variable, sondern als ‚Ergebnis' der Typkonstruktion nach den oben genannten Merkmalen.

Abb. 7: Typologie von Betriebsratsgründungen

Soziale Repräsentanz	vertretungs-wirksam	Betriebsrat als Schutz der gemeinschaftlichen Sozialordnung	Betriebsrat als Erweiterung der individuellen Interessenvertretung
			Betriebsrat als Mittel der kollektiven Emanzipation
	vertretungs-defizitär	Betriebsrat als Vertretung von Partialinteressen	Blockierte Partizipation
		Kurzfristige Ereignisse ‚Ereignisgründungen'	Dauerhafte Problemlagen ‚Langes Leiden'
		Mobilisierungsdynamik	

Belegschaftsgruppen als Bruch mit gewohnten Verhältnissen gewertet wird und die etablierte Kultur innerbetrieblicher Austauschbeziehungen in die Krise stürzt. In ihrer interessenpolitischen Mobilisierungsdynamik von solchen ‚Krisen- oder Ereignis-Betriebsräten' grundlegend zu unterscheiden sind *zweitens* Betriebsratsinitiativen, die infolge vielfältiger und dauerhafter Problemlagen entstehen. Ihnen geht oft ein vergleichsweise ‚langes Leiden' der Belegschaft voraus (vgl. hierzu Kap. 4.3, 4.4 und 4.6). Es bedarf oft eines recht mühevollen und langwierigen Prozesses der sukzessiven Re-interpretation der betrieblichen Wirklichkeit, der Aggregierung von Interessenlagen und allmählichen Verbreiterung einer Mobilisierungsbasis, in dem die betriebliche Sozialordnung nach und nach delegitimiert wird, um den Boden zu bereiten für das Wagnis einer Betriebsratsgründung. Die Anlässe sind dabei vielfältig und in ihrer konkreten Sachlichkeit zuweilen sogar beliebig. Die Initiator/inn/en können den Anlass für die Betriebsratsgründung als konkreten Einzelfall im Nachhinein manchmal nicht einmal mehr genau bestimmen. Nicht selten ist der letzte ‚Funke' oder Auslöser für die Betriebsratsinitiative jedoch auch insofern typisch für die betriebliche Situation, als es sich um einen Vorfall handelt, der gleichsam in nuce (einmal mehr) die alltäglichen ‚Leiden' und Ungerechtigkeitserfahrungen der Belegschaft symbolisch auf den Punkt bringt. In ihm spiegeln sich dann gleichsam die ‚vielen ähnlichen Fälle' wider, die in ihrer Gesamtheit irgendwann ‚das Fass zum Überlaufen' bringen.

Unsere empirische Untersuchung richtete sich (mit nur einer Ausnahme) ausschließlich auf ‚erfolgreiche' Betriebsratsgründungen, in dem Sinne, dass das formalrechtlich vorgesehene Wahlprocedere regulär durchgeführt wurde. Ob der neu gewählte Betriebsrat sich jedoch (zumindest kurz- bis mittelfristig) auch als vertretungswirksames Gremium etabliert, eine aktive und glaubwürdige Repräsentationsbeziehung gegenüber der Belegschaft aufbauen und auch reale Vertretungsmacht entfalten kann, ist damit jedoch noch nicht gesagt (vgl. Kap. 2.4). Sozusagen auf der Y-Achse unserer Typologie unterscheiden wir daher Betriebsratsgründungen entlang ihrer *sozialen Repräsentanz*. Vertretungswirksam zu werden, gelingt (zumindest kurz- bis mittelfristig) nicht in allen Fällen einer formalen Betriebsratsgründung. Wir unterscheiden daher – freilich vereinfacht und in idealtypischer Weise – Betriebsräte, denen es gelingt, aufgrund ihrer legitimen und anerkannten Stellung als Belegschaftsvertretung effektiv Einfluss zu nehmen auf betriebliche Entscheidungen und Prozesse, von solchen, denen dies weniger oder kaum gelingt.[2] Eine – empirisch belegbare – Grundidee der folgenden idealtypischen Rekonstruktion von fünf Betriebsratsgründungsdynamiken ist somit, dass bestimmte Mobilisierungsverläufe es wahrscheinlicher machen, dass ein Betriebsrat – im Unterschied zu anderen – letztlich vertretungswirksam wird.

Entlang der beiden ‚Achsen' von Mobilisierungsdynamik und sozialer Repräsentanz lassen sich die folgenden fünf idealtypischen Varianten von Betriebsratsgründungsdynamiken rekonstruieren:

(1) Betriebsrat als Schutz der gemeinschaftlichen Sozialordnung (vgl. Kap. 4.2): Solche klassischen ‚Ereignisgründungen' kommen besonders häufig in westdeutschen Mittel- und Kleinbetrieben mit vergleichsweise qualifizierter, eher männlich geprägter Belegschaft vor. Ein Betriebsrat schien hier bislang verzichtbar, da es eine lange Geschichte vertrauensvoller ‚Do-ut-des'-Beziehungen zwischen Management und Belegschaft gibt. Die betriebliche Herrschaft des Managements (bzw. Eigentümers) wurde als legitim und fair empfunden und es existierte eine recht intensive informelle Kooperationskultur.[3] Exogene, einschnei-

---

2   Es erscheint zwar fast überflüssig (da selbstverständlich), aber vielleicht dennoch nötig, an dieser Stelle zu betonen, dass eine solche polare Unterscheidung eine Vereinfachung der empirischen Verhältnisse darstellt. In der Praxis finden sich eher graduelle Unterschiede (auch) in Bezug auf die Vertretungswirksamkeit von Betriebsräten, die jedoch im Rahmen einer idealtypischen Rekonstruktion von Betriebsratsgründungen nur in ihrer polaren Unterschiedlichkeit darstellbar sind. In den empirischen Beispielen für die folgenden idealtypischen Konstellationen wird jedoch unseres Erachtens deutlich, dass im konkreten Einzelfall Betriebsratsgremien ‚mehr oder weniger' vertretungswirksam sind und nicht etwa ‚komplett' bzw. ‚gar nicht' vertretungswirksam.

3   Eine empirisch ‚dichte Beschreibung' dieser betrieblichen Konstellation findet sich unter dem Begriff „periphere Mittelbetriebe" bei Artus (2008a: 209ff.) sowie als typisches Interaktionsmuster betriebsratsloser Betriebe mit der Bezeichnung „Loyalität versus Anerkennung" auch bei Lücking (2009).

dende Ereignisse (z.B. Insolvenz, Geschäftsführungswechsel, Verkauf des Unternehmens) gefährden jedoch diesen Status quo. Der starke Mobilisierungsschub durch das bedrohliche Ereignis, häufig nur geringer Widerstand von Seiten der Geschäftsleitung, eine gewisse branchenspezifische ‚Mitbestimmungsnähe' sowie eine kohärente Sozialordnung mit bereits designierten ‚informellen Sprechern' begünstigen einen zügigen und vergleichsweise problemlosen Gründungsverlauf ebenso wie die schnelle Vertretungswirksamkeit der neu gewählten Betriebsräte.

(2) *Betriebsrat als Erweiterung der individuellen Interessenvertretung* (vgl. Kap. 4.3): Solche eher langwierigen Betriebsratsgründungen in Reaktion auf sich verfestigende Problemlagen finden sich insbesondere in leistungsgemeinschaftlich geprägten Betrieben mit (hoch-)qualifizierten, selbstbewussten Belegschaften, sogenannten ‚Wissensbetrieben'. Typisch ist etwa die Zunahme von Intransparenz, Ungerechtigkeiten, Reibungsverlusten und Autonomiebeschränkungen im Zuge des Größenwachstums der Betriebe und/oder auch organisatorischer Restrukturierungen. Die wachsenden Gerechtigkeitslücken betreffen immer größere Beschäftigtengruppen und sind immer weniger individuell bearbeitbar. Es dauert jedoch oft lange, bis einzelne Beschäftigte oder Belegschaftsgruppen sich selbst und andere davon überzeugen, dass das gewohnte und lange Zeit erfolgreiche Muster individueller Interessenvertretung nicht mehr ausreicht und es rechtlich legitimierter, kollektiver Vertretungsprozeduren bedarf. Problematisch ist dabei im Regelfall nicht nur ein eher gewerkschaftsaverses Beschäftigtenmilieu, sondern auch die Aggregation als individualisiert wahrgenommene Interessenlagen sowie das Finden legitimer Sprecher/innen. Nach zum Teil turbulenten und auch konflikthaften Gründungen und Konstituierungsphasen erweisen sich diese Betriebsräte im Regelfall jedoch als betriebskulturell ebenso zweckmäßige wie passungsfähige Erweiterung des individuellen Interessenvertretungsmodus. Professionelle Arbeitsweisen und – zum Teil nach anfänglichem Widerstand – die Bereitschaft der Geschäftsleitung zur kooperativen Zusammenarbeit sichern meist das schnelle Erreichen von Vertretungswirksamkeit.

(3) *Betriebsrat als Mittel der kollektiven Emanzipation* (vgl. Kap. 4.4): Insbesondere in Unternehmen des prekären Dienstleistungsbereichs werden Betriebsräte häufig gegründet als Reaktion auf jahrelange problematische Arbeitsbedingungen und die systematische Verletzung von Ansprüchen auf Würde und Anerkennung (autokratisches Führungsverhalten, Flexibilitätszumutungen, Gesundheitsgefährdungen, eine geringe Entlohnung, Nichteinhaltung gesetzlicher und tariflicher Regelungen usw.). Grund für das oft erstaunlich ‚lange Leiden' der Belegschaft ist zum einen eine explizite Angstkultur, die durch repressive Managementmethoden etabliert und stabilisiert wird; zum anderen gibt es große Randbelegschaften und eine starke Fluktuation der Belegschaft, was die Heraus-

bildung einer kollektiv handlungsfähigen sozialen Gruppe extrem erschwert.[4] Trotz meist explizit ablehnender Haltung der Geschäftsführungen kann es hier jedoch durchaus gelingen, durch interne Geschlossenheit, die Existenz glaubwürdiger und durchsetzungsfähiger Anführer/innen, enge Anbindung an die Gewerkschaft und gegebenenfalls durch die Unterstützung von Gesamtbetriebsräten sowie intensive Schulungen und Qualifizierung der Belegschaftsvertreter/innen einen Betriebsrat nicht nur formal zu wählen, sondern auch dessen Vertretungswirksamkeit zu sichern; relativ schnelle Erfolge (z.B. bei der Durchsetzung gesetzlicher oder tariflicher Standards oder Schutz vor autoritärem Vorgesetztenverhalten) sichern den langfristigen Rückhalt in der Belegschaft.

(4) Betriebsrat als Vertretung von Partialinteressen (vgl. Kap. 4.5): Auch hier werden Betriebsräte in Reaktion auf bestimmte betriebliche Einzelereignisse gegründet, allerdings betreffen diese nicht die gesamte Belegschaft, sondern nur Teile derselben. Die Aktivist/inn/en für die Gründung eines Betriebsrats stammen nicht selten aus dem mittleren Management und versuchen mit Hilfe des Betriebsverfassungsgesetzes Einfluss auf die Geschäftsleitungspolitik zu nehmen, z.B. ihre bedrohten Autonomiespielräume zu verteidigen oder bestimmte Managemententscheidungen rückgängig zu machen. Oft gelingt es den Initiator/inn/en nicht, die Initiative für eine Betriebsratsgründung in der gesamten Belegschaft zu verankern. Zudem sind gerade diese Gründungen mit massiven Repressions- und Einschüchterungsversuchen der Geschäftsleitungen konfrontiert, da es sich nicht selten (auch) um eine Art innermanagerialen Machtkampf handelt. Vergleichsweise massive Behinderungen der Betriebsratswahlen durch die Geschäftsleitungen, eine eher mangelhafte Unterstützung durch die Gesamtbelegschaft, zum Teil auch die Rücknahme der umstrittenen Managemententscheidungen während oder kurz nach der Betriebsratswahl oder das Ausscheiden der (vergleichsweise isoliert agierenden) Hauptaktivist/inn/en aus dem Betrieb sind dafür verantwortlich, dass die neu gewählten Gremien häufig (zunächst?) eine geringe Vertretungswirksamkeit besitzen oder gar in ihrer dauerhaften Existenz fraglich sind.[5]

---

4   Diese betriebliche Konstellation wird empirisch detailliert u.a. bei Artus (2008a: 263ff., 2007, 2008b, c), sowie als typisches Interaktionsmuster betriebsratsloser Betriebe unter der Bezeichnung „Repression versus Angst" auch bei Lücking (2009) beschrieben.

5   Im weitesten Sinne diesem Typus zuzurechnen wäre auch eine in unserer Empirie nur als Einzelfall präsente Form der Betriebsratsgründung, in der das Management direkt die Wahl des Betriebsrats initiierte. Einen ähnlichen Einzelfall fanden auch Schlömer-Laufen/Kay (2012). Hier einzuordnen wäre dieser Einzelfall, da die Betriebsratsgründung nicht von einer breiten Mehrheit der Belegschaft getragen wird; allerdings handelt es sich keineswegs (nur) um einen innerbetrieblichen Machtkampf, sondern die Betriebsratsgründung ist Ausdruck einer (zumindest programmatisch) an Partizipation und Vergemeinschaftung orientierten Managementstrategie.

(5) *Blockierte Partizipation* (vgl. Kap. 4.6): Die Anlässe dieser Betriebsratsgründungen sind im Regelfall vielfältig. Es handelt sich um über Jahre andauernde massive Problemlagen oder auch wiederholte, einschneidende betriebliche Ereignisse, die tendenziell die gesamte Belegschaft betreffen. Die Idee einer Betriebsratsgründung ‚flackert' hier immer mal wieder auf, aber es fehlen überzeugende, entschlossene und repräsentative Akteure; die Belegschaft ist in sich gespalten und/oder heterogen, so dass es lange dauert, bis eine Betriebsratsgründung tatsächlich in Angriff genommen wird. Bereits der Gründungsprozess gestaltet sich jedoch oft schwierig, denn die Herausbildung eines handlungsfähigen Kollektivs bleibt mühselig und die Geschäftsleitungen legen der (ohnehin prekären) Initiative weitere Steine in den Weg. Eine Art Teufelskreis aus mangelnder Überzeugungsfähigkeit und Einheit der zentralen Akteure, innerbetrieblicher Spaltung der Belegschaft, anhaltendem Druck bzw. dauerhafter Kooperationsunwilligkeit der Geschäftsleitung, fehlender oder mangelhafter Unterstützung durch Gewerkschaften und Gesamtbetriebsräte sowie mangelhaften Vertretungserfolgen sorgen dafür, dass die oft mit erheblichen Schwierigkeiten gewählten Betriebsräte zum Teil dauerhaft kaum Professionalität entwickeln und eher geringe Vertretungswirksamkeit entfalten.

4.2 Betriebsrat als Schutz der gemeinschaftlichen Sozialordnung

„Unser Betriebsrat hat sich vor ca. zehn Jahren gegründet. Das war, als unsere (Art d. Einrichtung) Fusionsverhandlungen aufnahm mit der (Art und Name d. Einrichtung) und da haben wir Mitarbeiter gedacht, jetzt wird's Zeit, dass wir mal einen Betriebsrat gründen. Vorher hatten wir nämlich keinen und sonst hätten wir wahrscheinlich auch bis heute noch keinen." (D19_BR)

„Ja und dann kam ja die Geschichte 2009, wo es dem Unternehmen nicht ganz so gut ging, wo es nicht gut aussah, auftragsmäßig, ja, da kamen natürlich auch viele Gerüchte auf, dass die Firma am Kaputtgehen ist [...]." (M09_BR2)

„[...] es sind Leute entlassen worden oder sind Entlassungen ausgesprochen worden, so muss man's sagen, was dann auch nicht so ganz rechtens war, also nicht so ganz, es ging vor allem hopplahopp, dem Unternehmen ging es nicht gut und dann sind Sachen gekommen, die der Belegschaft aufgestoßen sind." (M09_BR1)

Die Eingangszitate zeigen die grundlegende Gemeinsamkeit jener Betriebsratsgründungen, die zum Gründungsmuster *Betriebsrat als Schutz der gemeinschaftlichen Sozialordnung* (im Folgenden *Schutz der gemeinschaftlichen Sozialordnung*) gezählt werden. Sie besteht darin, dass kurzfristige, in der Regel exogene, kulturverändernde Ereignisse auf eine stabile gemeinschaftliche Sozialordnung treffen. Nicht nur Arbeitsplätze bzw. Arbeits- und Entlohnungsbedingungen sind akut gefährdet, sondern ebenso eine betriebliche Kultur wechselseitiger Loyalität und Anerkennung. Für den Schutz der gemeinschaftlichen Sozialordnung und die Wahrung der Belegschaftsinteressen ist der Betriebsrat das ‚Mittel der Wahl', da er vor allem notwendige rechtswirksame Einflussmöglichkeiten garantiert und ferner die Möglichkeit bietet, die Belegschaftsinteressen auch in Zukunft zu repräsentieren – und zwar unabhängig vom ‚guten Willen' einer Geschäftsführung. Die ‚kritischen Ereignisse' und die kohärente Sozialordnung tragen dazu bei, dass die Betriebsratsgründungen schnell und relativ problemlos verlaufen und die Gremien schnell vertretungswirksam werden.

Von insgesamt 54 untersuchten Betriebsratsgründungen können elf diesem Typ zugerechnet werden. Symptomatisch für die relativ problemlosen bzw. konfliktarmen Betriebsratsgründungen ist auch die Interviewbereitschaft des Managements: in sieben von elf Unternehmen konnten neben Betriebsratsmitgliedern bzw. Betriebsratsaktivist/inn/en auch die Vertreter/innen der Geschäfts- bzw. Personalleitungen befragt werden. Das sind mehr als die Hälfte aller qualitativen Managementinterviews (sieben von 13 Interviews), sechs der elf Betriebe hatten bereits zuvor an der standardisierten Telefonbefragung teilgenommen. Die Betriebsratsgründungen fanden in den Jahren zwischen 2002 und 2010 statt. Die Betriebsratsgründungen der Konstellation *Schutz der gemeinschaftlichen Sozialordnung* weisen folgende Charakteristika auf:

- *Strukturelle Merkmale der Betriebe:* Betriebsratsgründungen dieses Typs findet man vor allem in wirtschaftlich (ehemals) gut situierten (zum Teil schnell gewachsenen) mittelständischen Betrieben des Verarbeitenden Gewerbes sowie des qualifizierten Dienstleistungssektors, vorwiegend angesiedelt in Westdeutschland und eher in Klein- oder Mittelstädten, zum Teil (ursprünglich) inhabergeführt, mit anspruchsvollen Produkten und Dienstleistungen sowie größtenteils gut qualifizierten, männlich geprägten Belegschaften. Die Arbeits- und Entlohnungsbedingungen sind meist besser als in vergleichbaren Betrieben der Region. Die Belegschaften sind ‚gewachsen' und relativ homogen, die Fluktuation gering (vgl. Tab. 9 im Anhang).

- *Innerbetriebliche Austauschbeziehungen und kollektive Interessendefinition:* Typisch für diese Betriebe ist (bis zu den ‚kritischen Ereignissen') eine „gemeinschaftliche Sozialordnung" (Kotthoff/Reindl 1990). Die charakteristische Betonung eines grundlegend gemeinsamen Interesses am ‚Wohl des Betriebes', welches darüber hinausgehende ‚besondere' Belegschaftsinteressen mit einschließt, ist das Ergebnis einer in der Regel längeren Betriebsgeschichte mit einer weitgehend stabilen Akteurskonstellation. Die wechselseitig geteilten gemeinschaftlichen Orientierungen sowie das beiderseitige Interesse am ‚Betriebsprojekt' prägen den betrieblichen Handlungsrahmen mit seinen Regeln des alltäglichen Umgangs. Sie formen die wechselseitigen Erwartungen an einen fairen ‚Austausch' von Leistung *und* Gratifikationen auf der einen sowie an eine kooperative Führung bzw. soziale Verantwortung *und* Loyalität auf der anderen Seite. Die vertikale Differenzierung zwischen Belegschaft und Geschäftsführung mit ihrer klaren Rollenverteilung wird von beiden Seiten respektiert. Diese selbstverständliche Kultur des ‚Gebens und Nehmens', die zwar institutionelle Anknüpfungspunkte für kollektive Interessenvertretung bietet, aber im Regelfall keines formal institutionalisierten Betriebsrates bedarf, wird erst durch ‚kritische Ereignisse' bedroht bzw. in Frage gestellt.

- *Anlässe:* Bei den Betriebsratsgründungen zum *Schutz der gemeinschaftlichen Sozialordnung* handelte es sich um anlassbezogene Gründungen. Plötzlich und unerwartet eintretende ‚kritische Ereignisse' (z.b. Übernahme, Fusion, Verkauf oder Insolvenz) bedrohen die vergleichsweise guten Arbeits- und Entlohnungsbedingungen und das gemeinschaftliche Sozialgefüge. Finden die Interessen der Beschäftigten normalerweise relativ selbstverständlich und freiwillig von Inhaber/inne/n bzw. Geschäftsführungen bei betrieblichen Entscheidungen Berücksichtigung, werden sie im Zuge jener kritischen Ereignisse ‚hinten angestellt'. Die Belegschaften sind de facto ‚auf sich allein gestellt' und es entsteht damit gewissermaßen eine ‚Interessenvertretungslücke'. Betriebsräte mit ihren rechtlich garantierten Mitbestimmungsmöglichkeiten sind aus der Sicht der Aktivist/inn/en wie auch Beschäftigten das Mittel der Wahl, um die Interessen der Belegschaften wahren zu können.
- *Konstituierung der repräsentativen sozialen Gruppe:* Im Zuge der Bedrohungssituation findet sich ein kleiner Kreis anerkannter und kompetenter, meist langjähriger Beschäftigter (darunter auch Vorgesetzte) zusammen, überzeugt von der Notwendigkeit, im Interesse und für die Interessen der Belegschaft handeln zu müssen. Die Aktivist/inn/en sind häufig früher schon als Repräsentant/inn/en bzw. Fürsprecher/innen der Kolleg/inn/en in Erscheinung getreten. Als Initiativgruppe eint sie das Ziel, die entstandene ‚Interessenvertretungslücke' zu schließen und die gemeinschaftliche Sozialordnung zu erhalten bzw. wiederherzustellen. Die anfänglich konspirativen Treffen, meist unter Beteiligung der Gewerkschaften, sind eher der Selbstvergewisserung als einer drohenden Repression geschuldet. Mit entsprechendem Wissen sowie Erfahrungen und hilfreichen sozialen Kontakten übernehmen die Aktivist/inn/en entschlossen eine Führungsrolle, was von den Beschäftigten durch sehr hohe Teilnahmequoten an Betriebsversammlungen und Wahlen honoriert und legitimiert wird. Sie sind fähig, die grundlegenden Interessen der Kolleg/inn/en adäquat zu formulieren, und ihnen wird die kollektive Interessenvertretung in schwierigen Zeiten zugetraut. Den Initiativen kommt zugute, dass die Beschäftigten angesichts von Insolvenz, Übernahme, Ausgründung, Geschäftsführungswechsel usw. relativ schnell davon zu überzeugen sind, dass ein Betriebsrat de facto die ein-

zige oder zumindest die erfolgversprechende Möglichkeit ist, eine umfassende Information und Mitsprache der Belegschaften bei betrieblichen Entscheidungsprozessen notfalls auch rechtlich durchzusetzen. Begünstigend wirken auch der geringe Widerstand der Geschäftsführungen gegenüber den Betriebsratsgründungen sowie die zum Teil temporären Allianzen mit dem mittleren bzw. unteren Management, das von den (drohenden) negativen Veränderungen im Regelfall ebenfalls betroffen ist.

- *Verlaufsformen:* Durch den starken ereignisbezogenen Mobilisierungsschub und die damit verbundene Interessenkonstellation verlaufen die Betriebsratsgründungen dieses Typs meist schnell und relativ unproblematisch. Bis zu den kritischen Ereignissen (d.h. in der *Phase informeller Repräsentation*) werden grundlegende Belegschaftsinteressen meist von den Geschäftsführungen ‚mit'-berücksichtigt. Daneben können weitergehende individuelle Interessen informell und direkt verhandelt werden. Im Gegensatz zu den anderen Betriebsratsgründungstypen gibt es bei dieser Konstellation bereits vor der Betriebsratsgründung mitunter Ansätze kollektiver Interessenvertretungsformen jenseits des BetrVG. Die (durch den Handlungsdruck) typischerweise kurze *Latenzphase* fällt mit der Findungsphase und sukzessiven Vergrößerung der Initiativgruppe zusammen. In dieser Zeit (zunächst unter Ausschluss der Betriebsöffentlichkeit) werden die Aktivist/inn/en durch die Gewerkschaften intensiv informiert und begleitet; ein Teil von ihnen wird im Zuge dessen auch Gewerkschaftsmitglied. Dass die Initiator/inn/en selbst zur Wahl des Wahlvorstandes einladen, zeigt ihr Selbstbewusstsein, aber auch ihre eher geringe Angst vor Repression. Darüber hinaus ist typisch, dass die Geschäftsführungen oft schon vor dem offiziellen Wahlausschreiben *(Formierungsphase)* über die beabsichtigte Betriebsratsgründung informiert werden und nur in Ausnahmefällen mit geringem Widerstand reagieren. Die Suche nach weiteren geeigneten Kandidat/inn/en für die Betriebsräte ist ebenfalls unproblematisch; konkurrierende Listen sind selten. In der *Konstituierungsphase* nach der Wahl werden die Betriebsratsgremien dank der zügig absolvierten Schulungen sowie der Unterstützung durch die Gewerkschaften schnell arbeitsfähig; blockierende Fraktionierungen in den neu gewählten Gremien gibt es nicht.
- *Vertretungswirksamkeit:* Wie alle neu gegründeten Betriebsräte müssen die Gremien neben der internen Teamfindung auch ihre Rolle(n) gegenüber Belegschaft und Geschäftsführung definieren und einüben. In den meisten Betrieben wird nach kleineren Anfangsproblemen ein konstruktiv-kooperativer Interaktionsmodus mit den Geschäftsführungen gefunden, was dem grundsätzlich wechselseitigen Bemühen um Kooperation und Sachlichkeit zu verdanken ist. Schwieriger ist es dagegen oft, die selbst gesteckten (manchmal zu) hohen Ansprüche und Erwartungen in realistische Ziele umzude-

finieren, was häufig mit (notwendigen) Enttäuschungen verbunden ist. Den meisten Gremien gelingt es, die Herausforderungen der Bedrohungssituationen zu meistern und darüber hinaus neue Themen aufzugreifen; auf diese Weise werden sie zu einem anerkannten Bestandteil der neuen betrieblichen Sozialordnungen.

4.2.1 Strukturelle Merkmale der Betriebe

Betrachtet man zunächst die *strukturellen Merkmale* der einschlägigen Betriebe, so erscheinen die Fälle auf den ersten Blick relativ heterogen (ausführlich dazu vgl. Tab. 9 im Anhang): Die Branchen variieren ebenso wie Betriebsgröße, Führungsstrukturen oder Tarifbindung. Erst bei näherer Betrachtung werden typrelevante Gemeinsamkeiten sichtbar wie z.B. der mehrheitlich westdeutsche Standort, die durchweg qualifizierten Produkte bzw. Dienstleistungen mit entsprechenden Tätigkeitsanforderungen an die männlich dominierten Belegschaften oder der relativ geringe Einsatz prekärer Beschäftigungsformen. Außerdem fand, im Gegensatz zu übrigen Betrieben des Samples, in der Mehrheit der Betriebe ein Wechsel in den Eigentums- bzw. Unternehmensstrukturen statt.

Die Betriebe gehörten zu unterschiedlichen *Branchen:* Fünf der elf Betriebe zählten zum Verarbeitenden Gewerbe. Es handelte sich hierbei um Betriebe, die höherwertige bzw. spezialisierte Nischenprodukte in Einzel- oder Kleinserienfertigung herstellten. Vier weitere Betriebe waren dem qualifizierten Dienstleistungssektor zuzurechnen. Je ein Betrieb stammte aus dem Bau- bzw. Kfz-Gewerbe. Entsprechend den Branchen gehörten die Betriebe zu den Zuständigkeitsbereichen der IG Metall (5), ver.di (4), IG BCE (1) und IG BAU (1).

Deutliche Ähnlichkeiten zwischen den Betrieben existierten in Bezug auf die aktuelle *Unternehmens- und Eigentumsstruktur:* Zehn der elf Betriebe waren zum Zeitpunkt der Befragung Teil eines größeren Unternehmens, Konzerns oder Konzernverbundes mit verschiedenen Rechtsformen. Diese Dominanz von Konzernbetrieben war jedoch erst das Resultat von Veränderungen in den Eigentums- und Unternehmensstrukturen in jüngerer Vergangenheit: Ursprünglich waren vier der elf Betriebe inhabergeführte Einzelunternehmen, zwei weitere Betriebe wurden aus deutschen Konzernen outgesourct und von ausländischen Konzernen übernommen, und ein Betrieb wurde von der kommunalen in eine private Trägerschaft überführt. Die geplante Fusion des Finanzdienstleisters mit einem anderen Unternehmen wurde aufgegeben. In acht der elf Betriebe standen die Betriebsratsgründungen im engen Zusammenhang mit dem (geplanten) Wechsel in den Eigentums- bzw. Unternehmensstrukturen.

Die *Betriebsgröße* lag zum Zeitpunkt der Betriebsratsgründung zwischen 20 und ca. 700 Beschäftigten: Die knappe Mehrheit bildeten mittelgroße Betriebe zwischen 50 und 199 Beschäftigten (wie im Untersuchungssample insgesamt, vgl. Tab. 5 im Kap. 3.2), gefolgt von drei Großbetrieben und zwei Kleinbetrieben (bis 50 Beschäftigte). In drei Betrieben kam es seit der Betriebsratsgründung zu Beschäftigungsaufbau und in einem zu Personalabbau. In Relation zur Betriebsgröße lag die *Größe der gegründeten Betriebsräte* zwischen drei und 13 Mitgliedern. Auch wenn kleine und mittlere Betriebe überwogen, ist die Betriebsgröße als solche nicht typkonstitutiv, spielt aber in Verbindung mit Produkt, Tätigkeitsstruktur usw. eine Rolle für den Charakter der betrieblichen Sozialordnung.

Die *wirtschaftliche Lage* war in den meisten Betrieben zum Zeitpunkt der Betriebsratsgründung gut. Lediglich in zwei Betrieben waren wirtschaftliche Krisen der Anlass für die Betriebsratsgründungen, die jedoch in beiden Fällen überwunden werden konnten. Allerdings kam es in zwei weiteren Betrieben in den letzten Jahren zu dauerhaften bzw. wiederkehrenden wirtschaftlichen Problemen.

Das waren auch jene beiden Betriebe, die auf Arbeitszeitreduzierungen, Beschäftigung von Honorar- bzw. Leiharbeitskräften, Befristungen sowie wiederholte Kurzarbeit zurückgriffen, um der angespannten Lage zu begegnen. In den anderen Betrieben spielten *prekäre Beschäftigungsverhältnisse* wie Leiharbeit, Befristung oder geringfügige Beschäftigung dagegen nur eine untergeordnete Rolle. Von einer Spaltung der Beschäftigten in Stamm- und Randbelegschaften, wie dies bei den Gründungskonstellationen *Kollektive Emanzipation* und *Blockierte Partizipation* häufig anzutreffen war, konnte in den Betrieben dieses Gründungstyps keine Rede sein. Das schloss nicht aus, dass in (noch) wenigen Fällen Neueinstellungen mittlerweile zu deutlich schlechteren Konditionen erfolgten.

Abgesehen davon wurden Entlohnung sowie *Arbeitsbedingungen* von den Betriebsratsmitgliedern als zum Teil deutlich besser im Vergleich zu ähnlichen Betrieben in der Region eingeschätzt. Das reichte von pünktlicher Lohnzahlung über mitarbeiterfreundliche Überstunden-, Gleitzeit- und Pausenregelungen bis hin zu vermögenswirksamen Leistungen oder Zuschüssen zu Fahrtkosten. Im Unterschied zu anderen Firmen in der Region oder auch des Untersuchungssamples (vgl. Gründungsmuster *Kollektive Emanzipation*, Kap. 4.4 und *Blockierte Partizipation*, Kap. 4.6), in denen enormer Arbeitsdruck, Kosteneinsparung ‚um jeden Preis' und zum Teil menschenunwürdige Arbeitsbedingungen an der Tagesordnung waren, wurden die Beschäftigten weder *„drangsaliert"* noch *„verheizt"* (D19_BR), oder wie es ein Betriebsratsvorsitzender formulierte: *„das ist eigentlich das Paradies"* (M10_BR). Selbst das ‚Paradies' war nicht perfekt, so dass es für die Betriebsräte z.B. im Arbeits-, Gesundheits- oder Brandschutz sowie bei der Gestaltung der Schichtsysteme einiges zu verbessern gab. Auch die kleinen ‚Risse' im Paradies, wie die niedrigeren Eingruppierungen bei Neueinstellungen, wurden von den Befragten aufmerksam registriert. Gerade solche schleichenden Verschlechterungen wurden als problematisch eingeschätzt, weil man dahinter einen Trend vermutete, der letztlich irgendwann alle betreffe.

In den meisten Betrieben waren die Belegschaften männlich geprägt: In mehr als der Hälfte der Betriebe lag der Anteil von Frauen an der Belegschaft zwischen 20 und etwa 30%, zwei Betriebe beschäftigten sogar weniger als 5% Frauen. Nur in zwei Firmen betrug der Frauenanteil etwas mehr als 50%. Überdurchschnittlich häufig waren Frauen in klassischen Verwaltungsbereichen zu finden, wogegen sie, gemessen an ihrem Anteil an der Belegschaft, nur unterdurchschnittlich als Führungskräfte beschäftigt waren, und wenn, dann in unteren und mittleren Führungspositionen. In der Top-Managementebene gab es keine Frauen.

Hinsichtlich der *Qualifikationsstruktur* waren die Betriebe dieses Gründungsmusters mit Betrieben der Konstellation *Betriebsrat als Erweiterung der individuellen Interessenvertretung* (vgl. Kap. 4.3) vergleichbar, unterschieden sich aber ansonsten deutlich von den übrigen Untersuchungsbetrieben: In allen Firmen waren für die anspruchsvollen Tätigkeitsanforderungen entsprechend qualifizierte Berufsabschlüsse erforderlich, in zwei Betrieben sogar überwiegend akademische Qualifikationen. An- und ungelernte Tätigkeiten spielten im Gegenzug kaum eine Rolle.[6] Erwartungsgemäß handelte es sich bei den vier Firmen des Dienstleistungssektors um klassische Angestelltenbetriebe. In den anderen Betrieben lag der Anteil der Angestellten nur zwischen etwa 10% und ca. einem Drittel. Entsprechend den hohen Qualifikationsanforderungen engagierten sich die Betriebe in der Berufsausbildung, um so den betrieblichen Fachkräftebedarf zu sichern. Durchweg galt in den Betrieben dieses Typs das Qualifikations- und Erfahrungspotenzial der Beschäftigten als das wichtigste ‚Kapital', worin sich Geschäftsführungen wie Beschäftigte einig waren und was auch den wechselseitigen Umgang miteinander maßgeblich prägte.

Die Belegschaften in der Mehrzahl der Betriebe waren hinsichtlich der *Altersstruktur* relativ ausgewogen, d.h. alle Altersgruppen waren vertreten, allerdings mit einem hohen und stetig wachsenden Durchschnittsalter. Die Ausnahme bildete der IT-Dienstleister mit seinen ausgesprochen jungen Beschäftigten im Alter zwischen 35 und 38 Jahren. Die ausgeglichene Altersstruktur ist typisch für Betriebe mit geringen personellen Veränderungen. Entlassungen waren sehr selten und Fluktuationen gab es, wenn, nur in den ‚kritischen' Zeiten. Durch die personelle Stabilität kannten sich Beschäftigten untereinander sowie den Betrieb lange und gut.

---

6   In einigen wenigen Betrieben setzten die Tätigkeitsanforderungen zwar ein hohes allgemeines Qualifikationsniveau voraus, aber es gab zum Teil noch keine entsprechenden Ausbildungsberufe oder Studiengänge. Typisch für solche neuen Tätigkeitsfelder ist, dass man auf ähnliche Berufsfelder bzw. nachgewiesene Kompetenzen zurückgreift. Von traditionellen An- und Ungelernten kann deshalb nicht die Rede sein.

Mit Ausnahme der Regional-Niederlassung des Baukonzerns sowie eines Dienstleistungsunternehmens handelte es sich bei den meisten Betrieben um *klassische kohärente betriebliche Einheiten* gemäß dem betriebsverfassungsrechtlichen Betriebsbegriff – mit einer Betriebs- oder Geschäftsleitung, administrativen sowie produzierenden oder leistungserbringenden Bereichen an *einem* Standort. Die Hierarchien waren mit zwei bis vier Ebenen schon aufgrund der Betriebsgröße ausgesprochen flach, ausgeprägt bürokratische Strukturen daher selten. Das traf auch (immer noch) auf die beiden Großbetriebe zu: Hier erfolgte das Größenwachstum so rasant, dass sich entsprechende Strukturen und Regeln nicht in gleichem Maße bzw. Tempo mitentwickelt haben.[7]

Ein klares Muster zeigte sich hinsichtlich der *regionalen Verortung*: Neun der elf Betriebe hatten ihren Sitz in westlichen Bundesländern. Die Dominanz westdeutscher Betriebe dürfte kein Zufall sein, handelte es sich doch meist um relativ ‚alte' Betriebe, die bis dato von gravierenden strukturell-organisatorischen bzw. wirtschaftlichen Einschnitten verschont geblieben waren. Solche Betriebe mit gewachsenen, relativ ‚unbeschädigten' Betriebsgemeinschaften und guten Arbeits- und Entlohnungsbedingungen sind in Ostdeutschland aufgrund der wirtschaftlichen Umbrüche und Krisen nach der Wende nach wie vor seltener anzutreffen. Weniger eindeutig war dahingegen die *räumliche Gliederung*: die knappe Mehrheit der Betriebe war in mittelgroßen bzw. Kleinstädten ansässig, vier Betriebe befanden sich in Großstädten, ein Betrieb in einem industriellen Ballungszentrum.

Sieben der elf Betriebe waren *vor* den kritischen Ereignissen – Ausgründungen, Übernahmen und wirtschaftlichen Krisen – *tarifgebunden* (Flächentarifvertrag) und drei von ihnen blieben es auch über die kritischen Ereignisse hinweg. In zwei der ursprünglich branchentarifgebundenen Betriebe handelten die neu gegründeten Betriebsräte zusammen mit der Gewerkschaft einen Haustarifvertrag aus. Bei den beiden anderen Betrieben konnte dagegen bis zum Zeitpunkt der Befragung keine Tarifbindung durchgesetzt werden. Daran wird deutlich, dass die Befürchtungen der Beschäftigten hinsichtlich der ‚bedrohten Besitzstände' realistisch waren. Zwar hielten sich die Arbeitsplatzverluste über die kritischen Ereignisse hinweg in Grenzen, aber die Beschäftigten mussten häufig Einschnitte bei der Arbeitszeit bzw. bei den Entlohnungen in Kauf nehmen.

---

7 Der ehemals große Handlungs- und Entscheidungsspielraum wurde von Beschäftigten wie Vorgesetzten (lange) geschätzt, aber infolge des schnellen und ungeregelten Wachstums wurden Zuständigkeiten bzw. Verantwortlichkeiten immer unübersichtlicher, so dass mehr und mehr Reibungs- und Informationsverluste auftraten. Das führte zu steigendem Unmut bei den Beschäftigten. Beide Fälle wiesen Ähnlichkeiten zu einigen Betrieben der Konstellation Betriebsrat als *Erweiterung der individuellen Interessenvertretung* (vgl. Kap. 4.3) auf. Denkbar ist, dass hier das ‚kritische Ereignis' ein ‚langes Leiden' verhinderte.

Fasst man die bisherigen Ausführungen zusammen, zeichnet sich ein charakteristisches Bild der Betriebe ab, in denen eine Betriebsratsgründung zum *Schutz der gemeinschaftlichen Sozialordnung* erfolgte: Es handelte sich mehrheitlich um wirtschaftlich gut situierte (auch schnell gewachsene) mittelständische Betriebe, vorwiegend in Westdeutschland und eher in Klein- oder Mittelstädten angesiedelt, zum Teil (ursprünglich) inhabergeführt, mit anspruchsvollen Produkten und Dienstleistungen sowie größtenteils gut qualifizierten, männlich geprägten Belegschaften. Die Arbeits- und Entlohnungsbedingungen waren im Regelfall besser als in vergleichbaren Betrieben in der Region. Die Belegschaften waren historisch gewachsen und relativ homogen, Fluktuationen blieben die Ausnahme. Sicher gab es die eine oder andere kleinere oder auch größere Krise, die man jedoch zusammen überstanden hatte. Man kannte sich und die Inhaber bzw. Geschäftsführung schon lange und wusste, was man voneinander zu halten und zu erwarten hatte.

4.2.2 Innerbetriebliche Austauschbeziehungen und kollektive Interessendefinition: „eine Kultur des Gebens und Nehmens"

Die für diesen Typus charakteristische Betonung eines grundlegend gemeinsamen Interesses, welches darüber hinausgehende ‚besondere' Belegschaftsinteressen mit einschließt, war das Ergebnis einer längeren Betriebsgeschichte mit einer weitgehend stabilen Akteurskonstellation. Die wechselseitig geteilten gemeinschaftlichen Orientierungen prägten den betrieblichen Handlungsrahmen mit seinen Regeln des alltäglichen Umgangs. Sie formten eine Kultur des ‚Gebens und Nehmens', d.h. wechselseitige Erwartungen an einen fairen Tausch von Leistung und Gratifikationen auf der einen Seite sowie an kooperative Führung bzw. soziale Verantwortung und Loyalität auf der anderen.

Das *Führungsverhalten* in diesen Betrieben wies deutliche Ähnlichkeiten auf: Jenseits der Nuancen persönlicher Führungsstile wurde das Führungsverhalten der (zum Teil früheren) Geschäftsleitungen und auch der Vorgesetzten im Regelfall als fair, gerecht, kommunikativ, kooperativ und teilweise auch als fürsorglich bis familiär beschrieben:

> „Weil der (Vorstand, Anm. d. Verf.) war trotz seiner Eigenheiten immer darauf bedacht, dass es fair zugeht, für alle Seiten fair, der hat zwar auch mal was gefordert, aber auch gegeben, sagen wir's mal so." (D19_BR)

Das schloss klare Anweisungen und ‚Strenge' nicht aus, die jedoch im Vergleich zu den ‚willkürlichen Befehlsstrukturen' der Gründungsmuster *Kollektive Emanzipation* (vgl. Kap. 4.4) und *Blockierte Partizipation* (vgl. Kap. 4.6) als angemessen, unter Umständen sogar als Führungsstärke und keinesfalls als Willkür, erlebt wurden:

„Er war gerecht. Er war wirklich sehr, sehr streng, aber gerecht. Er hat das nicht irgendwie aus Gutdünken gemacht, wenn er da einen getadelt hat oder [...] wenn einer Mist gebaut hat [...]. Aber das war dann auch vergessen. Das war dann auch vergessen. Wirklich." (M09_BR1)

Geschäftsführungen und Management brachten den Beschäftigten darüber hinaus Wertschätzung entgegen, die teilweise auch mit finanzieller Beteiligung am Unternehmenserfolg verbunden war. Dafür konnten sie ihrerseits mit Leistungsbereitschaft, Engagement, Respekt und Loyalität rechnen. Gerade die geschäftsführenden Inhaber wurden oft als legitime Autoritäten, als *„absolute Respektspersonen"* charakterisiert, die jenen *„Arbeitseifer"* bzw. *„Einsatz"* (M09_BR2) vorlebten, den sie von ihren Mitarbeiter/inne/n erwarten durften und auch erwarteten:

„Also, der Chef war Chef. Also wirklich, Chef. Ich glaub', das war sein Leben. Das muss man so sehen. Das war, die Firma war sein Leben. Das heißt also [...], wenn da ein Fehler war, sei es jetzt in der Fertigung, sei es aber auch vom Vertrieb oder vom Einkauf her. Der ist der Sache so nachgegangen, bis in das absolut kleinste Detail [...]. Ja das, der hat das alles auch vorgelebt." (M09_BR1)

Aber auch wenn der ‚Chef' unangefochten der ‚Chef' war, ließ er es die Beschäftigten dennoch in der Regel wenig spüren:

„Gut, einfach nur gut, es war, das ist jetzt, also man hatte nicht das Gefühl, mit dem Management zu reden, sondern einfach, es war einfach fast familiär, ich nehme das Wort eigentlich ungern in den Mund, aber es war halt eben wirklich so [...] wie gesagt, gab es ein Problem, bist du hingegangen und hast gesagt: ‚Hier das und das Problem.' Auch wenn du mit irgendeinem Vorgesetzten, wenn da irgendwas nicht lief, das hätte er sofort geklärt, hätte ein klärendes Gespräch mit ihm geführt und dann war das erledigt. Er hat sich eben auch bedankt, wenn da irgendwas war, wenn du da irgendwas gemacht hast, kam er eben, hat sich nochmal persönlich bedankt, hat dir die Hand gegeben [...]." (M02_BR)

Die *Führungsstile* wiesen dabei durchaus unterschiedliche Färbungen auf, was auch mit der Generationsfolge oder auch mit der Branchenkultur zu tun hatte. Neben den ‚alten' Inhabern, von denen manche schon durch ihr *„erstes Erscheinungsbild"* (M09_BR2) bzw. ihr *„Charisma"* (D10_BR) nachhaltig beeindruckten, gab es auch die eher sachlich zurückhaltenden, darum aber nicht weniger geschätzten Geschäftsleitungen (z.B. Söhne oder angestellte Geschäftsführer), denen das fürsorglich-patriarchale Führen fremd war und die dem Personal daher relativ weitreichende Handlungsspielräume zur Selbstorganisation zubilligten:

„[...] ich hab' immer den Eindruck, mit Personalführung wollen sie am liebsten gar nix zu tun haben, das muss irgendwie flutschen und dann geht das: Ich soll mein Geschäft hier drinnen machen und dann ist alles okay. Aber nicht noch Ärger mit dem Personal haben. Also zahlen die lieber und lassen sie (die Beschäftigten, Anm. d. Verf.) schaffen und gucken gar nicht danach, was sie machen, wird schon irgendwie funktionieren, und bis jetzt hat's auch immer so geklappt." (M10_BR)

Die skizzierte Haltung der Geschäftsleitungen sowie des Managements gegenüber den Beschäftigten gründete auf deren Menschenbild: Beschäftigte wurden nicht wie in anderen Betrieben des Samples als ‚Störenfriede', ‚Taugenichtse', ‚Kostenfaktoren' oder ‚Gegner' betrachtet, sondern als *Mit*-Arbeiter, d.h. als unverzichtbarer Teil des Unternehmens, der nicht beliebig austauschbar war. Die Haltung speiste sich zum einen daraus, dass die Geschäftsführungen auf die freiwillige Leistungserbringung (zum Teil über das normale Maß hinaus) ihrer qualifizierten Beschäftigten angewiesen waren, zum anderen entsprach es der sozialen Verantwortung der Geschäftsführungen (ähnlich Kotthoff/Reindl 1990), wie die beiden folgenden Auszüge aus Interviews mit Managementvertreter/inne/n verdeutlichen:

„Es darf natürlich nicht sein, dass nach alter Gutsherrenmanier die Geschäftsleitung die Mitarbeiter ausbeutet, das würde meinem Empfinden widersprechen, wobei ich nicht in Abrede stellen kann, dass das passiert in einigen Unternehmen. Ich hoffe nicht, dass das bei uns so von den Mitarbeitern gesehen wird. Wie gesagt, es muss immer stimmen, Leistung und Gegenleistung." (D19_M)

„Also das war für mich jetzt nichts Außergewöhnliches, ja, ob mit oder ohne Betriebsrat, man muss kooperativ mit den Mitarbeitern zusammenarbeiten, ja, man braucht sich als Ganzes, ja." (D10_M)

Das mag idealisiert klingen, aber die Schilderungen der Befragten schienen authentisch und wurden teilweise auch von zuständigen Gewerkschaftsvertreter/inne/n bestätigt. Dabei fehlte es keineswegs an Kritik. So wurde über manageriale Fehlentscheidungen ebenso berichtet wie über persönliche *„Macken"* (M10_BR) der Führungskräfte. Besonders wurde das sogenannte ‚Nasenprinzip' gerade einiger charismatischer Führungsfiguren bei der Verteilung von Gratifikationen kritisiert:

„[...] und wenn irgendeiner was wollte, ist er alleine zu seinem Chef gegangen und hat gesagt: ‚Geht das oder geht das nicht?' Ob Urlaub oder sonstiges, alles immer so, ja, beim einen ist's gegangen, beim anderen ist' s nicht gegangen." (M10_BR)

Bei aller Nähe ‚verwechselte' niemand, wer im Betrieb Geschäftsleitung und wer Mitarbeiter/in war – die Grenzen waren im Gegenteil sogar klar gezogen. Gerade deshalb schien eine *„Kultur des Gebens und Nehmens"* (D20_BR) möglich. Wenn man die bisherigen Ausführungen zusammenfasst, werden die Konturen einer gemeinschaftlichen Sozialordnung im Sinne von Kotthoff/Reindl

(1990: 354ff.) erkennbar: Die beschriebene Kooperation sowie das Einverständnis im Umgang miteinander resultierten einerseits aus der „sozialen Verbundenheit" zwischen Geschäftsführung und Beschäftigten und andererseits aus der Verbundenheit beider Seiten zum Betrieb als „gemeinsamem Projekt" (ebd.: 355). Zwischen den betrieblichen Akteuren bestand eine – wie Kotthoff/Reindl (ebd.) es nennen – „Arbeits- und Interessengemeinschaft", an der beide Seiten glaubhaft „innerlich beteiligt und interessiert" waren.[8] Typisch war dabei, wie schon dargelegt und auch die beiden nachfolgenden Interviewausschnitte explizit belegen, nicht etwa ‚Unterschiedslosigkeit', sondern gerade die ‚Wechselseitigkeit' der Anerkennung, des Respekts sowie der Loyalität, die auf vielfältige Art und Weise zum Ausdruck kamen:

„Es muss ein Geben und ein Nehmen herrschen, wobei nicht eine Seite überwiegen darf." (D20_M)

„Ja klar, geht's uns gut, wir wissen das, aber ihm geht's auch gut mit uns." (D19_BR)

Hinter dem Leitbild des Betriebes als ein ‚gemeinsames Projekt' stand eine typische *Interessenkonstellation* bzw. *Interessendefinition*, die den Handlungsrahmen des alltäglichen Umgangs miteinander absteckte: Das gemeinsame Interesse von Beschäftigten wie Geschäftsführung war der Erhalt bzw. die weitere positive Entwicklung des Betriebes – das ‚Betriebswohl':

„Wir haben tatsächlich alle an einem Strang gezogen, in dieselbe Richtung. Und da stand jeder dahinter, wir waren wirklich stolz auf das, was wir geschaffen haben, und es waren auch alle motiviert, es hat keiner gemault [...]." (M02_BR)

„Wir wollen doch eigentlich alle das Gleiche. Wir wollen, dass die Firma halbwegs gescheit überlebt, nicht? Also das Ziel ist für alle das Gleiche, nicht." (M09_M)

Das ‚gescheite Überleben' meinte keineswegs nur Rentabilität, sondern ebenso die Qualität und Weiterentwicklung der Produkte bzw. Leistungen, Produktions-

---

8   Zwischen den Betrieben gab es, ähnlich wie bei Kotthoff/Reindl (1990) auch, Variationen in der Ausprägung der insgesamt dominanten gemeinschaftlichen Sozialordnung. In der Niederlassung des Baukonzerns oder im IT-Unternehmen sah die gemeinschaftliche Sozialordnung etwas anders aus als in den mittelständischen Metallbetrieben. Im ersten Fall erschwerten schon die Struktur des Unternehmens und die räumliche Trennung der Arbeitsplätze die Entwicklung eines einheitlich emotionalen ‚Wir-Gefühls', dennoch sprach der Betriebsratsvorsitzende auch hier von wechselseitigem Respekt und Wertschätzung. Beim IT-Unternehmen waren die Beschäftigten auf den ersten Blick ‚Einzelkämpfer', was in Bezug auf das Aushandeln der Entlohnungs- und Arbeitsbedingungen sicher auch stimmte, andererseits war die Arbeitstätigkeit projekt- und teamförmig organisiert. Dies und der zum Teil kooperativ lockere Umgang zwischen Belegschaft und Management beförderten aber ebenso ein spezifisches gemeinschaftliches Sozialgefüge.

abläufe, Arbeitsbedingungen sowie das Betriebsklima. Das einvernehmliche Ziel war also immer das ‚gescheite Überleben' der Betriebsgemeinschaft als Ganzes. Dabei war es bezeichnend für die Interessenkonstellation dieses Typs – bis zum ‚Anlass' der Betriebsratsgründung, dass die inhaltliche Definition bzw. Ausgestaltung des Betriebswohls selten thematisiert wurde. Es herrschte vielmehr Einvernehmen darüber, dass die Inhaber bzw. die Geschäftsführung die Renditeziele wie auch die entsprechenden Mittel und Wege mit Umsicht und Rücksicht auf die Interessen der Belegschaft definierten. So ist auch zu erklären, dass sich kaum jemand aus der Belegschaft für Bilanzen oder wirtschaftliche Kennziffern interessierte. Überhaupt spielten Zahlen und Kennziffern nur eine untergeordnete Rolle. Wenn die Geschäftsführung erklärte, dass die wirtschaftliche Situation gut sei und dies mit Investitionen in Maschinen und Ausrüstungen, Arbeitshallen, Sanitäranlagen oder Sonderzahlungen unter Beweis stellte, wurde das unbesehen akzeptiert: *„Wenn es der Firma gut ging, ging es auch den Mitarbeitern gut."* (M07_BR)

Das hieß nicht, dass auch alle Entscheidungen des Managements immer für richtig befunden wurden, was aber dem Einverständnis über grundlegende Ziele und Mittel letztlich keinen Abbruch tat. Es entsprach den Erfahrungen der Belegschaften, dass die Geschäftsführungen mit dem Wohl der Firma immer auch das Wohl der Beschäftigten im Blick hatten. Die Geschäftsführungen praktizierten soziale Verantwortung und die Beschäftigten antworteten mit Loyalität und Leistungsbereitschaft. Es waren *„richtig gute Zeiten"* (M10_BR). Man war sich aber nicht nur über die Dominanz des betrieblichen Interesses einig. Unstrittig war auch, dass beide Seiten zwar unterschiedliche, jedoch komplementäre ‚Beiträge' hierzu leisteten, die bis zu einem betriebskulturell bestimmten Ausmaß ungleiche Gratifikationen rechtfertigten.

Trotz der Betonung eines gemeinsamen betrieblichen Interesses waren sich alle Beteiligten größtenteils darüber einig, dass die Belegschaftsinteressen nicht vollständig im gemeinsamen betrieblichen Interesse aufgingen, sondern dass es daneben auch noch besondere Interessen oder auch *„unterschiedliche Auffassungen"* (D20_M) gab. Diese ‚besonderen' Belegschaftsinteressen wurden von den Geschäftsführungen in der Regel als legitim anerkannt, aber selten thematisiert und auch von den Belegschaften kaum offen reklamiert. Das hing auch damit zusammen, dass zwischen den Betriebs- und den Belegschaftsinteressen zwar eine Differenz oder auch Spannung, aber kein strukturell bedingter Konflikt wahrgenommen wurde. Darüber, welche ‚besonderen Belegschaftsinteressen' als legitim galten, herrschte ebenfalls ein ‚stilles' Einverständnis. Zum anderen versuchten die Inhaber bzw. Geschäftsführungen die besonderen Belegschaftsinteressen weitgehend ‚aus eigenem Antrieb' zu berücksichtigen. In gewisser Weise traten die Beschäftigten ihren ‚Interessenvertretungsanspruch' teilweise an die Geschäftsführung bzw. das Management ab und brauchten insofern auch keinen Betriebsrat, wie die Befragten durchweg betonten:

„Uns ging's richtig gut, wir haben viel gearbeitet, natürlich, auch, aber er (der Geschäftsführer, Anm. d. Verf.) hat uns auch an seinem Erfolg teilhaben lassen. Und da haben wir gesagt: ‚Betriebsrat, brauchen wir nicht!'" (M09_BR2)

Für weitergehende ‚Einzelinteressen' gab es zudem das Prinzip der ‚offenen Tür', d.h. Beschäftigte konnten sich mit ihren Anliegen an ihre Vorgesetzten bzw. auch (je nach Betriebsgröße) an die Geschäftsführung wenden, die die entsprechende Hilfe meistens gewährten:[9]

„Also wenn hier ein Mitarbeiter Probleme hat, der findet hier keine verschlossene Türe. Da wird versucht, zu helfen, ob's übers Arbeitszeitkonto oder sonstige Sachen ist, das Einzige, was man nicht kriegt, ist ein Kredit. Ja, aber sonst, wir haben Mitarbeiter, die konnten in Zeiten, wo's ihnen ein bisschen schlechter gegangen ist, weil sie zuhause eine Baustelle hatten oder so, bis zu 150 Stunden in die Miese fahren, und das über, ein, zwei Jahre, also da hat kein Hahn danach gekräht." (M10_BR)

Darüber hinaus gab es auch erste Ansätze informeller repräsentativer Interessenvertretungen. Solche ‚Sprecher/innen' oder ‚Vertrauenspersonen' fungierten primär als Vermittler/innen zwischen Belegschaft und Geschäftsführung. Das Problem, das hierdurch gelöst werden sollte, war nicht etwa die Missachtung von Belegschaftsinteressen, sondern vielmehr deren adäquate Kommunikation (vgl. Abschnitt 4.2.5). Alles in allem war der Alltag in jenen Betrieben ‚in Ordnung'; es gab wenig Anlass zur Klage seitens der Beschäftigten oder gar zur grundlegenden Veränderung des stabilen gemeinschaftlichen Sozialgefüges. Die meisten befragten Betriebsmitglieder, Aktivist/inn/en wie Manager/innen stimmten darin überein, dass es ohne jene plötzlich eintretenden Ereignisse wahrscheinlich keinen Betriebsrat gegeben hätte, wie ein Betriebsratsmitglied stellvertretend betonte:

„[...] und zu dem Zeitpunkt hätte nie irgendjemand einen Betriebsrat gewählt, weil es einfach funktioniert hat." (M02_BR)

Die Grundlagen der einvernehmlichen Arbeits- und Interessengemeinschaften wurden erst im Zuge akuter kritischer Ereignisse in Frage gestellt.

4.2.3 Anlässe: die gemeinschaftliche Sozialordnung in der Krise

„Normalerweise gründet sich ein Betriebsrat nicht, weil alles toll ist." (M09_M)
„Ja, und dann kam dann irgendwann unser Kunde (Name d. Unternehmens) und wollte uns übernehmen und hat uns dann übernommen, ja und da haben wir dann

---

9 Selbst beim IT-Unternehmen, bei dem branchentypisch die individuelle Interessenvertretung quasi zum Selbstbild der Beschäftigten gehörte, wurden dennoch grundlegende gemeinsame Interessen der akademisch geprägten Belegschaft (wie z.B. die Gewährung von Handlungsspielräumen oder zeitlicher Flexibilität) durch die Geschäftsführung vorab gewährt.

schon gemerkt, das läuft jetzt nicht mehr so einfach und da ging's dann langsam gedanklich los, eigentlich brauchen wir auch einen Betriebsrat." (M02_BR)
Bei den Betriebsratsgründungen zum *Schutz der betrieblichen Sozialordnung* handelte es sich um eindeutig *anlassbezogene Betriebsratsgründungen*. Die befragten Betriebsratsmitglieder und Manager/innen konnten die Ursachen und Hintergründe für die Gründungen klar benennen. Anlässe waren überwiegend Übernahmen (auch nach Insolvenzen) und Fusionen bzw. Ausgründungen, die mit einer Ausnahme auch vollzogen wurden. In zwei weiteren Fällen gründeten sich Betriebsräte im Zuge wirtschaftlicher Krisen bzw. drohender Insolvenzen, in einem Fall nach dem Austritt des geschäftsführenden Gesellschafters aus dem Arbeitgeberverband. In der Mehrzahl der Fälle handelte es sich also letzten Endes um einen Wechsel in der Eigentümer- und/oder Unternehmensstruktur und – oft damit verbunden – um einen Wechsel in der Geschäftsführung.

Jene ‚kritischen Ereignisse' bedrohten in gravierendem Maße Arbeitsplätze, gute Arbeits- und Beschäftigungsbedingungen bzw. den Betrieb insgesamt und letztlich die bis dato als selbstverständlich geltende gemeinschaftliche Sozialordnung. Den Beschäftigten war damit unmittelbar klar, was es zu schützen und zu bewahren galt. Dennoch bleibt die Frage, weshalb ausgerechnet die Gründung eines Betriebsrates, einer Einrichtung, die in der Mehrzahl der Betriebe bis dahin ausgesprochen kulturfremd war, das Mittel der Wahl war. Wie sich zeigte, kamen hier mehrere Faktoren zusammen: (1.) trat das bedrohliche Ereignis plötzlich ein und ging über bisher Erlebtes bzw. Gewohntes hinaus; (2.) waren die Geschäftsführungen aus der Sicht der befragten Aktivist/inn/en entweder an diesen Ereignissen beteiligt oder nicht in der Lage, diese angemessen zu bewältigen; (3.) waren die unterschiedlichen Managementebenen selbst betroffen und/ oder konnten den Beschäftigten keinen Schutz bieten. Mit anderen Worten: Die Loyalitätserwartungen der Beschäftigten wurden enttäuscht, sie fühlten sich im Stich gelassen und praktisch auf sich allein gestellt; die selbstverständlich geglaubte Repräsentation ihrer Interessen durch ihre Geschäftsführungen stand in Frage, so dass de facto eine ‚Interessenvertretungslücke' entstand.

Zu 1): In den meisten Betrieben schienen die Ereignisse aus der Sicht der Befragten plötzlich und ohne Vorwarnung eingetreten zu sein. Lediglich in zwei Fällen war aufgrund des fortgeschrittenen Alters der Inhaber und der fehlenden Nachfolge allen Beteiligten schon länger klar, dass die Betriebe ‚irgendwann' verkauft würden. Die Eigentümer bemühten sich offenbar relativ lange, im Fall des Metallbetriebs sogar mehrere Jahre, passende Käufer für ihre relativ kleinen, wirtschaftlich florierenden Unternehmen zu finden, um so den Fortbestand auch für die Beschäftigten sicherzustellen. Solange die Suche nicht abgeschlossen war, sah sich offensichtlich dort niemand veranlasst zu handeln. Erst als in einem Fall Gerüchte über den potenziellen neuen Eigentümer aus der Region auftauchten, der deutlich größer war, überdies auch als *„Sklaventreiber"* (M12_BR) galt und nicht tarifgebunden war, gründete die Belegschaft einen Monat vor Inkrafttreten des Verkaufs einen Betriebsrat. Selbst in den beiden Betrieben mit drohender Insolvenz hatte man die Krisen, die offenbar aus einem ‚unglücklichen' Zusammentreffen von Fehlinvestitionen mit der Wirtschaftskrise (2009) bzw. mit harten Bankenentscheidungen (Basel II) herrührten, nicht kommen sehen. Mit Ausnahme des Baubetriebs gingen allen Übernahmen, Fusionen und Ausgründungen keine wirtschaftlichen Probleme voraus, so dass man die Veränderungen hätte erwarten können und müssen.

Zu 2): Die Ereignisse traten nicht nur plötzlich ein, sondern sie waren nach den Schilderungen der Befragten oft auch nur schwer nachvollziehbar. Es gab aus der Sicht der Beschäftigten keinen zwingenden Grund, z.B. einen Bereich ‚einfach' auszugliedern oder den Betrieb mit einem anderen zu fusionieren:

> „Und aus unserer Sicht, aus Mitarbeitersicht bestand auch damals überhaupt keine Veranlassung, überhaupt Fusionsverhandlungen aufzunehmen. Wir Mitarbeiter haben das eigentlich nie verstanden, warum überhaupt an Fusionsvarhandlungen gedacht wurde, weil, wir hatten es gar nicht nötig. Also wir haben es nicht nötig gehabt, (Name des anderen Unternehmens) schon." (D19_BR)

Hinzu kam, dass offenbar auch nicht in ausreichendem Maße über die Ereignisse informiert wurde. Gerüchte ‚ersetzten' teilweise Informationen, so dass die Geschäftsführungsentscheidungen den Belegschaften (und auch dem mittleren und unteren Managements) mitunter als vorschnell, fast sogar willkürlich erschienen. Es ging folglich nicht nur darum, welche konkreten *„unpopulären Entscheidungen"* (M09_M) getroffen wurden, sondern auf welche Art und Weise das geschah. Zusätzlich zur Ungewissheit in Bezug auf die persönliche berufliche Zukunft breitete sich schnell eine Verunsicherung darüber aus, ob und inwieweit die Geschäftsführungen noch willens oder überhaupt in der Lage waren, die bedrohliche Situation im Interesse auch der Beschäftigten zu bewältigen:

> „Und da hat man schon als Mitarbeiter festgestellt, dass (Name) uns das Konzept überstülpt, obwohl wirtschaftlich wir die Stärkeren waren [...] Also wir fühlten uns schon sehr von unseren Vorgesetzten im Stich gelassen, und die haben uns auch im Stich gelassen. Es wurde also alles ohne Diskussionen anerkannt, was (Name) vorschlug, auch wenn es Mist war, auf Deutsch gesagt, und da haben wir versucht, uns zu wehren und unsere Arbeitsplätze zu erhalten, so gut es ging." (D19_BR)

> „Es war ja auch eine Phase, in der unsere Geschäftsleitung immer weniger an Einfluss auf die Firmenpolitik bekommen hatte, aus Gründen, gut das Weihnachtsgeld und Urlaubsgeld hatten sie ja nicht umsonst nicht bezahlt; sondern es ging uns ja wirklich wirtschaftlich sehr schlecht, und die Banken haben eine Unternehmensberatung eingesetzt, die quasi die Geschäfte der GmbH überwachen

und überprüfen sollte, weil da ging's halt um ziemlich viel Geld, und dann haben die auch Pläne erstellt, wie was zu händeln ist." (M10_BR)

Zu 3): Unabhängig von der konkreten Bedrohung wurden also Selbstverständlichkeiten in Frage gestellt, wie es die meisten Beschäftigten so nicht für möglich gehalten hatten. Das sah offenbar auch das untere und mittlere Management so. Denn im Gegensatz zu den Betriebsratsgründungen *Kollektive Emanzipation* (vgl. Kap. 4.4) und *Blockierte Partizipation* (vgl. Kap. 4.6), bei denen insbesondere auch das mittlere und untere Management heftigen Widerstand gegen Betriebsratsgründungen leistete, hatte es in den vorliegenden Fällen durchaus Verständnis für die Befürchtungen und Ängste der Beschäftigten und damit für die Gründung der Betriebsräte, wie folgendes Zitat zeigt:

„Aber eben eine Fusion ist ja im Prinzip, wie soll ich das sagen, die Aufgabe eines Betriebes und die Übernahme von Sitten und Gebräuchen, Gepflogenheiten des anderen Betriebes, und wenn man dann wie dieser Betrieb, der übernommen werden sollte, weil es ging nicht um die Frage der wirtschaftlichen Stärke, sondern es ging einzig und allein, es geht [...] in der Regel bei der Fusion um die Größe. Der Größere übernimmt den Kleineren, hat auch steuerliche Gründe. Dann ist es zwangsläufig, dass sich Sachen, die sich hier eingebürgert haben über 100 Jahre, auf einmal den Bach runter gehen und davor hat man natürlich Angst." (D19_M)

Vielfach war das Management durch Reduzierung von *„Doppelbesetzungen"* (D03_BR3) selbst von Entlassungen oder Degradierung betroffen und signalisierte infolgedessen, keinen Widerstand gegen eine Betriebsratsgründung zu leisten. In manchen Betrieben kamen sogar einige der Betriebsratsinitiator/inn/en aus dem Management, so dass man hier von einer ‚anlassbezogenen Allianz' zwischen Teilen des Managements und den Belegschaften sprechen kann, die für das Gelingen der Betriebsratsgründung wichtig war:

„Aber als der Stein im Rollen war und auch unsere, teilweise die Vorstände hier in (Name d. Stadt) auch gesagt haben, wir finden das gut, dass ihr das jetzt macht. Macht das. Wir können euch nicht helfen, wir sind sozusagen zur Seite geschoben worden und von daher seid ja nur noch ihr da, als letztes Bollwerk da. Deswegen, sage ich mal, hat sich dieser Widerstand auch in Grenzen gehalten. Also man hat wenig davon gemerkt." (D03_BR3)

„Genau. Das zum einen. Zum anderen hat der eine oder andere, also wie wir zum Beispiel, auch verstanden: Ja, aber in der (Name d. übernehmenden Unternehmens) gibt es einen Betriebsrat. Und da haben wir kein Pendant dazu. Das war auch aus Sicht der Führungskräfte ein Ungleichgewicht, ja, wo man einfach gedacht hat [...], da vertritt ja niemand die Interessen der (Name d. übernommenen Unternehmens), ohne da viel zu unterscheiden, sind das die Interessen der Mitarbeiter oder der Manager." (D03_BR1)

Erklärtes Ziel der Betriebsratsgründungen war es, die entstandene ‚Interessenvertretungslücke' zu schließen, also die Interessen der Belegschaften, im weitesten Sinne materielle wie ideelle Besitzstände, zu schützen. Die Aktivist/inn/en begriffen schnell, dass dies nur möglich war, wenn man entsprechend informiert und beteiligt wurde – und zwar auf einer rechtlich gesicherten Basis.

„Dass nicht alles so willkürlich gemacht werden kann vom Arbeitgeber, sondern dass man, als Betriebsrat hat man ja gewisse Mitbestimmungsrechte und Anhörungsrechte und das war dann, glaube ich, auch der Hauptgrund, um da bisschen mitsprechen zu können, ja und vielleicht eventuell sich auch bisschen abzusichern mit der Gewerkschaft, mit der IG Metall, dass man da, wenn's wirklich zur Insolvenz kommt, dass man da irgendwie auch ein bisschen Unterstützung auch bekommt. Das waren so die Hauptgründe, glaube ich." (M09_BR2)

Während in acht von elf Betrieben Betriebsräte tatsächlich ein *Novum in der Betriebskultur* darstellten, hatten die Belegschaften in drei Betrieben zum Teil Vorerfahrungen mit Betriebsräten gesammelt. Betriebsräte waren dort entweder ein tradierter Bestandteil der (ehemaligen) Betriebs- oder aber der aktuellen Konzernkultur. Außerdem hatte man deren Notwendigkeit und Wirksamkeit gerade im Prozess der Insolvenz bzw. beim Betriebsübergang erlebt. In diesen Fällen ging es deshalb sowohl um den Erhalt der Arbeitsplätze und Beschäftigungsbedingungen als auch um die (Wieder-)Herstellung des Status quo, zu dem ein Betriebsrat gehörte – wie ein Personalleiter anmerkte: *„einen Betriebsrat, den hat man"* (C03_M).

Aber unabhängig davon, ob es vorher schon einmal einen Betriebsrat gegeben hatte, in allen Betrieben mussten die Beschäftigten dennoch selbst tätig werden, weil in den bedrohlichen Situationen niemand da war, der ihre Interessen offensiv vertreten konnte (oder wollte). Mit Kotthoff/Reindl (1990) könnte man auch sagen, dass die Reziprozität als grundlegendes Merkmal der gemeinschaftlichen betrieblichen Sozialordnung (zumindest temporär) unterbrochen bzw. infrage gestellt wurde. Die Betriebsratsaktivist/inn/en wollten Informationen über die anstehenden Veränderungen erlangen und an deren Ausgestaltung beteiligt werden, um auf diese Weise die Interessen der Belegschaft bei den betrieblichen Veränderungen wahren zu können. Etwas, was bis dahin oft selbstverständlich war bzw. freiwillig gewährt wurde, musste nun qua Recht durchgesetzt werden. Informelle Belegschaftsgremien reichten hierfür nicht aus, da sie über keine erzwingbaren Rechte verfügten. Insofern war die Gründung eines Betriebsrates das geeignete Mittel. Es ging den Protagonist/inn/en dabei letztlich auch um Wiederherstellung einer ‚gemeinschaftlichen Sozialordnung' auf neuer Ebene – nicht, wie bei den anderen Gründungskonstellationen des Samples um die erstmalige Herstellung einer ‚Gegenmacht'. Der Betriebsrat war vor diesem Hintergrund nicht nur die Interessenvertretung der Beschäftigten, sondern ebenso ein Instrument der betrieblichen ‚Krisenbewältigung'. Deshalb erklärten alle befragten Betriebsratsmitglieder bzw. Aktivist/inn/en ausdrücklich, dass sie nicht *gegen* die Geschäftsführungen angetreten seien, sondern *für* Belegschaft *und* Betrieb:

> „Ich hab' den (Geschäftsführer, Anm. d. Verf.) nie als Gegner empfunden, ich hab' ihnen ja gesagt, was mein Ziel ist, nämlich auch das Unternehmen zu fördern, weil dann die Arbeitsplätze erhalten bleiben oder florieren." (D10_BR)

Trotz des mehrfach in den Interviews geäußerten Bedauerns über das Ende der ‚richtig guten Zeiten' gab es kein ‚einfaches Zurück'; das Erlebte hatte in den Belegschaften bzw. in relevanten Gruppen die Einsicht reifen lassen, dass eine eigene Interessenvertretung langfristig notwendig bzw. hilfreich ist.

4.2.4 Konstituierung einer repräsentativen sozialen Gruppe: vom informellen Belegschaftssprecher zur kollektiven Interessenrepräsentation

Die Betriebsräte wurden also in den betrieblichen Krisensituationen zum *Schutz der betrieblichen Sozialordnung* gegründet und hatten das erklärte Ziel, die Interessen der Belegschaft wirksam zu vertreten. Dennoch bleibt die Frage offen, warum ausgerechnet jene Beschäftigten sich zum Handeln, sprich Gründen von Betriebsräten, veranlasst sahen, die aufgrund ihrer Qualifikation und Berufserfahrung über ausgesprochen gute Arbeitsmarktchancen verfügten; warum wählten sie ‚voice' statt ‚exit' (Hirschman 1974)? Daran schließt sich noch eine weitere Frage an: Wie ist es ihnen gelungen, von der Belegschaft (und auch vom Management) als Initiator/inn/en akzeptiert zu werden?

Wie bereits ausgeführt, gab es bis zu den ‚Gründungsanlässen' in jenen Betrieben keine betrieblich verankerte Kultur einer dezidiert *kollektiven* Interessenvertretung durch die Beschäftigten selbst. Die teilweise vorgefundenen informellen Belegschaftssprecher/innen oder Mitarbeitervertreter/innen dienten lediglich als ‚Sprachrohr' bzw. Ansprechpartner/innen und waren ein freiwilliges, wenngleich durchaus funktionelles Zugeständnis an die Beschäftigten. In relativ kurzer Zeit mussten sich daher geeignete Personen finden, die die Belegschaften von der Idee Betriebsrat überzeugen und für und mit den Belegschaften die Wahl eines Betriebsrates durchführen konnten. Denn im Zuge der ‚kritischen Situationen' war schnelles und entschlossenes Handeln notwendig, die Gründungen mussten innerhalb weniger Monate, mitunter auch nur Wochen realisiert werden. Gemessen an den häufig jahrelangen ‚Interessen- und Gruppenformierungsprozessen' bei den anderen Betriebsratsgründungen des Untersuchungssamples war das eine voraussetzungsreiche Aktion. Die Aktivist/inn/en beschrieben diese Anfangsphase der Betriebsratsgründung daher auch als ein enges und ereignisreiches *„Zeitfenster"* (M10_BR), in dem mehrere Faktoren zusammenkamen, die letztlich zum Gelingen beitrugen. Dieses ‚window of opportunity' kann charakterisiert werden als eine besondere Konstellation von strukturellen Rahmenbedingungen, Akteuren sowie spezifischen Interessenlagen.

Die ‚kritischen Situationen', so ließ sich rekonstruieren, führten bei der Mehrheit der Beschäftigten zu Ratlosigkeit, Verunsicherung oder auch Lähmung. Nur wenige erkannten in dieser Situation sowohl die Notwendigkeit als auch die Chance zu handeln *und* ergriffen sie. Ähnlich wie bei den anderen Betriebsratsgründungsmustern der Untersuchung ging die Initiative zunächst von kleinen Beschäftigtengruppen aus. Es handelte sich in der Regel um qualifizierte und erfahrene, meist auch enge Kolleg/inn/en, deren fachlichen Fähigkeiten im Betrieb bzw. in ihrem Arbeitsbereich unstrittig und geschätzt waren. Darüber hinaus hatten sie das Vertrauen und den Respekt der übrigen Kolleg/inn/en, weil sie in der Lage und auch willens waren, ihre Ansichten offen und offensiv zu vertreten. Das machte sie oft über ihr unmittelbares Arbeitsumfeld hinaus bekannt, wie ein Befragter schilderte:

> „Bei uns im Bereich war es so, dass es die Leute waren, die Senior waren, die auch vorher schon selbstbewusst genug waren, Positionen zu vertreten, teilweise auch ein Standing hatten. Keine Berührungsängste auch mal in Konflikte zu gehen mit dem Vorstand. Ja? Weil sie es einfach gewöhnt waren. Das waren dann teilweise Führungskräfte aus dem Administrationsbereich." (D03_BR3)

Ihr Interesse galt stets, auch schon vor der Betriebsratsgründung, der Realisierung ‚guter Arbeit' und zwar in einem doppelten Wortsinn: gute Qualität bzw. gute Leistung waren nur in einer guten Arbeitsatmosphäre und unter fairen Arbeitsbedingungen möglich – darin waren sie sich mit Belegschaft *und* Management bzw. Geschäftsführung einig. In den meisten Fällen wurden sie auch vom Management bis hin zur Geschäftsführung für ihre fachliche Leistung sowie für ihr Engagement für das Unternehmen respektiert. Sie kamen größtenteils aus der ‚Mitte' der Belegschaft, waren oft auch gute Netzwerker/innen und repräsentierten die/den loyale Mitarbeiter/in . Diese starke Loyalität gegenüber Betrieb und Kolleg/inn/en, so steht zu vermuten, könnte die Aktivist/inn/en bewogen haben, sich zu engagieren (‚voice'), statt die Betriebe im Zuge der kritischen Ereignisse zugunsten der eigenen Interessen zu verlassen. Sie hatten eine starke Bindung an den Betrieb, d.h. an das ‚gemeinsame Projekt' sowie an die Kolleg/inn/en und außerdem waren sie überzeugt, dass es nicht nur richtig und wichtig sei, etwas zu unternehmen, sondern auch machbar (vgl. Hirschman 1974: 67). Durch die Wertschätzung von Belegschaft *und* Management waren sie der partikularistischen bzw. egoistischen Interessenvertretung unverdächtig und somit geeignet, die im Zuge kritischer Situationen entstandene ‚Interessenvertretungslücke' engagiert und kompetent auszufüllen. Es zeigte sich anhand der untersuchten Fälle, dass es also nicht ausreiche, sich engagieren zu wollen, die

Kolleg/inn/en mussten von der Eignung der Initiator/inn/en ebenso überzeugt sein (oder werden), um das Vertretungshandeln auch öffentlich durch ‚Delegierung' bzw. Folgebereitschaft zu legitimieren:

> „Und ich hab' mir dann gedacht, ja, bist schon so lange hier, hast eigentlich, dachte ich zumindest oder denke ich auch heute noch, dass ich hier einigermaßen Akzeptanz hab', in der Fertigung. Die ich mir auch erarbeitet hab.', natürlich, logischerweise, und da hab' ich gesagt: ‚Weißt du was, komm, wenn du da ein bisschen mitwirken kannst.' Ja, ich bin halt echt ein recht ruhiger Typ und das ist dann einfach mal so gekommen, dann haben die Kollegen gesagt: ‚Ja, das macht der! Lass dich doch mal wählen, stell dich auf!'" (M09_BR2)

> „Weil ich gut mit den Kollegen hier klar komme, dass ich einen guten Draht zu den Kollegen habe, und dann hat sich das so ergeben; dann wurde ich gefragt, ob ich mich aufstellen lassen würde und da hab' ich dann nicht nein gesagt, dann hat sich das halt ergeben." (M12_BR)

Die Aktivist/inn/en repräsentierten jedoch nicht nur den anerkannten und aktiven Kern der Belegschaft, sie konnten darüber hinaus auf umfangreiches ‚kulturelles' und/oder ‚soziales' Kapital nach Bourdieu (1983) zurückgreifen, welches sie – auch in den Augen der übrigen Beschäftigten – für schnelles Handeln qualifizierte. Hierzu zählten vor allem Erfahrungen mit kollektiver Interessenvertretung unterschiedlicher Ausprägung, so z.B. *als* Betriebsratsvorsitzende bzw. Betriebsratsmitglieder in früheren Unternehmen, *mit* Betriebsräten in früheren Firmen oder auch *als* informelle Repräsentant/inn/en. Manche von ihnen hatten auch untere bzw. mittlere Führungspositionen inne und bereits auf diese Weise Vertretungs- bzw. Führungsqualitäten unter Beweis gestellt. Darüber hinaus verfügten einige neben internen auch über externe Netzwerke, wie z.B. enge Kontakte zur Gewerkschaft oder auch zu Betriebsräten in anderen Unternehmen.

So prädestiniert die Initiator/inn/en für die neue Aufgabe auch schienen, die Entschlossenheit dieses Personenkreises ist nicht mit Leichtfertigkeit zu verwechseln. Trotz oder vielleicht wegen der gemeinschaftlich geprägten Sozialordnung, waren die meisten Aktivist/inn/en zwar nicht unbedingt ängstlich, wohl aber zunächst unsicher, wie die Reaktion der Belegschaften und vor allem auch der Geschäftsführungen auf die Gründungsinitiativen ausfallen würde:

> „Ja. Und wir haben eigentlich auch so, ja wir haben wirklich mit großem Gegenwind erstmal gerechnet, und dann: ‚Meine Güte! Wenn man so was macht.' Das ist ja ein Gefühl in einem drin, muss man sagen. Wir setzen uns zwar jetzt für unsere Kollegen ein, aber man entscheidet sich irgendwo, vom Denken her, gegen die Geschäftsleitung, nur vom Grundgedanken her, irgendwo macht man was, was eigentlich denen nicht so in den Kram passt." (M09_BR1)

An dem Interviewauszug wird deutlich, dass den Beteiligten mehr oder weniger bewusst war, dass sie mit der Gründung eines Betriebsrates ihrerseits den impliziten ‚Vertrag' über die grundsätzliche Wahrung der Belegschaftsinteressen durch die Geschäftsführung (gleichfalls) einseitig ‚aufkündigten'. Deshalb trafen sich die Gleichgesinnten, wie bei anderen Betriebsratsgründungen des Samples, *„auch erstmal privat"* (M09_BR1) und konspirativ, um den Gründungsprozess voranzutreiben. Die anfänglich sehr kleinen Gruppen kannten sich oft schon über Jahre als Kolleg/inn/en bzw. auch als Gewerkschaftsmitglieder und wussten, wem sie vertrauen konnten:

> „Und, ich weiß noch genau, ich bin von der Arbeit nach Hause gefahren, da ging das Telefon, und da hat die Frau (Name) mich angerufen, und hat mich gefragt: ‚(Name), du bist doch schon so lang hier, wir haben uns Gedanken gemacht, wir müssen, ich hab' mit der Gewerkschaft gesprochen, wir wollen einen Betriebsrat gründen, weil eben so Vorfälle passiert sind.', und dann hab' ich gesagt: ‚Ja okay, ich bin dabei.' Wir haben dann aber das in der Freizeit quasi gemacht und nicht während der Arbeitszeit, und nicht in der Firma. Es war damals noch der (Name 1), die Frau (Name 2), der (Name 3) und ich, wir vier [...]." (M09_BR1)

> „Im Vorfeld war das, dass die IG Metall eingeladen hatte, die organisierten Mitglieder, die auch in der IG Metall waren, da hatten wir uns jetzt auch mal hier in der Kneipe getroffen zweimal. Haben mal so die Grundsachen durchgesprochen, wie es vonstattengehen wird und wie viele Leute wir im Betriebsrat brauchen [...], also dieses ganze Formelle wurde da besprochen." (M12_BR)

Unterstützung erhielten die Betriebsratsinitiator/inn/en primär durch die Gewerkschaften.[10] Die gewerkschaftliche Unterstützung konnte dabei verschiedene Formen und Intensitäten annehmen – von der umfassenden Information über den Wahlablauf, über die Einladung zur Versammlung zur Wahl des Wahlvorstandes bis hin zur ‚24-Stunden-Hotline'.

> „Ja genau, haben wir dann da vorgesprochen und haben gesagt, wie die Lage ist in unserer Firma und dass wir einen Betriebsrat gründen möchten. Aber wir waren völlig ahnungslos, ist ganz klar, wie der Ablauf ist, ja? [...] Und da sind wir dann Schritt für Schritt eben begleitet worden." (M09_BR1)

> „Da war's schon gut, dass die Gewerkschaft dabei war, muss ich ganz ehrlich sagen, und ich sag' auch immer, mit der Frau (Name), die hat sich auch persönlich ganz schön engagiert." (M10_BR)

Fasst man bis hierhin zusammen, dann hat sich in allen Fällen ein kleiner Kreis anerkannter und kompetenter Personen zusammengefunden, überzeugt von der Notwendigkeit, im Interesse und für die Interessen der Belegschaft zu handeln. Einzelne von ihnen waren häufig bereits temporär bzw. im kleinen Kreis als Re-

---

10 Gesamt- oder Konzernbetriebsräte spielten in der Gründungsphase der vorliegenden Fälle keine Rolle. Zwar gab es in drei Fällen in den Konzernen, die die Betriebe übernahmen, Konzern- bzw. Gesamtbetriebsräte. Aber weder Betriebsratsgründer/innen noch Konzernbetriebsräte hatten versucht, wechselseitig Kontakt aufzunehmen.

präsentant/inn/en der Kolleg/inn/en in Erscheinung getreten. Als Initiativgruppe einte sie das klare Ziel, die zum Teil ‚verwaisten Interessen' der Belegschaften aufzunehmen und zu vertreten. Sie hatten relativ schnell eine Vorstellung davon, dass man am ehesten mit einem Betriebsrat die akute Interessenvertretungslücke schließen könnte. Mit dem in den Initiativgruppen akkumulierten Wissen, ihren Erfahrungen und sozialen Kontakten waren die Aktivist/inn/en ihren Kolleg/inn/en weit voraus. Sie übernahmen entschlossen die Führung für einen Prozess mit unsicherem Ausgang und zunächst ohne Rückversicherung durch die Belegschaft. Die später hohen Teilnahmequoten an Betriebsversammlungen und Wahlen zeigen, dass sie die grundlegenden Interessen der Belegschaften richtig deuteten. Der größte Teil von ihnen wurde dann auch in die Betriebsratsgremien gewählt, was als Hinweis gewertet werden kann, dass ihnen die schwierige Aufgabe der kollektiven Interessenvertretung auch zugetraut wurde. Dadurch wurde aus der ‚Eigeninitiative' ein ‚Mandat'. Von Vorteil war, dass die Belegschaften im Gegensatz zu den anderen Betriebsratsgründungen des Samples nicht erst davon überzeugt werden mussten, dass ‚etwas getan werden muss'. Die Betriebsratsaktivist/inn/en konnten in den meisten Fällen glaubhaft vermitteln, dass angesichts von Insolvenz, Übernahme, Ausgründung, Geschäftsführungswechsel usw. ein Betriebsrat de facto die einzige Möglichkeit war, Information und Mitsprache der Belegschaft bei betrieblichen Entscheidungsprozessen notfalls auch rechtlich durchzusetzen. Die Betriebsratsinitiator/inn/en des vorliegenden Gründungsmusters unterschieden sich damit nicht grundlegend von den anderen Protagonist/inn/en des Samples, dagegen war die Situation bzw. Konstellation in den Betrieben deutlich anders. Die akute Bedrohungssituation hat nicht nur den Formierungsprozess der repräsentativen Gruppen beschleunigt, sondern ebenso die Belegschaft unter dem Ziel der Krisenbewältigung vereint. Dazu kam ein vergleichsweise geringer Widerstand seitens der Geschäftsführungen und in einigen Fällen sogar die temporäre Allianz zwischen Aktivist/inn/en und Management, was die forcierten und relativ konfliktarmen Betriebsratsgründungen mit ermöglicht haben dürfte. Das Verhalten der Geschäftsführungen bzw. des Managements lässt sich jedoch nur zu einem Teil durch die kooperativ-gemeinschaftliche Sozialordnung erklären, in den meisten Betrieben kamen eine spezifische Führungsschwäche oder ein Wechsel der Führungsebene sowie die partielle Betroffenheit der mittleren und unteren Managementebenen hinzu.

4.2.5 Verlaufsformen: „kurz und relativ unproblematisch"

Die *Vorgeschichte der Betriebsratsgründungen*, bei diesen Betrieben also die Zeit vor den ‚kritischen Ereignissen', war, wie ausführlich beschrieben, eine Phase, die zumindest im Nachhinein als im Wesentlichen ‚gute Zeit' dargestellt und möglicherweise im Rückblick auch ein wenig idealisiert wurde. Die Interessen der Beschäftigten wurden, im Rahmen betrieblich definierter Grenzen, durch die Geschäftsführungen aus eigenem Antrieb beachtet. Darüber hinaus konnten die Mitarbeiter/innen ihre, auch individuellen, Interessen direkt einbringen und verhandeln. In manchen Fällen war dabei der Übergang von der *individuellen informellen Interessenvertretung* zu ersten Ansätzen einer *kollektiven Interessenrepräsentation* fließend: So konnte sich z.B. aus einer ursprünglich spontanen ‚Vermittlerrolle' zwischen Belegschaft und Inhaber/in, wenn sie sich als sinnvoll erwies, die Rolle eines *„Belegschaftssprechers"* (M07_BR) entwickeln.[11] Es kam auch vor, dass Inhaber/innen einen Betriebsrat oder ein alternatives Gremium gründen (lassen) wollten, um *„nur mit zwei, drei Ansprechpersonen"* (M09_BR2) verhandeln zu müssen.[12] Mit solchen für gemeinschaftliche Betriebskulturen typischen Interessenarrangements waren Belegschaften wie Geschäftsführungen meist lange Zeit zufrieden.

Während in den meisten Betrieben angesichts der kritischen Ereignisse relativ schnell die Idee einer Betriebsratsgründung nach BetrVG aufkam, weil der Betriebsrat als Garant für rechtliche Einflussmöglichkeiten stand, gab es auch ‚Umwege' über alternative Vertretungsgremien: So gründete in einem Fall der oben erwähnte *„Belegschaftssprecher"* im Zuge des Verkaufs des Betriebes mit zwei Kollegen aus der Fertigung zuerst einen informellen *„Vertrauenskörper"*, der aber von der neuen Konzernleitung als Belegschaftsvertretung ignoriert wurde *(M07_BR)*. In einem anderen Fall regte der spätere Betriebsratsvorsitzende anlässlich des Austritts des Inhabers aus dem Arbeitgeberverband zunächst die Wahl eines *„Mitarbeiterrates"* an, weil sich der Inhaber zwar strikt gegen einen Betriebsrat aussprach, jedoch nichts gegen ein *„freies Gremium"* einzuwenden hatte; die Belegschaft votierte zwei Jahre später fast einstimmig für die Wahl eines *„richtigen Betriebsrates"* (D10_BR). Im dritten Fall wurde die Wahl einer Mitarbeitervertretung von ‚oben' initiiert, um den Unmut der Belegschaft zu kanalisieren, *„um die Leute ruhig zu stellen"* (M02_BR). Hintergrund war die Übernahme des Betriebes und die damit einhergehende Verschlechterung der Arbeits- und Entlohnungskonditionen. Aber erst bei einem erneut anstehenden Verkauf ca. zwei Jahre später führte die Erfahrung der Belegschaft mit dem rechtsunwirksamen Gremium schließlich zu einer Betriebsratsgründung. Diese Beispiele informeller Belegschaftssprecher/innen bzw. anderer Vertretungsgre-

---

11 Der frühere Inhaber, ein sehr erfolgreicher Erfinder und Ingenieur, galt als etwas eigen und *„sehr direkt"* (M07_BR). Aufgrund des Qualifikationsgefälles fühlten sich die Beschäftigten in der Produktion eingeschüchtert, so dass ein Angestellter aus dem Einkauf, der ohnehin in engem Kontakt zum Inhaber stand, zunächst gelegentlich, später selbstverständlich die Vermittlung übernahm – zur Zufriedenheit aller.

12 Der Seniorchef eines Metallunternehmens hatte die Belegschaft aufgefordert, einen Betriebsrat zu gründen; die Belegschaft sah allerdings keinen Anlass: *„Betriebsrat, brauchen wir nicht"* (M09_BR1).

mien waren keine Ausnahmen der typischen Interessenkonstellationen, sondern unter bestimmten Bedingungen deren mögliche Ergänzungen. Wenn überhaupt, so scheint es, bieten gemeinschaftliche Betriebskulturen institutionelle Anknüpfungspunkte für alternative kollektive Interessenvertretungen.

Im Vergleich zu anderen Betriebsratsgründungen des Samples konnten die Betriebsratsaktivist/inn/en die Frage einer Betriebsratsgründung kaum länger durchdenken. Die Zeit von der ersten Idee der Betriebsratsgründung bis zum Beginn der formalen Wahlprozedur, die *Latenzphase*, wurde deshalb in der Rückschau als außerordentlich knapp und ereignisreich beschrieben:

> „Das ging alles ziemlich fix, dann auch weil alle sehr begeistert davon waren, und das hat dann so seinen Lauf genommen." (M12_BR)

> „Jetzt war's bei mir, war das so eine Geschichte, ich hab' einen Bekannten, der ist bei (Name d. Unternehmens) Betriebsrat, und den hab' ich dann kontaktiert und hab' zu ihm gesagt: ‚(Name), wie sieht's aus?', und der hat mich dann an die Frau (Name) verwiesen, von der IG Metall, und dann haben wir uns mit der Frau (Name) in Verbindung gesetzt, also das war alles in einem Zeitfenster von vielleicht zwei, drei Tagen." (M10_BR)

In sieben von elf Betrieben[13] trafen sich die Kolleg/inn/en, ähnlich wie in anderen Betrieben, anfangs in kleinen Gruppen außerhalb des Betriebes, um zu überlegen, was getan werden musste und wie:

> „Und dann haben wir uns, fast kann man sagen, zu einer konspirativen Versammlung in (Name des Ortes) im Schützenhaus getroffen. Da waren von der Firma hier vielleicht so zwölf bis 15 Leute, die den Mut aufgebracht haben, da mitzugehen und da haben wir mal mit dieser guten Frau (von der Gewerkschaft, Anm. d. Verf.) besprochen, was wir tun können. Und die hat uns dann so ein paar Sachen gesagt, was wir tun müssen, tun können." (M10_BR)

Die Initiativen waren aus gutem Grund zunächst klein, denn auch wenn sich die Protagonist/inn/en relativ sicher waren, das Richtige zu tun, konnten sie die Reaktionen der Mehrheit der Beschäftigten sowie der Geschäftsführung zu dem frühen Zeitpunkt noch nicht abschätzen. Der kleine Rahmen versprach insofern Verlässlichkeit und Sicherheit:

> „Wir sind ja von null auf hundert gefahren, es musste alles relativ schnell und zügig gehen, wir wussten ja auch nicht die Reaktionen unsrer Geschäftsleitung, das konnten wir ja nicht einschätzen." (M10_BR)

---

13 Eine Ausnahme bildeten vier Betriebe des Typs, in denen es in der Vergangenheit entweder einen Betriebsrat bzw. Personalrat oder eine andere intern anerkannte Vertretungsinstitution gegeben hatte. Hier herrschte über die Gründung von Betriebsräten weitgehend Konsens zwischen Belegschaft und Management.

Aber im Unterschied zu anderen Aktivist/inn/en des Samples hatte keiner der Befragten zum damaligen Zeitpunkt konkret begründete Angst vor Entlassung oder anderen Repressionen. Nach den ersten Treffen wurde der Kreis von Akteuren vorsichtig, aber stetig vergrößert, sowohl um einen ausreichend großen Unterstützerkreis zu rekrutieren, als auch im Sinne eines ersten vorsichtigen ‚Testes' in Bezug auf die Reaktionen im Kolleg/inn/enkreis:

> „Ja. Aber ich sage mal: Da gab es vielleicht noch so einen kleinen Zwischenschritt vorher, dann ist diese Gruppe, die sich mit der ver.di besprochen hatte, ist dann irgendwann auch auf unsere Ecke zugekommen. Ich weiß gar nicht, warum, wieso, weshalb. Irgendwann hat jedenfalls bei mir das Telefon geklingelt." (D03_BR1)[14]

> „Es wurde ein Aufruf gestartet, in der (Name d. Unternehmens) mündlich, so in informellen Gruppen, sagen wir mal so, wer will, wer wäre bereit für den Betriebsrat zu kandidieren [...], dann haben sich so 15 Leute gefunden, ungefähr, und dann haben wir jemanden von der Gewerkschaft zur Hilfe geholt." (D19_BR)

Im unmittelbaren Anschluss daran nahmen die Gruppen Kontakt zu den lokalen Gewerkschaftsvertretungen, in Einzelfällen auch zu anderen Betriebsräten, auf. Obwohl einige Protagonist/inn/en Erfahrungen als Betriebsratsmitglieder hatten, verfügten jedoch die wenigsten über das nötige komplexe rechtliche Fachwissen für die Wahl. Von der zuständigen Gewerkschaft erhielten sie Informationsmaterial und Ratschläge zum Vorgehen, ihr kam im Großen und Ganze eine Mentor/inn/enrolle zu:

> „Und man steht ja auch im ständigen Kontakt mit der IG Metall, man hat dann mal eine Frage und kriegt auch eine Antwort, dann kriegt man Infomaterial, wo wichtige Dinge drinstehen." (M12_BR)

In einigen Betrieben traten die Initiator/inn/en in der Wahlvorbereitung auch in die Gewerkschaft ein. Hintergrund hierfür war teils Vorsicht, teils ein Gefühl der Verpflichtung im Gegenzug für die gewerkschaftliche Unterstützung, das aber nicht von allen geteilt wurde, wie folgendes Zitat auch zeigt:

> „Wo wir dann hier diese Probleme hatten, ist die IG Metall auf uns zugekommen, da bin ich wieder eingetreten, seitdem bin ich auch Mitglied bei der IG Metall, weil ich sie eigentlich als guten Verein finde, nicht in allen Sachen, aber es ist relativ gut, da sind dann auch viele Kollegen eingetreten und Kolleginnen, wobei ich dann sagen muss, wo das dann so im grünen Bereich, wieder im ruhigeren Fahrwasser war, da sind diese ganzen Herren und Damen wieder ausgetreten." (M10_BR)

---

14 In dem IT-Dienstleistungsunternehmen gab es drei unabhängig voneinander agierende Gruppen, die auf diese Weise voneinander erfuhren und sich zusammenschlossen.

Anders als z.B. bei vielen anderen Betriebsratsgründungen der Untersuchung erfolgte die Einladung in erster Linie durch die Aktivist/inn/en selbst. Lediglich in zwei Betrieben luden die Gewerkschaften zur Versammlung zur Wahl des Wahlvorstandes ein, weil sich auch aus dem Aktivist/inn/enkreis niemand dafür bereit fand. Ein weiterer Unterschied gerade auch zu den ‚schwierigen' Gründungsfällen des Samples bestand darin, dass in sieben von elf Betrieben die Geschäftsführungen noch vor dem offiziellen Wahlauftakt über die Initiative zur Gründung eines Betriebsrates informiert wurden. Aber unabhängig davon, wann die Geschäftsführungen von der Initiative erfuhren, waren sie durchgängig überrascht und größtenteils *„nicht begeistert" (M10_BR)*. Dennoch verhielten sich die meisten überwiegend neutral abwartend; in Einzelfällen signalisierten sie sogar Verständnis, wie die nachfolgenden Interviewsequenzen mit Management *und* Betriebsrat aus zwei Betrieben verdeutlichen:

> *Management:* „Zwecks Waffengleichheit sollte ein Betriebsrat gegründet werden und um die Mitarbeiter vor negativen, für die Mitarbeiter negativen Entscheidungen der fusionierten (Name d. Unternehmens) zu bewahren, um gewisse Regelungen mit der Geschäftsleitung auszudiskutieren und auch zu beschließen. Das war die, ja die Gründungsidee für den Betriebsrat. Ich sag', ein gut funktionierender Betrieb braucht in der Regel keinen Betriebsrat [...]. Zum anderen gab es auch Ängste der Mitarbeiter, dass sie ganz einfach ins Räderwerk, im Räderwerk kaputt gehen und in dem Augenblick auch Nachteile zu befürchten haben, sei es Jobverlust, sei es Funktionsverlust, sei es Gehaltsverlust oder sonst irgendwie. Das waren die Gründe, in der Regel zu 60% induziert oder 70% induziert von außen durch diese Fusion. Sonst wäre vielleicht bis heute hier kein Betriebsrat gegründet worden [...]. Sagen wir mal so, der damalige Vorstand war nicht erbaut über diese Betriebsratsgründung, gleichwohl hat er sie nicht verhindern wollen im Zuge dieser Fusion. Er hätte es gerne gesehen, wenn der Betriebsrat sich nach der gescheiterten Fusion wieder aufgelöst hätte und der Zustand von vorher wieder eingekehrt wäre." (D19_M)
>
> *Betriebsrat:* „Denen haben wir das dann (nach Aushang der Einladung zur Wahlversammlung, Anm. d. Verf.) gesagt, die haben auch gesagt: ‚Ja', haben sich auch nicht aufgeregt, haben gesagt: ‚Ja, wir verstehen das im Rahmen der Fusionsverhandlungen, dass ihr das machen wollt.', und okay." (D19_BR)
>
> *Management:* „Ja man kann's ja eh nicht verhindern, also wollen wir jetzt mal so sagen, wie willst du das verhindern, ist eine gesetzliche Vorgabe, das ist wie mit dem Raucherschutz. Ja ich muss einen rauchfreien Arbeitsplatz gewährleisten. Also von daher gibt's Sachen, da brauch' ich nicht drüber nachzudenken, ob ich das will oder nicht. Selbst wenn ich's nicht wollte, hätte ich keine Chance, ja also, von daher. Das nehme ich sportlich." (M09_M)
>
> *Betriebsrat:* „Die waren natürlich auch erstmal überrascht, natürlich. Aber die haben dann auch, so hab' ich es verstanden, die haben dann gesagt: ‚Das ist euer gutes Recht.'" (M09_BR2)

Gründungen von Betriebsräten

Typische Ver- oder Behinderungsversuche wie bei anderen Betriebsratsgründungen des Samples oder wie in der Literatur beschrieben, so etwa Drohungen, Einschüchterung von Kandidaten, Kündigungen, Verweigerung der Personallisten o.ä. (vgl. Artus 2008c; Behrens/Dribbusch 2014; Rügemer/Wigand 2014a, b), gab es bei diesem Typus nicht, wie in den meisten Fällen versichert wurde:

„Nein, also richtigen Widerstand, daran kann ich mich nicht erinnern, man musste natürlich schon vorsichtig sein, dass man nicht irgendwo einen formalen Fehler begeht, um sich nicht angreifbar zu machen. Ja. Aber es ist jetzt nicht so, als wären da plötzlich mal Unterlagen aus dem Büro verschwunden. Also nicht, also so kleine Scherze, so was ist nicht passiert." (D03_BR1)

Auch von ‚Einmischungen' wurde nur ausnahmsweise berichtet: So hatte ein Geschäftsführer nach eigener Aussage versucht, Einfluss auf die Kandidat/inn/enliste zu nehmen, indem er ‚erfahrene' Kolleg/inn/en zur Kandidatur zu motivieren versucht habe. In einem anderen Fall habe die Ehefrau des Firmeninhabers versucht, die Beschäftigten zu verunsichern und gegeneinander auszuspielen, indem sie die Gründung eines Betriebsrates öffentlich als Bedrohung für den anstehenden Verkauf des Betriebes bezeichnete; der damalige Inhaber hätte jedoch sofort schlichtend eingegriffen. Beim IT-Dienstleister sei spürbarer *„Gegendruck" (D03_BR3)* vom Vorstand des übernehmenden Konzerns ausgegangen, den die internen Führungskräfte allerdings nicht weitergegeben, sondern – im Gegenteil – die Initiator/inn/en in ihrem Handeln ermuntert hätten.

Obwohl also in der Mehrzahl der Fälle sowohl Belegschaft als auch die Geschäftsführung frühzeitig über die Betriebsratsinitiative informiert waren, war der Beginn der *Formierungsphase* mit der offiziellen Einladung zur Wahlversammlung mehr als nur ein formaler Akt. Die Befragten waren im Vorfeld der Versammlungen zur Einsetzung des Wahlvorstandes angespannt und nervös, weil es darum ging, sich nunmehr der gesamten Betriebsöffentlichkeit zu präsentieren. Aber fast alle Betriebsratsaktivist/inn/en berichteten von unerwartet hohen Teilnahmequoten und über die positive Aufbruchsstimmung. In manchen Betrieben war dieser Auftakt sogar *„wie ein Paukenschlag" (D03_B3)*.

„Die (Versammlung, Anm. d. Verf.) die war, die war cool [...] die Leute waren begeistert, waren wirklich begeistert und haben da auch, muss ich noch daran denken, das war so richtig. Dann die erste Betriebsratswahl, da, da sitzt man dann da, da sind Fotos gemacht worden, die Leute waren richtig glücklich. Ich glaub', dass das auch den Leuten gefallen hat, dass da jetzt ein paar Leute kommen, die sie vertreten, muss man ganz ehrlich sagen und so hat sich das ja dann auch später weiterentwickelt, deswegen mein' ich, dass da auch Rückhalt ist, weil die Leute gemerkt haben, sie stehen jetzt nicht mehr alleine da, und diese Sicherheit hat man dann als Betriebsrat auch den Mitarbeitern gegeben." (M10_BR)

Die Begeisterung übertrug sich auch auf die Gewinnung weiterer Kandidat/innen, die relativ problemlos verlief. In allen Fällen fanden sich mehr Kandidat/inn/en zur Kandidatur bereit als nötig. Wahlkampf im eigentlichen Wortsinn fand nur in dem einen Betrieb statt, wo die Betriebsratsinitiative als ‚Gegenprojekt' zur informellen Mitarbeitervertretung antrat; hier gab es auch eine konkurrierende Listenwahl. Ansonsten war der Anteil von Personen- und Listenwahlen ungefähr gleich. Bei den meisten Listenwahlen ging es primär darum, die unterschiedlichen Belegschaftsgruppen angemessen zu repräsentieren. Fast alle Betriebsratswahlen waren durch sehr hohe Wahlbeteiligungen zwischen 95 und 100% gekennzeichnet. Lediglich in einem Betrieb lag die Wahlbeteiligung bei etwa 75%, was dennoch angesichts der betriebsrats-aversen Kultur der Branche ausgesprochen hoch war.

Die *Konstituierungsphase* nach der Wahl verlief ebenfalls größtenteils ohne Probleme, selbst in den Großbetrieben, in denen mehrere Listen angetreten waren, fanden die gewählten Vertreter/innen relativ schnell einen konstruktiven Umgang miteinander, Fraktionierungen gab es nicht:

> „Aber ich sag' mal, so spätestens ab, bei der ersten konstituierenden Sitzung, da war noch diese Stimmung: Meine Liste. Deine Liste. Für mich persönlich hat aber sich das Gefühl, auch bei den anderen, also spätestens nach der ersten konstituierenden Sitzung, dieses: Ich bin die Liste und du bist die Liste erledigt." (D03_BR2)

Die frisch gewählten Betriebsräte versuchten, schnell durch Schulungen und mit der weiteren Unterstützung durch die Gewerkschaften Sicherheit im Umgang mit dem BetrVG, mit ihrer neuen Rolle sowie mit den Geschäftsführungen zu erlangen.

Insgesamt kann man festhalten, dass die Betriebsratsgründungen zum *Schutz der gemeinschaftlichen Sozialordnung* im Regelfall schnell und *„eigentlich relativ einfach" (M12_BR)* verliefen: *„Es ging ratzfatz" (D19_BR)*. Damit war nicht nur der eigentliche Wahlprozess gemeint. Anerkannte und vertrauenswürdige Kolleg/inn/en hatten vor dem Hintergrund kritischer Ereignisse die Initiative übernommen, was von den Belegschaften begrüßt und unterstützt wurde. Die Geschäftsführungen leisteten nur in Ausnahmen geringen Widerstand, teilweise gab es sogar temporär Unterstützung. Das zunächst fehlende Know-how erhielten die Aktivist/inn/en vielfach durch die Gewerkschaften. Die Notwendigkeit der gewerkschaftlichen Begleitung wurde von allen befragten Betriebsräten bestätigt, aber im Vergleich etwa zum Gründungsmuster *Kollektive Emanzipation* (vgl. Kap. 4.4) erwuchs hieraus nur in Ausnahmen eine enge Bindung an die lokalen Gewerkschaftsvertretungen. Das Zusammenspiel aller dieser Faktoren trug letztlich zum Gründungsverlauf bei: *„Die ganzen Rahmenbedingungen und die stehen überall auf grün und dann geht das auch." (D03_BR1)*

4.2.6 Vertretungswirksamkeit: Verhandlungspartner und keine Befehlsempfänger

Mit der Wahl der Betriebsräte war die notwendige Voraussetzung für die Handlungsfähigkeit gegeben. Aber um wirklich arbeitsfähig und vertretungswirksam zu werden, mussten die Betriebsratsmitglieder auch als Teams zusammenfinden, sich das nötige rechtliche Wissen aneignen und ihre Rolle bzw. Position als Betriebsrat gegenüber der Geschäftsführung und der Belegschaft austarieren.[15] Da fast alle Aktivist/inn/en auch in die Betriebsräte gewählt wurden, war die generelle Verständigung in den meisten Gremien nicht sonderlich schwierig; grundsätzliche Positionen hatte man bereits im Vorfeld geklärt. Die neu hinzu gekommenen Betriebsratsmitglieder wurden zügig unter das gemeinsame Ziel integriert. Selbst in den Betriebsräten, in denen unterschiedliche Wahllisten angetreten waren, wurde schnell eine kooperative Zusammenarbeit erreicht.

„Also wir haben auch gemerkt, wir können gut miteinander zusammenarbeiten, da sind jetzt keine Bereichsegoismen in dem Sinne, sondern wir versuchen jetzt eigentlich das Beste für das Unternehmen rauszuholen. So habe ich es zumindest empfunden. Jeder war daran interessiert, auch so schnell wie möglich die Lernkurve nach oben zu laufen, die Schulungen zu durchlaufen. Wir haben dann natürlich auch in den Schulungen eigentlich schon sehr viel – weil wir ja sozusagen Inhouse-Schulungen, also im Team die Schulung gemacht haben, alle zusammen [...] – über die Gegebenheiten hier im Unternehmen viel geredet. Wir hatten dann auch die Unterstützung am Anfang durch ver.di, die uns Kontakte zu anderen Betriebsräten, der (Firma 1) zum Beispiel, (Firma 2) ermöglicht haben [...] So dass dann halt auch ein Austausch mit anderen Betriebsräten da war." (D03_BR3)

Ebenso spielten Weiterbildungen bei den Gruppenbildungsprozessen während der Konstituierungsphase eine Rolle. In den meisten Betrieben hatten die Betriebsratsmitglieder die Basisschulungen bei den DGB-Gewerkschaften ohne größere Behinderungen seitens der Geschäftsführungen absolviert oder sie waren zum Interviewzeitpunkt geplant. Die Qualifizierungen dienten nicht nur dem Wissenserwerb; auf diese Weise wurden die Betriebsratsmitglieder auch auf einen einheitlichen Stand gebracht, was den Professionalisierungsprozess förderte. Die lokalen Gewerkschaftsvertretungen hatten dabei ebenfalls eine wichtige Rolle inne. Sie begleiteten die neuen Gremien bei den ersten Schritten bzw. unterstützten sie in den Verhandlungen über Sozialplan und Interessenausgleich o.ä.:

---

15 Im Vergleich zu vielen anderen Betriebsratsgründungen des Samples ist es hier aufgrund der zum Teil weit zurückliegenden Betriebsratsgründungen (zwischen 2002 bis 2010) möglich, auch Aussagen über die weitere Entwicklung der Vertretungswirksamkeit der Betriebsräte zu machen. Gerade weil es sich bei diesem Typ um *ereignisbezogene* Betriebsratsgründungen handelte, ist die Frage berechtigt, was aus den Betriebsräten wurde, wenn der konkrete Gründungsanlass (wie auch immer) bewältigt worden war.

> „Am Anfang war es ein bisschen stockend, weil wir natürlich alle nicht genau wussten, was müssen wir jetzt machen, jetzt inzwischen hat sich das schon ein bisschen eingespielt, weil der eine Kollege hat jetzt schon mal einen Lehrgang besucht für Betriebsräte [...], das funktioniert inzwischen schon ganz gut [...]." (M12_BR)

> „[...] und dann sind wir ja quasi als frisch gewählter Betriebsrat gleich in Verhandlungen mit der Geschäftsleitung und mit einem Unternehmensberater, einer Unternehmensberatung gezwungen worden, um Kündigungen auszuhandeln, also dann einen Sozialplan zu erstellen und dann für den Sozialplan Abfindungen auszuhandeln und weil, und das ist halt so, selbst wenn nix zum Verteilen ist, musst du auch noch drüber verhandeln und da war die Gewerkschaft schon sehr wichtig, würde ich sagen, also zumindest als Berater [...]." (M10_BR)

Die durchweg positive Bewertung der gewerkschaftlichen Unterstützung während und nach der Wahl spiegelte sich allerdings nicht in steigenden Mitgliederzahlen wider, wobei der Organisationsgrad der Betriebsräte noch deutlich über dem der Belegschaften lag.[16] Lediglich in einem Betrieb kam es zu einer deutlichen Steigerung des gewerkschaftlichen Organisationsgrades der Belegschaft. Die meisten befragten Betriebsratsmitglieder formulierten die ‚Trennlinie' zwischen Gewerkschaft und Betriebsrat klar und deutlich und machten auch aus ihrer Priorisierung kein Hehl. Viele waren zudem der Ansicht, die Mitgliedschaft in einer Gewerkschaft sei ‚Privatsache':

> „Der Betriebsrat ist durchgängig da (in der Gewerkschaft, Anm. d. Verf.) drin, das hab' ich damals eigentlich schon erwartet, ich natürlich auch. Es ist aber trotzdem manchmal schwer der Gewerkschaft gegenüber, die dann möchte, dass wir mehr Mitglieder gewinnen letztendlich. Ich möchte aber auf der anderen Seite keinen Einfluss nehmen, so wie ich Ihnen vorhin sagte, wir haben eine rechtliche Grundfunktion, ich bin also auch kein Werber jetzt für die Gewerkschaft. Wenn sie mich fragen, ob es richtig ist, in die Gewerkschaft zu gehen, dann werde ich sagen: ‚Ja', und ich werde auch Gründe dafür benennen. Aber ich werde mich nicht hinstellen, von der Kanzel runter und sagen: ‚Ihr müsst da jetzt alle reingehen.' Das muss jeder für sich selber entscheiden." (D10_BR)

Nur wenige verwiesen – wie im nachfolgenden Interviewausschnitt – auf eine notwendige bzw. traditionelle Verkopplung zwischen Betriebsräten und Gewerkschaften:

---

16 In gut der Hälfte der Gremien lag der Organisationsgrad bei 90 bzw. 100%, in den anderen etwa bei einem Drittel bis die Hälfte. Fast alle Befragten waren in einer DGB-Gewerkschaft organisiert. Dagegen lag der Organisationsgrad der meisten Belegschaften zwischen etwa 1 und 25%. Nur in zwei Betrieben waren schon vor der Betriebsratswahl mehr als 80% der Beschäftigten gewerkschaftlich organisiert.

> „Ich war schon immer Gewerkschaftsmitglied, schon bevor ich Betriebsrat wurde. Und wer vertritt die Interessen von den Arbeitnehmern? Das ist eigentlich nur die Gewerkschaft. Und der Betriebsrat ist, wenn er vernünftig ist, meines Erachtens sowieso Gewerkschaftsmitglied und somit auch Sprachrohr der Gewerkschaft. Weil da wird man ja auch unterstützt. Also wenn's Probleme gibt oder rechtliche Fragen, dann wird man ja von der Gewerkschaft mit unterstützt, und deswegen denke ich, spielen die zwei Sachen schon sehr ineinander. Also ich bin der Meinung, das ist wichtig, dass Betriebsratsmitglieder eigentlich auch in der Gewerkschaft sind. Weil das ist die Vertretung der Arbeitnehmer, wir sind als Betriebsräte die Vertretung der Arbeitnehmer, aber die Rechte und Tarifverträge werden von der Gewerkschaft für uns gemacht. Und die Gewerkschaft sind auch wieder die Betriebsräte." (B01_BR)

Auch wenn sich die Geschäftsführungen relativ neutral gegenüber den Betriebsratsinitiativen verhalten hatten, musste sich der Umgang miteinander in den meisten Betrieben im Alltag erst ‚einspielen'. Nicht nur die Betriebsräte, sondern auch das Management musste (akzeptieren) lernen, in welchen betrieblichen Belangen der Betriebsrat zu informieren bzw. zu beteiligen war. Kein einfacher Prozess, wie vielfach berichtet wurde:

> „Ich sag' mal, für uns als Neulinge [...] war das natürlich eine Riesenumstellung. Keiner wusste damals außer jener, die da auch schon ein bisschen Betriebsratserfahrung hatte von der alten Firma, wie das so ablaufen soll. Natürlich hatte auch die Geschäftsführung keine Ahnung. Die hatten ja auch noch nie so was gehabt, weder (Name) noch (Name), für die ist das natürlich auch komplettes Neuland gewesen, in verschiedenen Sachen, wo der Betriebsrat angehört werden muss, wo er mitbestimmen muss, wichtig ist, das mussten die natürlich auch lernen, und da sind wir heute noch am Lernen [...], beide Parteien, wir und auch die Geschäftsleitung. Aber ich glaube, im Großen und Ganzen läuft das." (M09_BR2)

In Einzelfällen profitierte die Geschäftsführung dabei sogar vom ‚Wissensvorsprung' ihres neu geschulten Betriebsrates, wie der Manager desselben Metallbetriebes unumwunden zugab:

> „Einen großen Vorteil hatten die Jungs hier, die werden ja von der Gewerkschaft immer zu irgendwelchen Lehrgängen geschickt, wo sie schlau gemacht werden. Ich hab' dieses nie genossen, das heißt, ich muss immer nachfragen. Und bei manchen Sachen, sag' ich, im Zweifel informiere ich den Betriebsrat lieber, bevor ich mich da irgendwo ins Fettnäpfchen setze. Weil irgendwann erfahren sie es sowieso. Ob sie es nun vorher oder hinterher erfahren, ist ja egal. Und dann frag' ich lieber: ‚Wollt ihr oder müsst ihr mit zustimmen?' Kann sein, dass sie gar nicht müssen, dann frag' ich sie halt. Also das ist, unkritisch. Ja. Also wenn man ein ordentliches Miteinander hat, dann ist das alles vergleichsweise harmlos." (M09_M)

Dass die Beziehungen zwischen Betriebsrat und Geschäftsführung von Beginn an von beiden Seiten als relativ kooperativ charakterisiert wurden, hatte sicherlich mehrere Ursachen: Die Betriebsräte kamen aus einer gemeinschaftlichen Sozialordnung, die es zu erhalten bzw. neu aufzubauen galt. Das heißt, sie mussten bzw. wollten weder *„mit der Brechstange"* agieren noch *„die Welt hier verändern" (M09_BR1)*. Ihre Haltung war grundsätzlich kooperativ ausgerichtet und insofern waren sie mit ihren Geschäftsführungen auch bis zu einem gewissen Grad nachsichtig. Nicht jede Unterlassung oder jeder Fehler, die es am Anfang gab, wurden als Affront oder Widerstand gewertet. Mit diesem Kooperationsangebot wollten die neuen Gremien Vertrauen schaffen, und sie verfolgten darüber hinaus eine Politik der *„kleinen Schritte" (M07_BR)*, um weder Belegschaft noch Geschäftsführung zu überfordern. Dennoch mussten gerade zu Beginn auch ‚Zeichen' gesetzt werden, wie ein Befragter betonte:

„Ja weil beim ersten Treffen, wo wir hier runtergekommen sind, habe ich zu den ganzen Kollegen gesagt: ‚Wir kommen im feinen Zwirn', das heißt, wir haben alle Anzüge und Krawatte angehabt, habe ich gesagt: ‚Augenhöhe!' Also es war für mich erstmal wichtig zu sagen: Wir setzen hier ein Zeichen. Wir sind Verhandlungspartner und keine Befehlsempfänger! [...] und dann sitzt du das erste Mal da mit denen am Tisch, und es wird auch ganz anders mit dir geredet und verhandelt. Also das erste Treffen fand ich toll, man hat sich auch mal vorgestellt und hat auch mal gesagt, um was es geht [...]. Und das war wirklich gut [...]. Also wir haben ja da über Gott und die Welt mit denen gesprochen und auch verhandelt und auch Themen angerissen. Also das war immer offen und ehrlich und das kam halt aus dieser Gründungszeit, denk' ich so, weil man richtig offen miteinander umgegangen ist." (M10_BR)

Die Geschäftsführungen waren ihrerseits meistens gewillt, die Betriebsräte als legitime Repräsentant/inn/en der Belegschaften zu akzeptieren und einzubinden. Sie stellten im Regelfall[17] die entsprechenden Ausstattungen wie Räume, Telefon, Computer, Literatur usw. auch ohne ‚Kämpfe' zur Verfügung. In den meisten Betrieben fanden auch regelmäßige Treffen zwischen beiden Betriebsparteien statt. Aus der Sicht der befragten Manager verhielten sich die Betriebsräte vernünftig und erwiesen sich darüber hinaus auch als nützlich, wobei kritische Aspekte wie Kosten, Störungen betrieblicher Abläufe (durch Freistellungen) sowie ein zunehmender bürokratischer Aufwand nicht verhehlt wurden. Das gute und kooperative Verhältnis war auch keineswegs konfliktfrei; allerdings gab es kaum größere Konflikte, kleinere wurden ‚vernünftig' geklärt. So äußerten sich denn auch die befragten Manager aus zwei Betrieben vergleichsweise wohlwollend über ihre Betriebsräte:

---

17 In zwei Betrieben haben die Betriebsräte auf eigene Büros mehr oder weniger verzichtet: In einem Betrieb benutzt der Betriebsratsvorsitzende das nicht vorhandene Büro als eine Art Faustpfand: *„Also im Moment ist mir die Drohung, eines haben zu wollen, viel wertvoller, als eines zu haben." (D10_BR)*; in dem anderen Betrieb habe man nicht auf Büro, Computer usw. gedrängt und bislang auch noch nicht gebraucht.

"Wie gesagt, deswegen hatte ich auch erst einmal etwas Vorurteile gegenüber dieser ganzen Geschichte. Mittlerweile sehe ich das völlig anders. Nein, muss ich ganz ehrlich sagen. Weil es gibt relativ viele Punkte, wo man nicht ganz sicher ist, wie man entscheiden soll. Ja? Und wenn man dann, sich Rat einholen kann, von Leuten, die ja auch nicht ganz doof sind und das Vertrauen ihrer Kollegen haben, dann find ich das durchaus erstmal positiv. So. Und bei uns ist es eigentlich so, dass das Verhältnis zwischen Geschäftsführung und Betriebsrat relativ gut ist. Das ist ja nicht in jedem Betrieb so, bei uns ist es halt so. Das liegt natürlich an zwei Sachen. Einmal daran, wie man sich gegenseitig gegenübertritt, und zweitens hängt es davon ab, von den Leuten, die im Betriebsrat sind. Und die haben Gott sei Dank relativ vernünftige Leute in den Betriebsrat gewählt [...], die Akzeptanz ist deutlich höher, wenn die Leute das mittragen. Eindeutig." (M09_M)

"Ja, ich glaube schon, dass die Kollegen aus dem Betriebsrat die Belange der Mitarbeiter ernst nehmen und wahrnehmen und sich auch dafür einsetzen und das halte ich schon für positiv. Kann auch entlastender sein für einen Vorgesetzten, weil an so einer Stelle ja auch erst mal kanalisiert wird." (D10_M)

Die Betriebsräte dieses Typs haben ihre Rollen im betrieblichen Sozialgefüge recht schnell gefunden und sich gegenüber den Geschäftsführungen positioniert. Sie verstanden sich dezidiert als Vertreter der Belegschaftsinteressen. Grundsätzlicher Handlungsrahmen war dabei das Betriebswohl, was neben wirtschaftlicher Solidität auch die kooperativ gemeinschaftliche Betriebskultur meinte. Von Beginn an verfolgten sie eine Strategie des ‚Gebens und Nehmens', d.h. sie waren zu Kompromissen bereit, insofern sie mit dem Entgegenkommen der Geschäftsführungen rechnen konnten, wie die folgenden Interviewauszüge stellvertretend zum Ausdruck bringen:

"Ja deswegen ist der Betriebsrat ja dafür da, für die Belegschaft, eine Interessenvertretung, die die Interessen der Belegschaft zu vertreten hat, das steht an erster Stelle [...]. Nur es muss aber auch alles im Zusammenhang so ein bisschen passen. Wir können ja nicht nur gegen die Geschäftsleitung arbeiten. Wir versuchen da schon irgendwo einen vernünftigen Weg zu finden. Natürlich, in erster Linie sind wir für unsere Belegschaft da. Das steht ganz außer Frage." (M09_BR2)

"Das ist ja nicht, dass man immer nur feuern kann gegen die Geschäftsleitung. Man muss halt auch mal Kompromisse eingehen." (M12_BR).

„Ich sag' mal ‚Gegenseite', ich hab' den nie als Gegner empfunden, ich hab' ihnen ja gesagt, was mein Ziel ist, nämlich hier auch das Unternehmen zu fördern, weil dann die Arbeitsplätze erhalten bleiben oder florieren letztendlich in einer Form, ich sag' das jetzt einfach nur mal so, rein formal. Also Herr (Name) ist dann eben derjenige, der ist eben ganz eindeutig Chef, mit Charisma, ja, und auf der anderen Seite bin ich es halt, mit dem Betriebsrat [...].' (D10_BR)

Ihre Intentionen und ihr Handeln speisten sich eben nicht aus Angst oder Machtlosigkeit, sondern aus einem Verantwortungsgefühl gegenüber der Belegschaft und dem Betrieb. Machtmittel wurden daher sparsam und umsichtig, nichtsdestoweniger kreativ eingesetzt, wie ein Betriebsratsvorsitzender schilderte:

> „In dem Sinne hab' ich halt gelernt, irgendwo das rauszuholen, womit ich drohen kann und wo nicht. Und sei es dann, dass ich hier irgendwo durch den Betrieb gehe und finde irgendwo einen Türbalken, der zu niedrig eingebaut ist und einen Kollegen, der 1,95 groß ist, um letztendlich dem Chef zu sagen, er muss den bitte innerhalb von einer Woche austauschen lassen. In dem Sinne also, ein guter Betriebsrat ist eine lebende Drohung auf zwei Beinen. Ja, aber sie müssen halt, sie müssen sehen, wie sie das anwenden. Denn ich hab' ihnen gesagt, ganz grundsätzlich als Regel Nummer eins gilt, dass der Betrieb florieren soll. Also irgendwo aus Prinzip einfach nur Sachen zu verhindern und zu stänkern, das, das funktioniert nicht, also sie müssen politisch letztendlich irgendwo entscheiden, auch nicht jeden Knüppel sofort rauszulassen. Man muss immer so überlegen – Wenn, dann: Gut, wenn sie das machen, dann machen wir das und das, das muss aber etwas haben, was eine Wirkung hat. [...] So geht Betriebsratsarbeit." (D10_BR)

Konfrontationen wurden, wenn möglich vermieden, stattdessen griffen die Betriebsräte, z.B. bei Fragen der Arbeitssicherheit oder des Gesundheitsschutzes, schon mal auf externe ‚Unterstützung' durch Berufsgenossenschaften oder Krankenkassen zurück. Hinter den grundsätzlich kompromissorientierten Aushandlungsstrategien stand das Bemühen, an das frühere gemeinschaftliche Miteinander anknüpfen zu wollen. Der Gratwanderung ihres Handelns waren sie sich dabei bewusst, d.h. sie sahen durchaus die Gefahren einer Funktionalisierung durch die Geschäftsführungen, wie ein Befragter auf den Punkt brachte:

> „Ein Betriebsrat kann zwischen den Interessen der Unternehmer und der Beschäftigten vermitteln, kann. Kann. Aber ich würde sagen, ein Betriebsrat ist, eine Geschäftsleitung versucht immer, einen Betriebsrat ein bisschen zu steuern, also, um ihre Interessen da zu verkaufen, nicht zu vermitteln, sondern zu verkaufen und wenn man da nicht aufpasst, dann kommt man in eine Schiene rein und muss feststellen, ich bin eigentlich hier das Sprachrohr der Geschäftsleitung und unterzeichne alles und die Mitarbeiter müssen die Suppe ausbaden [...]. Mein Geschäftsführer hat immer zu mir gesagt, er ist ja so froh, dass wir einen Betriebsrat hätten, jetzt hat man halt einen Ansprechpartner [...]. Natürlich, wenn er was durchsetzen will, hat er einen Ansprechpartner und er ist schon nicht mehr so allein der Buhmann, weil er mit dem Betriebsrat zusammen und mit dem zusammen und so, aber im Großen und Ganzen geht's." (M10_BR)

Die Betriebsratsinitiator/inn/en waren angetreten, um die im Zuge unterschiedlicher kritischer Ereignisse verwaisten Interessen der Beschäftigten wirksam zu vertreten. Neben der Sicherung bzw. Erneuerung der gemeinschaftlichen Sozialordnung ging es auch um materielle Interessen: In drei Betrieben standen zunächst Verhandlungen über Sozialpläne bzw. Interessenausgleich sowie über Abweichungen vom Tarifvertrag (Tariföffnungsklausel) an. In der Mehrzahl der Fälle mussten grundlegende Besitzstände (wie Entlohnung, Dauer der Arbeitszeit, Prämien, Urlaub, Sonderzahlungen, Essensversorgung usw.) z.B. aus Tarifnachwirkungen, Regelungsabsprachen, früheren Betriebsvereinbarungen gesichert bzw. durchgesetzt werden. Infolge der Übergänge und Übernahmen wurden auch Konzernregelungen an die betrieblichen Belange angepasst. Darüber hinaus wurde eine Reihe von Themen neu besetzt und geregelt, darunter Arbeitszeitflexibilisierung, Überstundenregelungen, Schichtarbeit, Eingruppierungen oder Nichtraucherschutz. Bei dieser Gelegenheit kam auch der monierte ‚Wildwuchs' als Resultat früherer ‚Nasenpolitik' auf den Prüfstand. Es gab viel zu regeln und dabei sicherzustellen, dass das Niveau der Arbeits- und Entlohnungsbedingungen entweder gehalten oder auch auf die neuen Konzernverhältnisse angehoben wurde.

Insgesamt haben die neuen Betriebsräte viel erreicht, d.h. sie waren nicht nur arbeitsfähig, sondern auch vertretungswirksam: Ihnen gelang es in den meisten Fällen die Interessenvertretungslücke zu schließen und Krisen zu überwinden, in einem Betrieb wurde sogar nach nur zwei Jahren ein Haustarifvertrag abgeschlossen. Sie konnten also sichtbare Ergebnisse vorweisen und das ohne große Konfrontationen oder Konflikte. Aber es gab auch Enttäuschungen: Entlassungen wurden zwar sozial abgefedert, aber nicht verhindert und nicht alle Besitzstände wurden gerettet. Auch im alltäglichen Bargaining konnten nicht alle Wünsche und Bedürfnisse realisiert werden. Dem kraftvollen, auch emotionalen Impuls aus der Gründungszeit folgte notwendig eine Phase der Ernüchterung. Die Betriebsräte mussten lernen, die Vielzahl ihrer hochgesteckten Ziele in eine sinnvolle Rangfolge zu bringen oder auch zurückzuschrauben, Kompromisse zu schließen und auch gegenüber der Belegschaft zu präsentieren. Im Interesse des Betriebswohls mussten zwangsläufig auch unrealistische oder unberechtigte Beschäftigtenwünsche enttäuscht werden. Darüber hinaus mussten sie erfahren, dass sich Belegschaften nicht dauerhaft mobilisieren lassen.

Die Betriebsräte wurden zu einem anerkannten ‚Teil' der Belegschaft, aber auch einem besonderen, zu einer neuen Gruppe mit neuen Aufgaben. So unabdingbar diese quasi ‚vertikale' soziale Distanz zur Belegschaft für die Handlungsautonomie der Betriebsräte war, so frustrierend wurde sie teilweise erlebt. Zugleich wurden die Betriebsräte in gewisser Weise auch ‚veralltäglicht'. Das bedeutete, dass die neu gewählten Gremien sich tatsächlich in die Betriebskultur einpassten; allerdings wurden damit auch die Leistungen der Interessenvertretung selbstverständlicher. Wie groß tatsächlich die Kraftanstrengungen der Betriebsräte waren (nur in drei Betrieben gab es Freistellungen) konnte bisweilen vielleicht nur das Management ermessen, wie ein Managementvertreter zum Ausdruck brachte:

> „Ich finde die Interessen des, der Arbeitnehmer werden durch den Betriebsrat gut vertreten [...], großes Engagement, überhaupt keine Frage, und ich hoffe nur, dass der Großteil der Mitarbeiter das genauso sieht." (D10_M)

Dass aber auch die Beschäftigten wissen, was sie an ihren Betriebsräten haben, zeigten Wahlbeteiligungen und Wahlergebnisse in den Betrieben, in denen schon mehrere reguläre Betriebsratswahlen stattfanden. Die Betriebsräte wurden im Amt bestätigt, wenngleich in fast allen Fällen mit niedrigeren Wahlbeteiligungen und auch nicht mehr mit allen früheren Initiator/inn/en. Mit dem Betriebsrat etablierte sich ein neuer Akteur in der betrieblichen Sozialordnung, der explizit die Interessenvertretung der Belegschaften für sich beanspruchte. Mit den (wiederholten) Wahlen wurde diese Repräsentationsbeziehung durch die Belegschaften auch rechtlich legitimiert bzw. bestätigt und stabilisiert. Die betrieblichen Sozialordnungen wurden durch die neuen Akteure zweifelsohne einschneidend verändert. Zwar charakterisierten die meisten Befragten sie nach wie vor als gemeinschaftlich – aber mit mehr Transparenz sowie Sachlichkeit und ‚auf Augenhöhe':

> „So jetzt hast du mit der Geschäftsleitung ein gutes Verhältnis, kein unterwürfiges. Wir sagen: ‚Was gemacht werden muss, muss gemacht werden', aber wir haben einen tollen Umgang miteinander. Wir bekriegen uns nicht, sondern wir suchen nach Lösungen. Also es war von beiden Seiten immer so diese Grundeinstellung, dass man nach Lösungen gemeinsam sucht und die dann auch versucht umzusetzen. Und dann merkst du im Lauf der Zeit, dass es ja mit denen funktioniert." (M10_BR)

4.2.7 Exkurs ‚Grenzfälle' der Vertretungswirksamkeit

Bei zwei Fällen lässt sich zeigen, dass erfolgreiche Gründungen keine Garantie für dauerhafte *soziale Repräsentanz* und *Vertretungswirksamkeit* sein müssen. Als ‚ruhende' bzw. ‚isolierte' Institution stellen beide Beispiele des Typs bzw. dessen immer auch mögliche Entwicklung dar. Während der ruhende Betriebsrat durchaus die Chance auf Wiederbelebung hatte (und schon unter Beweis stellte), drohte dem isolierten Betriebsrat wenige Wochen nach dem Interview das ‚Aus'.

In einem Fall führte der Betriebsrat seit mehr als zehn Jahren die Geschäfte gewissermaßen ‚auf Sparflamme' weiter, die geplante Fusion war nicht zustande gekommen und *„im Moment läuft ja alles super, passiert ja nichts" (D19_BR)*. Die Betriebsratsvorsitzende fragte sich deshalb, ob es *„überhaupt noch einen interessiert, dass ein Betriebsrat da ist" (D19_BR)*. Und auch die Geschäftsführung war der Ansicht, dass es in einem *„gut funktionierenden Betrieb in der Regel keinen Betriebsrat" (D19_M)* brauche. Allerdings gingen beide Befragten

Gründungen von Betriebsräten

davon aus, dass es die Interessenvertretung auch in Zukunft geben werde, denn mit einer erstaunlich hohen Wahlbeteiligung von fast 100% wurde der Betriebsrat bereits zweimal im Amt bestätigt: *"Bei der Wahl sind sie immer alle da (lacht), kann man schon so sagen" (D19_BR)*. Der Betriebsrat stellte für die Beschäftigten vermutlich eine Art ‚Versicherung' für die Zukunft dar. Für diese Hypothese spricht zum einen, dass überwiegend noch die gleichen Beschäftigten im Betrieb arbeiteten wie bei der Betriebsratsneugründung, sie dürften sich noch gut an die Angst vor der drohenden Fusion und den im Zusammenhang damit befürchteten Entlassungen sowie anderen Einschnitte erinnern. Zum anderen war/ist auch ihre Branche seit Jahren einem enormen Rationalisierungs- und Spardruck ausgesetzt; dieser schlug zwar in ihrem Betrieb (noch) nicht voll durch, aber dessen ‚Vorboten' z.B. in der deutlich niedrigeren Eingruppierung neuer Mitarbeiter/innen nahmen peu à peu Gestalt an.

Im Fall des anderen Dienstleistungsbetriebes war der Übergang von der kommunalen in die private Trägerschaft vollzogen worden und die Belegschaft seither von ca. 15 auf 50 Beschäftigte und zehn zusätzliche Honorarkräfte angewachsen. Die Arbeitsbedingungen waren emotional und psychisch belastend, obwohl sowohl der Betriebsratsvorsitzende als auch der Geschäftsführer bestätigten, dass die Arbeits- und Entlohnungsbedingungen noch besser als in vergleichbaren Einrichtungen seien. Durch das Belegschaftswachstum und die hohe Fluktuation gab es nur noch wenige Beschäftigte, die die Zeit als kommunale Einrichtung mit einem aktiven und vertretungsstarken Personalrat aus eigener Anschauung kannten. Da weder Geschäftsführung noch Betriebsrat die wirtschaftliche Schieflage, die aus der kaum steuerbaren Belegung der Einrichtung resultierte, verhindern konnten, gab es eine umfassende Reorganisation sowie eine empfindliche Reduzierung der wöchentlichen Arbeitszeit auf 30 Stunden. Auch wenn der Geschäftsführer den Betriebsrat als kooperativen Ansprechpartner schätzte, beklagte der Betriebsrat doch, dass seine Arbeit *"sehr stiefmütterlich von den Beschäftigten gesehen" (D20_BR)* würde: Schon 2010 habe die Existenz des Betriebsrates zur Disposition gestanden, weil es kaum ‚freiwillige' Kandidat/inn/en gegeben habe. Der Betriebsratsvorsitzende, der das Unternehmen in Kürze verlassen würde, versuchte vor seinem Weggang die Nachfolge zu sichern, was sich jedoch aufgrund der mangelnden Bereitschaft in der Belegschaft schwierig gestaltete. In diesem Unternehmen war es seit dem Betriebsübergang nicht gelungen, den Betriebsrat in der betrieblichen Kultur stabil zu verankern. Die personelle Fluktuation, auch im Betriebsrat, verhinderte sowohl die Etablierung einer Betriebsratsidentität als auch den Aufbau einer stabilen Repräsentationsbeziehung zwischen Belegschaft und Interessenvertretung. Außerdem hatte das Gremien seit seiner Gründung kaum sichtbare Erfolge vorzuweisen. Aus Sicht der Beschäftigten blieb der Betriebsrat ein Fremdkörper in der Betriebskultur, dessen Zeitaufwand den Nutzen deutlich überstieg.

4.3 Betriebsrat als Erweiterung der individuellen Interessenvertretung

Management: „Ich glaube, das Unternehmen ist immer davon ausgegangen, dass es ein sehr mitarbeiterfreundliches Unternehmen ist, dass wir hier so was (Betriebsrat, Anm. d. Verf.) eigentlich nicht brauchen, dass man auf seine Mitarbeiter Rücksicht nimmt, auch gute Gehälter zahlt, auch jedes Jahr eine Gehaltsanpassung eigentlich hat, dass es hier eigentlich Aufstiegschancen gibt, und es hat nicht verstanden, dass gerade durch dieses extreme Wachstum vielleicht es verschiedene Informationsebenen gibt, und wirklich nicht immer alles von ganz oben ganz unten ankommt, dass da in vielen Bereichen eben nicht die Transparenz herrscht. Und was man schon so allgemein als ein großes Problem oder als einen Grund für die Betriebsratsgründung sah, war wirklich dieses Chaos [...]." (D02_ M1)

Betriebsrat: „Wir haben eigentlich bei der Firma (Name d. Unternehmens) einen gewissen Widerspruch. Es sind Dinge, die laufen extrem gut und es gibt ein paar andere Sachen, die eben sehr, sehr schlecht laufen [...]. Wir sind alle gerne hier, glaube ich, die überwiegende Mehrheit, aber ein paar Dinge waren so gravierend [...], die gingen einfach so nicht." (D02_BR2)

Die Betriebe, in denen Betriebsräte als Erweiterung der individuellen Interessenvertretung gegründet werden, sind aufgrund der oft lang andauernden Problemlagen und (Vor-)Geschichten der Betriebsratsgründungen den Gründungskonstellationen des ‚langen Leidens' zuzuordnen. Jedoch im Unterschied zu den anderen Gründungsmustern mit langen Leidensgeschichten wie *Kollektive Emanzipation* (vgl. Kap. 4.4) sowie *Blockierte Partizipation* (vgl. Kap. 4.6) hat es in diesen Betrieben (zumindest) in der jüngeren Vergangenheit eine von gemeinschaftlichem Zusammenhalt und Commitment gekennzeichnete Sozialordnung gegeben, von denen grundlegende ‚Restbestände' oder Erinnerungen nach wie vor lebendig sind. Aber gerade die für Betriebe des qualifizierten Dienstleistungssektors ausgeprägte Autonomie der hochqualifizierten Beschäftigten wie auch der spezifisch leistungsgemeinschaftliche Charakter der Betriebe (Lücking 2009: 64; auch Böhm/Lücking 2006) erodieren seit Längerem. Die neu gegründeten Betriebsräte versuchen diese Erosion zu begrenzen bzw. zu kompensieren.

Aufgrund dieser Konstellation weisen jene Betriebe auch einige Ähnlichkeiten mit den Betrieben der Gründungskonstellation *Schutz der gemeinschaftlichen Sozialordnung* (vgl. Kap. 4.2) auf: So herrscht zwischen Management bzw. Geschäftsführung und Belegschaft ebenfalls ein kooperativ-gemeinschaftlicher sowie respektvoller Umgang vor, wobei der betriebliche Alltag jedoch erheblich stärker durch eine Leistungsorientierung geprägt ist. Den Beschäftigten wird ein hohes Maß an Handlungs- und Entscheidungsautonomie im Arbeitsalltag gewährt, sie werden zugleich relativ selbstverständlich in betriebliche Prozesse und Entscheidungen eingebunden, wofür Geschäftsführungen ihrerseits Leistungsbereitschaft und Commitment erwarten (können). Darüber hinaus können

Gründungen von Betriebsräten

die (hoch)qualifizierten Beschäftigten ihre Interessen sehr erfolgreich auch individuell durchsetzen. Betriebsratsinitiativen entwickeln sich erst dann, wenn dieses Muster der informellen und individuellen Interessendurchsetzung infolge verschiedener Faktoren bzw. Entwicklungen (z.B. schnelles Wachstum, Marktanpassungen, Wechsel in der Führung bzw. Führungsstrategie) über einen längeren Zeitraum wiederholt an Grenzen stößt, d.h. wenn wachsende Problemlagen immer größere Beschäftigtengruppen betreffen und immer weniger individuell bearbeitbar sind. Der zentrale Unterschied zu den *ereignisbezogenen* Gründungen wie z.B. *Schutz der gemeinschaftlichen Sozialordnung* (vgl. Kap. 4.2) besteht darin, dass kein plötzliches Krisenereignis als Katalysator und Wegbereiter einer schnellen Betriebsratsgründung fungiert;[18] stattdessen dauert es mitunter Jahre von der ersten Idee bis zur Betriebsratsgründung, und manchmal diskreditieren auch halbherzige (abgebrochene) Versuche die Betriebsratsidee für längere Zeit. Insofern kann berechtigterweise von einem ‚langen Leiden' der Beschäftigten gesprochen werden, wenngleich es sich, gemessen an den oft problematischen bzw. repressiven Arbeitsbedingungen in den Betrieben der Konstellationen *Kollektive Emanzipation* bzw. *Blockierte Partizipation* (vgl. Kap. 4.4 und 4.6) um ein Leiden auf ‚relativ hohem Niveau' handelt. Das ‚lange Leiden' allein reicht jedoch nicht aus: erst wenn in einem kumulativ-dynamischen Prozess von Problemen, Konflikten und Unzufriedenheit aus der Sicht von einflussreichen Protagonist/inn/en eine Art ‚point of no return' erreicht ist, diese entschlossen die Führung bei der Interessen- und Problemdeutung im Betrieb übernehmen und den Betriebsrat als eine, für die Problemkonstellation *und* betriebliche Kultur, adäquate ‚Lösung' präsentieren können, sind Betriebsratsinitiativen erfolgreich. Dabei werden die Betriebsräte von Aktivist/inn/en wie Beschäftigten eher als eine *kollektive* Ergänzung bzw. Erweiterung denn als *Ersatz* des individuellen Interessenvertretungsmodus gedacht. Die leistungsgemeinschaftliche Orientierung der Betriebsparteien sowie die Professionalität und Kompetenz der Betriebsratsmitglieder begünstigten das relativ zügige Erreichen von Handlungsfähigkeit und Vertretungswirksamkeit der neuen Gremien nach ihrer Wahl.

Sieben von 54 Betrieben können dieser Gründungskonstellation *Betriebsrat als Erweiterung der individuellen Interessenvertretung* zugeordnet werden. Die folgenden Aussagen basieren zumeist auf den Interviews mit Betriebsratsmitgliedern, in zwei Betrieben fanden Interviews sowohl mit Vertreter/inne/n des

---

18 In einigen Betrieben dieses Gründungstyps hatte es zwar auch Krisenereignisse (wie Firmenverkäufe bzw. Übernahmen) in der jüngeren Vergangenheit gegeben, die durchaus Anlässe für Betriebsratsgründungen hätten werden können. Dass sie es dennoch nicht wurden, könnte u.a. damit zusammenhängen, dass diese Ereignisse von den Belegschaften und Manager/inne/n nicht als bedrohlich wahrgenommen, die Belegschaftsinteressen dabei gewahrt wurden, die Geschäftsführungen erfolgreich Betriebsratsgründungen verhinderten und/oder eine Gruppe von anerkannten Aktivist/inn/en fehlte.

Betriebsrates als auch mit der Geschäftsführung bzw. Personalleitung statt. Die Betriebsratsgründungen dieses Gründungsmusters lassen sich im Großen und Ganzen wie folgt beschreiben:

- *Strukturelle Merkmale der Betriebe* (ausführlich dazu vgl. Tabelle 10): Es handelt es sich um wirtschaftlich florierende, managergeführte Konzernbetriebe meist aus dem (hoch-)qualifizierten Dienstleistungsbereich. Entsprechend den qualifizierten Dienstleistungen bzw. Produkte verfügen die Beschäftigten, mehrheitlich Angestellte, nahezu durchgängig über Fachqualifikationen bzw. akademische Abschlüsse; die Arbeits- und Entlohnungsbedingungen liegen oft über den regionalen bzw. tariflichen Standards, obwohl die Betriebe in der Regel nicht tarifgebunden sind. Diese Betriebe haben ihren Sitz vorwiegend in oder (in der Nähe von) westdeutschen Großstädten.
- *Innerbetriebliche Austauschbeziehungen und kollektive Interessendefinition:* Die betriebliche Sozialordnung lässt sich am ehesten als eine ‚Leistungsgemeinschaft' charakterisieren. Die innerbetrieblichen Interaktionsbeziehungen sind (zumindest ursprünglich) durch den Tausch von umfassender Autonomie gegen Leistungsbereitschaft und Commitment geprägt.[19] Geschäftsführungen wie Beschäftigte präferieren einen familiär-kooperativen, zum Teil auch recht legeren Umgang miteinander. Das Betriebswohl, welches für beide Seiten hohe Priorität hat, schließt die grundlegende Rücksichtnahme auf basale Interessen der Belegschaften an ‚guten Arbeitsbedingungen' (wie Handlungsautonomie, Flexibilität, kooperative Führung sowie funktionierendes Equipment usw.) ein, die in der Regel freiwillig gewährt werden. Besondere Einzelinteressen können die Beschäftigten erfolgreich in individuellen Verhandlungen durchsetzen. Aus der Sicht der Geschäftsführungen gibt es darüber hinaus keine weiteren vom Unternehmensinteresse unterschiedenen ‚spezifischen' *kollektiven* Belegschaftsinteressen. Dieses Muster innerbetrieblicher Austauschbeziehungen funktioniert solange, bis externe Veränderungen, wie z.B. ‚Marktzwänge', sinkende Gewinnmargen und/oder interne betriebliche Entwicklungen, wie z.B. schnelles Belegschaftswachstum, die vorhandenen Strukturen, Prozesse und Regulierungsmuster konterkarieren. Verschleppte und/oder halbherzige Reformen haben dann oft ‚Wildwuchs', unklare Zuständigkeiten, fehlende Verantwortungsübernahme, wachsende Intransparenz und Ungleichheit sowie

---

19 Der Typus trägt deutliche Züge des von Böhm/Lücking (2006: 114–122; vgl. auch Lücking 2009: 64f.) bei betriebsratslosen Betrieben herausgearbeiteten neo-paternalistischen Führungsmusters („Wir sind besser als jeder Betriebsrat"). Es liegt nahe, dass dieses neo-paternalistische Führungsmuster quasi die Vergangenheit des vorliegenden Gründungstypus darstellt.

Informationsverluste bis hin zu Fehlentscheidungen zur Folge – meist mit spürbaren negativen wirtschaftlichen Auswirkungen. Der in der Folge teilweise einsetzende hektische Reorganisationsaktivismus ‚von oben' führt eher zu weiteren Überforderungen der betrieblichen Abläufe und Prozesse als zu effektiven Lösungen. Die betrieblichen Anpassungsstrategien gehen zudem häufig zu Lasten der Beschäftigten, die vor allem Autonomieeinschränkungen sowie andere Verschlechterungen der Arbeits- und Entlohnungsbedingungen hinnehmen müssen. Deren bevorzugte Strategie der individuellen Interessendurchsetzung erweist sich gerade bei solchen ‚Abwehrkämpfen' als zunehmend inadäquat.

- *Anlässe:* Ähnlich wie bei den anderen Konstellationen des ‚langen Leidens' gibt es im Vorfeld der Betriebsratsgründungen keine klar benennbaren singulären Gründungsanlässe. Die oft im Einzelnen unspektakulär anmutenden Probleme bzw. Defizite, wie z.B. Informationslücken, zunehmende Intransparenz betrieblicher Abläufe, ‚Wildwuchs' bei Arbeits- und Entlohnungsbedingungen sowie inadäquates Führungsverhalten, bringen jedoch in Summe und über längere Zeit ‚das Fass zum Überlaufen'. Entscheidend ist, dass sehr viele Beschäftigte die gleichen Erfahrungen machen, der (ehemals) erfolgreiche informelle und individuelle Interessenvertretungsmodus ‚versagt' und eine Umkehr dieses Trends (ohne die Unterstützung eines Betriebsrates) wenig realistisch erscheint.

- *Konstituierung der repräsentativen sozialen Gruppe:* Eine oder auch mehrere kleine Gruppen von langjährigen, fachlich anerkannten und sozial einflussreichen Beschäftigten, die den schleichenden Erosionsprozess der Leistungsgemeinschaft sowie des Modus der individuellen Interessendurchsetzung deutlicher als andere registrieren, aber kaum noch individuelle Lösungsansätze sehen, finden sich als ‚Gleichgesinnte' zusammen. Die Initiativen beginnen im Geheimen, zum einen, weil die Geschäftsführungen Betriebsräte in der Regel als unzweckmäßig, unzeitgemäß oder betriebsschädigend diskreditieren; zum anderen, weil auch ein (relevanter) Teil der Beschäftigten trotz wachsender Unzufriedenheit eine Betriebsratsgründung kaum als angemessene Strategie betrachtet. Die Aktivist/inn/en brauchen in dieser Zeit oft Rat und Begleitung seitens der Gewerkschaften, wenngleich sich hieraus nur in Ausnahmen eine enge (normative) Bindung an die Gewerkschaften entwickelt. Vergleichsweise kleine Probleme in einer langen Reihe von Fehlentwicklungen können eine dynamische innerbetriebliche Eskalation der Empörung in Gang setzen und von den Aktivist/inn/en symbolisch und taktisch genutzt werden, um den Betriebsrat als ‚Ordnungsmacht' bzw. auch Garant der Interessenvertretung zu präsentieren und gleichzeitig die Belegschaften zu mobilisieren. Wichtig ist, dass der Betriebsrat nicht den individuellen Interessenvertretungsmodus ersetzen, sondern ihn ergänzen soll (und muss). Die meist hohe Dynamik in der offiziellen Wahlvorbereitung mit intensiven Diskussionen und Auseinandersetzungen sowie neu hinzukommenden Akteuren stellt zuweilen auch die Führungsrolle der ursprünglichen Initiator/inn/en in Frage. Daher ist der Prozess der kollektiven Identitätsbildung der Betriebsratsaktivist/inn/en mit der offiziellen Wahleinleitung und Wahl meistens nicht abgeschlossen, sondern setzt sich oft in den internen Auseinandersetzungen innerhalb der Gremien in der ersten Wahlperiode fort.

- *Verlaufsformen:* Es vergehen oft mehrere Jahre (zwischen ersten Anzeichen von Fehlentwicklungen bzw. Missstimmungen) bis die gemeinschaftliche Sozialordnung deutliche Erosionserscheinungen zeigt und der typische Modus der individuellen informellen Interessenrepräsentation zunehmend ins Leere läuft. In dieser Zeit kann es erste Ansätze von kollektiver Willensbildung bis hin zu Betriebsratsgründungsideen oder -versuchen geben, so dass die *Phase der informellen Interessenrepräsentation* nicht immer klar von der *Latenzphase* abgegrenzt werden kann. Die Aktivist/inn/en finden sich in zunächst kleinen Kreisen unter Ausschluss der Betriebsöffentlichkeit zusammen, oft mit Beteiligung der Gewerkschaften, um sich in einem quasi ersten kollektiven Findungsprozess über Ziele und Vorgehen zu verständigen. Wenn es mehrere voneinander unabhängige Gruppen gibt, was vor allem bei diesem Typus vorkommt, finden in dieser Zeit oft auch erste Verständigungen zwischen den Einzelinitiativen statt. Mit Einleitung der offiziellen Betriebsratswahl setzt eine zum Teil dynamische bis turbulent-konflikthafte *Formierungsphase* ein. Die Geschäftsführungen erfahren im Regelfall erst mit dem offiziellen Wahlauftakt von der Initiative und sind im Regelfall konsterniert, da sie das Ansinnen der Initiator/inn/en als Widerspruch zu ihrem Selbstbild einer mitarbeiterfreundlichen oder auch ‚generösen' Führung empfinden. Aber auch die Belegschaften sind häufig überrascht und reagieren teils mit spontaner Zustimmung, teils mit Abwehr oder beidem. Nach intensiven Diskussionen des generellen Für und Wider eines Betriebsrates beginnt eine kurze Zeit der internen Positionierungen und Kandidat/inn/enfindung, die in größeren Betrieben oft unübersichtlich ist und in mehrere Listen münden kann. Die meisten Geschäftsführungen fügen sich nach Überwindung des ‚ersten Schocks' in das Unvermeidliche. Ausgesprochen massive Widerstände, Behinderungen bzw. Repressionen wie in anderen Betrieben des ‚langen Leidens' bleiben eher die Ausnahme; im Regelfall wird versucht, die Zusammensetzung der Gremien zu beeinflussen. Mit hoher Wahlbeteiligung werden neben den ursprünglichen Aktivist/inn/en auch andere Belegschaftsvertreter/innen in die Gremien gewählt. Die *Konstituierungsphase* ist deshalb vor allem von internen, teils auch spannungsreichen Verständigungs- sowie Positionierungsprozessen bestimmt.

Die meisten Betriebsratsmitglieder versuchen relativ zügig nötiges Wissen und Handlungskompetenz in Qualifizierungen bei gewerkschaftlichen oder anderen Anbietern zu erwerben.
- *Vertretungswirksamkeit:* Nach zunächst internen Auseinandersetzungen bzw. Findungsprozessen entwickeln die meisten Gremien relativ schnell einen konstruktiven Umgang miteinander. Abstriche müssen die Betriebsräte aber hinsichtlich der (Verhandlungs-)Themen machen, sei es, weil zu viel auf einmal angestoßen wird, sei es, weil zunächst zwischen den Interessen unterschiedlicher Belegschaftsgruppen akzeptable Kompromisse gefunden werden müssen. Die Geschäftsführungen bemühen sich meistens um eine Zusammenarbeit und erhoffen sich ihrerseits von den Betriebsräten eine ordnungsstiftende und befriedende Funktion. Die neuen Gremien werden auch dank der vorhandenen Kompetenzen sowie des mehrheitlich hohen Engagements relativ zügig vertretungswirksam. Die DGB-Gewerkschaften haben, ähnlich wie bei den Betriebsratsgründungen zum *Schutz der gemeinschaftlichen Sozialordnung* (vgl. Kap. 4.2) zumeist eine Mentorenrolle inne bzw. fungieren als ‚Notfallinstanz' im Hintergrund; anders als in anderen Betrieben des ‚langen Leidens' (vgl. Kap. 4.4 und 4.6) scheint hier eine intensive Unterstützung seitens der Gewerkschaften aufgrund der Professionalität der Betriebsratsmitglieder wie auch des relativ moderat-kooperativen Verhaltens der Geschäftsführungen nicht zwingend notwendig. Der gewerkschaftliche Organisationsgrad sowohl der Gremien wie auch der Belegschaften bleibt daher nach den Betriebsratsgründungen auch eher niedrig.

4.3.1 Strukturelle Merkmale der Betriebe

Der Blick auf die Tabelle 10 (im Anhang) zeigt, dass die Betriebe des Gründungstypus *Erweiterung der individuellen Interessenvertretung* trotz deutlicher Größenunterschiede strukturelle Ähnlichkeiten aufweisen: Es handelt sich häufig um Betriebe des qualifizierten Dienstleistungssektors bzw. hochspezialisierten Verarbeitenden Gewerbes, augenfällig war auch die Kombination typrelevanter Gemeinsamkeiten wie Managementführung, fehlende Tarifbindung, hohe Qualifikationsanforderungen entsprechend den qualifizierten Produkten und Dienstleistungen oder auch die eher männlich geprägten Belegschaften sowie der Standort in westdeutschen Großstädten (bzw. in deren Nähe). Eine Reihe dieser Merkmale teilten sie mit den Betrieben der Konstellation *Schutz der gemeinschaftlichen Sozialordnung* (vgl. Kap. 4.2).

Die sieben Betriebe stammten aus unterschiedlichen *Branchen* des Verarbeitenden Gewerbes sowie des Dienstleistungssektors: Die zwei Betriebe aus dem Verarbeitenden Gewerbe stellten hochspezialisierte und innovative Geräte und Anlagen überwiegend in Klein- und Mittelserienfertigung bzw. Spezialnahrungsmittel für zum Teil hart umkämpfte Nischenmärkte her. Das Spektrum der übrigen fünf Dienstleistungsbetriebe war relativ breit; unter ihnen befanden sich zwei Handelsunternehmen für hochwertige bzw. spezialisierte Waren bzw. kundenspezifische Systemlösungen, ein IT-Unternehmen sowie je ein Betrieb aus dem Bereich Kunst, Unterhaltung und Erholung bzw. Erziehung und Bildung. Die zuständigen DGB-Gewerkschaften waren folglich die IG Metall (1), die NGG (1) und ver.di (5).

Hinsichtlich der *Unternehmens- und Eigentumsstruktur* waren die Betriebe dieses Typs insgesamt recht ähnlich: Mehrheitlich handelte es sich um managergeführte Konzernbetriebe mit unterschiedlichen Rechtsformen. Daneben gehörten zu diesem Typus ein eingetragener Verein sowie eine 100-prozentige Tochter (GmbH) einer Körperschaft des öffentlichen Rechts. Lediglich der einzige Einzelbetrieb wurde durch die Inhaber geführt. Zwei der sieben Betriebe hatten in den zurückliegenden Jahren einen Verkauf durch die ursprünglichen Inhaber/innen an ausländische Konzerne bzw. an eine Beteiligungsgesellschaft durchlebt; ein weiterer Betrieb war in eine Aktiengesellschaft umgewandelt worden. Anders als beim Gründungstypus *Schutz der gemeinschaftlichen Sozialordnung* (vgl. Kap. 4.2) führten diese strukturellen Veränderungen jedoch *nicht* (unmittelbar) zu Betriebsratsgründungen.

Bei der *Betriebsgröße* reichte das Spektrum von Klein- bis hin zu Großbetrieben: Vier Betriebe waren Klein- und Mittelbetriebe mit weniger als 100 Beschäftigten, daneben zählen auch drei Großbetriebe mit etwa 300 bzw. mehr als 1.000 Mitarbeiter/inne/n zum Typus. Mit Ausnahme des inhabergeführten Handelsunternehmens[20] fand in allen anderen Betrieben und Einrichtungen ein teils erheblicher und vor allem rasanter Beschäftigungsaufbau statt. Entsprechend der Betriebsgröße hatten die Betriebsratsgremien größtenteils drei bzw. fünf Mitglieder.

Die *wirtschaftliche Lage* war zum Zeitpunkt der Betriebsratsgründung in fast allen Betrieben gut bis sehr gut: Die Firmenverkäufe bzw. Übernahmen waren insofern keine Folge von wirtschaftlichen Krisen oder drohenden Insolvenzen. Nur der inhabergeführte Betrieb hatte zwischenzeitlich mit wirtschaftlichen Problemen zu kämpfen.

Im Unterschied zu den Betrieben der Gründungskonstellation *Schutz der betrieblichen Sozialordnung* wurde in drei Betrieben mittlerweile in erheblichem Umfang auf *prekäre Beschäftigungsverhältnisse* zurückgegriffen: Bei einem Handelsunternehmen war fast ein Viertel der Belegschaft von Leiharbeit betrof-

---

20 In dem inhabergeführten Unternehmen gab es in den 1990er Jahren zunächst ein schnelles Beschäftigungswachstum durch neue Geschäftsfelder und Standorte, infolge wirtschaftlicher Probleme wurden einzelne Geschäftsbereiche bzw. Standorte wieder verkauft oder geschlossen und die Belegschaft reduziert.

fen; zwei weitere Betriebe stellten neue Beschäftigte zunächst befristet ein. Außerdem wurden sowohl Leiharbeitnehmer/innen als auch befristete Arbeitnehmer/innen zu schlechteren Konditionen als die übrige Belegschaft beschäftigt.

Obwohl keiner der Betriebe einer *Tarifbindung* unterlag,[21] waren die *Arbeits- und Entlohnungsbedingungen* größtenteils besser als in vergleichbaren Betrieben der Region, was auch auf die Qualifikationserfordernisse der Arbeitstätigkeiten zurückzuführen war: Lediglich die Beschäftigten des Vereins sowie des Betriebes der Körperschaft öffentlichen Rechts wurden niedriger entlohnt als Beschäftigte in vergleichbaren Positionen öffentlicher Einrichtungen. In fast allen Betrieben hatte es jedoch im Verlauf der letzten zehn bis 15 Jahre (mehr oder weniger gravierende) Verschlechterungen gegeben: Leistungsdruck, Arbeitszeitflexibilisierung, Überstunden oder auch Entlohnung waren Themen, die teilweise erhebliche Unzufriedenheit erzeugten. Das Produktivitätswachstum der Betriebe ging *nicht* (mehr) mit einem entsprechenden Belegschaftswachstum einher; stattdessen wurde vermehrt auf Leiharbeit oder Befristungen zurückgegriffen, die Arbeitszeit in erheblichem Umfang flexibilisiert sowie massiv Überstunden in Kauf genommen. In einigen Betrieben gab es daher vermehrt Fluktuationen, Langzeit- sowie psychische Erkrankungen. Hinzu kam eine schleichende Tendenz der systematischen Schlechterstellung neu eingestellter Beschäftigter. Zwar konnte (noch) in keinem Betrieb von einer Spaltung in Kern- und Randbelegschaften die Rede sein – wohl aber von einer ‚Ausdifferenzierung' der Belegschaft in Beschäftigte ‚erster' und ‚zweiter Klasse'; so mussten Befristete, Beschäftigte mit kurzer Betriebszugehörigkeit und Leiharbeitnehmer/innen teilweise zu deutlich schlechteren Konditionen arbeiten als langjährig Beschäftigte.

Die Belegschaften der Betriebe dieses Gründungstyps waren eher *männlich* geprägt: Erwartungsgemäß waren im Metallbetrieb überwiegend Männer beschäftigt (75%), aber auch in den Dienstleistungsbetrieben lag der Anteil von Frauen zwischen etwa 30 und 40%. Lediglich in dem durch Angestelltenbereiche dominierten Betrieb(steil) der Nahrungsmittelindustrie arbeiteten Männer und Frauen ungefähr zu gleichen Teilen. In den Verwaltungs- und internen Dienstleistungsbereichen aller Betriebe waren vorwiegend Frauen tätig, wobei die Führungsfunktionen überdurchschnittlich häufig von Männern besetzt wurden, nur in zwei Betrieben standen eine Geschäftsführerin (Nahrungsmittel) bzw. geschäftsführende Gesellschafterin (Handel) an der Spitze der Geschäftsleitung.

Auch hinsichtlich der *Qualifikationsstruktur* waren die untersuchten Betriebe denen der Konstellation *Schutz der gemeinschaftlichen Sozialordnung* (vgl. Kap. 4.2) ähnlich: Aufgrund der Tätigkeitsprofile waren im Regelfall qualifizierte Berufsabschlüsse bzw. mehrheitlich sogar akademische Qualifikatio-

---

21 Lediglich der Nahrungsmittelhersteller war bis 2009 tarifgebunden.

nen erforderlich. An- und ungelernte Tätigkeiten gab es nur in Ausnahmen, z.B. im Fall interner Dienstleistungen (wie z.b. Küche oder Reinigung). Bis auf den Metallbetrieb handelte es sich bei den anderen Betrieben um reine Angestelltenbetriebe. Die meisten bildeten aus oder engagierten sich in der akademischen Bildung (Werkstudenten, Abschlussarbeiten etc.). Qualifikationspotenzial sowie Berufserfahrungen der Mitarbeiter/innen galten in allen Betrieben als Voraussetzung für innovative Produkte bzw. hochwertige Dienstleistungen und von daher als unverzichtbar.

Bezüglich des *Alters* der Beschäftigten gab es zwischen den Betrieben Unterschiede: Die ‚älteren' Betriebe waren relativ gut durchmischt – mit einem Durchschnittsalter zwischen 40 und 45 Jahren; größere Personalveränderungen hatte es hier kaum gegeben. In den ‚jüngeren' Betrieben, insbesondere in den Großbetrieben, war das Durchschnittsalter niedriger und lag zwischen 30 und 35 Jahren, Beschäftigte über 50 Jahre gab es dort kaum, was dem mitunter extrem schnellen und schubweisen Beschäftigungsaufbau sowie der typisch jugendzentrierten Rekrutierungspolitik geschuldet war.

Wie schon beim Gründungstypus *Schutz der gemeinschaftlichen Sozialordnung* (vgl. Kap. 4.2) handelte es sich bei den Betrieben um *klassische Betriebe* mit Führungsstrukturen, administrativen und leistungserbringenden bzw. produzierenden Bereichen sowie mit eher *flachen Hierarchien*.

Die *regionale Verortung* war sehr ähnlich: Alle Betriebe hatten ihren Sitz in Westdeutschland und zwar überwiegend in Großstädten bzw. in unmittelbarer Nähe zu Großstädten. Typrelevant dürfte vor allem der großstädtische Standort sein, da sich bestimmte qualifizierte Dienstleistungen eher in Großstädten bzw. in der Nähe von Industrie- bzw. Wirtschaftszentren ansiedeln.

Insgesamt handelte es sich bei den Betrieben der Betriebsratsgründungskonstellation *Erweiterung der individuellen Interessenvertretung* vor allem um wirtschaftlich florierende, managergeführte Konzernbetriebe des qualifizierten Dienstleistungssektors. Entsprechend den Dienstleistungen bzw. Produkten verfügten die Beschäftigten, mit großer Mehrheit Angestellte, durchweg über Fachqualifikationen bzw. akademische Abschlüsse. Die Arbeits- und Entlohnungsbedingungen lagen oft über den regionalen bzw. tariflichen Standards, wobei die Betriebe meistens nicht tarifgebunden sind.

*4.3.2   Innerbetriebliche Austauschbeziehungen und kollektive
           Interessendefinition: Erosion der Leistungsgemeinschaft*

Typisch für die Sozialordnung in den Betrieben der vorliegenden Konstellation waren (ursprünglich) familiär-gemeinschaftliche Beziehungsformen, die aber im Unterschied zum Gründungstypus *Schutz der gemeinschaftlichen Sozialordnung* (vgl. Kap. 4.2) in der Regel durch eine explizit gemeinsam geteilte (Hoch-)

Leistungs- bzw. Innovationsorientierung dominiert wurden. Das Betriebswohl, dem sich Management wie Belegschaften gleichermaßen verpflichtet fühlten, beinhaltete also nicht einfach nur den Erhalt bzw. die positive Entwicklung des Betriebes, sondern die beständige Erzeugung und Platzierung von erfolgreichen Produkten bzw. Leistungen an überregionalen bis hin zu internationalen Märkten. Wenn man in der Terminologie von Kotthoff/Reindl (1990: 355) bleibt, war nicht nur der (soziale) Betrieb als solcher das „gemeinsame Projekt", sondern die erfolgreiche Marke.[22] Im Interesse dieser betrieblichen ‚Leistungsgemeinschaft' waren sowohl Geschäftsführungen bzw. Management als auch Belegschaften an einem grundsätzlich kooperativen Miteinander im betrieblichen Alltag orientiert. Die innerbetrieblichen Interaktionsbeziehungen waren in der Regel lange Zeit durch den freiwilligen Tausch von Autonomie gegen Leistungsbereitschaft, Flexibilität, Freizügigkeit und Selbstorganisation sowie Commitment bestimmt, wie stellvertretend ein Befragter[23] beschrieb:

„[...] und das, denk' ich mal, ist typisch so [...], dass solche großen Freiheiten, Großzügigkeiten da waren, aber auch natürlich eine Erwartungshaltung mitspielte. Das heißt, wenn das gegeben wird, dann ist auch ein Nehmen da, natürlich. Selbstverständlich erwartet man, wenn es eng ist, viel Arbeit zu tun ist, dass dann jeder auch, ich sag' mal, die Ärmel hochkrempelt und nicht auf Zeiten schaut und einfach sich im Sinne von (Name d. Firma) einsetzt dann [...]. Das ging, geht weiter mit Dingen, da sind ungefragt, ich sag' mal, an Geschäftserfolg (gebunden, Anm. d. Verf.) teilweise Bonusauszahlungen gekommen und so was. Das war alles im Prinzip etwas, wo die Firma gesagt hat: ‚Ich sehe hier, ich verdanke das auch den Mitarbeitern.' Und es wurden dann auch entsprechende Maßnahmen gemacht [...], da sind flexible Arbeitszeiten überall, wo es geht [...]." (D02_BR1)

Dieses Leitbild der Leistungsgemeinschaft umfasste (anfänglich) in den meisten Betrieben zum einen eine leistungsadäquate, d.h. oft über vergleichbaren Tarifnormen oder regional üblichen Entgelten liegende, Entlohnung und zum anderen leistungsförderliche Arbeitsbedingungen. Trotz konkreter betrieblicher Variationen wurden darunter u.a. eine weitreichende Handlungsautonomie der Beschäftigten, ein konstruktiv unterstützendes Führungsverhalten und nicht zuletzt ein funktionsfähiges Equipment verstanden. Dahinter stand die wechselseitig geteilte Annahme, dass gute bzw. Höchstleistungen nur bei entsprechend selbstbestimmten Rahmenbedingungen möglich seien. Geschäftsführungen bzw. Ma-

---

22 Die Marke meint sowohl das Produkt bzw. die Produkte als auch das damit identifizierte Unternehmen. Das wird dann besonders deutlich, wenn es um den Erhalt der ‚Marke' bzw. Beibehaltung des Markennamens ging.
23 Insbesondere die Befragten des Unternehmens D02 beschrieben diese leistungsgemeinschaftliche Sozialordnung und ihren Zerfall in geradezu idealtypischer Weise, weshalb relativ häufig aus den dort geführten Interviews zitiert wird.

nagement waren um das Wohl ihrer qualifizierten Beschäftigten bemüht und verstanden sich als ausgesprochen mitarbeiterfreundlich bis generös. Ihre Erwartungen an das Verhalten der Belegschaften korrespondierten mit dem Selbstbild der Beschäftigten: Zu deren Selbstverständnis gehörten nämlich sowohl ein hohes Interesse an Arbeitsinhalten (die auch ‚Spaß' machen durften) als auch hohe Ansprüche an die eigene Leistungsfähigkeit und ‚Performance'. In gewisser Weise gingen also die basalen Interessen der Beschäftigten relativ weitgehend und unproblematisch im Betriebswohl auf. Von daher gab es in der Perspektive beider Seiten auch (am Anfang) keine zusätzlichen, besonderen *kollektiven* Belegschaftsinteressen, die einer ‚eigenen' kollektiven Interessenvertretung[24] oder gar eines Betriebsrates bedurft hätten. Typisch war dagegen für lange Zeit, dass die Beschäftigten willens und in der Lage waren, ihre Einzelinteressen in individuellen Verhandlungen erfolgreich durchzusetzen, was allerdings oft eine erhebliche Heterogenität bei Arbeits- und Entlohnungsbedingungen nach sich zog. Auch ein Interessen*gegensatz* zwischen Arbeitgeber und Beschäftigten spielte im Denken und Handeln kaum eine Rolle. Betriebsräte wären zu jener Zeit, so die einhellige Auffassung der Befragten, nicht notwendig gewesen:

> „In den Jahren zuvor war's irgendwie noch so, ich hab' auch immer zu den Personen gehört, ich hab' immer gesagt: ‚Ich kann mir selbst helfen. Ich brauche keinen Betriebsrat.'" (D02_BR4)

Diese grundlegende Charakteristik der innerbetrieblichen Austauschbeziehungen wies dabei, wie angedeutet, ein relativ breites Spektrum konkreter betrieblicher Ausprägungen auf: Während die IT-Firmen mit ihrer großzügigen „neo-paternalistischen" Orientierung (Böhm/Lücking 2006; Lücking 2009) und auch der hochinnovative Metallbetrieb dem Ideal der Leistungsgemeinschaft am nächsten kamen, gab es auch Abweichungen von den grundlegenden Merkmalen des ‚leistungsgemeinschaftlichen Deals'. So wurden in zwei Betrieben[25] zwar die intrinsische Motivation der qualifizierten Beschäftigten vorausgesetzt und dementsprechend auch hohe Anforderungen bzw. Erwartungen an die Leistungsbereitschaft, Flexibilität und Selbstorganisation der Beschäftigten gestellt, diese jedoch vergleichsweise unterdurchschnittlich entlohnt. Im Regelfall entsprachen jedoch die leistungsgemeinschaftliche Sozialordnung bzw. deren normatives Leitbild

---

24 Die Ausnahme bildete ein Betrieb, in dem Arbeitnehmervertreter/innen im Aufsichtsrat eine *„Art Quasi-Betriebsratsfunktion" (D01_BR)* inne hatten; eventuell wollte die Geschäftsführung damit einer Betriebsratsinitiative ‚vorbeugen'.

25 Hierbei handelte es sich einmal um den privatwirtschaftlichen Betrieb der Körperschaft öffentlichen Rechts; die GmbH war (aus-)gegründet worden, um Eingruppierungen nach TVöD zu vermeiden und dadurch Kosten zu sparen. Der eingetragene Verein unterlag seit seiner Gründung finanziellen Restriktionen, da er sich durch Mitgliedsbeiträge bzw. öffentliche Zuschüsse finanzierte.

den Interessen der Geschäftsführung und *zugleich* den Vorstellungen der hochqualifizierten Belegschaften von angemessener, sinnvoller Arbeit. An diesem Leitbild hielten die Befragten (und vermutlich auch die Beschäftigten) auch dann noch fest, als sich die betriebliche Realität (zum Teil erheblich) zu verändern begann bzw. bereits verändert hatte, wie folgender Interviewauszug zeigt:

> „(Die Firma hat sich, Anm. d. Verf.) generös, wenn man so will, verhalten, im Allgemeinen viel für die Mitarbeiter gemacht, mit Einzelnen vielleicht nicht, harsch vielleicht auch umgegangen, aber so, dass so insgesamt eigentlich, so 'ne gewisse, ja, ich sag' mal, dass das keine schlechte Firma ist." (D02_BR1)

Vor dem Hintergrund dieses relativ klar konturierten Leitbildes einer leistungsgemeinschaftlichen Sozialordnung überraschten dagegen die kritischen Berichte über das *Führungsverhalten* der Geschäftsführungen und Vorgesetzten. Das kritisierte Managementverhalten passte nicht so recht ins Bild der Leistungsgemeinschaft und entsprach offenbar auch nicht den Erwartungen der Beschäftigten. Allerdings hatte das Verhalten von Geschäftsführung bzw. Management nicht immer im Fokus der Kritik gestanden, was diese Konstellation auch von den anderen Typen des ‚langen Leidens' klar unterscheidet. Bei genauer Analyse der Fälle zeigt sich nämlich, dass zwischen dem Führungsverhalten zum Zeitpunkt der Betriebsratsgründung (bzw. der Befragung) und in der Vergangenheit deutlich unterschieden werden muss. Erst dadurch lässt sich die Entstehung des ‚Leidens' und mithin die Vorgeschichten der Betriebsratsgründungen rekonstruieren.

Zum *Führungsleitbild* in ihrem Betrieb befragt, beschrieben lediglich die Betriebsratsvertreter/innen aus zwei Betrieben das *aktuelle* Führungsverhalten ihrer Geschäftsführungen bzw. Vorgesetzten als konstruktiv und kooperativ, wie stellvertretend folgende Ausschnitte aus einem Interview mit dem Betriebsratsvorsitzenden sowie dem Stellvertreter eines Dienstleistungsbetriebs deutlich machen:

> „Ich denke, es gibt hohe Werte [...] das Miteinanderumgehen, das auch sehr soziale Miteinanderumgehen, auch im Bereich der Mitarbeiter [...]. Also da besteht hier, würde ich sagen, eine wirklich sportliche Kultur, die sehr, finde ich, sehr wertschätzend ist [...]. Da ist dieser gemeinschaftliche Geist [...] sehr stark ausgeprägt." (D15_BR1)
>
> „Wie eine Familie eigentlich, kann man so sagen." (D15_BR2)

In den übrigen Fällen wurde dagegen das aktuelle Führungsverhalten (bzw. Verhalten zum Zeitpunkt der Betriebsratsgründung) zum Teil erheblich kritisiert, wobei sich die Kritik nicht, wie beispielsweise beim Typus *Kollektive Emanzipation* (vgl. Kap. 4.4) an einem spezifisch typkonstituierenden autokratischen Führungsverhalten festmachte. Gemeinsam war den Fällen vielmehr genau das Fehlen von konsistenten oder kohärenten Führungsleitbildern bzw. Führungsverhalten, so dass eine ganze Palette problematischer bis destruktiver Führungsstile bis hin zur Führungsverweigerung gleichzeitig bzw. nacheinander vorkam. Wenn es überhaupt eine Handlungsmaxime für das Management gab, dann die, dass die Leistungsbereitschaft bzw. -erbringung auf hohem Niveau sichergestellt werden sollte, aber wie das zu erfolgen hatte, blieb mehr oder weniger den Verantwortlichen selbst überlassen, wie eine Befragte anmerkte:

> „Also der Führungsstil ist, dass den Managern eben mitgegeben wird, sie haben eine wichtige Aufgabe, die ist, aus ihren Teams Höchstleistungen herauszuholen, ja also die Leistungsorientierung ist ein ganz, ganz, ganz wesentlicher Punkt in der (Name d. Unternehmens), Höchstleistungskultur wird das immer genannt, ja, das ist ein ganz erheblicher Punkt, und dass sie eben auch alle Rahmenbedingungen so setzen müssen, dass die Teams zu Höchstleistungen fähig sind." (D01_BR)

Diese insgesamt problematische Mischung von einerseits fehlenden einheitlichen bzw. verbindlichen und konstruktiven Führungsleitbildern und andererseits hohen Leistungserwartungen an die Beschäftigten war zumeist eine Folge der jüngeren Betriebsgeschichte. So hatte es eine Reihe von strukturellen und organisatorischen Veränderungen gegeben, die sich primär im Führungsverhalten niederschlugen. Daher beurteilten die Befragten das *Führungsverhalten in der Vergangenheit* auch im Großen und Ganzen deutlich positiver. Dennoch, so scheint es, war das Führungsverhalten auch früher schon deutlich heterogener als im Vergleich zu den anderen Gründungskonstellationen und wies eine große Bandbreite auf, die von familiär, über sachlich-kooperativ bzw. Fair Play bis hin zu Laisser-faire reichte. Wie den Interviews zu entnehmen war, hatten jene heterogenen Führungsstile in der Vergangenheit aber durchaus zu den jeweiligen Betriebskulturen ‚irgendwie gepasst'. So wurde z.B. von einer *„Art Turnschuh-Politik" (D02_BR1)* in der Startup-Phase der Unternehmen berichtet – mit einem mehr oder weniger lockeren bzw. familiär-informellen Umgang zwischen Management und Belegschaft, was beide Seiten bestätigten:

> „Es war also im Prinzip ein, ein, eine sehr große Familie, die da entstanden ist [...]." (D02_BR1)

> „Also man war früher schon näher, also früher haben wir eigentlich alle Mitarbeiter gekannt, meistens mit Namen." (D02_M1)

Autonomie und Flexibilität wurden groß geschrieben, die Regulierung von Abläufen und Strukturen beschränkte sich dagegen auf ein Minimum:

> „Also, ich denke, in den Anfangsjahren war die Firma geprägt von unglaublich vielen Freiheiten, also das Personal hatte unheimlich viele Freiheiten. Beispielsweise eine Zeiterfassung, eine automatisierte Zeiterfassung kam erst ja sehr spät, weiß jetzt nicht, ob du nachvollziehen kannst, weil vorher hatte man seine Zeiten selber erfasst und hat sich es halt von seinem Vorgesetzten unterschreiben lassen." (D02_BR2)

Befördert wurde die (gefühlt) geringe hierarchische Distanz zu den Vorgesetzten durch das geringe Qualifikationsgefälle, tatsächlich kaum vorhandene Hierarchien bzw. formale Leitungsstrukturen sowie (anfangs) eher kleine und überschaubare Belegschaften:

> „Aber da war's auch klein, also vielleicht muss man ganz am Anfang mal anfangen, also, wirst du bestätigen können, als wir '90, als wir angefangen haben, war (Name d. Firma) wirklich klein. Das war, da passten eigentlich alle Leute in ein Verwaltungsgebäude [...] und es gab ein Lagergebäude. Das war's eigentlich, und da war es so, dass man dann zur Winterzeit, mit zwei Bussen, alle Leute rein, und sind wir erst mal drei, vier Tage Ski gefahren, haben wir einfach zu gemacht und sind Ski gefahren." (D02_BR1)

Weil keine expliziten normativen Führungsleitlinien festgeschrieben waren, ‚ergab' sich Führung bzw. das Vorgesetztenverhalten folglich aus einer Mischung von individuellen Vorlieben, personellen und situativen Konstellationen bzw. externen Anforderungen, was charismatische Gründerfiguren[26] einschloss. Diese Art des Führens wurde gestützt (bzw. erst ermöglicht) durch die gleichzeitig präferierte und praktizierte Selbstführung bzw. Selbstorganisation der Beschäftigten:

> „Also ich würd' mal sagen, vor vielen Jahren, als, als ich bei (Name d. Unternehmens) angefangen hab', gab's erst mal gar keine definierte Philosophie, wie man führt [...]." (D01_BR)

> „Es gab keine Job Description, da war ja schon die Frage, auf welcher Basis, das heißt, eigentlich hat hier die Basis gefehlt. Und das heißt, jeder Manager hat das eben so gemacht, wie er wollte oder meinte [...]. Das heißt, Führung fand eigentlich so statt: jeder wie er meint [...]. Die Leute sind auch teilweise in mittlere Führungsebenen [...], sind dorthin befördert worden und haben damit Personalverantwortung übernommen und haben das halt irgendwie gemacht, wie sie meinten und konnten." (D02_BR4)

Diese Leistungsgemeinschaften mit dem entsprechend (unspezifischen) Führungsverhalten bzw. der Selbstführung bzw. Selbstorganisation der Beschäftigten funktionierten solange, wie kontinuierliche, aber moderate Wachstumsraten erzielt wurden, die Belegschaften kaum oder nur mäßig wuchsen und keine gravierenden Wechsel in den Führungsspitzen oder Eigentumsverhältnissen stattfanden. In den meisten Betrieben dieses Typs fand jedoch in den zurückliegenden ein bis zwei Jahrzehnten eine Reihe solcher extern und/oder intern induzierter Entwicklungen statt, die die vorhandenen Strukturen, Prozesse und Regulierungsmuster systematisch konterkarierten und Anpassungen erzwangen. Nicht selten wurden solche Anpassungserfordernisse zunächst von Seiten der Geschäftsführungen ignoriert oder auch falsch diagnostiziert, Veränderungen unterschätzt oder aber ‚ohne Not' initiiert. Letztlich fehlte in den meisten Betrieben

---

26 Solche Gründungsfiguren waren zwar oft geniale technische und/oder Marktstrategen und ihr Charisma war sprichwörtlich mitreißend, aber sie galten dagegen selten als Vorbilder in Sachen Mitarbeiterführung.

eine Balance zwischen Wandel und Kontinuität: Teils gab es ‚Reformstau', wo Veränderungen erforderlich gewesen wären, teils gab es hektischen bzw. planlosen Reorganisationsaktivismus ‚von oben' – verbunden mit radikalen Brüchen in der Führungs- und Organisationsidentität (z.b. Bruch des Führungsstils, Auswechseln des Führungspersonals, extrem rigide Vorgaben und Kontrollen, überstürzte Etablierung neuer Strukturen, unrealistische Kostensenkungspläne) – im Regelfall zu Lasten der Beschäftigten. Die Beschäftigten erkennen ihre ‚alte' Firma oft nicht wieder, wie eine Befragte schildert:

> „Die (Name d. Unternehmens) hat inzwischen so viele Veränderungen durchlaufen, dass ich mir auch gar nicht mehr sicher bin, ob ich meinen früheren Job noch würde machen wollen. Es ist doch sehr von einem amerikanisch geprägten Denkmuster durchdrungen, wo ich mir oft denke, es hat nichts mehr mit der Firma zu tun, bei der ich mal angefangen hab' [...]. So circa einmal pro Jahr bauen wir unsere Organisationsformen um, was natürlich immer wieder auch zu Knowhow-Verlust und großen Verwerfungen bei den Mitarbeitern führt, es gibt da so ein Schlagwort: ‚out of the comfort zone', man will die Leute eben nicht sich irgendwo festsetzen lassen, weil man denkt, sie werden dann faul, bequem, was weiß ich, sondern versucht sie eben ständig am Laufen zu halten, ständig, wieder mit neuen Zielvereinbarungen, Herausforderungen zu konfrontieren, wie man's hier nennt, das passiert etwa einmal im Jahr [...]." (D01_BR)

Diese problematischen Entwicklungen im Vorfeld der Betriebsratsgründungen wurden von den Belegschaften fast immer als Führungsschwäche oder willkürliches Führungsverhalten gedeutet. Das ‚gemeinsame Leistungsprojekt' von Management und Belegschaften kam aus der Sicht der Beschäftigten ‚ins Stocken' bzw. ‚Schlingern'. Sichtbar wurden die Folgen letztlich u.a. an unzureichenden Informationsflüssen, unklaren Zuständigkeiten, fehlender Verantwortungsübernahme bis hin zu Fehlentscheidungen, wachsender Intransparenz und Ungerechtigkeiten. Das Betriebswohl *und* die Interessen der Beschäftigten waren davon gleichermaßen betroffen. Im Zuge dieser Entwicklungen liefen auch die individuellen Interessendurchsetzungs- bzw. Kompensationsstrategien zunehmend ‚ins Leere'. Waren davon eine kritische Zahl bzw. relevante Gruppe von Beschäftigten oder die gesamte Belegschaft betroffen und zugleich kritisch-reflektierende Personen zugegen, reichte ein vergleichsweise kleiner ‚Tropfen', ‚um das Fass zum Überlaufen zu bringen', sprich Betriebsratsgründungsprozesse in Gang zu setzen.

4.3.3 Anlässe: „Irgendwann wird das Fass halt voll und dann läuft es über"

Ähnlich wie bei anderen Betriebsratsgründungen infolge ‚langen Leidens' (vgl. Kap. 4.4 und 4.6) gab es auch bei diesen Betriebsratsgründungen keine klar erkennbaren oder benennbaren singulären Ereignisse für die Entstehung der Be-

Gründungen von Betriebsräten 119

triebsratsinitiativen. Stattdessen kam es, wie skizziert, zu einem Aufsummieren von vielfältigen Defiziten und Problemen, die die normativen Grundlagen der Leistungsgemeinschaft sowie das kooperative Miteinander langsam, aber stetig unterhöhlten. Die Antwort auf die Frage nach Anlässen bzw. Hintergründen für die Betriebsratsinitiativen lautete daher meist so oder so ähnlich:

„Es war mehr oder weniger eine Anhäufung, ja, mehrerer Dinge, nach dem Motto: ‚Irgendwann wird halt das Fass halt voll, dann läuft es über', so ungefähr kann man sagen." (M04_BR)

Hintergrund waren zumeist externe Veränderungen bzw. Anpassungszwänge, denen die Leistungsgemeinschaften über einen längeren Zeitraum bzw. wiederholt ausgesetzt waren. Folgt man den Aussagen der Befragten, untergruben aber nicht die Veränderungen ‚als solche' den Interessenregulationsmodus der Leistungsgemeinschaft, sondern vielmehr die betrieblichen Reaktionen darauf, d.h. die Entscheidungen bzw. das Verhalten des Führungspersonals. Eine solche betriebliche Veränderungskonstellation waren zum Beispiel *Wachstumskrisen,* die nachfolgend am Beispiel der beiden IT-Unternehmen skizziert werden.

Aufgrund des großen Markterfolgs war es in beiden Firmen zu einem enormen Belegschaftswachstum gekommen. Die Zahl der Beschäftigten hatte sich innerhalb weniger Jahre vervielfacht, wobei der Beschäftigungsaufbau jeweils in Schüben erfolgte. Gestartet waren beide Firmen ‚klein und fein', d.h. ‚jeder kannte jeden', man war kooperativ, großzügig und ‚locker' miteinander umgegangen – bis das Wachstum alles veränderte:

„[...] aber die Dynamik, die dann irgendwann ins Rollen kam, dass (Name d. Firma) ein sehr, sehr rasantes Wachstum dann hingelegt hat, also wirklich rasant, und das fing eigentlich damit an, dass ja (Name d. Produkts) ein unglaublicher Erfolg war, also das waren sehr starke Produkte, und mit den Produkten [...] kamen auch noch neue Abteilungen dazu, um das zu unterstützen. Also da ist (Name d. Firma) im Prinzip eigentlich explodiert im Sinne von Personalbedarf [...]." (D02_BR1)

Im Zuge des schnellen, diskontinuierlichen Wachstums entwickelten sich jedoch die betrieblichen Organisations- und Führungsstrukturen sowie Führungsleitbilder nicht in gleichem Maße mit. Es fehlte u.a. eine strategische Personalrekrutierung und -entwicklung, so dass z.B. in einem Betrieb über einen längeren Zeitraum massiv Überstunden anfielen und zwar bis über die gesetzlich zulässige Grenze hinaus. Außerdem wurden Führungsstrukturen bzw. -positionen längere Zeit eher ad hoc als systematisch entwickelt und besetzt, was hieß, dass unter hohem Zeit- und Handlungsdruck gute Fachleute aus der Belegschaft ausgewählt und zu Führungskräften ‚gemacht' wurden, ohne ihre Eignung zu prüfen, wie die Betriebsräte berichteten:

„Die Firma ist enorm schnell gewachsen, und es war dann oftmals so, dass die Leute, die fachlich sehr gut waren, dann relativ schnell auch Führungskräfte geworden sind, einfach um neue Leute auch einzulernen, um dieses Wachstum auch bewältigen zu können, das heißt, wir haben sehr viele Führungskräfte in der (Name d. Firma), die nicht vor dem Hintergrund ihrer Führungsqualifikation oder ihrer Eignung zur Mitarbeiterführung in entsprechende Positionen aufgerückt sind, sondern aufgrund ihrer fachlichen Kenntnisse." (D01_BR)

„Dazu sind natürlich Leute in Führungspositionen gekommen, die nicht super darauf vorbereitet waren, sondern die einfach das Geschäft kannten und dann gedacht wurde, die können jetzt da mal die Leute führen, oder so was." (D02_BR1)

Die Problematik dieser Praxis wurde auch vom Management gesehen, aber nicht geändert:

„[...] dann sind da so manche dabei (Führungskräfte, Anm. d. Verf.), die man eigentlich sofort ihrer Position entheben müsste. Weil sie einfach vielleicht wirklich super Spezialisten sind und wirklich ganz, ganz wichtig für das Unternehmen sind, aber definitiv nicht verstanden haben, was Führung bedeutet [...]." (D02_M1)

Gerade die mit schnellem Wachstum oft einhergehenden Probleme konnten jedoch vom ‚neuen' Führungspersonal teils wegen des Mangels an Kompetenz, teils aber auch wegen nicht klar formulierter oder fehlender Vorgaben seitens der Geschäftsführung nicht bewältigt werden: Informationen, Abstimmungen oder Kontrolle funktionierten in der Folge immer weniger; zunehmende Reibungsverluste, Fehlentscheidungen, Nachlassen in der Innovationsfähigkeit, Fehleranfälligkeit, Kostensteigerungen waren u.a. die Folge, wie auch vom Management eingeräumt wurde:

„Und durch dieses Wachstum – es hat sich so eine Eigendynamik entwickelt, ich weiß wirklich nicht, ob es sich zum Besseren verändert hat [...], man muss umgehen können, mit einer bestimmten Unstrukturiertheit und muss umgehen können mit ein bisschen Chaos, ja man braucht schon eine hohe Frustrationsgrenze, und ich glaube, das hat sich durch dieses extreme Wachstum schon nochmal verändert. Also dem ist es wahrscheinlich auch geschuldet, dass vieles von oben nicht mehr unten ankommt; unten nicht immer verstanden wird, was oben abgeht [...]." (D02_M1)

In beiden Firmen folgten daraufhin einige weitreichende, teils überstürzte und aus Sicht der Beschäftigten wenig durchdachte *„kulturelle Paradigmenwechsel" (D01_BR)*, indem man neue Strukturen schuf, Führungskräfte schulte, Führungsleitbilder und Kennziffernsysteme einführte oder auch Führungspersonal auswechselte:

„Das hat man dann irgendwann versucht zu ändern, indem man versucht hat, Führungskräfte stärker auszubilden. Es gab dann so ein Curriculum für alle bestehen-

Gründungen von Betriebsräten

den und für alle neuen Führungskräfte, das über ein halbes bis dreiviertel Jahr ging, in dem in verschiedenen Sessions eben Führungsqualifikationen den Leuten antrainiert wurden. Das kann man aber auch nur bis zu einem gewissen Grad, und inzwischen versucht man zumindest die Führungskräfte so auszuwählen, dass sie sich auch eher als Führungskraft verhalten können und eben auch Mitarbeiterführung, Mitarbeitermotivation sich zu eigen machen können, was nicht in allen Bereichen gelingt. Also ich würd mal sagen, nach meiner Einschätzung haben wir wirklich ein Führungskräfteproblem [...]." (D01_BR)

Die Beschäftigten beobachteten und ertrugen diese fortlaufenden innerbetrieblichen Reorganisations(kehrt)*wendungen* nur scheinbar langmütig. Denn unterdessen wuchs die Unzufriedenheit mit den Arbeitsbedingungen und dem Arbeitsklima ebenso wie das Misstrauen in die Handlungswilligkeit bzw. Handlungskompetenz des Führungspersonals. Statt wertschätzender Autonomie, wie das Leitbild der Leistungsgemeinschaft ursprünglich versprach, erfuhren die Beschäftigten nunmehr Willkür und Ungerechtigkeit, denen individuell immer weniger entgegengesetzt werden konnte. Gleichzeitig traten ‚Ungerechtigkeiten' immer offener zutage:

„Also das, ich denke, das war auch letztendlich das Finale, der Tropfen, der das Fass wirklich zum Überlaufen bekommen hat, worauf dann auch diese Initiative wirklich aktiv wurde, den Betriebsrat zu gründen ja, unter anderem natürlich. Die Stimmung war schon angespannt und (Name d. Firma) hat seit 2005 und 2006 oder in den Jahren 2005 und 2006 extrem hohe Umsätze, hohe Gewinne gemacht, wo Mitarbeiter hier zwölf Stunden gearbeitet haben [...], dass eigentlich aus den Mitarbeitern herausgezogen wurde, was machbar war." (D02_BR4)

Es brauchte nur noch des eine ‚Tropfens', der schließlich ‚das Fass zum Überlaufen brachte'. In einem Fall war es der misslungene Versuch eines ‚von oben' dekretierten und ‚im Hauruckverfahren' eingeführten Stellenbewertungssystems, das aufgrund unerwartet massiver Proteste der Belegschaft schon nach ca. drei Wochen zurückgenommen wurde: Sowohl das Ergebnis des Stellenbewertungssystems als auch die Art und Weise seiner Einführung – ohne Beteiligung oder Konsultation der Vorgesetzten und Beschäftigten – war als ungerecht(fertigt) empfunden worden. Es galt nicht nur als unzumutbar, sondern als eklatanter Bruch mit der gewohnten Organisations- und Leistungskultur, der eine massive Empörung entfachte:

„Das führte hier im Unternehmen zu einem Empörungsschrei, einem globalen Aufschrei, na ja global war es nicht, aber deutschlandweit, der Aufschrei, weil sich die Mitarbeiter über die Art und Weise, wie es eingeführt wurde, zu Recht beschwert haben. Also es war so akut, dass man fast befürchtet hatte, es kommt zu Arbeitsniederlegung. Es ist ja hier niemand organisiert, so dass er streiken könnte, aber man kann sagen, 60, 70% der Mitarbeiter waren also völlig empört, dass man, obwohl man nicht mit ihnen über ihre Tätigkeit gesprochen hatte, sie in ein Level einsortiert hat. Ja selbst die Vorgesetzten waren empört, weil es gab einen externen Consultant, der hatte nur ein-, zweimal mit den Vorgesetzten gesprochen, und aufgrund dieser Erkenntnisse wurden die Leute einsortiert [...], es war wirklich eine schlechte Stimmung, muss man dazu sagen [...]." (D02_BR4)

Auch das befragte Management sah hierin klar den Anlass für die Betriebsratsgründung:

„[...] also wir haben ja vor ein paar Jahren, und das ist meiner Meinung nach mit Grund gewesen, warum sich der Betriebsrat dann auch gebildet hat, eine Art (Stellenbewertungs-Projekt, Anm. d. Verf.) gehabt [...], das ist in die Hose gegangen, massiv in die Hose gegangen. Es ist sehr offen, also man hat eine sehr, sehr offene Kommunikation eigentlich gewählt. Aber sie war trotzdem irgendwie für die Mitarbeiter nicht transparent genug bzw. sie war, meiner Meinung nach, zu offen. Einem Unternehmen, was keine Struktur bisher hatte, eine Struktur zu geben – keiner hat sich da wieder gefunden, wo er sich eigentlich gesehen hat, jeder denkt ja gerne, seine Position ist die wichtigste [...] und dann sind da auch nochmal ein paar handwerkliche Fehler passiert [...], die Art, wie das von der Bewertung abgelaufen ist, war wieder nicht transparent genug [...]. Man hat nicht die Sensibilität gehabt, mit diesen Situationen umzugehen, man hat nicht nochmal eine zweite Runde gedreht, das ist viel zu schnell angegangen worden und hat dieses Unternehmen wirklich massiv überfordert." (D02_M1)

In dem zweiten IT-Unternehmen war der ‚letzte Tropfen' das unerwartete und bis dahin in der gemeinschaftlichen Betriebskultur völlig undenkbare Willkürverhalten eines neuen amerikanischen Managers, der für viele akademisch qualifizierte Beschäftigte gewissermaßen als der ‚Vorbote' eines massiven Angriffs auf die eingelebte und geschätzte Organisationskultur galt:

„[...] ich denke, dass ein ganz wesentlicher Faktor war, dass in einem Bereich, (Name d. Bereichs) war das damals, ein amerikanischer Manager inthronisiert wurde, der dann auch mit ziemlich eiserner Hand regiert hat. Und da kam's auch zu vielen Beschwerden, und da gab's auch aus diesem Kreis Betroffene [...], die haben gesagt: ‚Den kann man nicht mehr einfach so agieren und machen lassen, den muss einer stoppen.' Und dann gab's auch Beschwerden bei den Arbeitnehmervertretern,[27] die allerdings nicht in der Lage waren, das irgendwie in den Griff zu bekommen. Ja es gab in der Zeit wirklich ganz fatale Managemententscheidungen und auch ein extrem gravierendes Fehlverhalten von Führungskräften, wo man einfach den Eindruck hatte, die Arbeitnehmervertreter werden zwar informiert, die führen dann irgendwie ihre Gespräche, aber ändern tut sich nix. Und er (der amerikanische Manager, Anm. d. Verf.) hat dann auch versucht, Sachen einzuführen: spät abends noch arbeiten und am Wochenende nach Möglichkeit noch. Und da wurde die ohnehin schon schwierige Arbeitszeitsituation nochmal schwie-

---

27 Die Arbeitnehmervertreter/innen im Aufsichtsrat des Unternehmens hatten ‚zusätzlich' zu ihren regulären Aufgaben im Aufsichtsrat quasi die Rolle eines Betriebsratsersatzes inne.

riger, hat auch Leute relativ willkürlich von einem Bereich in den anderen (versetzt, Anm. d. Verf.), und ist auch menschlich wenig wertschätzend umgegangen, so dass da einfach nochmal ein besonderer Leidensdruck da war, wo einfach einige gesagt haben: ‚So jetzt nicht mehr, jetzt muss da eine Mitbestimmung her, die auch was erreichen kann, es kann nicht sein, dass das in so einer Firma wie (Name d. Unternehmens) einfach nicht vorhanden ist.'" (D01_BR)

Neben Wachstumskrisen gab es noch andere betriebliche Veränderungsprozesse wie z.B. krisenhafte *Wechsel der Eigentums- bzw. Rechtsverhältnisse* und/oder der *Führungsspitze*, die sich ebenfalls zu *Führungskrisen* auswuchsen und im weiteren Verlauf zur *Erosion* bzw. zum *Bruch mit der Organisationsidentität* bzw. *Organisationskultur* führen konnten, wie nachfolgend kurz skizziert wird: Einige Betriebe wurden mehrere Jahre zuvor verkauft, outgesourct oder in eine börsennotierte AG umgewandelt. Obwohl es sich um mehr oder weniger unerwartete Ereignisse handelte, kam es zunächst nicht zu Betriebsratsgründungen. Den Aussagen der Befragten konnte man entnehmen, dass jene Veränderungen offenbar weder als Bedrohung der betrieblichen Sozialordnung noch individuellen Existenz wahrgenommen wurden, und die Beschäftigten zudem primär auf ihre individuellen Interessenvertretungsfähigkeiten sowie Arbeitsmarktchancen vertrauten. Betriebsräte waren aus der Sicht von Management *und* einem Großteil der Belegschaften anfänglich negativ besetzt und standen nicht zur Debatte. Es ist durchaus denkbar, dass es sich hierbei auch um einen Brancheneffekt des qualifizierten Dienstleistungssektors handelte. Allerdings gestaltete sich die weitere Entwicklung für die Belegschaften in einigen Unternehmen negativ. So erlebten sich z.B. die Beschäftigten der neu gegründeten privatrechtlichen GmbH der Körperschaft öffentlichen Rechts zunehmend als Beschäftigte ‚zweiter Klasse', weil sie ohne Tarifbindung bei den Arbeits- und Entlohnungsbedingungen (z.B. dauerhafte Befristung, geringe und unregelmäßige Entgelterhöhungen, keine betriebliche Altersvorsorge oder Bonuszahlungen) gegenüber ihren Kolleg/innen in der Körperschaft deutlich schlechter gestellt wurden. Im Fall des Spezialnahrungsmittelherstellers änderte sich im Zuge der Übernahme durch einen osteuropäischen Konzern beispielsweise die Geschäftsführungsstrategie, die nur noch auf Kostensenkung abzielte: *„[...] es wird nur noch nach Zahlen regiert, nach performance indicators und es wird immer nur an der Stellschraube Personal gedreht [...]"* *(G03_BR)*. Gleichzeitig wurde der *„harsche Befehlston" (G03_BR)* der neuen Vorgesetzten als Kulturbruch empfunden:

> „Die gehen auch ganz anders ran, also die haben ja auch nicht die westeuropäische Tradition oder speziell die deutsche Tradition, also die haben einfach eine ganz andere Umgangsart. Also der Ton in (Name d. Landes) selber untereinander ist sehr hart [...]. Das ist auch wirklich sehr hart, knallhart: eben sofort machen und tun, nicht nachdenken, umdrehen, in die andere Richtung rennen, da weiter machen bis jemand Stopp sagt, und dann in die Richtung rennen, so." (G03_BR)

Schließlich gelangten im Zuge des Austauschs der Führungseliten, ähnlich wie schon bei den Wachstumskrisen, vielfach auch ungeeignete Personen in Führungspositionen:

„Ja, dass Führungskräfte auf Führungspositionen sitzen, die eigentlich gar nicht mit diesen ganzen Instrumenten so vertraut sind [...], weil zufällig kein anderer da war, denk' ich, also sag' ich jetzt mal überspitzt so. Die auch, ja, fachlich eben mit den ganzen Veränderungen, die da [...] kommen, [...] auch teilweise nicht mithalten können so." (G03_BR)

Insgesamt zeichnet sich eine typische Konstellation von Hintergründen bzw. ‚Anlässen' der Betriebsratsinitiativen des Gründungsmusters *Erweiterung der individuellen Interessenvertretung* ab: Zwar kam es, ähnlich wie z.b. bei Betriebsratsgründungen als Mittel *Kollektiver Emanzipation* (vgl. Kap. 4.4), erst nach Jahren wachsender Unzufriedenheit zu Betriebsratsinitiativen; hier wie da wurden Reziprozitätserwartungen über längere Zeit nicht oder nur teilweise eingelöst. Dennoch gab es auch deutliche Unterschiede: So hatten die Belegschaften des Gründungstypus *Erweiterung der individuellen Interessenvertretung* ursprünglich eine gemeinschaftliche, von Wertschätzung, Einbindung und Autonomie geprägte Sozialordnung real erlebt. Ihr Bezugspunkt war zum einen die eigene betriebliche Vergangenheit, zum anderen speisten sich ihre Reziprozitätserwartungen aus einem nach wie vor geltenden (positiven) Leitbild der Leistungsgemeinschaft. Hierin waren sie den Betrieben des Typus *Schutz der gemeinschaftlichen Sozialordnung* (vgl. Kap. 4.2) ähnlich. Die Legitimität der Reziprozitätserwartung war also betriebsintern unstrittig, denn der ‚Leistungsgemeinschaftsdeal' wurde normativ von Seiten der Geschäftsführungen überhaupt nicht in Frage gestellt. Die faktischen Veränderungen wurden dagegen als notwendige und (in ihrer Art und Weise) ‚alternativlose' Anpassungen im Interesse des Betriebswohls *und* der Beschäftigten deklariert und legitimiert, wobei man zum Teil ‚handwerkliche Fehler' oder das Fehlverhalten Einzelner einräumte. Im Großen und Ganzen verstanden sich die Geschäftsführungen aber als unverändert mitarbeiterfreundlich, d.h. aus ihrer Sicht wurden gar keine Interessen oder Ansprüche ‚verletzt', was vielleicht ihre Überraschung angesichts der Betriebsratsgründungen erklären könnte. Die Belegschaften oder zumindest Teile davon gingen dagegen sehr wohl von ‚Verletzungen' der Beschäftigteninteressen *und* des Betriebswohls aus. Aus ihrer Sicht hatten sich die Arbeitsbedingungen im Lauf der Jahre zum Teil deutlich verschlechtert; neben dem starken Anstieg der Arbeitsbelastung wurde vor allem die Handlungsautonomie als zentraler Bestandteil des Leistungsgemeinschaftsideals teilweise gravierend eingeschränkt. Zugerechnet wurden diese Verschlechterungen in erster Linie den Entscheidungen der Geschäftsführungen und nicht etwa ‚objektiven Zwängen'. Im Grunde wurden Ursachen und Folgen jener betrieblichen Veränderungen durch die betrieblichen Akteure gänzlich unterschiedlich gesehen: sprachen die Geschäftsführungen von harten, aber unvermeidbaren, oder von eher graduellen und schlussendlich positiven Unternehmensveränderungen, schätzten die Beschäftigten die (Folgen der) Veränderungen primär als nicht zwingend notwendig oder ausgesprochen negativ sowie handwerklich schlecht ‚gemacht' ein. Es ging hierbei nicht nur um ‚abweichende' wechselseitige Erwartungen oder Anspruchsniveaus. Entscheidend war vielmehr, dass die wahrgenommenen Verschlechterungen immer weniger durch die Beschäftigten selbst individuell kompensiert werden konnten. Damit wurde der ursprünglichen Leistungsgemeinschaft, mit ihrem typischen Modus der primär individuellen Interessenvertretung, und folglich dem Selbstverständnis der Hochqualifizierten mehr und mehr die Basis entzogen.

4.3.4 Konstituierung der repräsentativen Gruppe: „die Zeit war reif, genau"

Wie in allen Betriebsratsgründungen des ‚langes Leidens' waren allgemein sichtbare Missstände bzw. die wachsende Unzufriedenheit großer Belegschaftsteile für sich genommen nicht ausreichend, um eine Eskalation der Empörung in Gang zu setzen, die dann auch tatsächlich in eine Betriebsratsgründung mündete. Es bedurfte engagierter Aktivist/inn/en, die bereit und fähig waren, die entstehenden Empörungswellen aufzunehmen, die ‚Missstände' glaubhaft in den Verantwortungsbereich der Führung zu verweisen und damit die diffuse Unzufriedenheit der Beschäftigten in Richtung Betriebsratsgründung zu kanalisieren. Sie konnten zwar nicht in jedem Fall die gesamte Belegschaft, aber doch relevante Beschäftigtengruppen von der Sinnhaftigkeit von Betriebsratsgründungen überzeugen und mobilisieren. Das war angesichts eines bestenfalls mitbestimmungsindifferenten, nicht selten aber auch betriebsratsfeindlichen Betriebsklimas kein leichtes Unterfangen, an dessen Beginn zunächst ein grundlegender ‚Entwicklungsprozess' von unternehmensloyalen und engagierten Beschäftigten hin zu kritisch hinterfragenden Aktivist/inn/en stand, die sich schließlich in kleinen Zirkeln zusammenfanden, um die aus ihrer Sicht notwendigen Veränderungen anzustoßen. Diese Entwicklung wird im Folgenden kurz nachgezeichnet.

Die Phase der Konstituierung der Aktivist/inn/en als eine entschlossen handelnde soziale Gruppe mit gemeinsamen Normen, Werten und Zielen dauerte lange, mitunter sogar mehrere Jahre. Dieser Prozess war keineswegs linear, sondern ein stetes Auf und Ab, das erst bei einer entsprechenden Gelegenheitsstruktur (z.B. Empörung großer Belegschaftskreise über u.a. ungerechte Einstufungsverfahren, Gerüchte über Firmenverlagerungen, die Willkürpraxis eines neuen Chefs) an Dynamik gewann und den ‚Unzufriedenheitszirkel' überwinden konnte. Wichtig dabei war ein offensives ‚Leadership', d.h. innerhalb der kleinen Gesprächskreise von Unzufriedenen mussten einzelne Akteure zur Übernahme der

Führung bereit sein. Fehlten solche Protagonist/inn/en, zogen sie sich zurück oder gelang es ihnen nicht genügend Gleichgesinnte zu finden, kamen die Gruppen über das Debattierstadium nur schwer hinaus, die ‚Projekte' wurden ‚vertagt' oder verliefen „*relativ schnell wieder im Sand*" *(D02_BR)*.

Im Unterschied zu den Betriebsratsgründungen zum *Schutz der gemeinschaftlichen Sozialordnung* (vgl. Kap. 4.2) gab es kaum Erfahrungen mit (Vor-) Formen repräsentativer kollektiver Interessenvertretung,[28] an denen die Protagonist/inn/en inhaltlich wie personell anknüpfen konnten. Die Aktivist/inn/en traten vorsorglich erst mit dem Öffentlich-Werden der Gründungsinitiativen in Erscheinung. Die langjährigen und hochqualifizierten Beschäftigten wurden im kleinen Kolleg/inn/enkreis wegen ihrer fachlichen und sozialen Kompetenzen geschätzt, einige von ihnen hatten auch untere Managementfunktionen inne,[29] was sie für die Vertretung von Beschäftigteninteressen in gewisser Hinsicht prädestinierte. Was sie mit anderen Initiator/inn/en gemeinsam hatten, war u.a. ihre Art, in größeren Zusammenhängen zu denken, ihre Sensibilität für betriebliche Problemlagen bzw. ihr Gerechtigkeitsempfinden und auch ihre Courage, dem im Arbeitsalltag auch Ausdruck zu verleihen:

> „[...] ich bin auch ein Mensch, der sich mit so was nicht so gerne abfindet und der seinen Mund aufmacht [...]." (G03_BR)
>
> „Erstens mal, ich steh und stand immer zu meinen Kollegen, ich hab' mich also auch immer vor sie gestellt und sei's jetzt unten in der Abteilung oder wenn irgendeiner Probleme hatte, also ich war immer dafür da [...]." (M04_BR)

Ihr hohes ‚kulturelles' und ‚soziales Kapital' (vgl. Bourdieu 1983) speiste sich aber auch noch aus einer anderen Quelle: Obwohl es sich oft um Beschäftigte handelte, die schon lange in ihren Betrieben arbeiteten, verfügten fast alle über berufliche Erfahrungen in anderen Betrieben, teilweise auch in anderen Berufen. Damit unterschieden sich ihre Berufsbiographien zum Teil von denen der meisten anderen Betriebsratsaktivist/inn/en des Samples. Ihre vielfältige Berufs- und Lebenserfahrung hatte für Belegschaften und auch Geschäftsführungen sicherlich Gewicht:

> „[...] ich hab' schon viel erlebt in meinem Berufsleben [...]. Und das war auch so ein Punkt, wo ich auch dachte [...], da engagier ich mich [...]. Aber ich lass mich davon nicht erschüttern, im Gegenteil, also je mehr Drohungen ausgesprochen werden, desto mehr bin ich angestachelt [...]." (G03_BR)

---

28 Die Ausnahme bildete, wie bereits erwähnt, ein IT-Unternehmen, in dem mit den Belegschaftsvertreter/inne/n im Aufsichtsrat eine Art semi-formelle Interessenvertretung bestand, mit deren Größe und Einfluss jedoch viele Beschäftigte unzufrieden waren.

29 Allein unter den insgesamt zehn Befragten hatten sieben eine untere Managementposition inne.

‚Familiäre Vorbelastungen' in Sachen Betriebsrat, wie im folgenden Fall, waren jedoch die Ausnahme; es ist vielleicht nicht überraschend, dass es sich dabei um den Betriebsratsvorsitzenden aus dem Metallbetrieb handelte:

„[...] ich kenn's von Bekannten, Verwandten, die sind im Betriebsrat, also ich bin nicht der Einzige in der Familie, der im Betriebsrat ist, meine Schwägerin ist zum Beispiel im Betriebsrat, dann die Frau von meinem Cousin ist auch im Betriebsrat, mein Großvater war im Betriebsrat, also in dieser Hinsicht bin ich schon ein bisschen vorbelastet." (M04_BR)

Typisch für alle Betriebsratsgründungen in der Folge ‚langen Leidens', so auch hier, war die ausgeprägte Konspiration der Aktivist/inn/en bis zur formellen Wahleinleitung. Trotz der allgemeinen Unzufriedenheit in den Belegschaften war die Haltung gegenüber Betriebsräten, wie ausgeführt, im Allgemeinen ablehnend, mitunter sogar feindlich. Die Aktivist/inn/en trafen sich daher zunächst in kleinen, geheimen Kreisen ausgewählter Kolleg/inn/en, es herrschte eine ausgeprägte, wenngleich eher diffuse Angst, deren Hintergrund selten klar wurde:

„[...] ich hab' dann auch, wenn überhaupt, was von zuhause gemacht, weil, ich war extrem unter Angst. Also wir hatten eigentlich alle relativ viel Angst [...]. Und dann haben wir eigentlich die nächsten Wochen [...] versucht, Kontakt aufzunehmen mit uns vertrauenswürdigen Personen, die sich bereit erklären würden, mitzumachen und das war ein relativ schwieriges Unterfangen, weil wir dann immer diskutiert haben, wen könnte man denn fragen, und wo wir immer das Risiko eingegangen sind, wenn der was sagt [...]." (D02_BR4)

Die Basis jener geheimen ‚Keimzellen' waren ursprünglich freundschaftliche und/oder kollegiale Beziehungen; man kannte sich und wusste wie der/die Andere denkt, woraus sich über die Zeit vertrauensvolle und stabile Beziehungen etablierten. Diese internen Beziehungen wurden vor allem zur sukzessiven Erweiterung der Aktivist/inn/enkreise genutzt:

„Ja gut, der Herr (Name, Anm. d. Verf.), mit dem hatte ich eh schon zu tun. Wir haben, also seine Abteilung hat mit meiner Abteilung zusammengearbeitet, und wir haben uns eigentlich auch immer privat schon ganz gut verstanden [...]." (D02_BR4)

Dagegen dienten externe Kontakte primär als Informationsquellen sowie als rechtlich-moralische Unterstützung. Hierzu zählten neben Betriebsratsmitgliedern aus anderen Betrieben, externen Berater/inne/n und Rechtsexpert/inn/en auch die jeweils zuständigen Gewerkschaften. Der Kontakt zu den Gewerkschaften war dabei nicht selbstverständlich, denn wie typisch in Betrieben mit überwiegend hochqualifizierten Belegschaften war der gewerkschaftliche Organisationsgrad der Beschäftigten mit 5% oder weniger gering bis vernachlässigbar. Demzufolge waren auch die Reaktionen der Gewerkschaften auf Anfragen der Aktivist/inn/en nach Unterstützung anfänglich auch zurückhaltend:

„[...] ich hab' zu diesem Zeitpunkt auch gleich (bei der Gewerkschaft, Anm. d. Verf.) nachgefragt: Was gibt es für Möglichkeiten über die Gewerkschaft? [...] Was gibt es für Hilfe für Betriebsratsgründungen? Und dadurch, dass ich die Einzige war, war das (die Reaktion der Gewerkschaft, Anm. d. Verf.) erst mal sehr abwehrend." (G03_BR)

Nur eine kleine Minderheit der befragten Aktivist/inn/en war bereits vor der Gründungsinitiative Gewerkschaftsmitglied und nur einige wenige traten im weiteren Verlauf in die Gewerkschaft ein. Dass dennoch in fünf von sieben Betrieben die Gewerkschaften bei den Betriebsratsgründungen unterstützend tätig waren, bringt nicht nur den Bedarf der Aktivist/inn/en an Hilfe bei der Betriebsratsgründung zum Ausdruck, sondern ebenso deren hohe Wertschätzung für die gewerkschaftliche Expertise in diesem Feld, wie folgender Interviewausschnitt deutlich macht:

„Bei ver.di (angerufen, Anm. d. Verf.) und haben gesagt: ‚Okay, so und so, wir haben hier Ihren Kontakt bekommen, wir würden gerne einen Betriebsrat gründen, was müssen wir denn machen? Was brauchen wir denn?' [...] Da haben wir dann eben kontinuierlich Treffen gemacht außerhalb, immer mit der Angst, dass irgendeiner was mitbekommt und haben uns von ihm briefen lassen, was halt so die nächsten Schritte wären." (D02_BR4)

Dank ihrer Versiertheit und Professionalität sowie mit externer Unterstützung haben die Aktivist/inn/en den formellen Wahlbeginn relativ gut vorbereitet. Die eigentliche Bewährungsprobe begann damit in vielen Fällen erst. Zwar war es den Initiator/inn/en gelungen, die Mehrheit der Beschäftigten von den Betriebsratsgründungen als wirksame Kompensation bzw. Ergänzung der schwindenden Chance individueller Interessenvertretung zu überzeugen, was jedoch nichts an der daraufhin in einigen Fällen einsetzenden Dynamik änderte. In deren Verlauf griffen teilweise unerwartet (viele) neue Akteure aktiv in den Gründungsprozess ein und gründeten eigene Listen, was die kollektive Identitätsbildung der Initiativen bzw. späteren Gremien, bis in die Konstituierungsphase nach der Wahl maßgeblich beeinflusste und mitunter auch erheblich erschwerte. Die Situation gestaltete sich besonders in den Großbetrieben ‚unübersichtlich':

„[...] es war eine sehr unübersichtliche Phase, einfach weil diese Initiierung dann auch relativ schnell gehen musste. Und das war dann auch nicht so ein organisierter Prozess, dass jetzt schon jede Liste so wie heute ihre Homepage hat, auf der man sein Wahlprogramm oder seine Ziele kommuniziert oder die Personen vorstellt, das gab's ja zu dem Zeitpunkt alles noch gar nicht. Und da war das ein bisschen unübersichtlich, und wie gesagt, die Listen haben sich dann auch mal zusammengefunden, dann haben sie sich wieder getrennt, dann haben doch wieder einzelne Akteure gesagt: ‚Wir machen was Eigenes.' Also es war ein ziemlich spannender Prozess." (D01_BR)

Abschließend kann festgehalten werden, dass sich in den Betrieben mit Betriebsratsgründungen als *Erweiterung der individuellen Interessenvertretung* ausgehend von sporadischen und informellen Diskussionen unter Freunden oder Kolleg/inn/en über die eigene Unzufriedenheit und den wachsenden Unmut in den Belegschaften ein kleiner gleichgesinnter Kreis von Aktivist/inn/en zusammenfand. Weitaus früher als die übrigen Beschäftigten erkannten sie, dass der übliche Modus individueller Interessenvertretung angesichts zunehmender Missstände und Probleme immer weniger funktionieren konnte. Aus ihrer Sicht bot sich eine kollektive Interessenvertretung wie der Betriebsrat mit seinen gesetzlich verankerten Rechten als eine adäquate Kompensation bzw. Ergänzung der individuellen ‚Selbstvertretung' an. Angesichts der teils vehementen Ablehnung von Betriebsräten seitens der Geschäftsführungen *und* Belegschaften bedurfte es meist längerer Zeit und manchmal auch mehrerer Anläufe, bis die Unzufriedenheit der Beschäftigten so groß war, dass relativ kleine ‚Anlässe' ausreichten, um eine Empörungseskalation in Gang zu setzen. Diese Empörungsdynamik aufgreifend entschlossen sich die Initiativgruppen zum raschen Handeln. Die Konstituierung der Aktivist/inn/en als repräsentative soziale Gruppen war in einigen Betrieben mit der offiziellen Einleitung der Wahl jedoch keineswegs abgeschlossen, da neue Akteure mit eigenen Zielen und Interessen in den Wahlprozess eintraten. Der Prozess der Identitätsfindung als Betriebsratsgremium setzte sich dementsprechend weit bis über den Konstituierungsprozess hinaus fort. Trotz oder vielleicht auch wegen der hohen Dynamik des formellen Wahlprozesses und der damit einhergehenden Mobilisierung und Politisierung waren die Wahlbeteiligungen sehr hoch; die ursprünglichen Aktivist/inn/en wurden in den meisten Fällen auch in die Betriebsräte gewählt, worin sich sicher auch die Anerkennung ihres Engagements sowie das in sie gesetzte Vertrauen widerspiegelte.

4.3.5 Verlaufsformen: „das gärt dann immer weiter"

Wie bislang bereits deutlich geworden ist, war die *Vorgeschichte* der hier beschriebenen Betriebsratsgründungen gekennzeichnet durch das langsame Erodieren ursprünglich starker und erfolgreicher Leistungsgemeinschaften mit ausgeprägtem Commitment aller Betriebsparteien, mit hohen Arbeits- und Entlohnungsstandards sowie selbstbewussten Belegschaften. Eingebettet in ein kooperativ-gemeinschaftliches Betriebs- und Führungsklima war die Selbstvertretung der Beschäftigten der zentrale und von allen präferierte Modus der *informellen Interessenrepräsentation*. Funktionierende informelle kollektive Repräsentationsformen als Teil der etablierten Betriebskultur wie beim Typus *Schutz der gemeinschaftlichen Sozialordnung* (vgl. Kap. 4.2) waren daher kaum vorhanden. Bis die Fehlentwicklungen für relevante bzw. hinreichend große Belegschaftsgruppen ein spürbares Ausmaß erreichten, dauerte es oft Jahre. Manchmal gab es in jener Zeit des wachsenden ‚Leidens' bzw. ‚Gärens' erste zaghafte Versuche kollektiver Initiativen, denen es jedoch an Entschlossenheit und/oder an Zuspruch bzw. Unterstützung seitens der Belegschaften mangelte. Aus dem Grund ließ sich auch jene *Phase der informellen Interessenrepräsentation* nicht immer eindeutig von der sich anschließenden Latenzphase der späteren (und erfolgreichen) Betriebsratsgründungen abgrenzen.

In der *Latenzphase* fanden sich Aktivist/inn/en, ähnlich wie bei den anderen Betriebsratsgründungen auch, in kleinen konspirativen Gruppen zusammen, um sich zunächst in einem kollektiven Findungsprozess über Ziele und Vorgehensweisen zu verständigen. Diese Phase war, wie schon die Vorgeschichte, ein oft zögerlicher, langwieriger Prozess und konnte ein bis zwei Jahre dauern – in Ausnahmefällen auch länger. Die Aktivist/inn/en sammelten über unterschiedliche Kanäle Informationen, wogen das Für und Wider ab, diskutierten über Alternativen und versuchten nach und nach weitere Mitstreiter/innen einzubinden. Besondere Ereignisse und/oder der Eintritt neuer Akteure in die exklusiven Zirkel setzten dann schließlich eine neue Stufe der Dynamik in Gang:

> „Man diskutiert so manche Dinge, unterhält sich in der Pause und so, das gärt dann immer weiter, bis dann wirklich irgendwann mal irgendwer sagt: ‚Okay, wir packen es an, wir gründen einen Betriebsrat.' [...] Das hat sich dann schon eine gewisse Zeitlang gezogen, bis es erstmal so richtig ins Rollen gekommen ist, bis wir halt gesagt haben: ‚Wir setzen die Termine fest, wir machen ein Wählerverzeichnis, eine Betriebsversammlung usw.' Muss ja alles erst ausgerufen werden, und das hat schon gedauert." (M04_BR)

Erst wenn die Aktivist/inn/en nach einer Phase der Zweifel und Bedenken beschlossen, die Gründung eines Betriebsrates in die Tat umzusetzen, wurde dann auch gezielt die Unterstützung von externen Akteuren wie z.B. von Gewerkschaften gesucht.[30] Dabei ging es vor allem um Informationen zum konkreten Wahlprocedere und rechtliche Probleme. Im Unterschied zu den meisten untersuchten Betriebsratsgründungen war die Bedeutung der Gewerkschaften geringer; primär kam ihnen eine partnerschaftlich-beratende Rolle im Hintergrund zu – als eine Art ‚Reserve' oder „Joker" für den Ernstfall. Bis auf einen Fall haben die Aktivist/inn/en selbst den formellen Wahlakt eingeleitet. In jener Entschließungsphase wurden auch die Kontakte zu weiteren potenziellen Mitstreiter/inne/n gesucht bzw. hergestellt und eine Bündelung der Kräfte geprüft, d.h. die Initiativkreise wurden sukzessive erweitert. Gerade in Großbetrieben dauerte dieser Prozess relativ lange, da die Protagonist/inn/en bestrebt waren, die Initiativen relativ breit in der Belegschaft zu verankern. Man ‚fahndete' quasi nach

---

30 Ausnahmen bildeten die beiden Einrichtungen aus dem (im weiteren Sinn) Bildungs- bzw. Freizeitbereich, die die Gründungen ihrer Betriebsräte ohne Gewerkschaftsbeteiligung durchführten.

Gründungen von Betriebsräten 131

Personen, von denen man relativ sicher annehmen konnte, dass sie aufgrund eigener Erfahrungen an der Etablierung einer Mitarbeitervertretung interessiert sein würden. Manchmal stellte sich erst im Zuge dessen heraus, dass es weitere Initiativgruppen gab, mit denen man sich zusammenschließen konnte. Wie die vorsichtigen Suchprozesse in der Praxis abliefen, zeigt z.B. folgendes Zitat:

„Und da hat's geheißen: ‚(Name), du hast doch damals auch schon eine Situation mal gehabt mit dem und dem. Und wie war denn das? – Also, ich bin heute noch stinksauer, nach fünf Jahren noch, ja. – Und: Komm doch mal, wir haben hier so ein Treffen, komm doch mal vorbei. Da sind mehr so Gleichgesinnte.' Also ich wusste nicht genau, um was es ging und hab' gesagt: ‚Nee, will ich nicht, und nee.' Andererseits hat mein Gewissen dann gesagt: ‚Du musst, horch dir's zumindest mal an.' So, und dann bin ich hingegangen. Dann hab' ich gesehen, wer alles dort war. Und dann hab' ich auch erfahren, um was es ging und dann hab' ich gesagt: ‚Ja! Da musst du mit. Zumindest willst du, dass ein Betriebsrat gegründet wird, dass es einen gibt. Das ist wichtig.'" (D02_BR3)

Mit dem formellen Wahlausschreiben setzte eine dynamische, mitunter auch turbulente bis konflikthafte und, gemessen an der langwierigen Vorgeschichte sowie der komplexen Aufgaben und Abläufe der Wahl, kurze *Formierungsphase* ein. Häufig erfuhren Belegschaften wie auch Geschäftsführungen erst zu diesem Zeitpunkt von den Betriebsratsinitiativen. Die Geschäftsführungen waren in der Regel sehr überrascht und massiv enttäuscht, weil sie die Betriebsratsgründungen als einseitige Verletzung der gemeinschaftlichen und offenen Betriebskulturen verstanden. Ihre ersten Reaktionen waren daher oft von Unverständnis, Kränkung und Abwehr geprägt, wie stellvertretend eine Managerin schildert:

„Es war eigentlich für die Geschäftsführung ein Schock [...], ich denke, dass sich unser Präsident auch einiges [...] hat anhören müssen: ‚Wie kommt es jetzt dazu, dass wir nach so vielen Jahren, in denen alles gut gelaufen ist, jetzt einen Betriebsrat kriegen?' [...] Ich glaube, das war der schlimmste Tag seines Lebens. Er hat das gar nicht verstanden, er hat das sehr persönlich genommen [...]. Aber ich glaube schon, durchgehend gab es bei den Managern die Haltung: ‚Was soll das denn jetzt? Was brauchen wir denn einen Betriebsrat? Wer war denn da so doof und kam auf die Idee hier, und auch noch ver.di. Ich glaube, dass die negativen Stimmen überwogen haben im Vergleich zu den positiven. [...] Aber das Betriebsverfassungsrecht ist extrem mitarbeiterfreundlich. Es gibt keine Möglichkeit, einen Betriebsrat zu verhindern [...] und dieses Unternehmen ist kein Unternehmen, das jemanden, der das (einen Betriebsrat, Anm. d. Verf.) wünscht, dann auch wirklich massiv angeht. Also, ich mein', da gibt's ja auch Unternehmen, die die Leute, die sich da aufstellen lassen, massiv behindern und wirklich auch angehen. Das ist hier überhaupt nicht der Fall. Also da ist man eigentlich immer zu mitarbeiterfreundlich oder vielleicht hat man auch ein bisschen so dieses Gefühl: ‚Ja, wenn das den Mitarbeitern wirklich so wichtig ist, vielleicht gibt's einen

Grund?' Und dann geht's eigentlich mehr darum, positiv zusammen zu arbeiten. Also dieser Wunsch, positiv mit diesem Gremium zu arbeiten, war enorm hoch, also nachdem natürlich der erste Schock überwunden war. Also es ging wirklich darum: ‚Okay, wir müssen da jetzt was Gutes draus machen.'" (D02_M1)

Das Zitat zeigt, dass sich die meisten Geschäftsführungen nach dem ersten Schock in das Unvermeidliche fügten, wenngleich über eigene Listen und/oder die Unterstützung bestimmter Kandidat/inn/en (teils erfolgreich) versucht wurde, auf die Zusammensetzung der Betriebsräte Einfluss zu nehmen. Letztlich aber ging es darum, mit der neuen Situation im Interesse des Unternehmens umzugehen, wie ein anderer Manager ebenfalls zum Ausdruck brachte:

„Ja also das, wie gesagt, Gründung ist okay, wir haben hier dann, um jetzt nur zu zeigen, was für eine Vielschichtigkeit das Ganze hat, haben wir den Betriebsrat aus allen Bereichen [...] auch entsprechend so zusammengestellt, so dass der in sich auch quasi repräsentativ ist, fast auch mit der Altersstruktur der Mitarbeiter [...]. Aber wir haben das ja nun unterstützt und was in unseren Möglichkeiten stand, Räume irgendwie und dann Dozenten [...] und das ist also Hand in Hand gelaufen [...], ich habe gesagt: Kommt! Da ist unser Herr (Name), der Arbeitsgerichtsdirektor, setzt euch mal mit dem zusammen, der erklärt euch noch mal, was das ist!' [...] Aber wie gesagt, ich habe das mit einem lachenden und einem weinenden Auge gesehen [...]." (D17_M)

Im Großen und Ganzen, so schätzten auch die befragten Betriebsratsmitglieder ein, habe es vergleichsweise eher wenig massive Repressionen oder Behinderungsversuche gegeben. Wie weit das Spektrum der (Nicht-)Behinderung dennoch reichte, verdeutlichen die folgenden Interviewauszüge:

„Also bei der Gründung, würde ich sagen, hätte man es ja noch schwieriger machen können. Man liest ja in der Zeitung von anderen Gründungen, dass man dort Mitarbeiter entlässt oder so. Okay, als ich die Unterschriften (Einladung zur Betriebsversammlung, Anm. d. Verf.) abgegeben habe mit den anderen beiden Leuten, hat man meinen Computer gesperrt, ich musste alle Termine absagen, ich durfte nicht rausfahren, ich musste hier drei Stunden warten und dann Rechenschaft abgeben gegenüber dem Arbeitgeber. Gut, ich empfand das noch als normal. Ich mein, es ist nur sein Recht, mich zu fragen warum. Gut, die Vorgehensweise, dass man auch plötzlich alle Kundentermine, die auch wichtig sonst immer sind, absagen musste, hätte man anders lösen können, aber ich hatte Verständnis dafür, ja ansonsten, ich kann sagen, es war fair eigentlich. Also ich hätte es mir schwieriger vorgestellt [...], sie (Managerin, Anm. d. Verf.) hat gefragt, warum, wieso, weshalb und, ob man das dann nicht doch nochmal anders überlegen (möchte, Anm. d. Verf.), und dann hat sie gesagt: ‚Gut, es ist auch Ihr Recht, wir werden dann auch das Möglichste tun', was ja dann auch offensichtlich so war." (D21_BR)

Gründungen von Betriebsräten 133

„Ja, also die Personalleiterin war wohl sehr verblüfft, hat das Ding entgegen genommen. Ja, und Gerüchten zufolge ist sie sozusagen dann hinterher fast zusammengeklappt. Also sie hat das wohl genommen und dann war's wirklich so, hat dann wie wild telefoniert, und dann kam die Mitteilung, dass sie's begrüßen (würde Anm. d. Verf.), dass ein Betriebsrat (gegründet wird, Anm. d. Verf.), schließlich gibt's ja in (Name d. Produktionsstandortes) auch einen, und das ist ja das gute Recht. Ja, aber dann haben sie massiv versucht, Gegenlisten aufzustellen [...]." (G03_BR)

„Ohne, keine Behinderung (seitens der Geschäftsführung, Anm. d. Verf.), gar nichts, null. Wenn wir irgendwas gebraucht haben, der Wahlvorstand hier: ‚Wir brauchen hier die Listen, wir brauchen das, wir brauchen jenes, wir wollen den Raum haben für die Wahl und so weiter.' Kein Problem. Es wurden uns also keine Steine in den Weg gelegt, nichts. [...] Wir haben, ehrlich gesagt, Widerstände erwartet seitens der Geschäftsleitung, die eigentlich gar nicht, da war nichts, im Gegenteil, die haben sogar sehr begrüßt, dass ein Betriebsrat jetzt da ist, und keinerlei Schwierigkeiten, im Gegenteil, die sind zur Kooperation bereit, und das hat uns alle verwundert. Wir haben zwar gemeint, dann irgendwann kommt das dicke Ende, aber ich muss sagen, bin angenehm überrascht gewesen, denn man hört sonst immer viel aus anderen Betrieben und Betriebsrat usw. und immer auf Kriegsfuß mit der Geschäftsleitung, und das kann man hier nicht sagen." (M04_BR)

Die Belegschaften waren meistens ebenfalls überrascht; im Regelfall waren die Meinungen und Haltungen der Beschäftigten zur Betriebsratsinitiative heterogen und reichten von relativ spontaner und klarer Zustimmung, über ‚geteilte' Meinungen und anfängliche Skepsis bzw. Ablehnung bis hin zu einem Extremfall einer lang andauernden Fraktionierung:

„Also es sind nicht alle Leute, die hinter dem Betriebsrat hier stehen [...] diesen Eindruck hat man. [...] Und ja das wurde dann auch heftig diskutiert, ja: ‚Wir sind ja ein Familienunternehmen, ist ja gar nicht notwendig, dass man da einen Betriebsrat hat, man kann ja doch alles so regeln.'" (D21_BR)

Im Unterschied zu den Betrieben des Gründungsmusters *Schutz der gemeinschaftlichen Sozialordnung* (vgl. Kap. 4.2), in denen ein akutes Bedrohungsszenario die Betriebsratsgründung quasi ‚unterstützte', fiel es den Betriebsratsprotagonist/inn/en hier deutlich schwerer, eine eindeutige und allgemein akzeptable Idee einer *neuen kollektiven* Belegschaftsidentität mit einem Betriebsrat zu formulieren. Der Betriebsrat wurde zunächst relativ abstrakt als ein Instrument zur Kompensation bzw. Milderung von Missständen und Fehlentwicklungen präsentiert und über die konkrete Ausgestaltung waren sich oft noch nicht einmal die Protagonist/inn/en einig. Aber selbst wenn die Initiative, wie in der Mehrzahl der untersuchten Fälle, schließlich unterstützt wurde, hieß das keineswegs, dass alle mit den vorgestellten Zielen bzw. mit den ursprünglichen Kandidat/inn/en einverstanden waren. In den größeren Betrieben entstand ein regelrechter Wettbewerb zwischen Zielen und Bewerber/inne/n. Alle Beteiligten hatten eigene Vorstellungen über die Funktion und Aufgaben des Betriebsrates und versuchten dies über entsprechende Listen durchzusetzen. In jenen ‚Wahlkämpfen' wurde die Führungsrolle der ursprünglichen Aktivist/inn/en zum Teil in Frage gestellt, denn die neuen Akteure wollten auch die Spielregeln mitbestimmen. Die positive Kehrseite jener Dynamik war – wenn man so will – die breite Mobilisierung und Beteiligung der Belegschaft, die sich u.a. in sehr hohen Wahlbeteiligungen von über 90% äußerte.

Auch die *Konstituierungsphase* war von internen Verständigungsprozessen und teilweise auch Auseinandersetzungen um einflussreiche Funktionen und Positionen geprägt. Auch wenn fast alle der ursprünglichen Aktivist/inn/en in die Gremien gewählt wurden, mussten sie mit den neu hinzugekommenen Akteuren um das Selbstverständnis des Betriebsrates sowie akzeptable und verbindliche Handlungsleitlinien im Gremium ringen. Im Grunde setzte sich der kollektive Formierungsprozess der repräsentativen sozialen Gruppe in einer neuen Qualität fort. In einigen Betrieben gestaltete sich dieser Prozess schwierig; es kam zu Auseinandersetzungen, Fluktuationen und schlimmstenfalls auch zu Fraktionierung. Dennoch versuchten die gewählten Betriebsräte in der Regel unter dem übergreifenden Ziel des Betriebs- bzw. Belegschaftswohls (ver-)handlungsfähig zu werden. In Schulungen durch Gewerkschaften und andere Weiterbildungsträger eigneten sie sich mit hohem Engagement das nötige Handwerkszeug für die Betriebsratsarbeit an. Die Ausstattung der Betriebsräte war in den meisten Betrieben kein Reizthema, da sich die Geschäftsführungen in der Regel kooperativ zeigten und alles Nötige ohne größere Verzögerungen zur Verfügung stellten.

Insgesamt waren die Gründungen des Typus *Erweiterung individueller Interessenvertretung* erfolgreich, aber langwierig und im Einzelfall auch konfliktbeladen. In den Belegschaften bzw. einzelnen Belegschaftsgruppen ‚gärte' oft sehr lange die Unzufriedenheit über Missstände und Fehlentwicklungen, bis dann eines Tages durch einzelne (und an sich auch relativ unspektakuläre) Vorfälle ‚das Fass überlief'. In solchen Situationen gelang es kleinen Gruppen von Aktivist/inn/en die Welle der Empörung aufzunehmen und die Betriebsratsinitiative erfolgreich voranzutreiben. Bei ihnen handelte es sich zwar durchweg um fachlich wie sozial anerkannte Beschäftigte, aber sie repräsentierten nicht immer die gesamte (teils sehr heterogene) Belegschaft bzw. den Belegschaftswillen. Freilich wurde in den meisten Fällen die Initiative von den Beschäftigten unterstützt, aber oft nicht ohne kritische Stimmen oder auch Gegenentwürfe bzw. Gegenkandidat/inn/en. Nach Überwindung der anfänglichen Überraschung leisteten Geschäftsführungen nur in Ausnahmen bis zu einem gewissen Punkt Widerstand und/oder versuchten steuernden Einfluss auf die Gremien zu erlangen. Es über-

Gründungen von Betriebsräten 135

wog jedoch die Akzeptanz des neuen Akteurs bzw. der neuen Situation. Die Aktivist/inn/en erhielten von einer Reihe externer Akteure, wie Betriebsräte aus anderen Firmen, Rechtsanwälte, Berater/innen und auch Gewerkschaften, Unterstützung. Ihre Beziehung zu den Gewerkschaften war und blieb in den meisten Fällen jedoch sachlich-distanziert, das traf für diejenigen, die bereits Gewerkschaftsmitglieder waren, ebenso zu wie für jene, die erst im Verlauf der Gründung in die Gewerkschaften eintraten.

4.3.6 Vertretungswirksamkeit: Entstehung professioneller Gremien mit eingeschränktem Gewerkschaftsbezug

Nach den Wahlen ging es für die neuen Gremien darum, zügig arbeitsfähig zu werden und mit Aktivitäten und Verhandlungserfolgen die Position bzw. Rolle der Betriebsräte auszugestalten und zu stabilisieren. Unmittelbar damit verschränkt war, wie zuvor dargestellt, der soziale Integrationsprozess innerhalb der Gremien. Im Vergleich zu den Initiativgruppen der Betriebsratsgründungstypen *Schutz der gemeinschaftlichen Sozialordnung* (vgl. Kap. 4.2) oder auch *Kollektive Emanzipation* (vgl. Kap. 4.4), die beide oft von Beginn an ein relativ klar definiertes Selbstverständnis und Ziel einte, nahm jener interne Einigungsprozess in den Betriebsräten des Typs *Erweiterung der individuellen Interessenvertretung* teilweise noch geraume Zeit nach der Wahl in Anspruch. Dennoch konnten auch die anfänglich sehr heterogenen Gremien bereits in ihrer ersten Amtszeit wichtige Erfolge verbuchen. Betriebsratsinterne Heterogenität bis hin zur Fraktionierung führt also nicht zwangsläufig zu einer Blockade der Betriebsratsarbeit und damit zu mangelnder Vertretungswirksamkeit, vielmehr scheint eine ausreichende Anzahl an professionellen, zielorientierten und engagierten Mitgliedern durchaus in der Lage zu sein, interne Reibungspunkte und Konflikte managen bzw. kompensieren zu können:

> „Wobei es dann in dieser ersten Amtszeit jede Menge Verwerfungen gab, einfach weil dieser Findungsprozess auch so kurz war, dass viele hinterher gemerkt haben, wirklich heimisch sind sie nicht bei der Liste, auf der sie angetreten sind, sondern sie fühlen sich vielleicht doch eher anderen Personen zugehörig [...], das war halt diese hektische Phase [...]. Aber das hat dann alles dazu geführt, dass sich dann auch nochmal die Stimmungen im neu gewählten Betriebsrat ziemlich aufgeschaukelt haben, und dass die erste Amtszeit eine sehr konfrontative war, weil da Leute drin waren, die eigentlich keinen Betriebsrat wollten bis zu den Initiatoren, die auch sehr viel persönlich auf sich nehmen mussten, auch persönliche Unsicherheit, wie's mit ihrem Arbeitsplatz weiter geht. In diesem Betriebsrat sind natürlich Welten aufeinander geprallt. Und da musste jeder der neu gewählten Betriebsräte auch erst mal seinen Platz finden und sich orientieren, ja. Also mir ging' s da auch so, dass ich dann im Laufe dieser ersten Amtszeit mich erst

mal orientieren musste, wo steh ich überhaupt und wo steh ich nicht, und es ging sehr vielen so, so dass bei der zweiten Wahl, ein recht großer Teil nicht mehr auf den ursprünglichen Listen angetreten ist. Das hat sich dann schon während der ersten Amtszeit eigentlich aufgelöst." (D01_BR)

Anlaufschwierigkeiten unterschiedlichen Ausmaßes gab es in allen Betrieben, aber dank der Professionalität und Souveränität der Betriebsratsakteure wurden diese überwunden bzw. so kanalisiert, dass die Gremien dennoch schnell arbeitsfähig wurden. Betriebsratssitzungen wurden regelmäßig und in unterschiedlichen Abständen (von wöchentlich bis monatlich) durchgeführt. Schwachpunkt war dagegen in fast allen Betrieben die Durchführung von Betriebsversammlungen; selten fanden tatsächlich vier Betriebsversammlungen im Jahr statt. Hinsichtlich der Arbeitsausstattung mit Büro, PC, Telefon, Literatur usw. gab es relativ wenig Probleme. Nur die Betriebsräte der beiden kleinsten Betriebe verzichteten aus pragmatischen und/oder strategischen Gründen auf ein eigenes Büro bzw. einen exklusiven Betriebsratscomputer.[31] Der Professionalisierungsprozess wurde auch dadurch beschleunigt, dass fast alle Gremien kurz nach der Wahl die Grundlagenschulungen absolvierten. Der Widerstand der Geschäftsführungen hierzu hielt sich in Grenzen, obgleich die Kostenfrage in Bezug auf Weiterbildungen in fast allen Betrieben thematisiert wurde.

Die (relativ distanzierte Haltung) der Gremien gegenüber den Gewerkschaften zeigte sich auch bei der Auswahl der Schulungsanbieter. Nur der Betriebsrat des Metallbetriebes absolvierte die Betriebsratsqualifizierung bei einer DGB-Gewerkschaft, die übrigen Betriebsräte griffen trotz der (durchaus geschätzten) Unterstützung der Gewerkschaften während des Wahlprozesses auf Angebote von privaten Weiterbildungseinrichtungen wie W.A.F. (Institut für Betriebsräte-Fortbildung AG), ifb (Institut zur Fortbildung von Betriebsräten KG) oder SoBi (Gesellschaft für sozialwissenschaftliche Beratung e.V. Göttingen)[32] zurück. Selbst wenn dahinter unter Umständen ein freiwilliges Entgegenkommen gegenüber den Geschäftsführungen vermutet werden kann, so war die Wahl der Schulungsanbieter aus der Sicht der Betriebsräte offenbar (auch intern) völlig unstrittig, da sie im Interview nicht weiter kommentiert wurde. Die meisten Gre-

---

31 Gerade in Kleinbetrieben wurde aufgrund begrenzter Firmenressourcen oft das eigene Büro und der eigene Computer mit Zustimmung der Geschäftsführung für die Betriebsratsarbeit genutzt. Die Betreffenden sahen darin kein Problem, benutzten den Verzicht bei Gelegenheit aber auch als ein symbolträchtiges Zugeständnis bzw. Kompromissangebot.

32 Die genannten Schulungseinrichtungen bieten, wie die DGB-Gewerkschaften, u.a. Grundlagenseminare für Betriebsräte zum Betriebsverfassungsgesetz an, und verstehen sich explizit als „neutral und interessenunabhängig" (W.A.F., https://www.waf-seminar.de/gruende-fuer-ein-waf-seminar, letzter Zugriff am 27.11.2015) bzw. „ideologiefrei" (ifb, https://www.ifb.de/betriebsrat/, letzter Zugriff am 27.10.2015).

Gründungen von Betriebsräten 137

mien nahmen geschlossen an den Schulungen teil, in den größeren Betrieben aus Kostengründen auch im Rahmen von Inhouse-Veranstaltungen. Auf diese Weise wurden die mehrtägigen Seminare nicht nur als Wissensvermittlung, sondern auch als Möglichkeit des Kennenlernens und Zusammenwachsens genutzt:

> „Wir sind damals nach (Name der Stadt) gefahren, da wurde das (Seminar Betriebsrat Eins, Anm. d. Verf.) dann von einem Institut angeboten. Wir haben das extra auch so gewollt. Wir wollten das nicht hier. Wir hätten ja hier auch Schulungsräume, wir könnten uns jemanden auch holen, der uns hier beschult. Aber wir haben gesagt: Wir wollen erstmal raus!' [...] Die (Weiterbildungseinrichtung, Anm. d. Verf.) haben das aber nicht speziell jetzt für uns gemacht, sondern wir haben ganz normal ein BR-Eins-Seminar besucht, also das erste Seminarmodul, was man da besuchen kann, und das haben wir mit den fünf Leuten gemacht [...], das ging vier Tage." (D17_BR)

Die Frage der Freistellungen für die Betriebsratsarbeit wurde in den kleineren Betrieben relativ pragmatisch gehandhabt, wobei die Betriebsräte in der Regel von sich aus sorgsam mit zeitlichen Ressourcen umgingen, um so wenig wie möglich Kritik von Seiten der Geschäftsführungen (und auch Belegschaften) zu provozieren. Diese Zurückhaltung wurde im Gegenzug mit der Gewährung von Vertrauen seitens der Geschäftsführungen gewürdigt, d.h. es gab weder offizielle zeitliche Restriktionen noch Kontrollen, wie ein Befragter verdeutlichte:

> „Die Stunden, die für den Betriebsrat anstehen, die schreiben wir einfach auf und das ist normaler Dienst. Da gibt es auch keine Begrenzung, also von daher kann ich mal acht Stunden für den Betriebsrat verwenden in der Woche oder, das ist nicht festgelegt." (D15_BR2).

In den größeren Betrieben wurde die rechtlich garantierte Freistellung (zumindest in der ersten Amtszeit) meist zwischen mehreren Personen aufgeteilt. Als Gründe hierfür wurden vor allem berufliche Entwicklungsperspektiven angeführt, was vor allem für hochqualifizierte Beschäftigte typisch sein dürfte:

> „[...] aus folgendem Grund [...], denn in der (Branche, Anm. d. Verf.) selber, die schreitet ja ziemlich schnell voran, die ganze Entwicklung und so weiter und wenn Du dann eigentlich raus bist, nicht mehr Betriebsrat machen willst und Du hast diese freigestellte Stelle, dann bist Du weg vom Fenster, dir fehlt also dermaßen viel Know-how innerhalb dieser sagen wir mal vier Jahre [...], das kannst Du fast nicht mehr aufholen [...]." (M04_BR)

An anderer Stelle wurde bereits der eingeschränkte Gewerkschaftsbezug der Betriebsräte dieser Gründungskonstellation thematisiert: die Gewerkschaften hatten zwar im Normalfall eine unterstützende Rolle bei den Betriebsratsgründungen inne – *neben* anderen externen Akteuren. Aber das Verhältnis der Protagonist/inn/en und späteren Betriebsratsmitglieder gegenüber den Gewerkschaften war und blieb dennoch deutlich distanzierter als z.B. bei den Betriebsratsgründungstypen *Kollektive Emanzipation* (vgl. Kap. 4.4) oder auch *Schutz der gemeinschaftlichen Sozialordnung* (vgl. Kap. 4.2) Man hielt zwar zu den Gewerkschaften im Hintergrund *„losen Kontakt"* (D02_BR2) für eventuelle Hilfen und Notfalleinsätze, vermied aber deren öffentliche und offensive Präsenz in den Betrieben. Die im BetrVG festgeschriebene formale Trennung zwischen Betriebsrat und Gewerkschaft kam in gewisser Weise der betrieblichen Professionskultur entgegen, nämlich den Betriebsratsalltag im Wesentlichen aus eigener Kraft bewältigen zu wollen und zu können. Außerdem betonten die Befragten, dass man aufgrund der nach wie vor relativ guten Arbeits- und Entlohnungsbedingungen auch keine Tarifbindung anstrebe und folglich keine Gewerkschaften ‚im Haus' benötige. Schließlich ging es ihnen auch darum, gegenüber gewerkschaftsfremden oder gewerkschaftskritischen Belegschaftsteilen sowie den Geschäftsführungen Kompromissangebote zu machen, da *die* Gewerkschaft in vielen Betrieben symbolisch für Fremdsteuerung bzw. unternehmensschädliche Vereinbarungen und Tarifabschlüsse stand:

> „Weil, das muss man natürlich auch klipp und klar sagen, wir haben nicht die typischen (tarifrelevanten, Anm. d. Verf.) Probleme [...]. Also insbesondere die Leute, die hier lange beschäftigt sind, die wurden mit sehr guten Gehältern seinerzeit eingestellt. Jetzt die Neueinstellungen, da hat sich das auch alles relativiert, aber die Bezahlung ist gut." (D02_BR2)

> „[...] aber ich nehme meistens dann Kontakt (zur Gewerkschaft, Anm. d. Verf.) auf, wenn ich größere Probleme habe, sag' ich mal. Also ich les' viel, ich mach auch, ich berate mich immer und denke mal, dass ich immer da auch die richtigen Entscheidungen getroffen habe. Wenn's natürlich mal heikel wird, und ich sage: ‚Bin ich mir nicht ganz sicher', ja dann, nehme ich natürlich Kontakt auf, das ist kein Problem. Da werde ich auch immer unterstützt [...]. Andererseits muss man auch sagen [...]: Okay, die Forderungen von den Gewerkschaften sind teilweise überspitzt oder so, das muss ja nicht so sein [...]." (D21_BR)

Diese Haltung spiegelte sich nicht nur in der Auswahl der Schulungsanbieter wider, sondern auch im gewerkschaftlichen Organisationsgrad der Gremien und Belegschaften. Zwar waren die Betriebsratsvorsitzenden, bis auf zwei Ausnahmen, alle gewerkschaftlich organisiert, und in den beiden Betrieben des Verarbeitenden Gewerbes lag auch der gewerkschaftliche Organisationsgrad der Gremien bei etwa 50 bzw. 60%. Die übrigen Betriebsräte hatten jedoch maximal einen Organisationsgrad von 30%, zwei waren komplett ‚gewerkschaftsfrei'.[33] Auch in den Belegschaften spielten die Gewerkschaften fast keine Rolle; mit Ausnahme wiederum der beiden Betriebe des Verarbeitenden Gewerbes lag der Organisationsgrad der Beschäftigten unter 5%. Mitgliedergewinnung als mögli-

---

33 Nicht-DGB-Gewerkschaften spielten allerdings auch keine Rolle.

Gründungen von Betriebsräten 139

che ‚Gegenleistung' für die Wahlunterstützung durch die Gewerkschaften spielte keine Rolle. Selbst aus der Sicht des Betriebsrates des Metallbetriebes war eine Gewerkschaftsmitgliedschaft im Wesentlichen eine persönliche Entscheidung jeder/s einzelnen Beschäftigten, für die nicht der Betriebsrat zuständig ist:

> „Es ist schade auf der einen Seite (dass es so wenig Gewerkschaftseintritte gab, Anm. d. Verf.), aber es liegt an ihnen (den Beschäftigten, Anm. d. Verf.) selber, wenn sie noch mehr, ich sage mal, Druck machen wollen in Bezug auf Haustarif oder Manteltarif oder sonst was, dann müssen sie sich mehr organisieren [...]." (M04_BR)

Analysiert man die Aussagen zum Verhältnis der neuen Gremien zu ihren Geschäftsführungen, so dauerte es im Vergleich zum Typus *Schutz der gemeinschaftlichen Sozialordnung* (vgl. Kap. 4.2) etwas länger, bis ein sachlich-kooperativer Dialog etabliert werden konnte. Das erstaunt, weil doch die Geschäftsführungen in den Gründungsprozessen relativ wenig Abwehr gezeigt hatten und auch die Betriebsräte explizit an einer sachlich-konstruktiven, am gegenseitigen Geben und Nehmen orientierten Austauschbeziehung interessiert waren, wie folgender Interviewauszug deutlich macht:

> „[...] ich bin Betriebsrat als erstes, erstmal, immer, aber ich bin trotzdem Mitarbeiter dieser Firma [...] ich denke schon unternehmerisch, ich möchte nur nicht, dass es zu Lasten von jedem Einzelnen von uns geht, und das ist eigentlich meine Herangehensweise, so sehe ich das immer eigentlich als Gemeinsames. [...] Also für mich ist das Firmenwohl das Zusammenspiel zwischen Mitarbeitern und Geschäftsleitung, in dem Sinne, eine Atmosphäre zu schaffen, in der man wirklich gut arbeiten kann, auch effizient arbeiten kann, ohne psychischen Schaden zu erleiden, so was wäre das für mich [...]." (D02_BR4)

Aber abgesehen von den betriebsratsinternen Findungsprozessen, die Zeit brauchten, mussten offenbar auch die Geschäftsführungen den Umgang mit den Betriebsräten sowie den Änderungen betrieblicher Entscheidungsprozesse und Abläufe ‚erlernen'. Die relativ kurze Zeitspanne zwischen der ersten Information über die Wahlinitiative und Wahlvollzug reichte hierfür nicht aus, insofern berichteten einige Betriebsräte von Anlaufschwierigkeiten in den ersten Treffen und Verhandlungen, hatten aber auch durchaus Verständnis für die ‚Gegenseite':

> „Und das ist auch etwas womit sich (Name d. Unternehmens) und die Geschäftsleitung am Anfang natürlich sehr schwer getan hat mit dem Betriebsrat [...], es muss hier jemand zusätzlich gehört werden, und es wird abgewogen, ob verschiedene Parameter eingehalten werden." (D02_BR4)

Aus der Sicht des Managements wurden Entscheidungsprozesse durch den Betriebsrat langwieriger, formalisierter und bürokratischer, wie folgendes Zitat zeigt:

„[...] also ich sehe nicht wirklich eine Verbesserung, also weder sind wir jetzt strukturierter geworden. Wir haben mehr Bürokratie, wir müssen ständig irgendetwas beantragen [...]." (D02_M1)

Einige Betriebe, insbesondere die größeren, reagierten darauf mit einer spezifischen Form der Professionalisierung wie z.b. der Einstellung von Jurist/inn/en bzw. dem Aufbau juristischer Abteilungen oder sie etablierten *„Standleitungen zu Rechtsanwaltskanzleien"* *(G03_BR)*. Auch diese Form der ‚Verrechtlichung' prägte das Verhältnis zwischen den Betriebsparteien nachhaltig:

> „Es ist so, dass der Betriebsrat als Institution ernst genommen wird. Also wir reden, man redet mit uns, wir müssen nicht mehr um jedes Mitbestimmungsrecht erst mal kämpfen, sondern es ist einfach inzwischen selbstverständlich geworden, dass die Dinge, die der Mitbestimmung unterliegen, auch bei uns landen [...]. Das war am Anfang nicht der Fall. Also da ist man einfach professioneller geworden. Es ist allerdings auch so, dass der Arbeitgeber diese Professionalisierung in der Form durchgezogen hat, dass plötzlich eine neue Abteilung in der (Name d. Unternehmens) entstanden ist, für die jede Menge neue Juristen eingestellt wurden, die eigentlich nur dafür da ist, mit dem Betriebsrat zu interagieren." (D01_BR)

Aus der Sicht der befragten Betriebsratsmitglieder und auch Manager/innen entwickelten sich die Beziehungen zwischen Geschäftsführungen und Betriebsräten alles in allem aber in eine konstruktive Richtung. Gerade bei den länger zurückliegenden Betriebsratsgründungen ließ sich feststellen, dass sich das Verhältnis zwischen den Betriebsparteien mit der Zeit gefestigt und professionalisiert hatte, es fanden regelmäßige Treffen statt, in denen man sich im Großen und Ganzen kompromissbereit gegenübertrat und der Betriebsrat zunehmend als Verhandlungspartner akzeptiert wurde:

> „Wir haben uns, wie gesagt, uns das schwieriger vorgestellt, wenn Diskussionen geführt werden, die, das sind keine Streitgespräche, sondern hier beschränkt man sich wirklich auf die Tatsachen, ja, und auf die Notwendigkeiten, also es ist keiner, auch von der Geschäftsleitung hier, der auf den Tisch haut und sagt: ‚So wollen wir das aber haben und ihr könnt mir viel', ne, ist nicht. Also man versucht wirklich von beiden Seiten, von uns als Betriebsrat und auch von der Geschäftsleitung aufeinander zuzugehen, 'nen Konsens zu finden." (M04_BR)

> „[...] aber bisher muss ich sagen, diese Pattsituation hat es eigentlich noch nicht gegeben, wir haben uns immer zu einer Entscheidung dann durchgerungen, dann setzen wir uns gemeinsam an einen Tisch: So, keiner geht jetzt hier raus, bevor nicht der weiße Rauch aus dem Schornstein kommt." (D17_M)

Voraussetzung für diese Entwicklung war sicher, dass sich die Betriebsräte weitgehend entgegenkommend und kompromissbereit verhielten. Trotzdem versuchten die Gremien, in kleinen Schritten, ihre anvisierten Ziele, für die sie ja angetreten waren, umzusetzen. Zwar wurden typische Machtmittel äußerst sparsam eingesetzt, aber die Betriebsräte scheuen sich auch nicht vor Konflikten bei besonders brisanten Themen wie Arbeitszeitverstößen, Überstundenregelungen etc. Hier wurde schon mal die Gewerbeaufsicht informiert oder Zustimmungen zu Überstundenregelungen oder Einstellungen verweigert, um die Verhandlungsbasis neu zu justieren. Letztlich war jedoch dieser ‚Lernprozess' beider Parteien deutlich weniger problematisch als in anderen Untersuchungsbetrieben, denn bei allen Verhandlungen waren die nach wie vor vorhandenen Elemente der betrieblichen Leistungsgemeinschaft als Kooperationsbasis klar erkennbar. Den Belegschaften, die den Betriebsratsinitiativen mitunter (zumindest anfänglich) skeptisch gegenüber gestanden hatten, kamen die kooperations- bzw. kompromissorientierten Strategien ihrer Interessenvertretungen einerseits entgegen:

„Also ich glaub', der Betriebsrat ist inzwischen akzeptiert und gewünscht, und ich kenn' eigentlich kaum mehr jemand, der sagt: ‚Nee, das war eigentlich 'n Fehler diese Gründung!', ja, sie sagen alle: ‚Ja, es kam gerade noch rechtzeitig!'" (D01_BR)

Andererseits wollten die Beschäftigten aber auch Verbesserungen, sprich den Nutzen des Betriebsrates, eingelöst sehen. Gerade die ganz jungen Betriebsratsgremien konnten noch vergleichsweise wenig ‚vorweisen' und ‚rangen' zum Zeitpunkt der Interviews noch mit der Ausgestaltung der Beziehung zu ihren Belegschaften. Sie waren enttäuscht, dass sich die Beschäftigten nach der Wahl zurückzogen und passiv jegliche Interessendurchsetzung abtraten und/oder weiterhin auf ihrer individuellen Interessendurchsetzung beharrten und teils Betriebsratsregelungen unterliefen. Hier zeigten sich die Nachwirkungen der Betriebsratsgründungsprozesse: Das soziale Repräsentationsverhältnis war noch nicht in allen Betrieben tatsächlich ausbuchstabiert und kulturell stabil verankert.

Die ersten Verhandlungen drehten sich häufig um brisante Themen wie Arbeitszeit- und Überstundenregelungen und damit verbunden Zeiterfassungsregelungen, Urlaubsregelungen, Eingruppierungssysteme. Dies kam nicht von ungefähr, hatten sich doch gerade bei diesen Themen jahrelang Intransparenz und Wildwuchs entwickelt, die das ‚lange Leiden' der Belegschaften begründet hatten. Aber auch Entlassungen und Einstellungen sowie Mitarbeitergespräche und Leistungsbeurteilungen wurden verhandelt. Bei den jüngeren Betriebsräten mündeten diese Verhandlungen noch nicht immer in Betriebsvereinbarungen. Sie waren daher teilweise unzufrieden mit den Ergebnissen ihrer Arbeit und meinten selbstkritisch, anfangs zu viele ‚Baustellen' aufgemacht und sich damit vielleicht verzettelt zu haben:

„Gut, aber noch mal zu den Anfangszeiten des Betriebsrats, also wir haben viel angepackt, für meine Begriffe zu viel, gerade für die Kollegen, die nicht freigestellt sind, weil, wenn man sich vorstellt, man weiß nicht, ob das in anderen Betriebsräten genau so ist, wir verbringen jeden Dienstag sechs, sieben, manchmal acht Stunden mit unserer wöchentlichen Sitzung [...]. Ja, wir haben zu viele Baustellen. Wir werden mit keiner Baustelle fertig, weil wir schon wieder zwei neue dazu bekommen [...]." (D02_BR3)

„Dann haben wir erstmal Ausschüsse gebildet am Anfang. [...] Wir waren ganz wild auf Ausschüsse, haben auch ganz viele Ausschüsse dann schon gehabt und Ausschusssprecher [...]." (D02_BR4)

Ob das ausgeprägte Regelungsbedürfnis der neuen Gremien bzw. der Wunsch nach Formalisierung und Standardisierung typisch für diesen Typus der Betriebsratsgründung ist, lässt sich schwer beantworten, verständlich ist er vor dem Hintergrund der Fehlentwicklungen und Missstände, die zu den Betriebsratsgründungen geführt hatten, allemal. Denkbar ist auch, dass die Unübersichtlichkeiten und Turbulenzen der Formierungsphase das Regulierungsbedürfnis noch forcierten.

Als *Resümee* lässt sich dennoch festhalten, dass die neu gegründeten Betriebsräte trotz der geschilderten Anlaufschwierigkeiten relativ zügig arbeitsfähig und schließlich vertretungswirksam wurden, mit ersten Erfolgen ihre Position in den jeweiligen Betriebskulturen behaupteten und dabei die Konturen eines eigenständigen Selbst- bzw. Rollenbildes auszubilden begannen. Das erforderte enorme Lernanstrengungen bei den Interessenvertreter/inne/n, beim Management und bei den Belegschaften. Nach und nach wurden die Betriebsräte von den Geschäftsführungen und auch von den Beschäftigten als kollektive Interessenvertretung akzeptiert, es gelang ihnen ein wirksames und glaubwürdiges Repräsentationsverhältnis aufzubauen. Dieser Prozess war bei den jüngeren Betriebsratsgründungen noch nicht abgeschlossen, aber in den weiter zurückliegenden Gründungsfällen wurde die gelungene soziale Integration der Betriebsräte in die betriebliche Sozialordnung bereits durch Wiederwahlen bestätigt. Die Betriebsräte verstanden sich selbst als kooperativ und konstruktiv, auf das Wohl der Beschäftigten und der Betriebe bedacht: *„[...] man muss aber nicht immer auf Konfrontation gehen, man kann auch mal ein bisschen was geben, aber man muss auch was kriegen dafür [...]"* (M04_BR). Allen Befragten war auch klar, dass ihre Entwicklung als Interessenvertretungsgremien in Zukunft weitergehen muss, weil wirtschaftliche und/oder strukturelle Veränderungen fortwährende Anpassungen der Betriebe und der Belegschaften erzwingen werden und damit neue Themen für die Betriebsratsarbeit bedeuteten. Auch wenn die Betriebsräte selbst längst nicht zufrieden waren, mit dem was sie erreicht hatten, wieder vor die Entscheidung gestellt, würden alle Befragten wieder einen Betriebsrat gründen, weil er im Unterschied zum Einfluss und Durchsetzungsvermögen jedes einzelnen Beschäftigten ein mächtiges und wirksames Instrument darstellt, um die Interessen der Belegschaften zu schützen:

„Jetzt bin ich's selbst (Betriebsratsmitglied, Anm. d. Verf.) und ich denke, mittlerweile kann ich unterschreiben, dass der Betriebsrat doch dem ein oder anderen hilft, der sich nicht selbst helfen kann [...]. Ich mach weiter!" (D02_BR4)

Gründungen von Betriebsräten

4.4 Betriebsrat als Mittel der kollektiven Emanzipation

„Was sich da in den letzten Jahren aufgetan hat, das war einfach schon menschenunwürdig, kann man schon so sagen. Deswegen ist das auch mit den Betriebsräten so krass. Weil, die Leute wollen halt einfach Gerechtigkeit, die wollen auch, dass da jemand ist, der mal den Mund aufmacht, der sie vertritt, der sie einfach beschützt." (D14_BR)

Die Betriebe, in denen Betriebsratsgründungen des Typus *Betriebsrat als Mittel der kollektiven Emanzipation* stattfinden (im Folgenden *Kollektive Emanzipation*), zeichnen sich dadurch aus, dass die innerbetrieblichen Austauschbeziehungen vor der Betriebsratsgründung durch ein autokratisch-hierarchisches Führungsverhalten geprägt sind. Hierdurch unterscheiden sie sich von beiden in den vorherigen Kapiteln vorgestellten Mustern von Betriebsratsgründungen. Die folgende Darstellung der Spezifika des Typs *Kollektive Emanzipation* beruht ausschließlich auf Interviews mit Betriebsratsmitgliedern, keine angefragte Geschäfts- bzw. Betriebsleitung stimmte einem Interview zu.[34]

Im Folgenden werden zuerst die wichtigsten Merkmale der Betriebsratsgründungen *Kollektive Emanzipation* vorgestellt, danach folgt die ausführliche Typbeschreibung. 18 Betriebsratsgründungen unseres qualitativen Samples können in ihren wesentlichen Ausprägungen dem Betriebsratsgründungstyp *Kollektive Emanzipation* zugeordnet werden:

- *Strukturelle Merkmale:* Betriebsratsgründungen des Musters Kollektive Emanzipation finden sowohl im Verarbeitenden Gewerbe wie auch im Bereich einfacher bzw. niedrig bezahlter Dienstleistungen statt, wobei sie häufiger im Dienstleistungsbereich anzutreffen sind. Bei den Betrieben handelt es sich um Klein- und Mittelbetriebe mit einem hohen Anteil prekär Beschäf-

---

[34] Hier gab es einen erheblichen Unterschied zu Geschäftsführern oder Personalverantwortlichen der Betriebsratsgründungen des Typs *Betriebsrat als Schutz für die gemeinschaftliche Sozialordnung*: Zwei Drittel von letzteren waren zu einem Interview bereit. Man kann annehmen, dass diese Unterschiede in der Interviewbereitschaft nicht zufällig oder personenabhängig waren, dass die Interviewbereitschaft einer Geschäftsleitung bis zu einem gewissen Grad ein Indikator für die Art der Betriebskultur und die Konflikthaftigkeit der Betriebsratsgründung ist. Bezeichnenderweise wurde von einigen Niederlassungsleitern der Dienstleistungsbetriebe des Typs *Kollektive Emanzipation* bei einem telefonischen Kontakt nicht die Standardbegründung „keine Zeit" oder „kein Interesse" gegeben, sondern darauf verwiesen, dass man sich an die Unternehmenszentrale wenden müsste. Hier zeigt sich der Zusammenhang zwischen Interviewbereitschaft und Betriebskultur: Die Niederlassungs- oder Filialleiter/innen der Dienstleistungsbetriebe haben in aller Regel nur begrenzte Entscheidungsbefugnisse und benötigen für viele Sachverhalte die Einwilligung eines/einer ihnen übergeordneten Manager/in und sind eben auch nicht befugt, Interviews zu betrieblichen Themen zu geben.

tigter (vor allem in den Dienstleistungsbetrieben), die im Regelfall Niederlassungen bzw. Filialen großer Unternehmen oder Konzerne sind (vgl. Tab. 11 im Anhang). In den Randbelegschaften herrscht eine hohe Fluktuation; die (kleinen) Stammbelegschaften zeichnen sich durch langjährige personelle Kontinuität aus, das Führungspersonal wechselt jedoch relativ häufig. Die Dienstleistungsbetriebe sind in der Mehrheit tarifgebunden, die Betriebe des Verarbeitenden Gewerbes nicht. In den nicht tarifgebundenen Betrieben wird zum Teil deutlich unter Tarif gezahlt, in den tarifgebundenen ‚zumindest' die (allerdings branchenspezifisch oft niedrigen) tariflichen Grundvergütungen eingehalten. In der Mehrzahl der Konzerne gibt es einen Gesamt- bzw. Konzernbetriebsrat.

- *Innerbetriebliche Austauschbeziehungen und kollektive Interessendefinition:* Die innerbetrieblichen Austauschbeziehungen sind durch eine große Machtasymmetrie zwischen den Betriebsleitungen und den Beschäftigten sowie durch eine Negierung besonderer Interessen der Beschäftigten durch die betrieblichen Entscheidungsträger geprägt. Mit der Begrifflichkeit von Kotthoff/Reindl (1990) kann man die Sozialordnung der Betriebe vor der Betriebsratsgründung als „instrumentell" charakterisieren.[35] Die Beschäftigten werden wie Befehlsempfänger/innen ohne Widerspruchsrecht behandelt. Im Zentrum des Interessenhandelns der Führungskräfte steht das ‚Betriebswohl', was in diesem Fall die Aufrechterhaltung des Betriebsablaufs bei maximaler Anpassung an das Auftrags- oder Kundenvolumen zu möglichst geringen Kosten meint. Um die überbetrieblich vorgegebenen Ziele zu erreichen, werden zum Teil gesetzliche Arbeitszeit- und Arbeitsschutzbestimmungen und/oder – falls tarifgebunden – tarifliche Regelungen missachtet. Auf die Bedürfnisse der Beschäftigten wird bei der Planung der betrieblichen Abläufe wenig bis gar keine Rücksicht genommen, eine ‚Fürsorgepflicht' gegenüber den Untergebenen kaum gesehen. Eine individuelle Interessenvertretung von Beschäftigten ist nicht gänzlich ausgeschlossen, aber die Selbstvertretung von Beschäftigten findet ihre Grenzen in der Bereitschaft der direkten Vorgesetzten, auf die geäußerten Wünsche einzugehen. Die Konstanz dieser Betriebskultur des Befehls und Gehorsams beruht nicht zuletzt darauf, dass die Niederlassungsleiter/innen selber schnell bei Nichterreichen von Unternehmensvorgaben ausgewechselt werden.
- *Anlässe:* Die Betriebsratsgründung wird nicht durch einen singulären Anlass ausgelöst; sie ist vielmehr eine Reaktion auf die seit Jahren bestehenden Arbeitsbedingungen, die aus Sicht der Beschäftigten durch einzelne, mehrere oder im Extremfall durch eine Kombination aller der im Folgenden

---

35 Es handelt sich – in der Terminologie von Kotthoff/Reindl (1990) – überwiegend um „seelenlose Arbeitshäuser".

genannten Umstände geprägt sind: ein autoritäres, keinen Widerspruch duldendes Verhalten der Vorgesetzten; Flexibilitätszumutungen; fehlende Anerkennung; Gesundheitsgefährdungen; eine geringe Entlohnung; die regelmäßige Verletzung gesetzlicher und tariflicher Regelungen; intransparente Bevorzugung einzelner Beschäftigter. Hinter der Betriebsratsinitiative steht die Hoffnung, sich endlich mit Hilfe eines Betriebsrats nach einer langen Zeit des ‚Leidens' gegen die Ungerechtigkeiten wehren und ‚normale' Formen des sozialen Umgangs sowie bessere Arbeitsbedingungen im Betrieb durchsetzen zu können. Einen speziellen Anlass braucht es für die Betriebsratsgründung somit nicht mehr. Manchmal ist dann ein scheinbar nebensächliches Ereignis ‚der letzte Tropfen', der das Fass zum Überlaufen bringt. Es dauert in aller Regel mehrere Jahre, bis bei einem (kleinen) Teil der Beschäftigten die Unzufriedenheit über die betriebliche Situation so groß wird, dass sie die Gründung eines Betriebsrats in Angriff nehmen und sie es riskieren, sich den zu erwartenden Repressionen von Seiten der Geschäftsleitung auszusetzen.

- *Konstituierung der repräsentativen sozialen Gruppe:* Die Betriebsratsinitiator/inn/en, zu Beginn zwei bis fünf Beschäftigte, kennen sich (persönlich) schon länger und stammen aus der Stammbelegschaft. Sie sind in der Regel seit mehreren Jahren im Betrieb, üben qualifizierte Tätigkeiten aus und haben zum Teil untergeordnete Vorgesetztenfunktionen (wie Schichtleiter/in, Vorarbeiter/in) inne. Da die Stammbelegschaft zudem (vor allem in den Dienstleistungsbetrieben) zahlenmäßig relativ klein ist, sind die Initiator/inn/en den restlichen Mitgliedern der Stammbelegschaft gut bekannt. Von diesen werden sie relativ problemlos als glaubwürdige zukünftige ‚Interessenvertreter/innen' akzeptiert; es muss ihnen aber gelingen (und gelingt ihnen auch), die große Zahl der prekär Beschäftigten ebenfalls ‚ins Boot' der gemeinsamen Betriebsratsinitiative zu holen und sie davon zu überzeugen, dass sie auch deren Interessen vertreten werden.
- *Verlaufsformen:* Vor der Betriebsratsgründung gibt es aufgrund der mitbestimmungsfeindlichen Unternehmenspolitik kaum überindividuelle *Vorformen der Repräsentation* bzw. keine/n informelle/n Repräsentanten/in der Belegschaft. Aufgrund der antizipierten Verhinderungsversuche der Geschäftsleitung – häufig gibt es vor der dann erfolgreichen Betriebsratsgründung mindestens einen gescheiterten Versuch – besprechen sich die Initiator/inn/en in der *Latenzphase* im Geheimen und suchen so gut wie immer sehr früh den Kontakt zur Gewerkschaft. Vor der Zeit der Betriebsratsgründung sind sie zum großen Teil nicht in der Gewerkschaft, zu einem geringen Teil passive Mitglieder. Nur wenige von ihnen haben vorher in einem Betrieb mit einem Betriebsrat gearbeitet. Die Unterstützung durch die Gewerkschaft – und durch den Gesamtbetriebsrat, falls vorhanden und involviert – ist von

großer Bedeutung für den Zusammenhalt der Initiator/inn/en und den Erfolg der Betriebsratsinitiative. Gibt es einen Gesamtbetriebsrat im Unternehmen, ist dieser auch im Regelfall in irgendeiner Form an der Betriebsratsgründung beteiligt. In der *Formierungsphase* wird die Belegschaft von der Notwendigkeit der Betriebsratsgründung überzeugt und eine Vielzahl ‚gleichgesinnter' Kandidat/inn/en gewonnen. Die Unterstützung durch die Belegschaft zeigt sich dann in einer in aller Regel sehr hohen Wahlbeteiligung (über 80%) und dem geringen Erfolg arbeitgebernaher Bewerber/innen oder Listen. In der Hälfte der Fälle versuchten die Geschäftsleitungen (erfolglos) durch Agitation die Betriebsratsgründung zu verhindern und/oder durch ihnen genehme Kandidat/inn/en die Zusammensetzung des Betriebsrats zu beeinflussen. Typischerweise gelingt es dem Betriebsrat in der *Konstituierungsphase* schnell, arbeitsfähig zu werden.

- *Vertretungswirksamkeit:* Die Betriebsräte des Typs *Kollektive Emanzipation* zeichnen sich dadurch aus, dass sie trotz der ablehnenden Haltung der Geschäftsleitungen ihnen gegenüber vertretungswirksam werden können. Dies gelingt ihnen durch interne Geschlossenheit, regelmäßige Betriebsratsschulungen, eine enge Anbindung an die Gewerkschaft und (falls vorhanden) durch die Unterstützung des Gesamtbetriebsrats. Sie können auch relativ schnell Erfolge aufweisen: bei der Durchsetzung gesetzlicher oder tariflicher Standards, z.B. beim Arbeitsschutz und der Arbeitszeit, bei der Gestaltung von Dienstplänen, durch das Einschreiten bei autoritärem Vorgesetztenverhalten etc. Diese Erfolge sichern dann auch den langfristigen Rückhalt in weiten Teilen der Belegschaft. Aus Sicht des Betriebsrats wird er aber (auch nach Jahren) oft noch nicht als Verhandlungs*partner* von der Geschäftsleitung akzeptiert. Diese bekämpft ihn zwar nicht offensiv, versucht ihn (und seine Mitbestimmungsrechte) aber zu ignorieren, die Zusammenarbeit geht kaum über das gesetzlich vorgeschriebene Minimum hinaus.

4.4.1 Strukturelle Merkmale der Betriebe

Dem Typ *Kollektive Emanzipation* rechnen wir 18 Betriebe aus unserem Sample zu (zu den Details vgl. Tab. 11 im Anhang). Darunter befanden sich sowohl Betriebe des Verarbeitenden Gewerbes wie auch des einfachen und/oder niedrig bezahlten Dienstleistungsbereichs. Die Dienstleistungsbetriebe stellten dabei die deutliche Mehrheit: 13 von 18 Betrieben. Sie verteilten sich auf fünf Dienstleistungsbranchen: Systemgastronomie (5 Betriebe), Postdienste/Speditionen/Logistik (4), Einzelhandel (2), Kfz/Handel und Hotelgewerbe (je ein Fall). Die restlichen fünf Betriebe stammten aus dem Verarbeitenden Gewerbe, davon drei aus der Metallindustrie und je einer aus der Kunststoff- und Nahrungsmittelindustrie.

Gründungen von Betriebsräten 147

Mit der Ausnahme von zwei Betrieben (ein Franchisenehmer und ein eigentümergeführter Einzelbetrieb) waren alle Niederlassungen bzw. Filialen großer Unternehmen oder Konzerne mit unterschiedlichen Rechtsformen, von denen fünf Familienunternehmen bzw. inhabergeführt waren. Etwas mehr als die Hälfte dieser Unternehmen oder Konzerne war wiederum im Besitz ausländischer Konzerne bzw. Kapitaleigner. Drei der Industriebetriebe sowie ein Betrieb der Systemgastronomie waren in Ostdeutschland (ohne Berlin) beheimatet. Die westdeutschen Betriebe befanden sich mit Ausnahme von zwei Postdienste/Speditionen/Logistik-Betrieben und dem Nahrungsmittelbetrieb in Großstädten bzw. Ballungsräumen. Im Durchschnitt waren die Betriebe bzw. Filialen zum Zeitpunkt der Betriebsratsgründung älter als zehn Jahre.

Die wirtschaftliche Lage der Betriebe zur Zeit der Betriebsratsgründung war durchgängig gut. Die Zahl der Beschäftigten – genauer: die Zahl der Personen die ‚in' diesen Betrieben arbeiteten – lag zu diesem Zeitpunkt zwischen zwölf und 570.[36] Drei Betriebe hatten weniger als 20 Beschäftigte (zweimal Systemgastronomie und das Hotel). 21 bis 100 Beschäftigte hatten die zwei Einzelhandelsfilialen (26 und 74), die Kfz-Handelsfiliale (29), zwei Betriebe der Systemgastronomie (40 und 80) und ein Betrieb der Metallindustrie (55). In den Betrieben des Postdienste/Speditionen/Logistik-Bereichs arbeiteten zwischen 120 und 200 Personen. Die Betriebe mit den meisten Beschäftigten waren ein Betrieb der Systemgastronomie mit über 430 Beschäftigten[37] und vier Industriebetriebe (ca. 200, 426 und zweimal jeweils über 500 Beschäftigten). Zum Teil hatten die Betriebe (vor allem die des Verarbeitenden Gewerbes) in den Jahren vor der Betriebsratsgründung eine deutliche Erhöhung der Beschäftigten zu verzeichnen, zum Teil war die Beschäftigtenzahl relativ stabil und in einer geringen Anzahl der Fälle nahm sie ab (vor allem durch die Nicht-Verlängerung befristeter Arbeitsverträge).

In zwei Dritteln der Betriebe stellten prekär Beschäftigte die Mehrheit der Belegschaft. Wenn man von einem Betrieb absieht (Logistik), bei dem Leiharbeitnehmer/innen 60% der ‚Beschäftigten' stellten, zeichneten sich diese Betriebe durch einen hohen Anteil von Befristungen aus, zum Teil in Kombination mit einem hohen Anteil geringfügiger Beschäftigung bzw. Arbeitsverträgen mit einer niedrigen Stundenzahl. Die ‚Spitzenreiter' waren ein Logistikunternehmen mit einem Anteil der geringfügig Beschäftigten an der Belegschaft von ca. 80%,

---

36 Bei diesen Zahlen sind die Leiharbeitnehmer/innen mit berücksichtigt, die formal ja nicht Beschäftigte des Betriebs sind, aber wenn sie länger als drei Monate im ‚ausleihenden' Betrieb arbeiten, den Betriebsrat mitwählen dürfen.
37 Dies war ein Sonderfall: Hier wurde ein gemeinsamer Betriebsrat für alle Filialen (weit mehr als zehn) eines Franchiseunternehmens initiiert und durchgesetzt. Zur Zeit des Interviews war noch ein vom Unternehmen angestrengtes Verfahren vor dem Arbeitsgericht anhängig, ob es rechtlich zulässig ist, dass es einen Betriebsrat für alle Filialen gibt oder ob jede Filiale einen eigenen Betriebsrat wählen müsste.

und eine Einzelhandelsfiliale, in der studentische Aushilfen mit ‚flexiblen Teilzeitverträgen' 90% der Belegschaft ausmachten. Nur in einem Drittel der Betriebe spielten befristete Arbeitsverträge, geringfügige Beschäftigungen oder Leiharbeit zum Zeitpunkt der Betriebsratsgründung eine geringe Rolle.

Hinsichtlich der Belegschaftsstruktur befanden sich unter den 18 Betrieben sowohl fast reine Männerbetriebe (ein Metallbetrieb und drei Postdienste/Speditionen/Logistik-Betriebe) mit einem Anteil der weiblichen Beschäftigten zwischen 5 und 15%, Betriebe mit einem ungefähr gleichen Anteil von Frauen und Männern sowie auch ‚frauendominierte' Betriebe (Einzelhandel und Hotel). Kennzeichnend für die Betriebe der Systemgastronomie war zudem ein hoher Anteil von Beschäftigten mit einem Migrationshintergrund.

Die Qualifikationsstruktur der Tätigkeiten war je nach Branche und Betrieb verschieden: In den Metallbetrieben wurden überwiegend Facharbeiter/innen-Qualifikationen nachgefragt, in dem Kunststoffbetrieb, dem Nahrungsmittelbetrieb und in den Postdienste/Speditionen/Logistik-Betrieben fand sich ein hoher Anteil un- und angelernter (und körperlich schwerer) Tätigkeiten, ebenso in der Systemgastronomie. Im Einzelhandel und dem Hotel waren eher fachbezogene Qualifikationen notwendig. Prinzipiell unterschieden sich die Qualifikationsanforderungen an die Stammbelegschaft (Berufsausbildung) deutlich von denen an die Randbelegschaften (un- und angelernte Tätigkeiten).

Zehn der 13 Dienstleistungsbetriebe bzw. -unternehmen waren zum Zeitpunkt der Betriebsratsgründung tarifgebunden, davon hatten zwei einen Haustarifvertrag abgeschlossen. Keiner der fünf Betriebe des Verarbeitenden Gewerbes war tarifgebunden. In elf Unternehmen bestand ein Gesamt- bzw. Konzernbetriebsrat.

Vor der Umsetzung des Wunsches nach einem Betriebsrat war die Zahl der Beschäftigten, die Mitglied einer Gewerkschaft waren, sehr gering (und auch der Kontakt dieser Beschäftigten zur Gewerkschaft). In keinem der Fälle lag der Organisationsgrad über 5%. Die befragten Betriebsratsmitglieder gingen meist von ‚einer Handvoll' Gewerkschaftsmitglieder aus, wobei in den Betrieben des Verarbeitenden Gewerbes sich, wenn auch auf niedrigem Niveau, deutlich mehr Gewerkschaftsmitglieder finden ließen als in den Dienstleistungsbetrieben.

Hinsichtlich der strukturellen Merkmale der Betriebe, die dem Gründungstyp *Kollektive Emanzipation* zugeordnet werden können, lässt sich festhalten, dass es eine Dominanz von Dienstleistungsbetrieben mit einer hohen Anzahl prekärer Beschäftigungsverhältnisse gab, die Betriebe aber hinsichtlich anderer Kriterien wie z.B. Qualifikationsstruktur oder Männer-Frauen-Anteil uneinheitlich waren. Gemeinsam war allen Betrieben wiederum, dass die Produktion bzw. Dienstleistung sehr personalintensiv war. Dass der Großteil der Dienstleistungsbetriebe tarifgebunden war, erklärt sich nicht zuletzt dadurch, dass die Tariflöhne in den hier diskutierten Dienstleistungsbranchen im Vergleich zur Industrie ver-

Gründungen von Betriebsräten 149

gleichsweise niedrig waren; so beträgt der monatliche tarifliche Bruttolohn bei einfachen Lagertätigkeiten (Vollzeit) ca. 1.300 Euro, der Einstiegsstundenlohn in der Systemgastronomie (vor Einführung des Mindestlohns) 7,50 Euro. Dagegen würde eine Tarifbindung der Betriebe des Verarbeitenden Gewerbes deren Personalkosten deutlich erhöhen. In den nicht-tarifgebundenen Betrieben lag die Entlohnung zum Teil deutlich unter vergleichbaren tarifvertraglichen Standards. Ob ein Betrieb tarifgebunden war, sagte noch nichts darüber aus, wie umfassend die tariflichen Regelungen auch angewendet wurden. Zwar hielt man sich ‚im Prinzip' an die tarifvertragliche Grundvergütung, aber die Eingruppierungen wurden oft nicht nach den tarifvertraglichen Regelungen vorgenommen. Auch die tariflichen Regelungen zu Arbeitszeit, Mehrarbeits- oder Schichtzuschlägen wurden nur selektiv angewendet. In diesen Betrieben wurde oft erst nach der Betriebsratsgründung von Seiten der Geschäftsleitung ‚erkannt', dass bestimmte tarifliche Regelungen für den Betrieb gelten und man begann erst dann, die tariflichen Regelungen konsequent(er) zu befolgen.

„Früher (vor der Betriebsratsgründung, Anm. d. Verf.) war es wirklich so, was da im Manteltarifvertrag drin steht, ist eigentlich völlig irrelevant." (G01_BR2)

Eine weitere Gemeinsamkeit, vor allem bei den Dienstleistungsbetrieben, bestand darin, dass die Geschäftsführer oder Betriebsleiter (zum Teil auch die Personen auf der darunterliegenden Hierarchieebene wie Produktions- oder Abteilungsleiter/innen) sehr häufig wechselten. Sie hatten in den meisten Fällen auch nur eingeschränkte Entscheidungsbefugnisse, z.B. konnten sie keine Einstellungen eigenständig vornehmen und standen unter einem hohen Druck, von den Unternehmenszentralen vorgegebene Gewinn- oder Umsatzvorgaben zu erreichen. Eine hohe Fluktuation herrschte auch bei den Randbelegschaften. Einzig die kleine Gruppe der Stammbelegschaft unterhalb oder auch auf der unteren Managementebene war im Großen und Ganzen schon über einen längeren Zeitraum im Betrieb. Aus dieser Gruppe stammten dann auch die Inititiator/inn/en der Betriebsratsgründung.

4.4.2 Innerbetriebliche Austauschbeziehungen und kollektive Interessendefinition: „aber das lag immer nur im Ermessen der Obrigkeit"

Die innerbetrieblichen Austauschbeziehungen in den Betrieben des Typs *Kollektive Emanzipation* waren in fast allen Fällen durch eine ausgeprägt autoritäre Managementkultur gekennzeichnet. Das Vorgesetztenverhalten wurde von den Beschäftigten als autokratisch und willkürlich wahrgenommen:

„Die einzelnen Abteilungsleiter hatten sozusagen Königreiche, und der König hat dann immer befohlen und hat gesagt: ‚Das ist Recht, das ist gerecht und gesetzt und das machen wir hier so', es wurde keiner in eine Entscheidung mit eingebunden." (M01_BR1)

„Und denn auch diese, ich sag' mal, diese Schikane oder Willkür dann." (G02_BR)

„Ja, wie soll man das sagen, war das Wetter schlecht, war der Vorgesetzte schlecht gelaunt [...] und der Dritte, der dann fragen kam für irgendwas, der wurde dann grundlos zusammengefaucht." (D06_BR1)

„Also im Endeffekt, wenn man ein Anliegen hatte, hatte man vielleicht Glück und es wurde stattgegeben und wenn nicht, dann hatte man eben Pech und es wurde nicht stattgegeben. [...] Die haben entschieden so oder so [...] und man musste sich dem fügen." (D08_BR1)

„Es kommt ja noch mehr hinzu. Also da ist ja der psychologische Druck auch einfach da, der seitens des Managements ausgeübt wird, da werden ja Leute ins Büro zitiert, sobald sie wieder einmal aufmüpfig werden, ja und vielleicht einfach über ganz belanglose Themen, was jetzt Rechte der Mitarbeiter betrifft, mit anderen Kollegen reden." (G01_BR1)

Die Beziehungen zwischen Vorgesetzten und Beschäftigten waren fast durchgängig durch einen ‚Befehlston' geprägt; die Beschäftigten wurden in Entscheidungen nicht einbezogen und bei ‚kritischen Nachfragen' gemaßregelt. Zwar gab es auch lokale Niederlassungsleiter/innen und betriebliche Vorgesetzte, die weniger autokratisch agierten, sie waren aber die Ausnahme.

„Und es gibt nichtsdestotrotz mehr oder weniger zufällig doch [...] Filialleiter, die da ein bisschen ausscheren und sich anders verhalten gegenüber ihrer Belegschaft. Aber die sind eher die Ausnahme und [...] sind auch nicht besonders gut gelitten. Und stehen eher in der Gefahr, dann auch ausgewechselt zu werden." (D23_BR)

Die betrieblichen Führungskräfte waren somit in gewissem Sinne auch ‚nur' Befehlsempfänger, standen unter einem hohen Druck, die von der Unternehmenszentrale vorgegebenen Gewinn- und Umsatzvorgaben zu erreichen und wurden bei Nichterreichen dieser Vorgaben schnell ausgetauscht. Eine hohe Fluktuation bei den Niederlassungsleiter/inne/n war der Regelfall in den meisten Dienstleistungsbetrieben des Typs Kollektive Emanzipation. Für die Beschäftigten, die die Gunst der Geschäftsleitung genießen durften, eröffneten sich Aufstiegschancen, da formale Qualifikationen für einen Aufstieg in der Betriebshierarchie eine eher geringe Bedeutung hatten. Das führte aber wiederum dazu, dass diese Vorgesetzten keine Führungserfahrung geschweige denn eine Schulung zum Führungsverhalten erhalten hatten.

„Keiner von denen hatte Führungserfahrungen. Keiner. Alle [...] haben sich von unten nach oben gearbeitet, geschleimt, wie man's eben nennen möchte." (D06_BR2)

Anerkennung für ihre Arbeit erhielten die Beschäftigten kaum. Soziale Belange der Beschäftigten spielten nur eine untergeordnete Rolle für den Umgang der meisten Vorgesetzten mit ihren Untergebenen. Inwiefern Beschäftigte ihre Interessen dennoch ‚durchsetzen' konnten, hing stark von der persönlichen Beziehung zwischen ihnen und den jeweiligen direkten betrieblichen Vorgesetzten ab. Bei einem guten Verhältnis konnten individuelle Interessen eventuell eingebracht werden, aber da auch die betrieblichen Führungskräfte Befehle auszuführen hatten, wurde das alltägliche Bargaining auf dem Shop-Floor normalerweise nach dem Prinzip ‚Vogel friss oder stirb' gestaltet. Widerspruch wurde ignoriert; die Beschäftigten waren sehr vorsichtig hinsichtlich der Frage, ob sie überhaupt etwas sagen sollten, da immer auch die Drohung und die Möglichkeit einer negativen Sanktionierung durch die direkten Vorgesetzten im Raume stand. Dies betraf vor allem die Beschäftigten, die un- und angelernte Tätigkeiten ausübten. Sie konnten leicht ‚bestraft' werden (z.b. Versetzung in eine für sie ungünstige Schicht) und wären schnell zu ersetzen gewesen.

Zu dem aus Sicht der Beschäftigten rüden und willkürlichen Umgang mit ihnen kommt noch hinzu, dass teilweise durch die Missachtung gesetzlicher Regelungen (z.b. bei der Dauer und Lage der Arbeitszeit, bei Urlaubsansprüchen, Überstundenregelungen und Lohnfortzahlung im Krankheitsfall) Personalkosten eingespart wurden (wobei das Ausmaß den Betriebsratsinitiator/inn/en vielfach erst nach der Gründung des Betriebsrats bewusst wurde).

„Und das war alles eigentlich sehr anrüchig, sehr anstößig, es gab für die Hallenbeschäftigten, die also den überwiegenden Teil der Beschäftigten ausmachen, gab es keine Lohnfortzahlung im Krankheits- oder im Urlaubsfall." (D08_BR1)

Wie weit die Verletzung gesetzlicher oder tariflicher Regelungen auf der betrieblichen Ebene gehen konnte, hing nicht zuletzt von dem Verhalten der Unternehmenszentralen ab. Es existierten durchaus Unternehmen, die bei Bekanntwerden der Verletzung von Arbeitsstandards aktiv wurden. Aber für die meisten Fälle ist die Annahme plausibel, dass die Missachtung von gesetzlichen und/oder tariflichen Regelungen von den überbetrieblichen Managementebenen zumindest geduldet, wenn nicht sogar gefördert wurde.

Zusammenfassend kann man festhalten, dass die innerbetrieblichen Austauschbeziehungen der deutlichen Mehrheit der Betriebe durch eine große Machtasymmetrie zwischen den Betriebsleitungen und den Beschäftigten geprägt waren. Von Seiten der Geschäftsleitungen gab es nur eine geringe bis keine Akzeptanz der besonderen Interessen der Beschäftigten. Die Sozialordnung in der Mehrzahl der Unternehmen kann man nach Kotthoff/Reindl (1990) als „instrumentell" bezeichnen oder auch als ein Verhältnis, das von „Repression versus Ohnmacht" (Artus 2007, 2008a; Lücking 2009) geprägt ist. Eine formalisierte Vertretung durch sogenannte andere Vertretungsorgane gab es in keinem der

Betriebe, da jede Möglichkeit einer formalisierten überindividuellen Interessenvertretung den autokratischen, personalisierten Zugriff auf die Beschäftigten gestört und einer Überprüfung oder Kontrolle unterworfen hätte. Daher ist es immanent logisch, dass in den meisten Betrieben die Geschäftsleitungen versuchten, eine Betriebsratsgründung zu verhindern und den Betrieb vor gewerkschaftlichem Einfluss abzuschotten.

„Und dann wurde auch immer das unterdrückt die ganzen Jahre: ‚Betriebsrat brauchen wir nicht' und dann wenn mal der [...] Gesamtbetriebsrat mal einen Betriebsbesuch machen wollte, dann wurden die Leute abgeblockt: ‚Ja nicht, bloß nicht in den Betrieb reinlassen, die brauchen so was nicht, die wollen ja so was nicht', dann wurde von der Betriebsleitung für die Leute sozusagen entschieden: ‚Die wollen so was alle gar nicht.'" (G10_BR)

„[...] weil bei uns die Geschäftsleitung scheut eigentlich die Gewerkschaft, warum weiß ich zwar nicht, aber irgendwie ist das wie Feuer und Wasser." (D06_BR1)

Den Geschäftsleitungen oder den ihnen übergeordneten Manager/inne/n war es vielfach lange Zeit gelungen, den Beschäftigten zu suggerieren, dass man doch alles innerhalb der bestehenden Verhältnisse zum Nutzen aller regeln könne, dass die Einflussnahme von Gewerkschaften und/oder ein Betriebsrat schädlich für das betriebliche Wohlergehen seien. Gewissermaßen hatten sie die ‚ideologische' Hegemonie im innerbetrieblichen Diskurs über die Artikulation von Interessen und die Form der Interessenvertretung inne. Einige der befragten betrieblichen Interessenvertreter/innen thematisierten, warum sie diese Form von (aus ihrer Sicht entmündigender) betrieblicher Herrschaft so lange erduldet hatten. Dabei wurde zum einen darauf verwiesen, dass offener Widerspruch im alltäglichen betrieblichen ‚Bargaining' und erst recht die Propagierung der Idee, einen Betriebsrat gründen zu wollen, von der Geschäftsleitung ‚bestraft' worden wären. Man hatte schlicht Angst vor Degradierung oder Entlassung.

„Weil wir wirklich Angst hatten, wie sich hinterher herausgestellt hatte, auch mehr als berechtigt." (D08_BR2)

„Sie hören hier in den Zwischentönen oder in den deutlichen Tönen immer das Wort Angst und die Angst hier immer aktuell schön frisch zu halten, das ist ein Führungsinstrument [...]. So nach dem Motto bist Du nicht für mich, bist Du gegen mich und dann gehst Du." (C01_BR1)

Diese Angst vor der Kündigung wurde zum weiteren damit begründet, dass es für den Bereich der einfachen Dienstleistungen für die gering qualifizierten Beschäftigten kaum Alternativen auf dem regionalen Arbeitsmarkt gab.

„Hauptsache weiterhin Arbeit, das ist einfach so, weil das ist nun mal eine Tätigkeit, wo man weder ein Abitur braucht noch irgendwelche besondere Ausbildungen." (D07_BR)

Gründungen von Betriebsräten 153

Die Einschätzung, dass die betrieblichen Verhältnisse aufgrund der angespannten Arbeitsmarktsituation in Kauf genommen wurden, wurde vor allem von den Befragten aus den Betrieben des Verarbeitenden Gewerbes in Ostdeutschland geäußert.

> „Das ist eben so, dass, ich sag' mal gerade hier im Osten nach der Wende [...], dass komplette Industrien gestorben sind und da hat jeder oder fast jeder in unserem Alter hat irgendwo auch schon negative Erfahrungen gemacht und da war eine gewisse Angst auch da, [...] Betriebsräte zu gründen zum Beispiel oder [...] sich dem Arbeitgeber ein klein wenig entgegenzustellen, das hat alles sicherlich auch damit zu tun." (M01_BR1)

Trotz aller Befürchtungen und Ängste hat in den Betrieben des Typs *Kollektive Emanzipation* aber eine Entwicklung stattgefunden, durch die die „Angst" zumindest einiger Beschäftigter vor möglichen Repressionen der Geschäftsleitung soweit ,eingedämmt' wurde, dass kollektives Handeln möglich wurde und die diskursive Hegemonie der Geschäftsleitungen bezüglich Betriebsrat und Gewerkschaften überwunden werden konnte.[38] Durch Gespräche und den Austausch von Erfahrungen zeigte sich, dass der willkürliche Umgang und die Flexibilitätszumutungen nicht nur Einzelne betraf und es bildete sich eine kollektiv – zumindest bei den Initiator/inn/en der Betriebsratsgründung – geteilte Perspektive auf die betrieblichen Herrschaftsverhältnisse als illegitime Verhältnisse aus. Man fand, man habe nun lang genug ,gelitten':[39]

> „Weil diese Hierarchie, ich sag' mal am Ende, das hat keiner mehr ertragen können. Also der Umgang mit den Menschen, das war, sag' ich mal, ganz wichtig und wie gesagt die Befehlsstruktur." (M01_BR1)

---

38 Über die Perspektive der Beschäftigten vor dem Reframing und über die jeweilige empirische Ausgestaltung dieses Prozesses in den einzelnen Fällen lassen sich nur begrenzt Aussagen machen, da für die meisten Betriebsratsgründungsfälle zu wenige Informationen vorliegen: Es wurden nur Betriebsratsmitglieder interviewt und keine weiteren Beschäftigten.

39 Aus Sicht der Betriebsratsinitiator/inn/en war der Betriebsrat *das* (einzige) Mittel zur Veränderung der repressiven betrieblichen Herrschaftsverhältnisse, eine rechtlich abgesicherte kollektive Interessenvertretung schien überhaupt erst die Möglichkeit der Interessenwahrnehmung (in dem Sinne dass die Geschäftsleitung die Interessen der Beschäftigten wahrnehmen muss) und -durchsetzung zu eröffnen. Dies rechtfertigt auch den Begriff der Emanzipation: Man bekommt nicht durch einen ,Gnadenakt' mehr Freiheit und Gleichberechtigung zugewiesen, sondern durch eine kollektive Aktion befreit man sich selbst aus der Bevormundung, aus den als illegitim wahrgenommenen betrieblichen Verhältnissen.

4.4.3 Anlässe: „einfach Gerechtigkeit"

Gemeinsam war den Betriebsratsgründungen des Typs *Kollektive Emanzipation* der Umstand, dass es keinen einzelnen Grund oder ein singuläres Ereignis für die Gründungsinitiative gab. Die Betriebsratsgründung war eine Reaktion auf die als nicht mehr hinnehmbar wahrgenommenen betrieblichen Verhältnisse und Arbeitsbedingungen. Die schon beschriebene Machtasymmetrie und die Ausrichtung der betrieblichen Abläufe zu Lasten der Beschäftigten manifestierten sich im Einzelnen:

- in einem willkürlichen, Anstands- und Höflichkeitsregeln verletzenden Verhalten der Vorgesetzten;

 „Dass Leute mit Personalverantwortung [...] nicht da wie so ein Berserker durch die Reihen fegen." (D06_BR1)

 „Ein Argument für die ganze Geschichte war eigentlich auch die Willkür." (M01_BR9)

 „Unser Produktionsleiter, das ist so ein Beispiel, wie's überhaupt nicht sein sollte. Der hatte einen Führungsstil, also da hab' ich immer gesagt: ‚Den darf man auf die Menschheit nicht loslassen.'" (G02_BR)

 „Wir hatten damals einen Gebietsleiter, das war nicht so ganz lustig das Arbeiten, Leute waren alle sauer, dass bei uns wieder mehr Zufriedenheit in den Laden reinkommt und dass wir hier vernünftig arbeiten können und dass wir uns auch mal wehren können gegen Ungerechtigkeit. Das war im Prinzip mein Grundgedanke." (M14_GBR)

- in einem restriktiven Vorgehen von Vorgesetzten gegen Kritik;

 „Wenn heute jemand zum Geschäftsführer, egal zu welchem [...] mit einem Problem kommt, mit dem Marktleiter, oder, oder, in der Regel hat er 14 Tage später die Kündigung auf dem Tisch." (D23_GBR)

 „Ich bin dann ins Büro dort zitiert worden und unser Gebietsleiter [...], der hat mich angebrüllt: Herr (Name), was ist los? Was passiert da? [...] Und in so ein Personalgespräch werden Sie hineingezogen [...]. Mir wurde gar nicht die Chance gegeben, mich darauf emotional einzustellen! Ja, und das ist das, was ich meine: Dieser unfaire Umgang miteinander." (G01_BR1)

- in einer fehlenden Anerkennung und Würdigung der Arbeit der Beschäftigten;

 „Wie gesagt, wir hören wenig Positives von unserer Geschäftsleitung trotz hervorragender Zahlen zum Jahresende. Bei den jährlichen Versammlungen [...] berichtete dann unser Geschäftsführer: ‚Wir haben eigentlich kein schlechtes Jahr hinter uns, aber wir haben zu viel Ausschuss, wir haben zu viele Kranke.' Das Negative wird unglaublich in den Vordergrund gestellt und Positives hören wir nie. [...} Das ist auch ein Punkt, wo ich gesagt habe, also so können wir hier nicht

mehr arbeiten, also der Mensch lebt ja nicht nur von dem, was er an Geld bekommt, sondern er lebt ja auch davon, dass er auch mal für seine Leistung ein Lob bekommt oder eine, ich sag' mal, verbale Anerkennung. Diese Dinge sind hier vollkommen unterentwickelt." (C01_BR1)
„Die Leute haben hier letztes Jahr viele Wochenenden gearbeitet. Weil wir viel produzieren mussten, wir haben viel Freizeit geopfert, Familie und, und, und. Da war nicht einmal drin: ‚Ich danke euch oder, oder, liebe Mitarbeiter ich danke euch, was ihr auf euch genommen habt und, und, und.' Nein da war nur, das war Mist, das war Scheiße. Das geht nicht, das geht überhaupt nicht." (G02_BR)
„Ich hatte 'nen schweren Autounfall 2007 [...] und der Arbeitsmedizinische Dienst hat entschieden, ohne Headset gehen sie nicht mehr arbeiten. [...]. Bitte wir weisen ihnen das an, wir schreiben ihrem Arbeitgeber, die sollen ihnen ein Headset besorgen. Sie glauben nicht, was das für'n Theater war mit dem Headset, da mit ihr (Vertreterin der Personalabteilung, Anm. d. Verf.). Hab' ich gesagt, hab' ich gesagt zu ihr, das ist nicht ihr Ernst, 200 Euro für ein Headset, bin ich ihnen das nach zehn Jahren nicht wert? Da meint sie: nö." (G09_BR)

- in hohen Arbeitsanforderungen und vielen Überstunden, verbunden mit einer zu geringen Zahl an Mitarbeiter/inne/n, die zu einer permanenten Arbeitsüberlastung und zu gesundheitlichen Schädigungen führten;

„Also es reduzierte sich dramatisch hier der Personalbestand und wir sind jetzt also auf einem Level angekommen [...], sprich wir fahren das Ding erstmal soweit runter und maximieren den Gewinn auf erstmal ein Höchstmaß [...]. Also Rücken (Rückenschmerzen, Anm. d. Verf.) hat hier jeder." (D07_BR)
„Ein Kollege hat Burnout bekommen. Dann ist ein anderer Kollege zwei Jahre in psychiatrischer Behandlung. Der Druck ist zu groß. Der Druck ist einfach zu groß." (D14_BR)

- in Flexibilitätszumutungen und kurzfristigen Anordnungen oder Änderungen hinsichtlich der Arbeitszeit;

„Es wurden Dienstpläne von heute auf morgen geändert." (D23_BR)
„Oder man wollte normal seinen Urlaub antreten und dann wurde man auch ins Büro zitiert und dann: ‚Ja wär' nett wenn du verschieben würdest, weil so und so.' Und dann war's halt besser dem direkt beizupflichten und zu sagen: okay. Weil man hätte es eh nicht verhindern können. Also das wurde brachial durchgesetzt." (D08_BR2)
„Da hieß es irgendwie sechs Wochen vorher: ‚Dann und dann haben wir Betriebsferien', und vier Wochen vorher wurde das wieder gecancelt, dann hieß es: ‚Nee wir machen dann ne Woche später erst Betriebsferien'. [...] Und ich hab' gesagt, wenn wir mal einen Betriebsrat haben, dann ist das mit das Erste, worum er sich kümmern muss. Dass wir da eine Regelung reinkriegen." (G02_BR)

- in einer (nicht nachvollziehbare) Bevorzugung einzelner Beschäftigter;

  BR1: „Auch hauptsächlich Gleichberechtigung, damit nicht Einer das verdient und der Andere das und der Eine kriegt Urlaub, der Andere kriegt keinen Urlaub, nur weil er schöner aussieht oder sonst irgendwas, einfach Gerechtigkeit."

  BR2: „Die Einteilung, die Einteilung, Behandlung wurde nach Gutsherrenprinzip gemacht, das war so."

  BR3: „Wir haben 20 verschiedene Lohngruppen gehabt (fängt an zu lachen)."

  BR4: „Für ein und dieselbe Arbeit." (D06_BR)

  „Und jene aber, Lieblinge sind immer da, die kriegen immer Beispiel so Feiertage, werden immer bevorzugt, das sind die Leute, wo man immer sagt, ah okay diese Schleimer, diese Arschkriecher, das gibt's leider überall denk' ich mal." (G05_BR)

- in dem Versuch von Vorgesetzten, gesundheitlich angeschlagene oder ‚leistungsschwache' Beschäftigte loszuwerden.

  „Wenn jemand krankschreibt [...] egal wie gut du bist, egal wie pünktlich du bist, egal was du machst, dann bist du schlecht, dann will man dich los sein." (G05_BR)

Die von den Befragten genannten Zustände lassen sich dahingehend zusammenfassen, dass über Jahre dauerhaft Reziprozitätserwartungen (vgl. Becke 2008) und Zumutbarkeitsgrenzen der Beschäftigten verletzt wurden, die Arbeitsbedingungen ihre Gesundheit gefährdeten. Es gab keinen Schutz vor willkürlichen Entscheidungen der Vorgesetzten und es fehlte an Anerkennung und Würdigung der Arbeit bzw. des Beitrags der Beschäftigten zum ‚Betriebswohl'. Mit der Gründung eines Betriebsrats waren dann die Erwartung und die Hoffnung verbunden, dass sich das Verhalten der Vorgesetzten bzw. der Geschäftsleitung verändern müsse, nachdem sich jahrelang kaum etwas oder sogar nichts an den Verhältnissen im Betrieb geändert hatte. Etwas überspitzt ausgedrückt, geschah die Betriebsratsgründung in den Betrieben des Typs *Kollektive Emanzipation* gleichsam aus ‚Notwehr', da die betriebliche Führung nicht bereit war, ‚freiwillig' ihren Umgang mit den Beschäftigten zu verändern.

Die geschilderten Anlässe kamen natürlich nicht in jedem Betrieb des Gründungstyps *Kollektive Emanzipation* derart massiv und gehäuft vor, aber im Kern ist allen Fällen gemeinsam, dass mit dem Betriebsrat ein Schutz vor der Willkür der Vorgesetzten bzw. der Geschäftsleitungen erreicht werden sollte. In den wenigsten Fällen richtete sich die Betriebsratsgründung gegen eine bestimmte Person, gegen einen bestimmten Betriebs- oder Niederlassungsleiter, da die erlebte ‚Befehlsstruktur' relativ unabhängig von bestimmten Personen wirksam war. Mit der Betriebsratsgründung war das Ziel verbunden, einheitliche, transparente und gerechte, gewissermaßen ‚einklagbare' Regeln und Formen des Umgangs mit den

Beschäftigten zu erwirken. Dass in den meisten Dienstleistungsbetrieben die Betriebsleiter/innen nur begrenzte Entscheidungsbefugnisse besaßen und wie stark die Bedingungen vor Ort von überbetrieblichen Entscheidungen beeinflusst wurden, wurde den Betriebsratsinitiator/inn/en vielfach erst nach der Betriebsratsgründung richtig bewusst. In diesem Sinne richtete sich im Nachhinein betrachtet die Betriebsratsgründung nicht nur oder sogar nur in einem geringen Maß gegen die lokale betriebliche Geschäftsleitung, sondern gegen eine überbetrieblich verankerte Unternehmenspolitik und Managementstrategie.[40]

4.4.4 Konstituierung der repräsentativen sozialen Gruppe: „hier muss was passieren" und „da ist eine Einheit da"

Wie beschrieben, hatten sich für einen Teil der Beschäftigten über Jahre hinweg zu viele Missstände angehäuft, so dass aus ihrer Sicht gehandelt werden musste. Dabei ist es aber auch in dieser Konstellation des ‚langen Leidens' keineswegs selbstverständlich, dass dann wirklich ein Betriebsrat gegen den schon erfahrenen oder antizipierten Widerstand der Geschäftsleitung gegründet wird. Wann und ob die skizzierten betrieblichen Missstände zu einer Betriebsratsgründung führen, ist kontingent und hängt nicht zuletzt davon ab, ob sich eine für die Beschäftigten glaubwürdige repräsentative soziale Gruppe konstituieren kann, wie es den Betriebsratsinitiator/inn/en in dem Typ *Kollektive Emanzipation* gelungen ist.

Die Anfänge unterscheiden sich nicht von den anderen Mustern von Betriebsratsgründungen: die Betriebsratsgründung wurde fast immer von einer zunächst kleinen Anzahl von Beschäftigten (zwei bis fünf) angestoßen, die sich zum größten Teil persönlich gut kannten. Die Beschäftigten, die dann die Betriebsratsgründung auf den Weg brachten, hatten alle persönlich Erfahrungen mit als willkürlich und ungerecht empfundenen Entscheidungen ihrer Vorgesetzten oder der Betriebsleitung gemacht. In Gesprächen untereinander wurde über die betriebliche Situation diskutiert, in den meisten Fällen, so ist anzunehmen, über einen langen Zeitraum hinweg. Diese Gespräche waren eine wichtige Voraussetzung für den Übergang von individueller zu kollektiver Unzufriedenheit, für das Reframing der Sicht auf die betrieblichen Verhältnisse, die zu der ‚Erkenntnis' führte, dass man nur mit Hilfe eines Betriebsrats etwas im Betrieb verändern kann.

---

40 Auch wenn, wie skizziert, die Betriebsratsgründung normalerweise nicht primär durch ein ‚spektakuläres' Ereignis ausgelöst wurde, sondern sie das Resultat einer durch viele ‚kleine' Begebenheiten entstandenen Unzufriedenheit war, konnte manchmal ein scheinbar nebensächliches Ereignis aufgrund der dadurch ausgelösten moralischen Empörung als Katalysator für eine Betriebsratsgründung dienen. Ein solcher Fall war z.B. der Fernsehauftritt des Pressesprechers eines Unternehmens, der öffentlich behauptete, es werde nach Tarif bezahlt: *„Und das ist die Anmaßung. [...] denn mit (Name d. Unternehmens) gab es ja zehn Jahre lang keine Tarifverhandlungen und das ist die Frechheit."* (G10_ BR).

„Und das war eigentlich so der Anlass für den kleinen Kreis, der sich da anfangs gebildet hat, zu sagen, hier muss was passieren, es kann nicht sein, dass die alles vorgeben und wir haben das geringste Mitspracherecht." (D08_BR1)

Bei den Betriebsratsgründungen, die (aus Sicht der Beschäftigten) auf lange anhaltende Problemlagen zurückzuführen waren, dauerte es meistens Jahre bis die Erkenntnis, dass man *gemeinsam* etwas gegen die ‚Bevormundung' tun müsse, derart Gestalt annahm, dass sich wirklich eine kleine Gruppe von Beschäftigten gut vorbereitet und konsequent in den zu erwartenden Konflikt mit der Geschäftsleitung wagte. Dabei war dann der Rückhalt und die Unterstützung im kleinen Kreis, das Vertrauen untereinander, mitentscheidend für den Erfolg der Betriebsratsgründung, nicht zuletzt, weil man durch die gemeinsam ‚erarbeitete' Perspektive auf die unzumutbare Situation im Betrieb nach außen geschlossen und überzeugend auftreten konnte und sich auch nicht mehr trennen ließ.

„Unsere große Stärke ist einfach, dass wir uns seit Jahren kennen, also jetzt auch innerhalb des Gremiums untereinander und da ist eine Einheit da und ich glaube, das hat uns wirklich auch davor bewahrt, dass das auseinander gebrochen ist." (G01_BR1)

Nachdem die Idee der Betriebsratsgründung ‚geboren' war, wurde in aller Regel sehr schnell von der kleinen Initiator/inn/engruppe der Kontakt mit der zuständigen Gewerkschaft gesucht. Die deutliche Mehrzahl der Initiator/inn/en war zuvor nicht in der Gewerkschaft und hatte darüber hinaus auch keinen anderweitigen Gewerkschaftsbezug. Nach der Beratung durch die Gewerkschaft stellte sich dann das Problem, dass man die Diskussion um die Betriebsratsgründung nicht mehr nur in der kleinen Gruppe führen konnte, sondern weitere Mitstreiter/innen gewinnen musste, damit die Initiative Erfolg hat. Das war aber nicht ohne Risiko, denn aufgrund der antizipierten repressiven Reaktionen der Geschäftsleitung auf die Gründungsinitiative musste zuerst weiter im Verborgenen agiert werden. Nun stellte sich die Frage, welchen Kolleg/inn/en kann man trauen oder welche ‚verraten' die Absichten an die Betriebsleitung.

„Ich bin nicht zu jedem gegangen, weil ich habe gewusst, dieser Mensch wird mich nicht verraten." (G05_BR)

„Man wusste, wem kann man vertrauen und wem kann man nicht vertrauen. Ist ja auch immer so eine Vertrauenssache." (G02_BR)

Da die Initiator/inn/en der ersten Stunde schon lange im Betrieb waren und in nicht wenigen Fällen auch eine, wenn auch untergeordnete, Vorgesetztenfunktion ausübten, konnten sie relativ gut einschätzen, wem sie vertrauen können. Man kannte viele Kolleg/inn/en schon seit Jahren. Die von den Initiator/inn/en angesprochenen Beschäftigten mussten zudem auch nicht lange von der Notwendigkeit einer Betriebsratsgründung überzeugt werden, sie hatten ja ähnliche Erfahrungen mit den Vorgesetzten gemacht.

Dass die Initiator/inn/en durchgängig Mitglied der Stammbelegschaft waren, gilt auch für die anderen Typen von Betriebsratsgründungen. Sie kamen aus der Mitte der Belegschaft und verfügten über ein – im Bourdieu'schen Sinne – großes (betriebliches) kulturelles und soziales Kapital. Besonders ist jedoch, vor allem im Vergleich zu den Betrieben, in denen der Betriebsrat Probleme hatte, vertretungswirksam zu werden, dass die Initiative für die Betriebsratsgründung von dem überwiegenden Teil der restlichen Stammbelegschaft und auch der prekär Beschäftigten ‚vorbehaltlos' unterstützt wurde. Dies lässt sich damit erklären, dass auch die zuerst passiv gebliebenen festangestellten Beschäftigten mehr oder weniger alle von den Missständen im Betrieb betroffen waren. Auch bei ihnen existierte ein latentes Gefühl, dass sich im Betrieb etwas ändern müsse. Und die Initiator/inn/en schafften es auch, gegenüber den prekär Beschäftigten glaubhaft zu machen, dass sie sich auch um ihre Interessen kümmern würden. Aufgrund ihrer Reputation und langjährigen ‚Bekanntheit' bei der Stammbelegschaft wurde die Gruppe der Initiator/inn/en als mögliche Repräsentant/inn/en von einem Großteil der Belegschaft akzeptiert und unterstützt. Sie bekam einen Vertrauensvorschuss für die zukünftige Interessenvertretungsarbeit. Durch ihr glaubwürdiges Auftreten und entschlossenes Handeln trugen die Initiator/inn/en dazu bei, dass die übrigen Beschäftigten ihre Angst vor den befürchteten Repressionen der Geschäftsführung überwanden und die Betriebsratsgründung offen unterstützten.

Von eminent wichtiger Bedeutung für die Stabilisierung des Kreises der Initiator/inn/en und damit auch für die Konstituierung einer repräsentativen Gruppe war die Unterstützung durch die Gewerkschaft (und falls vorhanden und aktiv, durch den Gesamtbetriebsrat), nicht nur wegen der rechtlichen Beratung oder Schulung zum Wahlvorstand, sondern in den Fällen eines repressiven Vorgehens der Geschäftsleitung gegen die Betriebsratsgründung auch als moralische Unterstützung. Diese externe Unterstützung half den Initiator/inn/en handlungsfähig zu werden. Durch die Einbeziehung der Gewerkschaft gewann die Gruppe der Aktivist/inn/en zudem weiteren Rückhalt unter den übrigen Beschäftigten.

„Und dadurch haben wir es geschafft, eine Sicherheit irgendwo für uns hinzukriegen und auch für die anderen, die beteiligt werden wollten, zu sagen: ‚Okay, pass' mal auf! Du hast hier einen Partner auch, eine Gewerkschaft! Wir sind nicht nur alleine, sondern wir haben auch eine Gewerkschaft!' Das war ein psychologischer Effekt, der wirklich wichtig war für die Leute dann dort." (G01_BR1)

Die Unterstützung durch einen starken Partner, die Gewerkschaft, erhöhte die Glaubwürdigkeit der Initiator/inn/en und führte dazu, dass sich mehr Beschäfigte an der Initiative beteiligten, nicht zuletzt auch deswegen, weil in ihren Augen damit die Erfolgsaussichten für die Betriebsratsgründung gestiegen waren.

Fasst man den Prozess zusammen, der zur Entstehung einer repräsentativen sozialen Gruppe führte, dann fand sich in fast allen Fällen ein kleiner Kreis von

Beschäftigten durch persönliche Bekanntschaft und informelle Gespräche zusammen, der davon überzeugt war, dass man gemeinsam etwas gegen die Zustände im Betrieb tun müsse. Dabei waren sie vorher nicht explizit als ‚informelle' Repräsentant/inn/en der Kolleg/inn/en in Erscheinung getreten. In den Gesprächen untereinander kristallisierte sich die Einsicht heraus, dass man nur noch mit Hilfe eines Betriebsrats die Situation im Betrieb verbessern könne. Nachdem sich diese kleine Gruppe konstituiert hatte, unternahm sie geschlossen und entschlossen den Versuch, einen Betriebsrat zu gründen, bei unsicherem Ausgang, da man mit Repression der Geschäftsleitung rechnen musste und man sich nicht sicher war, ob der Rest der Belegschaft für den ‚Kampf' gewonnen werden konnte. Die Initiative wurde jedoch von großen Teilen der Belegschaft unterstützt – nicht zuletzt, weil die Gruppe der Initiator/inn/en durch ihr entschlossenes Auftreten und die Unterstützung der Gewerkschaft ‚Leadership' bewies. Dass die Initiator/inn/en dann auch (bei hoher Wahlbeteiligung) in die Betriebsratsgremien gewählt wurden, zeigt, dass die Beschäftigten ihnen die Repräsentation und Durchsetzung ihrer Interessen zutrauten. Sie erhielten ein ‚Mandat' als legitime Repräsentant/inn/en.

4.4.5   Verlaufsformen: Konspirative Vorbereitung und Überrumpelung der Geschäftsleitung oder „wir haben gewusst, wofür wir kämpfen"

Wie bereits geschildert, waren die Ursachen für die Betriebsratsgründung der instrumentelle Umgang mit den Beschäftigten durch die Geschäftsleitungen, die jahrelang individuell an sie herangetragene Interessen der Beschäftigten missachteten. In der *Vorphase der formellen Repräsentation* gab es keine informellen Repräsentanten der Belegschaft, auch die ‚Selbstvertretung' von Interessen war nur in geringem Umfang möglich. Obwohl es Jahre dauern konnte, bis die individuelle Unzufriedenheit in kollektives Handeln mündete, ging dann die Betriebsratsgründung sehr schnell vonstatten. Von den ersten konspirativen Gesprächen über die Notwendigkeit einer Betriebsratsgründung bis hin zur Wahl verging in den meisten Fällen weniger als ein halbes Jahr.

Die Betriebsratsgründungen des Typs *Kollektive Emanzipation* unterschieden sich in der *Latenzphase* in vielerlei Hinsicht kaum von anderen Betriebsratsgründungen: Einzelne Beschäftigte (zwei bis fünf) aus der Stammbelegschaft ergreifen die Initiative und nehmen Kontakt mit der lokalen, für sie zuständigen Gewerkschaftsstelle und/oder, falls vorhanden, mit dem Gesamtbetriebsrat auf.[41] Dabei hatten die wenigsten Initiator/inn/en, vor allem in den Dienstleistungsbe-

---

41 Nur eine Betriebsratsgründung in einem Betrieb der Systemgastronomie (G06) wurde ohne Gewerkschaftskontakt und -hilfe durchgeführt. Die Betriebsratsinitiatorin, eine stellvertretende Restaurantleiterin, ließ sich durch einen Rechtsanwalt beraten und wurde erst später ‚Gewerkschaftsaktivistin'.

Gründungen von Betriebsräten 161

trieben, vorher Kontakt zur Gewerkschaft, geschweige denn, dass sie Mitglied einer Gewerkschaft waren. Sie hatten vor dem Kontakt mit der Gewerkschaft auch nur geringe Kenntnisse über die Institution Betriebsrat. Nur wenige hatten vorher bereits in einem Betrieb mit Betriebsrat gearbeitet.

Kennzeichnend für Betriebsratsgründungen des Typs *Kollektive Emanzipation* ist mit wenigen Ausnahmen, dass die Aktivist/inn/en sehr darauf achten mussten, zu Beginn im Geheimen zu agieren, damit die Geschäftsleitung nicht zu einem frühen Zeitpunkt Gegenmaßnahmen ergreifen konnte. In fast allen Fällen berichteten die interviewten Betriebsratsmitglieder von Befürchtungen bezüglich der Reaktion der Geschäftsleitungen, wenn nicht sogar von „Angst" gesprochen wurde. In diesen Betrieben war aufgrund der Erfahrungen mit der Geschäftsleitung und auch nach der Beratung durch die Gewerkschaft oder den Gesamtbetriebsrat den Initiator/inn/en der Betriebsratsgründung bewusst, auf welche Schwierigkeiten sie stoßen könnten und welche Vorsichtsmaßnahmen sie treffen müssen, um nicht zu früh von der Geschäftsleitung als ‚Unruhestifter' identifiziert und bekämpft zu werden.[42]

„Und bis dahin (Bestellung des Wahlvorstand durch den Gesamtbetriebsrat, Anm. d. Verf.) sollte das eigentlich nicht im Haus so unbedingt (die Runde machen, Anm. d. Verf.), weil die haben schon schlechte Erfahrungen gemacht, dass man die Leute dann doch schon sehr massiv wohl unter Druck gesetzt hat." (G09_BR)

Aufgrund der Befürchtungen bezüglich der Reaktion der Geschäftsleitung wurde in manchen Fällen genau geplant, wann die Einladung zur Betriebsversammlung bekannt gegeben werden sollte, um die ‚Gegenseite' zu überrumpeln und Zeit zu gewinnen, bis die Geschäftsleitung mit Gegenmaßnahmen beginnen konnte.

„Die Filialleitung hatte an dem Tag frei. Wir haben das der stellvertretenden Filialleitung in die Hand gedrückt und haben gesagt: ‚Hier bitteschön, ich glaube das müssen Sie jetzt an den Regionsleiter faxen und ich glaube auch an die Geschäftsleitung.'" (D23_BR)

Vor der öffentlichen Bekanntgabe der Betriebsratsgründung wurde zwischen den Initiator/inn/en und der Gewerkschaft darüber beraten, ob man erst eine Persönlichkeitswahl oder von vornherein eine Listenwahl anstreben sollte. In den

---

42 In knapp der Hälfte der Fälle gab es vor der dann erfolgreichen Betriebsratswahl schon mindestens einen gescheiterten Versuch, einen Betriebsrat zu gründen. In den Fällen, in denen dieser Versuch schon länger zurücklag, kannten die Befragten die Gründe für das Scheitern nicht. In den Fällen, in denen die Befragten diesen Versuch miterlebt hatten, wurde berichtet, dass die Gründungsinitiative schlecht vorbereitet war oder verraten wurde, es keinen Kontakt zur Gewerkschaft gab oder einfach die Zeit dafür noch nicht reif war. Trotzdem hatten diese Fehlschläge etwas ‚Positives'. Sie führten mit dazu, dass die Initiator/inn/en früh den Kontakt mit der Gewerkschaft suchten und ihr Vorgehen genau planten.

allermeisten Fällen entschied man sich für eine Persönlichkeitswahl – man hätte aber in den meisten Fällen auch eine Liste in der Hinterhand gehabt (vgl. weiter unten).

Waren die Initiator/inn/en soweit geschult bzw. hinreichend beraten, um eine formal korrekte Betriebsratswahl durchführen zu können, war der Kreis der Unterstützer/innen groß genug und waren genügend ‚gleichgesinnte' Beschäftigte bereit, sich als Kandidat/inn/en für die Betriebsratswahl aufstellen zu lassen, wurde die Betriebsratsgründung öffentlich gemacht. In etwa einem Drittel der Fälle wurde nach ausführlichen Gesprächen zwischen den Initiator/inn/en und dem Gesamtbetriebsrat der Wahlvorstand vom Gesamtbetriebsrat eingesetzt;[43] in je einem weiteren Drittel luden die Gewerkschaft oder die Beschäftigten zu einer Betriebsversammlung zur Bestellung eines Wahlvorstands ein.[44]

Nachdem die Betriebsratsgründungsinitiative öffentlich gemacht worden war, mussten die Initiator/inn/en in der *Formierungsphase* versuchen, einen möglichst großen Teil der Belegschaft von der Idee der Betriebsratsgründung zu überzeugen, um dem zu erwartenden Druck der Geschäftsleitung zu widerstehen. Das beinhaltete auch, die Beschäftigten dazu zu bewegen, sich ‚öffentlich' zu der Betriebsratsgründung zu bekennen, vor allem durch ihr Verhalten auf der Betriebsversammlung (Zustimmung zur der Einleitung der Wahl). Dies gelang dann auch, so dass das Management nicht mehr in der Lage war, die Gründung zu verhindern.

Die Initiator/inn/en versuchten in der *Formierungsphase* weiter, möglichst viele gleichgesinnte Beschäftigte für eine Kandidatur zu gewinnen, um sicherzustellen, dass nach der Betriebsratswahl die an einer Verbesserung der Arbeitssituation interessierten Betriebsratsmitglieder in der Mehrheit sein werden. Das gelang meistens recht problemlos.

---

43 In zehn Unternehmen existierte zur Zeit der Betriebsratsgründung ein Gesamt- oder Konzernbetriebsrat. Acht davon waren in irgendeiner Form (z.B. durch Gespräche, Beratung, Unterstützung der Initiator/inn/en bei Repressionsversuchen der lokalen Geschäftsleitungen oder Einsetzung des Wahlvorstands) an der Betriebsratsgründung beteiligt (vgl. dazu detaillierter Kap. 5.2). In den zwei übrigen Fällen wussten die Initiator/inn/en nicht, dass es einen Gesamtbetriebsrat gibt und dieser wurde auch nicht von der betreuenden Gewerkschaft oder dem Betrieb kontaktiert. In fünf der acht Fälle, in denen ein Gesamt- oder Konzernbetriebsrat an der Betriebsratsgründung beteiligt war, setzte jener den Wahlvorstand ein.

44 Wer zur Betriebsversammlung einladen soll, wurde in diesen Fällen genau abgewogen. Je nach betrieblicher Situation konnte es sinnvoller sein, dass die Initiator/inn/en noch eine Zeit lang im Verborgenen sein sollten (Einladung durch Gewerkschaft) oder sie sollten vom besonderen Kündigungsschutz profitieren (Einladung bzw. Aushang durch die Beschäftigten), da man davon ausging, dass die Geschäftsleitung ahnen könnte, wer die Betriebsratsgründung anstrebt und dann diesen Beschäftigten kündigen würde.

„Also ich sag' mal, da war schon bei dem einen oder bei dem anderen die Angst da, wenn wir da mitmachen, was passiert dann von der Geschäftsführungsseite her mit uns, [...] bei dem einen oder anderen mussten wir schon [...] ein bisschen die Angst nehmen, aber das waren ein paar wenige. Also es war wirklich ein Großteil von denen, die sich haben aufstellen lassen, die haben gesagt, egal was passiert, ich mach da mit, ich will da rein, ich möchte hier was ändern, ich möchte hier mitbestimmen." (C01_BR2)

Um die Unterstützung eines Großteils der Beschäftigten zu gewinnen, wurde in manchen Fällen offensiv geworben, mit Unterstützung der Gewerkschaft ein richtiger ,Wahlkampf' betrieben.

„Ja wir haben ja auch einen Wahlkampf geführt sozusagen, wir hatten zwischendurch mal Räume angemietet, selber Kuchen gemacht und (Name d. Gewerkschaftssekretärs) war dabei und der hat uns eine Präsentation vorbereitet, die wir dann den Leuten vorgestellt haben, was wir machen wollen." (D08_BR2)

In manchen Fällen kamen aber auch ohne direkte Ansprache Beschäftigte auf die Initiator/inn/en zu, um durch eine Kandidatur die Betriebsratsgründung zu unterstützen.

Die Reaktionen und das Verhalten der Geschäftsleitungen, als sie von der Betriebsratsinitiative erfahren hatten, unterschieden sich deutlich zwischen den Betrieben aus dem Verarbeitenden Gewerbe und den Dienstleistungsbetrieben. Obwohl in fast allen Betrieben die Geschäftsleitungen einem Betriebsrat ablehnend gegenüberstanden, wurde in den Industriebetrieben die Betriebsratswahl von ihnen hingenommen; es wurden kaum Versuche unternommen, diese zu verhindern oder zu beeinflussen. Auch in ca. der Hälfte der Dienstleistungsbetriebe wurde die Betriebsratsgründung hingenommen, aber in der anderen Hälfte versuchten die betriebliche Führung und die übergeordneten Manager/innen nachdrücklich, die Betriebsratsgründung zu verhindern bzw. Einfluss auf die Zusammensetzung des Betriebsrats zu nehmen. Dennoch kamen z.B. direkte persönliche Drohungen oder Repressionen (wie Abmahnungen oder Entlassungen) gegen die Initiator/inn/en nur ausnahmsweise vor. Vermutlich lag dies daran, dass das Management relativ schnell erkannte, dass dadurch die Betriebsratsgründung nicht mehr aufzuhalten gewesen wäre bzw. im Gegenteil nur noch mehr Empörung entstehen könnte und noch mehr Beschäftigte die Initiative unterstützen würden. Die innerbetriebliche Meinungsbildung war einfach zu weit gediehen und durch die gewerkschaftliche Beratung und Schulung waren die Initiator/inn/en zumindest juristisch nur mehr schwer angreifbar.

Die Geschäftsleitungen, die die Betriebsratsgründung mehr oder weniger aktiv verhindern wollten, versuchten häufig nach Bekanntwerden der Gründungsinitiative, die Wahl zunächst zu verzögern (Zurückhalten von Personallisten). Zuweilen führten sie auch Einzelgespräche mit den identifizierten ,Unruhestifter/inne/n' und versuchten, ihnen die Notwendigkeit einer Betriebsratsgründung auszureden. Da es nicht gelang, die Initiator/inn/en einzuschüchtern, wurde versucht, die übrigen Beschäftigten gegen die Betriebsratsgründung zu beeinflussen – etwa mit dem ‚Hinweis', dass dies zu höheren Kosten und zu Entlassungen, wenn nicht sogar zur Schließung des Betriebes führen könne oder durch die Verunglimpfung der Initiator/inn/en als ‚Querulanten'.

> „Ich hab's nur so mitbekommen, dass dann wirklich so Hetzkampagnen geführt wurden, es wurde schlecht geredet." (G05_BR)

> „Es wurde langsam Stimmung gegen Unbekannt gemacht im Depot: Dass ein paar Wildgewordene einen Betriebsrat haben wollen." (D08_Gew)

Die Agitation der Geschäftsleitungen führte allerdings dazu, dass der Zusammenhalt der Initiator/inn/en eher noch größer wurde. Da sich abzeichnete, dass die Betriebsratsgründung nicht mehr zu verhindern war, versuchten die Geschäftsleitungen ‚wenigstens' die Zusammensetzung des Betriebsrats zu beeinflussen:[45] Als arbeitgebernah eingestufte Beschäftigte forderte man dazu auf, ebenfalls für den Betriebsrat zu kandidieren. Manche der Angesprochenen taten dies in der Folgezeit eher ungern und unfreiwillig; sie willigten ein, da sie bei Ablehnung des Drängens der Geschäftsleitung Repressionen ihrer Vorgesetzten befürchteten. Andere mögen dies jedoch stärker aus eigener Überzeugung getan haben, wohl wissend, dass ein Engagement gegen die gewerkschaftlich organisierten Kandidat/inn/en ihnen innerbetrieblich sicherlich keine Nachteile bringen würde. Letztlich waren die Versuche der Beeinflussung der Betriebsratswahlen aber fast komplett vergebens. Der Erfolg der arbeitgebernahen Listen bzw. Personen war gering, teils weil die Kandidat/inn/en ein geringes Standing in der Belegschaft hatten, teils auch weil diese sich nicht besonders ‚im Wahlkampf' engagiert hatten:

> „Was uns heute eben in der Nachbetrachtung ganz klar ist, wir haben gewusst, wofür wir kämpfen und die anderen, die da mehr oder weniger, ich sag' mal gezwungen wurden (lacht), eine Liste zu gestalten, die haben nicht gekämpft. Die wussten ja nicht wofür." (D08_BR1)

In 14 Fällen gab es dann eine Persönlichkeitswahl, in drei Fällen eine Listenwahl. Die Wahlbeteiligung war mit einer Ausnahme (knapp über 50%) durchgehend hoch, die durchschnittliche Wahlbeteiligung über alle Fälle hinweg lag zwischen 80 und 90%.

Nach der Betriebsratsgründung begann die *Konstituierungsphase*, in der das Gremium arbeits- und handlungsfähig werden musste, was in den allermeisten Fällen innerhalb eines halben Jahres gelang – nicht zuletzt auch aufgrund des sofortigen Besuchs von gewerkschaftlichen Betriebsratsschulungsseminaren. Die

---

45 Zu den Methoden der Beeinflussung und ‚Korrumpierung' von Betriebsratsgründungsprozessen vgl. auch die geschilderten Fallbeispiele bei Artus 2008a: 291ff. und 2008c.

Gründungen von Betriebsräten 165

ablehnende Haltung der Geschäftsleitungen gegenüber dem Betriebsrat zeigte sich auch in der Konstituierungsphase, in der Verzögerung bei der Bereitstellung der dem Betriebsrat zustehenden Ressourcen (Betriebsratsbüro, Arbeitsmittel etc.) und den Vorwürfen bzw. Diskussionen über die Notwendigkeit und die Kosten der Betriebsratsschulungen.

Auch wenn die Reaktionen der Geschäftsleitungen auf die Betriebsratsgründungen des Typs *Kollektive Emanzipation* uneinheitlich waren (von Hinnahme bis Verhinderungsversuche), ist fast allen Fällen gemeinsam, dass die Initiator/inn/en erhebliche Befürchtungen vor den möglichen Reaktionen der Geschäftsleitungen hatten. Nicht nur in den Betrieben, aber gerade in diesen, in denen sich die Initiator/inn/en einem hohen Druck von Seiten des Managements ausgesetzt sahen, war für den gesamten Zeitraum der Betriebsratsgründung eine externe Unterstützung durch die Gewerkschaft und/oder Gesamtbetriebsrat sehr wichtig. In fast allen Fällen wäre die Betriebsratsgründung wohl ohne die gewerkschaftliche Unterstützung nicht zustande gekommen, zumindest nicht in jenen Fällen, in denen es keinen Gesamtbetriebsrat gab, der ähnliche Aufgaben der ‚externen Unterstützung' übernehmen konnte. Diese beinhaltete neben der rechtlichen Beratung auch, den Initiator/inn/en in der Auseinandersetzung mit dem Management den Rücken zu stärken, auf der Betriebsversammlung aufzutreten etc. Für diese Unterstützung waren die Initiator/inn/en sehr dankbar. Nicht nur deswegen war dann das Verhältnis zwischen ihnen und den für sie zuständigen Gewerkschaftssekretär/inn/en im Vergleich zu den Fällen der Gründungskonstellation *Schutz der gemeinschaftlichen Sozialordnung* und *Erweiterung individueller Interessenvertretung* nach der Betriebsratsgründung häufig viel enger (nicht wenige sind z.B. in Tarifkommissionen tätig) und auch ‚emotionaler'. Sie beschränkt sich nicht auf eine Dienstleistungsbeziehung, sondern ist deutlich von affektiven Komponenten und einer normativen Integration in die Gewerkschaftsarbeit geprägt.

4.4.6 Vertretungswirksamkeit: „mit der Gründung des Betriebsrates wird ihnen jetzt mal klargemacht, was ist ein Betriebsverfassungsgesetz"

Betriebsratsgründungen des Typs *Kollektive Emanzipation* zeichnen sich dadurch aus, dass die neu gegründeten Betriebsräte relativ schnell handlungsfähig und vertretungswirksam werden. Dies gilt auch für Betriebsräte, in denen es keine Freistellungen gibt,[46] wie dies in zwölf von 17 einschlägigen Untersuchungs-

---

46 Die empirische Basis für die im Folgenden dargestellten Bedingungen der Vertretungswirksamkeit sinkt streng genommen von 17 Fällen auf neun, da acht Betriebsräte zum Zeitpunkt des Interviews weniger als ein Jahr existierten und sich daher eigentlich noch in der *Konstituierungsphase* befanden. Die jungen Betriebsratsgremien konnten natürlich noch nicht so viele Erfolge wie die älteren aufweisen. Dass sie aber ebenfalls auf

betrieben der Fall war. Die aktiven Betriebsratsmitglieder opferten zum Teil auch viel Freizeit für die Betriebsratsarbeit.

Der wichtigste Grund für die erstarkende Vertretungswirksamkeit ist der Zusammenhalt des Betriebsratsgremiums: Aufgrund der gemeinsamen ‚Leidenszeit' und der Erfahrungen während des Gründungsprozesses (z.b. erfolgreiche Überwindung der Verhinderungsversuche von Seiten des Managements) gab es nur äußerst selten Fraktionierungen im Betriebsrat. Die wenigen gewählten arbeitgebernahen Betriebsratsmitglieder legten häufig ihr Mandat nieder oder wechselten im Laufe der ersten Amtsperiode die Seiten. Die aktiven Betriebsratsmitglieder traten (zumindest in den Interviews) selbstbewusst auf, sie konnten Erfolge vorweisen und hatten sich (im Kollektiv) gegen Widerstand behauptet, auch wenn sie erst lernen mussten, die neu erkämpfte Rolle auszufüllen. Vielen war zu Beginn nicht klar, was Betriebsratsarbeit beinhaltet und dass es ihr Recht ist, während der Arbeitszeit der Betriebsratstätigkeit nachzugehen.

„Da kommt der Vorgesetzte und sagt: ‚Du machst jetzt das und das', und du sagst: ‚Nee, ich bin jetzt grad Betriebsratsarbeit am machen'. Wie kriegen wir das denn hin? Das aber, das war schwer. Alleine die Umdenke zu schaffen für jeden Einzelnen [...]. Das war sehr schwer, das war äußerst schwer." (D08_BR1)

Eine schnelle Handlungsfähigkeit war auch dadurch gegeben, dass eine der ersten ‚Amtshandlungen' der neuen Betriebsratsgremien häufig darin bestand, Betriebsratsmitglieder zu Schulungen abzuordnen. In relativ kurzer Zeit hatte die Mehrzahl der Betriebsratsmitglieder (und in manchen Fällen auch noch die Ersatz-Kandidat/inn/en) die Basisschulungsseminare besucht. Damit waren die Voraussetzungen für eine Professionalisierung der Betriebsratsarbeit und auch Arbeitsfähigkeit des Gremiums gegeben. Der Geschäftsleitung konnte so kompetent mit dem Hinweis auf die entsprechenden Regelungen des Betriebsverfassungsgesetzes entgegen getreten werden – insbesondere, da die wechselnden Niederlassungsleiter/innen oft wenig Wissen über das Betriebsverfassungsgesetz hatten.

„Und erst mit Gründung des Betriebsrates wird ihnen jetzt mal klargemacht, was ist ein Betriebsverfassungsgesetz. Wenn ich den roten Wälzer mit in die Sitzung nehme, dann schwillt schon der Kamm." (D12_BR)

Entscheidend für eine virulente Vertretungswirksamkeit ist auf Dauer freilich vor allem der Rückhalt in der Belegschaft. Dieser hängt davon ab, ob ein Be-

---

Dauer handlungsfähig sein werden. ist eine Prognose, die darauf beruht, dass sie sich schnell nach der Betriebsratsgründung professionalisiert hatten, ihre Mitbestimmungsrechte z.B. bei Dienstplangestaltungen oder Anordnung von Überstunden durchsetzen konnten und klare Vorstellungen hatten, zu welchen Themen sie Betriebsvereinbarungen abschließen möchten.

triebsrat glaubwürdig in seinem Interessenhandeln ist und Erfolge vorzeichnen kann. Hier konnten die Betriebsräte des Gründungstypus *Kollektive Emanzipation* einiges vorweisen. Sie trugen erheblich dazu bei, dass sich die Arbeitsbedingungen für die Beschäftigten verbesserten. Das betraf z.b. die ‚Einhegung' von willkürlichen Vorgesetztenentscheidungen und Flexibilitätszumutungen.

„Ja, jetzt denk' ich mal, jetzt sind ja sogar die, die eigentlich gegen einen waren, die haben jetzt mitbekommen, was man schon [...] erreicht [hat, Anm. d. Verf.]. Man hat den Dienstplan stabil gemacht, dass er [...] 14-tägig hängt, also immer 14 Tage vorher. So wie das der Manteltarifvertrag auch aussagt. Überstunden werden alle dokumentiert, Überstunden werden auch nur über den Betriebsrat genehmigt. Ohne meine Genehmigung werden auch keine Überstunden mehr gemacht. Der Dienstplan geht sowieso durch meine Hände. Und wenn der mir nicht gefällt, gebe ich den auch nicht frei. Und da ist eben auch, das muss ich wiederum sagen, es wird auch keiner mehr eingeteilt, ohne gefragt zu werden." (G09_BR)

Mit dem Wissen, dass es einen Betriebsrat gibt, der sich im Fall von Konflikten mit den Vorgesetzten um sie kümmert, treten die Beschäftigten nun auch selbstbewusster gegenüber diesen auf. Die erkämpfte kollektive Interessenvertretung dient also als Ressource des Empowerments für individuelles Interessenhandeln. Man traut sich zu widersprechen, individuelle Bedürfnisse zu artikulieren und auszuhandeln. Immer mehr Beschäftigte wandten sich auch direkt an den Betriebsrat – ein Beweis für das Funktionieren einer aktiven, legitimen und vertrauensvollen Repräsentationsbeziehung.

„Oh doch, die kommen jetzt schon. Also jetzt mittlerweile denke ich, ist das Eis so gebrochen. Da war erst viel Angst: ‚Oh wenn ich da hingehe und das sieht die Geschäftsleitung.'" (G02_BR)

Zum anderen konnte der Betriebsrat alleine dadurch, dass er für die Einhaltung gesetzlicher und/oder tariflicher Regelungen sorgte, die Entlohnung vieler Beschäftigter verbessern. In manchen Fällen ‚entdeckte' die Geschäftsleitung erst nach der Betriebsratsgründung, dass ein Tarifvertrag galt.

„Also scheinbar war unser Arbeitgeber schon immer im Arbeitgeberverband und Teile des Tarifvertrags wurden eigentlich auch schon immer angewandt. [...] Gut, dann ein Betriebsrat beschäftigt sich natürlich dann auch mit Tarifverträgen, und dann ist man halt eben auf die Welle gekommen, auch über die Gewerkschaft, aha hier gibt's ja einen Tarifvertrag, da steht das und das drin." (D06_BR1)

Die Anwendung gesetzlicher bzw. tariflicher Regelungen und die Eindämmung von Flexibilitätszumutungen sicherte die Reputation des Betriebsrats in der Belegschaft. Es gelang ihm zudem, über eine kontinuierliche Information und Einbindung der Beschäftigten Transparenz über seine Interessenvertretungsarbeit herzustellen und er sicherte sich auch hiermit die Unterstützung der deutlichen

Mehrheit der Belegschaft. Dabei wurden nicht nur die Mitglieder der Stammbelegschaft in der Interessenvertretung berücksichtigt, sondern auch die prekär Beschäftigten, die vor allem in den Dienstleistungsbetrieben die Mehrheit stellten. Betriebsversammlungen fanden in allen Fällen jedoch deutlich seltener als gesetzlich erlaubt statt, in der Regel gab es ein bis zwei Betriebsversammlungen pro Jahr. Diese wurden von den befragten Betriebsratsmitgliedern als nicht so wichtig erachtet.

Ein weiterer zentraler Faktor für die Handlungsfähigkeit war, dass der überwiegende Teil der Betriebsratsmitglieder inzwischen Gewerkschaftsmitglied war und ein enger Kontakt zur örtlichen Gewerkschaftsstelle und/oder zum Gesamt- bzw. Konzernbetriebsrat bestand. Dieser Kontakt war in den meisten Fällen nicht rein einseitig in dem Sinne, dass der Gesamtbetriebsrat oder die lokale Gewerkschaftsstelle als reiner Dienstleister betrachtet wurden und man sie nur wegen der rechtlichen Beratung kontaktierte. Die aktiven Betriebsratsmitglieder sind auch gewerkschaftlich engagiert, z.B. als Mitglied von Tarifkommissionen. ‚Typischerweise' betrieb der Betriebsrat aktiv Mitgliederwerbung, so dass es gelang, den gewerkschaftlichen Organisationsgrad der Belegschaft deutlich zu erhöhen.[47]

Der Betriebsrat konnte sich also mit Hilfe der Gewerkschaft durch sein alltägliches Vertretungshandeln gegenüber den Beschäftigten legitimieren, und zwar trotz der ablehnenden Haltung der Geschäftsleitungen bzw. der Unternehmen. Der Betriebsrat bzw. seine Mitglieder wurden zwar nicht ‚bekämpft', aber für den Großteil der Fälle (ca. zwei Drittel) des Typs *Kollektive Emanzipation* galt, dass die Geschäftsleitungen oder, wenn die Kompetenzen der lokalen Geschäftsleitungen eingeschränkt waren, die überbetrieblichen Manager/innen den Betriebsrat nicht als Gesprächs- bzw. als Verhandlungs*partner* akzeptierten und versuchten, ihn zu ignorieren.

„So 'ne grundsätzliche Akzeptanz oder Zusammenarbeit gibt's nicht. Wenn man was will, muss man es erzwingen mit Gewalt oder mit Drohungen von irgendwelchen Sachen, aber dass man sagt: ‚Lassen Sie uns mal konstruktiv austauschen, vielleicht hat's ja 'ne Win-Win-Situation das Ganze', nein." (D08_BR2)

„Er (der Geschäftsführer, Anm. d. Verf.) muss nur informieren, aber selbst dieser Informationspflicht kommt er ja nicht nach. Wenn wir es nicht anmahnen, dann geht gar nichts. [...] Wir kämpfen eigentlich heute noch darum ein adäquater Ver-

---

47 Aufgrund der unterschiedlich langen Dauer der Existenz der Betriebsräte zum Erhebungszeitraum entstände ein verzerrendes Bild, wenn man die einzelnen Fälle direkt miteinander vergleichen oder eine Art Durchschnitt der Erhöhung des Organisationsgrades angeben würde. Betrachtet man den Organisationsgrad zum Zeitpunkt der Interviews, liegt der höchste Prozentsatz bei 80% (von ca. 4% vor der Gründungsinitiative innerhalb von drei Jahren gestiegen) und der niedrigste bei ca. 12% (von nahezu 0% innerhalb eines Jahres gestiegen).

treter zu sein, wir bemühen uns darum, den Betriebsrat auch als Betriebsrat zu sehen, also man berät sich, man stimmt sich ab, so versteh' ich das eigentlich. Unsere Geschäftsführung sieht das [...] anders." (C01_BR1)

„Erst mal kommt er ja gar nicht, mich zu fragen: ‚Wir haben Überstunden, was meinen Sie und trallala.' Punkt eins: Hat der das nicht gewusst, hab' ich das dreimal gesagt, jetzt weiß der das definitiv, kann der nicht sagen, hab' ich nicht gewusst. Hab' ich ihm auch aufgeschrieben, welche Paragraphen er als Betriebsleiter lesen sollte." (G08_BR)

„Die sprechen ja immer von vertrauensvoller Zusammenarbeit. Das Wort hör ich jetzt ganz oft, das hör ich [...] extrem viel von der Geschäftsleitung. Ich kann's nicht mehr hören. Weil für mich ist eine vertrauensvolle Zusammenarbeit, wenn man ehrlich miteinander umgeht. Man muss nicht immer einer Meinung sein, das wär auch viel zu leicht im Leben ja. [...] Aber es kann nicht sein, dass nur eine Seite zurückgeht und die andere Seite will immer ihr Recht rausfordern." (G09_ BR)

Die Vorgesetzten und Geschäftsleitungen beachteten nur auf Druck hin die Mitbestimmungs- und Konsultationsrechte des Betriebsrats, dies zum Teil auch noch nach Jahren. Sie versuchten zudem soweit wie möglich, den Abschluss von Betriebsvereinbarungen, vor allem wenn es um Regelungen geht, die vom Betriebsrat ‚eingefordert' werden, zu verschleppen. Dass das große Interesse an einer kooperativen Beziehung zur Geschäftsleitung von dieser aber weiterhin nicht geteilt wurde, führte teilweise immer noch zu Irritationen auf Seiten der Betriebsratsmitglieder.[48]

Zusammenfassend lässt sich festhalten, dass es kennzeichnend für die Fälle der Gründungskonstellation *Kollektive Emanzipation* war, dass die Geschäftsleitungen den Betriebsrat bislang nicht wirklich (als Verhandlungs*partner*) akzeptierten. Seine Handlungsfähigkeit und Vertretungswirksamkeit beruhte ‚alleine' auf der Geschlossenheit der Betriebsratsmitglieder, der hohen Akzeptanz des Betriebsrates bei der deutlichen Mehrheit der Beschäftigten sowie dem engen Gewerkschaftskontakt und/oder der Unterstützung durch einen Gesamtbetriebsrat. Es muss offen bleiben, ob sich die Akzeptanz des Betriebsrats durch die Geschäftsleitungen und/oder der überbetrieblichen Entscheidungsinstanzen im Laufe der nächsten Jahre verbessern wird, oder ob diese weiterhin versuchen werden, den Betriebsrat zu ignorieren oder sogar zu bekämpfen. Seine Verankerung in der Betriebskultur muss er sich gewissermaßen permanent selbst ‚organisieren', durch entschlossenes Auftreten und durch Erfolge für die Beschäftigten.

---

48 Dabei hatten die Betriebsräte eigentlich kein Interesse an einem konfliktorischen Verhältnis. Sie wünschten sich, ganz im Sinne des Betriebsverfassungsgesetzes, eine „interessenbezogene" oder eine „integrationsorientierte" Kooperation (vgl. Bosch et al. 1999). Die Blockadehaltung der Geschäftsleitungen ist für sie schwer nachvollziehbar. Dies gilt auch für die in den nächsten beiden Kapiteln beschriebenen Gründungsmuster *Der Betriebsrat als Vertretung von Partialinteressen* und *Blockierte Partizipation*.

4.5 Betriebsrat als Vertretung von Partialinteressen

In den vorherigen Kapiteln wurden drei Muster von Betriebsratsgründungsprozessen vorgestellt, in denen der neu gegründete Betriebsrat letztlich vertretungswirksam wurde. Darunter waren sowohl Betriebsratsgründungen, die aufgrund von jahrelang andauernden Problemlagen entstanden, als auch solche, die eine Reaktion auf ein klar zu identifizierendes, kurzfristiges Ereignis (z.b. eine ökonomische Krise) waren. Betriebsratsgründungen, die dem Typus *Betriebsrat als Vertretung von Partialinteressen* (im Folgenden *Vertretung von Partialinteressen*) zugeordnet werden können, zeichnen sich nun dadurch aus, dass die Betriebsratsgründung aufgrund eines ‚Ereignisses' stattfindet. In unserem Sample war dies häufig ein Wechsel in der betrieblichen Führung und damit einhergehend ein in kurzer Zeit deutlich veränderter Umgang des Managements mit einem Teil der Beschäftigten, der in Reaktion auf dieses ‚Ereignis' entstandene Betriebsrat wird aber nur bedingt oder gar nicht vertretungswirksam, da der Betriebsrat nur von einer Teilgruppe der Beschäftigten initiiert wird.[49] Teilweise bleibt sogar unklar, ob der Betriebsrat überhaupt (wenigstens) formal dauerhaft existieren wird.

Typkonstituierend für den Gründungsverlauf *Vertretung von Partialinteressen* ist, dass die im Betrieb stattgefundenen Veränderungen erstmal nur einen (kleinen) Teil der Belegschaft betreffen: In unseren Untersuchungsfällen traf eine fundamental veränderte betriebliche Führungskultur vor allem das mittlere bis obere betriebliche Management. Die Beschäftigten in diesen Hierarchieebenen sahen sich nach Jahren des kollegialen Umgangs und großen individuellen Entscheidungsspielräumen aufgrund eines Wechsels in der überbetrieblichen und dann auch betrieblichen Geschäftsführung nun einem autokratischen bis despotischen Führungsstil ausgesetzt, der zur Folge hat, dass ihre Handlungsspielräume entweder schon (massiv) beschnitten wurden oder werden sollten. Die Idee, einen Betriebsrat zu gründen, zielte primär darauf, die tradierten Handlungsspielräume zu verteidigen und die eigenen ‚Partialinteressen' zu verteidigen.[50] Diese Gründungsgeschichte ist jedoch häufig nicht geeignet, eine glaubwürdige und aktive Repräsentationsbeziehung zwischen Betriebsrat und einem Großteil der Beschäftigten zu etablieren, da diesem nicht klar ist, ob der Be-

---

49 Dies ist auch bei Betriebsratsgründungen *Blockierte Partizipation* (vgl. Kap. 4.6) der Fall. Im Unterschied zu den im Folgenden skizzierten Betriebsratsgründungen entstanden jene mit *Blockierter Partizipation* aber in Reaktion auf lang andauernde Problemlagen.
50 Diese Konstellation muss aber nicht die Einzige für einen *Betriebsrat als Vertretung von Partialinteressen* sein. Denkbar wäre genauso, dass Ereignisse wie Outsourcing-Pläne für einen Betriebsteil oder Arbeitsplatzabbau in nur einer Abteilung dazu führen, dass ein Betriebsrat allein von den betroffenen Beschäftigten initiiert wird, um die eigenen ‚Partialinteressen' besser vertreten zu können.

Gründungen von Betriebsräten 171

triebsrat auch seine Interessen vertreten wird. Im gewissen Sinne bleiben die meisten Beschäftigten nach der formalen Betriebsratsgründung Zuschauer in der Auseinandersetzung zwischen Betriebsrat und Geschäftsleitung, nicht zuletzt, da ihre Arbeitsverträge oft nur kurz befristet sind und ihnen daher die Bindung zum Betrieb fehlt oder sie Angst um eine mögliche Vertragsverlängerung haben. Eine geringe Unterstützung des Betriebsrats durch die Beschäftigten ist für den Betriebsrat bzw. seine Mitglieder dann besonders gravierend, wenn die Geschäftsleitung den Betriebsrat aktiv bekämpft und die Kooperation mit ihm verweigert. Dies war in den von uns untersuchten Fällen bis auf eine Ausnahme der Fall. Die Betriebsratsmitglieder sehen sich massiven Attacken und Einschüchterungsversuchen der Geschäftsleitung ausgesetzt. Letztere wollte, so kann man vermuten, die seit vielen Jahren im Betrieb arbeitenden, ihr gegenüber ‚renitenten' Beschäftigten aus dem mittleren Management im Zuge einer betrieblichen Neuausrichtung möglicherweise sowieso ‚loswerden'. Mit der Gründung des Betriebsrats wird nun eine neue Runde im innerbetrieblichen Machtkampf eingeläutet.

In unserem Sample fanden sich vier derartige Betriebsratsgründungen.[51] Im Vergleich zu den anderen typischen Konstellationen von Betriebsratsgründungen bilden somit vergleichsweise wenige Fälle die empirische Basis der Typbeschreibung. Trotzdem lässt sich aus den wenigen Fällen ein spezifischer Gründungsverlauf erkennen, der sich von den übrigen Formen unterscheidet. Die empirische Basis der Falldarstellung beruht auf vier Betriebsrats- und einem Geschäftsleitungsinterview. Charakteristisch für Betriebsratsgründungsverläufe *Vertretung von Partialinteressen* sind folgende Merkmale:

- *Strukturelle Merkmale:* Die einschlägigen Betriebe stammen alle aus dem Bereich personenbezogener Dienstleistungen (Pflege, Gastronomie, Hotel und Einzelhandel; vgl. Tab. 12 im Anhang). Es handelt sich um kleine bis mittelgroße Unternehmensstandorte bzw. Filialen mit einem erheblichen Anteil un- und angelernter Tätigkeiten. Kennzeichnend sind weiter ein er-

---

51 In gewisser Hinsicht lässt sich noch ein weiterer Fall (D04) dieser typischen Konstellation von Betriebsratsgründung zurechnen. Dabei handelt es sich um die Betriebsratsgründung in einer neu eröffneten Einzelhandelsniederlassung, wo das zentrale überbetriebliche Management die Strategie verfolgt, dass jede neu eröffnete Filiale einen Betriebsrat haben soll. Auch hier geht die Betriebsratsinitiative nicht von den Beschäftigten, sondern von Managementkreisen aus und der Betriebsrat wird (zumindest vorläufig) nicht vertretungswirksam im Sinne eines aktiven Repräsentationsverhältnisses zwischen Betriebsrat und Belegschaft. Da der Fall dennoch etwas anders gelagert ist als die im Folgenden beschriebenen Gründungsverläufe und wir in unserer Erhebung nur einen einzigen derartigen Fall einer ‚Top-Management'-Betriebsratsgründung hatten, kann dieses Muster von Betriebsratsgründung nicht in die allgemeine Typbeschreibung aufgenommen werden. Auf den speziellen Fall wird aber im Rahmen eines Exkurses am Ende des Kapitels eingegangen.

heblicher Anteil an prekären Beschäftigungsformen und eine hohe Fluktuation unter den Beschäftigten der Randbelegschaft. Nur ein Unternehmen ist tarifgebunden; es existieren keine Gesamtbetriebsräte.
- *Innerbetriebliche Austauschbeziehungen und kollektive Interessendefinition:* Die innerbetrieblichen Austauschbeziehungen sind lange Zeit durch „Autonomie und Einbindung" (Lücking 2009) gekennzeichnet. Das beiderseitige Interesse (Geschäftsleitung und mittleres Management) am Erfolg des Betriebes, der oft noch zusammen mit dem Gründer aufgebaut wurde, die gemeinsam erlebte Betriebsgeschichte prägen den Umgang untereinander. Daher haben die mittleren betrieblichen Führungskräfte eine starke persönliche Bindung an den Betrieb, eine individuelle Interessenvertretung war bislang (problemlos) möglich im Rahmen einer Kultur des ‚Gebens und Nehmens'. Diese ändert sich mit der Einsetzung neuer Geschäftsleitungen in den Unternehmenszentralen und/oder neuer betrieblicher Führungskräfte (wie Hoteldirektor/in oder Pflegedienstleiter/in). Diese haben keinen sozialen und emotionalen Bezug zu dem Betrieb und führen einen autokratischen, keinen Widerspruch duldenden Umgang mit den Beschäftigten und auch dem betrieblichen Management ein.
- *Anlässe:* Die Betriebsratsgründung ist die Folge eines veränderten Umgangs der Geschäftsleitungen mit dem mittleren und zum Teil oberen betrieblichen Management. Das Ereignis, das zu der Betriebsratsgründung führt, sind neueingestellte betriebliche Führungskräfte und der damit verbundene – aus Sicht der Betroffenen: dramatisch – schnelle Wandel einer gemeinschaftlichen Sozialordnung hin zu einer instrumentellen. Für die Betriebsratsinitiator/inn/en zeigt sich dieser Wandel nicht zuletzt darin, dass Entscheidungsspielräume und Kompetenzen immer stärker eingeschränkt werden. Innerhalb kurzer Zeit (etwa ein Jahr) nach der Veränderung in der Geschäftsleitung wird der Betriebsrat gegründet.
- *Konstituierung der repräsentativen sozialen Gruppe:* Die Initiator/inn/en der Betriebsratsgründung stammen aus dem oberen und mittleren betrieblichen Management (z.B. Betriebsleiter/innen, Abteilungsleiter/innen etc.). Die Initiator/inn/en sind schon seit Jahren im Betrieb, kennen sich untereinander gut und haben eine starke persönliche Bindung an den Betrieb. Für die mittleren Führungskräfte sind die Initiator/inn/en die glaubwürdigen Repräsentant/inn/en ihrer Interessen. Ob die Initiator/inn/en von den übrigen Beschäftigten, deren Arbeitsverhältnisse oft prekär sind (befristete Arbeitsverträge, zum Teil Ein-Jahres-Verträge, untertarifliche Bezahlung) und die oft den Großteil der Belegschaft stellen, als ‚ihre' Repräsentant/inn/en angesehen werden, ist fraglich.
- *Verlaufsformen:* Bis zu dem Wirken der neuen Geschäftsführung ist in der *Phase informeller Interessenrepräsentation* eine individuelle Selbstvertre-

tung zumindest für die Mitglieder der Stammbelegschaft im Rahmen einer Kultur des ‚Gebens und Nehmens' möglich. Da sich die neue Betriebsleitung durch einen autoritären Umgang mit den meisten Beschäftigten auszeichnet und man davon ausgehen muss, dass sie eine Betriebsratsgründung verhindern will, agieren die Initiator/inn/en in der *Latenzphase* im Geheimen, suchen den Kontakt mit der Gewerkschaft und planen mit ihr zusammen strategisch die Betriebsratswahl. Die Geschäftsleitungen versuchen in der *Formierungsphase* die Betriebsratsgründung mehr (z.B. durch Einschüchterungsversuche in Einzelgesprächen; Outsourcing von Abteilungen) oder weniger intensiv zu verhindern oder zu beeinflussen. Der gewählte Betriebsrat beginnt schnell und zielgerichtet mit der Vertretungsarbeit. Das größte Problem für ihn ist, dass er bzw. die Betriebsratsmitglieder sich von Beginn der *Konstituierungsphase* an massiven Angriffen der betrieblichen und/oder überbetrieblichen Geschäftsleitung ausgesetzt sehen.

- *Vertretungswirksamkeit:* Die betriebliche Führung akzeptiert die Existenz eines von ihr unabhängigen Betriebsrats im Regelfall auch nach Jahren nicht und versucht dauerhaft den Betriebsrat und seine Mitglieder anzugreifen und einzuschüchtern. Dies beeinträchtigt in erheblichem Maß die Vertretungswirksamkeit des Betriebsrats, der sich zudem in den Auseinandersetzungen mit der Geschäftsleitung nicht auf die Unterstützung der zahlenmäßig erheblichen Randbelegschaft verlassen kann. Aufgrund der deutlich artikulierten Ablehnung des Betriebsrats durch die Geschäftsleitung, ihrer prekären Beschäftigungsverhältnisse und einer geringen persönlichen Bindung an den Betrieb unterstützen die Mitglieder der Randbelegschaft in der Betriebsöffentlichkeit den Betriebsrat kaum. Zwar sind die Betriebsratsmitglieder in aller Regel Gewerkschaftsmitglieder geworden, der Organisationsgrad der Beschäftigten bleibt aber weiter sehr gering.

4.5.1 Strukturelle Merkmale der Betriebe

Die vier Betriebe, die die empirische Basis der Typbeschreibung *Vertretung von Partialinteressen* bilden, stammten alle aus dem Bereich ‚personenbezogener' Dienstleistungen: Pflege, Gastronomie, Hotelgewerbe und Einzelhandel (zu den Details vgl. Tab. 12 im Anhang).[52] Bis auf eine Einzelhandelsfiliale mit 120 Beschäftigten hatten die Betriebe weniger als 100 Beschäftigte (28, 62 und 82 Be-

---

[52] Ob Betriebsratsgründungen zur *Vertretung von Partialinteressen* ‚typischerweise' nur in Dienstleistungsbetrieben vorkommen, wie in unserem Sample, muss offen bleiben. Man kann sich durchaus vorstellen, dass solche Betriebsratsgründungen auch im Verarbeitenden Gewerbe vorkommen können, wenn aufgrund eines Führungswechsels und einer veränderten Unternehmenspolitik Handlungsspielräume langjähriger betrieblicher Manager/innen eingeschränkt werden.

schäftigte). Typisch ist ein hoher Anteil un- und angelernter Tätigkeiten sowie prekärer Beschäftigungsformen (vor allem befristete Beschäftigungen, zum Teil Ein-Jahres-Verträge), teilweise sind nur noch 20% der Beschäftigten in einem unbefristeten Arbeitsverhältnis beschäftigt. Unter den Beschäftigten herrscht eine hohe Fluktuation (bis zu 40% im Jahr), Neueinstellungen wurden zu einem sehr hohen Anteil nur befristet vorgenommen. Es finden sich sowohl Betriebe mit einem sehr hohem Männeranteil wie auch einem sehr hohen Frauenanteil.

Die Betriebe bzw. Filialen bestehen in aller Regel schon Jahre oder Jahrzehnte vor der Betriebsratsgründung – in unserem Sample zwischen vier und über 20 Jahre. Ein Betrieb war ein Einzelbetrieb, die anderen gehörten zu mehr oder weniger großen Unternehmen (drei und zehn Niederlassungen) bzw. zu einem großen Konzern. Nur eine sehr geringe Anzahl der Beschäftigten war Mitglied einer Gewerkschaft; in den anderen Betrieben der Unternehmen und des Konzerns gab es keine oder nur eine sehr geringe Anzahl von Betriebsräten. Bis auf die Einzelhandelsfiliale waren die Betriebe nicht tarifgebunden.

Drei Betrieben ging es zum Zeitpunkt der Interviews wirtschaftlich gut, die Einzelhandelsfiliale befand sich in einer Phase der Konsolidierung. Hinsichtlich der Rahmenbedingungen ist zumindest für drei der vier im Typus *Vertretung von Partialinteressen* vertretenen Dienstleistungsbranchen kennzeichnend, dass in den letzten zehn bis 20 Jahren die Wettbewerbssituation schwieriger geworden ist (im Einzelhandel z.B. durch das Internet, im Hotelgewerbe durch eine Überkapazität an Betten, im Pflegebereich aufgrund der Kostenvorgaben durch die Krankenkassen). Die im nächsten Punkt beschriebene veränderte Managementpolitik ist somit möglicherweise nicht Ausdruck vergleichsweise ‚zufälliger' personeller Konstellationen oder kontingenter Bedingungen, sondern (auch) systematisch veränderter wirtschaftlicher Rahmenbedingungen, die u.a. zu einem veränderten Führungsverhalten geführt haben könnten.

4.5.2 Innerbetriebliche Austauschbeziehungen und kollektive Interessendefinition „besser kann man's nicht haben" – aber „es sind Dinge im Gange, die sind komisch"

Bei der Beschreibung der innerbetrieblichen Austauschbeziehungen wurde von den befragten Betriebsratsinitiator/inn/en klar zwischen zwei Phasen unterschieden: vor und nach dem Wechsel der betrieblichen und/oder überbetrieblichen Geschäftsleitung. Die innerbetrieblichen Austauschbeziehungen in den dem Typus *Vertretung von Partialinteressen* zugeordneten Betrieben waren unter den alten Geschäftsleitungen aus Sicht der Betriebsratsinitiator/inn/en lange Zeit durch eine Mischung aus „Autonomie und Einbindung" und/oder „Anerkennung und Loyalität" (Lücking 2009) gekennzeichnet.

Gründungen von Betriebsräten 175

> „Ich bin's eigentlich nicht gewohnt, in hierarchischen – als ich hier angekommen bin, es gab schon Führungskräfte [...]. Die Führungskräfte haben sich selbst rekrutiert [...]. Im Prinzip – die tatsächliche Mitsprache war immer sehr hoch." (D13_BR1)

> „Herr (Name d. verstorbenen Unternehmensgründers) hat gesagt: ‚Okay Leute, ihr habt eure Budgets, ihr habt euch am Markt hier platziert [...]. Ihr seid selbstständig, ihr seid hoch qualifiziert, macht das Beste draus.' Wir hatten also die Möglichkeit unser Haus den Umständen, der Konkurrenz und den Gegebenheiten anzupassen. Besser kann man's nicht haben." (G04_ BR1)

Aufgrund der großen Handlungsspielräume und eines langjährigen kollegialen Umgangs mit ihnen hatten die mittleren betrieblichen Führungskräfte eine starke persönliche Bindung an den Betrieb, sie sahen sich nicht zuletzt als die Garanten des wirtschaftlichen Erfolgs über mehrere Jahre hinweg. Sie hatten zusammen mit den Betriebsgründer/inne/n den Betrieb aufgebaut. Eine individuelle Interessenvertretung war aufgrund des kollegialen Umgangs der Geschäftsleitung mit den Führungskräften, aber auch zwischen diesen, im Rahmen einer Kultur des ‚Gebens und Nehmens' relativ problemlos möglich. Im Prinzip sahen sich die späteren Betriebsratsinitiator/inn/en damals als Teil der Betriebsführung und weniger als ‚normale' Beschäftigte. Soweit man dies überhaupt aus den Interviews rekonstruieren kann, pflegten sie anscheinend ebenfalls einen relativ kollegialen Umgang mit ihren Untergebenen.

Diese gemeinschaftliche Sozialordnung veränderte sich nun mit der Einsetzung neuer Geschäftsleitungen in den Unternehmenszentralen und/oder betrieblicher Führungskräfte wie Hoteldirektor/in, Pflegedienstleiter/in sehr schnell hin zu einer autokratisch-instrumentellen. Dieser Wechsel in der Geschäftsleitung wurde entweder durch den Tod der Betriebsgründer/innen ausgelöst (z.B. Übernahme durch Ehepartner oder Kinder, die dann neue Geschäftsführer einsetzten) oder durch den Weggang langjähriger Filialleiter in Konzernfilialen. Die neuen Betriebsführungen legten wenig Wert auf ein kollegiales Verhältnis zu ihren Untergebenen (so die Sicht der befragten Betriebsratsinitiator/inn/en), hatten einen autokratischen, keinen Widerspruch duldenden Umgang mit den Beschäftigten und führten neue Vorgehensweisen und Strukturen ein.

> „Er (der neue Unternehmensgeschäftsführer, Anm. d. Verf.) akzeptiert keine Kritik, er ist absolut nicht kritikfähig, er ist absolut nicht verhandlungsfähig, er will einfach nur seine Ideen umsetzen. [...] Und je länger der im Unternehmen ist, so sind auch alle guten Führungskräfte aus der Vergangenheit alle abgesprungen, da ist wirklich niemand da. Also ich kann jetzt mittlerweile sagen, dass ich die letzte bin. [...] Alle anderen hat er schon abgewürgt und vernichtet und hier geht's rein um das, das hat nichts mehr mit Professionalität zu tun, hier geht's um Ego, persönliche Charaktereigenschaften." (G04_ BR1)

> „Er (der neue Geschäftsleiter, Anm. d. Verf.) hat [...] ein totales Terrorregime errichtet." (D13_BR1)

Die Wortwahl der Befragten wie „Terrorregime" über die neuen Geschäftsleiter zeigt deutlich, wie sehr es sie geschockt hat, dass ein neuer völlig anderer Umgangston mit ihnen Einzug im Betrieb gehalten hatte. Im Zuge des Wechsels der Geschäftsleitungen verschlechterte sich nun nicht nur das Arbeitsklima, sondern die gesamten Arbeitsbedingungen sowie die Bezahlung für einen Großteil der Beschäftigten. Es wurden fast keine Mittel gescheut, um unliebsame Mitarbeiter/innen aus dem Betrieb zu drängen.

> „Angefangen hat es 2006 [...] da wussten sie, ich ging in Kur und wussten, dass ich am nächsten Tag um sechs Uhr schon wegfahre und am letzten Tag, wo ich noch gearbeitet habe, ich hab' Gott sei Dank Besuch gehabt, ruft er (ein Arbeitskollege, Anm. d. Ver.) mich an: ‚Du da sind drei Briefe von (Name des Arbeitgebers) da' [...] Hab' ich gesagt: ‚Komm, bring sie mal rein.' Und da hab' ich drei Abmahnungen auf einen Tag gekriegt. Aber in der Absicht, die wussten, ich gehe drei Wochen in Kur, kann also nicht reagieren drauf [...], nach drei Wochen ist ja die Einspruchsfrist beendet. Gott sei Dank hatte ich zu Hause Besuch, der hat mir die Briefe reingebracht, die ich gleich meinem Anwalt (gegeben habe, Anm. d. Verf.), und gegen alle drei Abmahnungen haben wir Klage erhoben, alle drei gewonnen. In einer Abmahnung stand drin, dass ich an einem Tag mal eine dreckige Hose angehabt habe, in den anderen Abmahnungen stand drin, ich hätte irgendeine Veranstaltung nicht abgenommen, die angefragt wurde, was überhaupt nicht stimmt, also drei wahnwitzige Sachen." (G07_BR1)

Wie schon weiter oben angesprochen, kann aus den wenigen Interviews nicht auf die Gründe des veränderten Geschäftsleitungsverhaltens geschlossen werden: Persönliche ‚Charakterfehler' der neuen Führungskräfte oder veränderte Managementkonzepte oder Reaktion auf einen harten Kostendruck in den jeweiligen Branchen. Offensichtlich ist aber, dass den neuen Geschäftsleitungen mehr oder weniger jede emotionale und/oder soziale Bindung zu ihrem neuen Betrieb und deren Beschäftigten fehlte und sie aus Sicht der Betriebsratsinitiator/inn/en systematisch ein Klima der Repression und Angst verbreiteten, in dem Widerspruch nicht geduldet und Duckmäusertum belohnt wurde.

4.5.3 Anlässe: „und plötzlich wird eine ‚Familie' zerstört durch irgendwelche, die kommen"

Die Betriebsratsgründung wurde wesentlich von mittleren Führungskräften bzw. Manager/innen der Betriebe unterhalb der Ebene der Geschäftsleitung vorangetrieben.[53] Das Ereignis, das hier die Betriebsratsgründung auslöste, ‚waren' neu-

---

53 Das unterscheidet die Betriebsratsgründungen zur *Vertretung von Partialinteressen* von denen zum *Schutz der gemeinschaftlichen Sozialordnung*, die beide auf kurzfristige und singuläre Ereignisse zurückgeführt werden können. Bei letzteren wird die Betriebsratsgründung im Regelfall von ‚normalen', wenn auch gut qualifizierten Beschäftigten initi-

eingestellte betriebliche Führungskräfte und ihre neue Führungskultur, die die Führungskräfte, die schon länger im Betrieb waren, sehr schnell als für sich persönlich bedrohlich wahrnahmen. Durchgängig wurden die neuen betrieblichen Führungskräfte als in ihrem Handeln herrisch bzw. willkürlich dargestellt:

„Wie gesagt – Familienbetrieb – und plötzlich wird eine Familie so zerstört durch irgendwelche, die kommen, die einen nicht mal anhören." (D18_BR1)

„Erste Amtshandlung der Pflegedienstleitung: Wohnbereichsleitung absäbeln, Freundin von ihr eingesetzt, zweite Amtshandlung: (Name) kündigen, dritte Amtshandlung: die nächste Wohnbereichsleitung kündigen." (D18_BR2)

„Faktisch ist es ein Alleinherrscher, der sich teilweise völlig gegen das Gesetz stellt [...] und die die zweite Reihe, sag' ich mal, die zweite Ebene, die sagt auch nichts. Also [...] was der sagt, wird umgesetzt, gnadenlos, ob es nun rechtens ist oder nicht, das ist völlig Wurst." (G04_BR1)

„Der Auslöser war eine Aktion des Geschäftsführers, dass er sozusagen ein Briefing eingeführt hat. Das heißt, eine zehnminütige Rüstzeit vor der Arbeit, wo die Mitarbeiter eingestimmt werden auf das Tagesgeschehen, was ansteht und dieses Briefing wird nicht bezahlt. Was jetzt [...] noch nichts Schlimmes ist, waren wir ja durchaus gewohnt, dass wir Mehrarbeit leisten, ohne dass es bezahlt wird [...]. Der Auslöser war, wo ich dann einmal zum Gespräch gebeten wurde, weil ich zu diesem Briefing zwei, drei Minuten zu spät gekommen bin. Dann hab' ich reklamiert und hab' gesagt, [...] er könne ja das Briefing verlangen, aber dann muss er es bezahlen. Oder er muss akzeptieren, dass ich komme oder nicht komme, wie es mir gefällt. Wir haben dann gestritten, was rechtens wäre." (D13_BR1)

Die neuen Führungskräfte wurden als autoritär oder autokratisch wahrgenommen, sie vertrügen keine Kritik, übten massiven Druck auf ihnen nicht-genehme Beschäftigte aus und sie versuchten ‚auf Biegen und Brechen' ihre Vorstellungen durchzusetzen, so der Tenor in den Interviews. Ein Bestandteil des neuen Führungsverhaltens neben der Einführung einer ‚Befehls-Gehorsam-Struktur' ist die Absicht, die Personalkosten drastisch zu reduzieren.

„Wir wurden damals eigentlich noch fast alle über Tarif bezahlt. Es gab Weihnachtsgeld, es gab Urlaubsgeld, das sind Sachen, wo wir heute nur noch von träumen."

---

iert, die eventuell eine untergeordnete Vorgesetztenfunktion ausüben. Der größte Unterschied zwischen den beiden Mustern ist aber, dass die Geschäftsleitungen der Betriebe mit Betriebsratsgründungen zum *Schutz der gemeinschaftlichen Sozialordnung* auch nach der Betriebsratsgründung prinzipiell an einer gemeinschaftlichen Sozialordnung bzw. an einem kollegialen Umgang mit Beschäftigten und Betriebsrat interessiert sind, während die Geschäftsleitungen in Betrieben mit einem Betriebsratsgründungsverlauf *Vertretung von Partialinteressen* aus Sicht der Betriebsratsinitiator/inn/en im Gegenteil versuchen, die alte Ordnung zu zerstören.

Zweiter Betriebsrat: „Eigentlich nicht mal mehr). Nicht mal mehr träumen, das hat man abgeschrieben." (G04_BR1)

„Das ist total übel, alte Leute für vier Monate anstellen und dann eventuell wieder rauszukicken. (...) Das ist mehr ein Sparchef." (D13_BR1)

Die Art der Reduzierung der Personalkosten wurde als unsozial wahrgenommen. Weiter stellten die mittleren Führungskräfte fest, dass das neue Führungsverhalten damit verbunden war, immer mehr Entscheidungen zu zentralisieren und ihre Handlungsspielräume entweder schon eingeschränkt worden waren oder dies ihnen in naher Zukunft ebenfalls drohte.[54]

„Jetzt ist es so [...] unser Vorstand hat eine Idee am Morgen. Da geht es darum, dass er auf dem Frühstück jetzt eine Weißwurst liegen haben will, nur mal angenommen. Dann ruft der an und dann müssen alle eine Weißwurst kriegen. Zum günstigsten Preis muss die so präsentiert werden, wie ihm das einfällt. Dass sich eine Weißwurst in (Name einer Stadt) nicht verkauft, dass wir da eigentlich eine Currywurst haben müssten, das interessiert den alles gar nicht. Das ist sein Ansatz. Der Herr (Name d. Unternehmensgründers) war anders. Er hat gesagt, okay Leute, ihr habt eure Budgets, ihr habt euch am Markt hier platziert, [...] ihr seid selbstständig, ihr seid hoch qualifiziert, macht das Beste draus. [...] Also der hat nicht permanent alles überwacht, sondern nur das Gesamtbudget." (G04_BR1)

„Also ich bin seit 24 Jahren im Betrieb, Betriebsleiter und in den letzten fünf Jahren wurde mir immer mehr, ich sag' jetzt mal in Gänsefüßchen, Macht entnommen, [...} das ist zwar ein bisschen hart gewesen, weil ich das 20 Jahre gemacht habe, aber damit hab' ich mich abgefunden also ist kein Problem. Insofern war ich ja dann zwar Betriebsleiter, aber eben kein leitender Angestellter mehr. Dann habe ich auch die Vertretungen gemacht in der Filiale (Name der Filiale), das sind ja zwei Filialen hier [...] und habe da, als mein Kollege da drei Monate krank war, ein paar Unregelmäßigkeiten festgestellt, was ich der Geschäftsleitung gemeldet habe, so wie sich das gehört. Da hat sich der Kollege wohl ein bisschen stark auf den Schlips getreten gefühlt [...] und hat versucht durch, ich sage das mal ganz offen, Stasi-Manier mich schlecht zu machen in (Stadt der Unternehmenszentrale) und was ihm auch gelungen ist. Seit zwei Jahren merke ich, dass die Geschäftsleitung mich eigentlich meidet [...] und letztes Jahr kam ganz überraschend für mich und für unsere Filiale ein Bezirksleiter nach (Name der Stadt), einen Bezirksleiter gab es in (Name der Stadt) bis jetzt noch nie. Das ist jetzt ein neu erfundener Posten und der Bezirksleiter war also dann mir überstellt hier in (Name

---

54 Bei der Zentralisierung von Entscheidungen kann zweierlei gemeint sein: Entweder die Konzentration von Entscheidungsbefugnissen auf die überbetriebliche Unternehmens- bzw. Konzernspitze oder einzelne Führungskräfte im Betrieb versuchen auch – eventuell auch ohne einen Strategiewechsel der Geschäftsleitung – Entscheidungen auf ihre Person zu konzentrieren und damit die Entscheidungsspielräume ihrer ‚Untergebenen' einzuschränken.

Gründungen von Betriebsräten 179

der Stadt). Damit konnte ich auch noch leben, weil ich mache meine Arbeit und damit basta, aber schnell kristallisierte sich, dass der Bezirksleiter im Prinzip nach (Name der Stadt) geschickt wurde, um mich möglichst rauszudrücken aus der Firma." (G07_BR1)

Während die ‚alten' mittleren Führungskräfte von den Verschlechterungen in der Entlohnung aufgrund ihrer Arbeitsverträge noch nicht direkt betroffen waren und auch aufgrund eben ihrer Arbeitsvertragskonditionen solche Verschlechterungen nicht zu befürchten hatten, stellte die (antizipierte) Einschränkung ihrer Handlungsspielräume eine reale Gefahr dar. Diese waren zum Teil nicht vertraglich abgesichert, sondern wurden ihnen informell von den früheren Geschäftsleitungen zugestanden und sind eher untypisch für Unternehmensniederlassungen bzw. Konzernfilialen im Dienstleistungsbereich. Diese informell zugestandenen Spielräume beruhten auf einem engen persönlichen Kontakt mit der und einer engen persönlichen Bindung an die vorherigen Geschäftsführer/innen. Die Kompetenzen und Entscheidungsspielräume waren in einer Art impliziten Vertrag fest gelegt: Großer Einsatz für den Betrieb wird mit einer hohen Autonomie bei den betrieblichen Entscheidungen honoriert. So konnte es auch sein, dass man ohne entsprechende berufliche Qualifizierung durch Engagement bis auf die Ebene von Teamleiter/inne/n aufsteigen konnte, was (ironischerweise) die befragten Betriebsratsinitiator/inn/en für die Jetzt-Situation beklagten.

„Der (neue Geschäftsführer, Anm. d. Verf.) war vorher Geschäftsführer bei (Name des Unternehmens.), also hat also auch eine bisschen andere Denke. Der hat dann angefangen, die Strukturen zu verändern, also Hierarchien einzuziehen. Was mich sehr schockiert hat damals, war etwas, was – ich war's gewohnt, dass die Führungsleute nach Können und Erfolg innerhalb der Firma rekrutiert worden sind. Wir haben eigentlich selten jemand von außen bekommen, also im Prinzip ist es immer so, dass die Leute, die ihre Abteilung am besten organisiert hatten, die besten Zahlen und so weiter hatten, dass die dann auch immer, wenn es irgendwas gab, dann halt auch die Position bekommen haben oder entsprechend die Chance hatten. Der hat dann erstmalig anders gearbeitet. Der hat uns zu einem Führungskräfteseminar eingeladen gehabt, wo wir dann gewisse Dinge gemacht haben, wo auszuloten war, wer welche Fähigkeit hatte. Das ist ja alles in Ordnung. Aber anstatt das Ding dann auszuwerten, kam dann am Schluss nur die Frage: ‚Ja und wer von euch möchte was werden oder wer möchte eine Position aufsteigen?' Und genau die Leute, die dann gesagt haben: ‚Jawohl, ich möchte Führungskraft werden', die sind dann auch Führungskräfte geworden. Also das hat mich absolut schockiert, [...] weil das genau heißt, dass die, die dann mit dem Ellbogen vorangehen statt mit ihren, sag' mal, kaufmännischen oder psychologischen Fähigkeiten oder sonst irgendwas, dass das ja gar keine Rolle gespielt hat, was man zwei oder drei Tage im Seminar sich erarbeitet hat oder so, sondern, dass es rein darum geht, um Machtdinge oder was. Das war für mich ein kleiner Schock, also da wo ich das erste Mal gedacht hab': ‚Es hat sich was geändert oder es sind Dinge im Gange, die sind komisch.'" (D13_BR2)

In der Einführung neuer Hierarchieebenen, die auch noch von ‚Auswärtigen' besetzt wurden, in der von der Qualifikation und der Leistung her nicht nachvollziehbaren Beförderung von Kolleg/inn/en in Führungspositionen sahen die bisherigen betrieblichen Führungskräfte Indizien für eine sich verändernde betriebliche Sozialordnung. Diese ersten Anzeichen irritierten sie zuerst nur, relativ bald jedoch sahen sie sich den Attacken der neuen betrieblichen Führung ausgesetzt, ihr Arbeitsumfeld und ihre Arbeitsbedingungen verschlechterten sich zum Teil dramatisch. Das Verhalten der neuen Geschäftsführungen erzeugte bei ihnen den Eindruck, dass ihre Arbeit, ihr Engagement für den Betrieb und auch ihr Beitrag für den wirtschaftlichen Erfolg nicht mehr anerkannt und gewürdigt wurden. Ihre Vergleichsfolie war dabei immer die betriebliche Situation vor dem Wechsel in der Geschäftsleitung, eine betriebliche Sozialordnung, die man nach Kotthoff als gemeinschaftlich bezeichnen kann. Wenn man so will, wehrten sich die mittleren Führungskräfte gegen den Versuch der Betriebsspitze, eine rein instrumentelle betriebliche Sozialordnung zu etablieren.

Die betrieblichen Verhältnisse hatten sich also durch den Wechsel an der Spitze grundlegend für das verbliebene betriebliche Management verändert. Eine Kultur der Überwachung bzw. Bestrafung und Missachtung von Gesetzen war im Entstehen oder war entstanden.

„Er (der Bezirksleiter, Anm. d. Verf.) hat dann auch die Mitarbeiter so beobachtet, reichlich beobachtet und alle Mitarbeiter, die hier auf der Stirn (Name des Befragten) stehen hatten, die wurden also gepiesackt auf Teufel komm raus, gemobbt wie verrückt, eine Mitarbeiterin, die draußen während ihrer Pause Zigaretten gedreht hat, wurde angemacht: So was darf sie nicht, sich Zigaretten drehen, Mitarbeiter die draußen geraucht haben, die haben zu stehen, [...] und dann fiel immer mehr auf, dass halt Mitarbeiter aus der anderen Filiale bevorzugt behandelt, die durften alles, während unsere Mitarbeiter, die durften nichts." (G07_BR1)

Die neue Führung war aus Sicht der mittleren betrieblichen Führungskräfte nicht an einem kooperativen Verhältnis zu ihnen interessiert, sie kündigte gewissermaßen die ‚alten' impliziten Verträge. Sie versuchte sie zu disziplinieren und/ oder aus dem Betrieb zu ‚drängen'.

„Also [...] ich hab' noch nie in einem Unternehmen so viele Kündigungen durch die Geschäftsleitung selbst mit Hausverbot (erlebt), wir haben eine Blacklist im Haus hängen, wo er (der Geschäftsführer, Anm. d. Verf.) ständig neue Leute, die er rausschmeißt, draufschreibt. [...] Die dürfen das Haus nicht mehr betreten. Und eigentlich [...] alle Direktoren der letzten Jahre sind auf dieser Liste gelandet. Wenn sie ihn verklagen, gehen sie sowieso automatisch auf die Liste, es ist ein Wunder, dass wir noch nicht drauf sind." (G04_BR1)

Die neuen Geschäftsleitungen hatten zudem neue Führungskräfte eingestellt, *„die [ihnen] untertan waren" (D13_BR13)*. Durch die neuen Führungskräfte und ihr Handeln fühlten sich die verbliebenen mittleren betrieblichen Manager/innen zunehmend direkt persönlich ‚bedroht', sie befürchteten, dass sie ebenfalls wie einige oder viele ihrer Kolleg/inn/en aus dem Betrieb geworfen werden sollten – nicht zuletzt wegen ihrer im Vergleich zu Neueinstellungen sehr guten Vertragskonditionen (gute Bezahlung, unbefristeter Arbeitsvertrag).

„Das waren alles Leute, die noch eine relativ gute Gehaltsstruktur hatten aus der alten Zeit. Und ich glaub', dass das auch so ein Grund war, die rauszukicken. Die hatten unbefristete Verträge und man hat halt gemerkt, das entwickelt sich dahin, alles auszutauschen, alles neu, Billigkräfte rein und dann schön, schön dass man immer austauschen kann, immer so froh und munter. Und dann haben wir gesagt: ‚Okay, was machen wir jetzt?' Das Einzige, was man machen kann, ist wirklich einen Betriebsrat gründen und zu sagen: ‚Okay stopp, hier gibt's Gesetze!' Weil, er hat ja am laufenden Band gegen Gesetze verstoßen!" (G04_BR1)

Nachdem den (verbliebenen) mittleren betrieblichen Führungskräften aus der Zeit vor dem Wechsel der Geschäftsführung deutlich wurde, dass sie auch bald von dem willkürlichen Vorgehen betroffen sein könnten, wurde eine Betriebsratsgründung immer mehr als notwendig angesehen, um sich selber schützen zu können. Das Unverständnis gegenüber der neuen Führungskultur und Unternehmenspolitik speiste sich nicht zuletzt aus der Überzeugung, dass diese Neuausrichtung ohne Not geschehen sei, bisher hatte man sich gut am Markt behaupten können, den Betrieben ging es wirtschaftlich vor den Veränderungen in der Geschäftsleitung gut, der Betrieb lief.

„Also unser Geist des Hauses, dass viele langjährige Mitarbeiter sich untereinander sehr gut verstehen, und (wir) eigentlich auch immer bereit waren, uns gegenseitig zu unterstützen, [...] also nicht jeder für sich und jede Station für sich, das war früher mal so, [...] jeder hat jedem geholfen. Und wenn heut eine Führungskraft kommt, wäre es meiner Meinung nach von Vorteil, [...] sie würde erst mal hergehen und die Leute kennenlernen und würde erst mal sich anschauen ‚Mensch, was machen die. Und die würde so viel Potenzial sehen, aber wirklich so viel gutes Potenzial sehen, dass sie eigentlich stolz sein müsste, solch tolle Kräfte zu haben. Bloß die wollten das ja gar nicht kennen lernen. Die wollten es nicht und haben es nicht." (D18_BR1)

„Na ja, eigentlich haben wir keine wirtschaftlichen Probleme, denn die Filialen [...] sind Selbstläufer. Normalerweise kann sich unsere Chefin hinsetzen, kann hier (Name des Befragten) einsetzen, da den Herrn (Name) und macht mal. Geld kommt rein." (G07_BR1)

Den neuen Geschäftsleitungen und Führungskräften wird daher unterstellt, entweder inkompetent zu sein bzw. rational nicht nachvollziehbare Entscheidungen zu treffen oder nicht am ‚Betriebswohl' interessiert zu sein.

„Ich versuche immer noch, ich glaube als eine der letzten, mittlerweile seine Reaktionen, seine Aktionen in irgendeiner Weise zu begründen und versuche das irgendwo in meinem Kopf einzuordnen, weil ich doch ein sehr rationaler Mensch bin. [...] Wir müssen einfach, glaub' ich, uns damit abfinden, dass wir ihn nicht verstehen. Wir haben es da mit einem völligen Idioten zu tun. So muss ich das einfach sagen und da können wir nichts dagegen tun. [...] Sämtliche wirtschaftlichen Sachen, die im Haus getroffen werden, oder in der Gruppe, die sind ja genauso irrsinnig zum Teil. Genauso unverständlich." (G07_BR1)

„Aber wenn man natürlich mit dem Geld nicht umgehen kann und einen Rechtsanwalt (Name) engagiert, der in drei Monaten 70.000 Euro kostet, ohne Erfolg, dann frage ich mich." (G07_BR1)[55]

Hinsichtlich der Anlässe kann man zusammenfassend festhalten, dass im Falle einer Betriebsratsgründung *Partielle Interessenvertretung* die Betriebsratsgründung von betrieblichen Manager/inne/n initiiert wurde, die sich von neuen Entscheidungsträgern in ihrer Position bedroht sahen. Ein Betriebsrat mit seinen gesetzlich verankerten Rechten wurde von den mittleren Führungskräften als das letzte (und einzige) verbleibende Mittel angesehen, sich gegen die Zumutungen der neuen Geschäftsleitung wehren zu können. Der Betriebsrat schien *das* Mittel der Wahl zu sein, um in dem ‚Machtkampf' bestehen zu können. Neben der Absicherung der eigenen Position war auch eine gewisse ‚Fürsorgepflicht' gegenüber den Beschäftigten ein weiteres Motiv, einen Betriebsrat zu gründen. Vor den Erfahrungen mit der neuen Geschäftsleitung wurde keine Notwendigkeit für einen Betriebsrat gesehen, man verstand sich als Teil der Betriebsführung.

Dass nicht ‚normale Beschäftigte' die Initiative für eine Betriebsratsgründung ergriffen haben, kann wohl u.a. dadurch erklärt werden, dass, aufgrund der hohen Fluktuation und der geringen Verweildauer im Betrieb, die Beschäftigten keine emotionale oder soziale Bindung zum Betrieb aufbauen konnten und daher zur Beendigung der schlechten Arbeitsbedingungen eine „Exit"-Strategie und eben nicht eine „Voice"-Strategie (vgl. Hirschman 1974) gewählt wurde.

4.5.4 Konstituierung der repräsentativen sozialen Gruppe: das mittlere Management verteidigt seine Partialinteressen

Wie auch bei allen anderen Betriebsratsgründungstypen ging auch bei dem Gründungsmuster *Vertretung von Partialinteressen* die Initiative für die Betriebsratsgründung von einer kleinen Gruppe von Beschäftigten aus. Deutliche Unterschiede gab es aber bei der Beschäftigtengruppe, aus der die Initiator/inn/en der

---

55 Der vom Befragten erwähnte Rechtsanwalt und seine Kanzlei sind dafür bekannt, dass sie im Auftrag der jeweiligen Arbeitgeber permanent versuchen, dem Betriebsrat formaljuristische Verstöße nachzuweisen und den Betriebsrat durch eine Flut von Gerichtsverfahren in seiner Handlungsfähigkeit einzuschränken.

ersten Stunde entstammten: Die Initiator/inn/en kamen überwiegend aus dem mittleren, zum Teil oberen betrieblichen Management (wie Abteilungsleiter/innen, Teamleiter/innen). Dies galt für alle Betriebe mit einem Betriebsratsgründungsverlauf des Typs *Vertretung von Partialinteressen*. Vor den Erfahrungen mit der neuen Geschäftsleitung wurde keine prinzipielle Notwendigkeit für einen Betriebsrat gesehen, man verstand sich ja auch eher der Arbeitgeberseite zugehörig:

> „Ich bin ja [...] eigentlich immer auf der Arbeitgeberseite gestanden. Das ist eine ganz neue Situation für mich, ich hab' zwar immer schon einen sehr hohen sozialen Anspruch gehabt an meinen Arbeitgeber und war auch immer für Gerechtigkeit im Unternehmen, aber am Ende des Tages stand ich schon klar auf der Arbeitgeberseite." (G04_BR1)

Die Initiator/inn/en waren schon seit Jahren im Betrieb beschäftigt und kannten sich zum Teil auch persönlich schon lange, vor allem waren sie schon in den ‚guten alten Zeiten' unter der vorherigen Geschäftsleitung im Betrieb beschäftigt. Sie verfügten daher trotz der schon stattgefundenen Veränderungen immer noch über ein – im Bourdieu'schen Sinne – hohes betriebliches soziales Kapital, zumindest in der (kleinen) Gruppe der schon lange im Betrieb beschäftigten Führungskräfte. Sie hatten gemeinsam die Kultur von „Autonomie und Einbindung" (Lücking 2009) erlebt und hatten daher trotz des Wechsels in der Geschäftsführung immer noch eine starke persönliche Bindung an den Betrieb. Für die (kleine) Gruppe der mittleren Führungskräfte erschienen die Initiator/inn/en die glaubwürdigen Repräsentant/inn/en ihrer Interessen zu sein, sie hatten ja dieselben schlechten Erfahrungen im Zuge des Wechsels der Geschäftsleitung gemacht. Das hieß aber nicht, dass sie auch aufgrund des Klimas der Repression bereit waren, sich auch öffentlich zu der Betriebsratsgründung z.B. durch eine Kandidatur zu bekennen. So finden sich in unserem kleinen Sample sowohl Fälle, in denen es relativ problemlos gelang, den Kreis der Initiator/inn/en durch die Übernahme einer Kandidatur zu erweitern, als auch einen Fall, in der die Kandidatenaufstellung als *„totales Gewürge"* (D13_BR1) bezeichnet wurde.

Problematisch für die Konstituierung einer für die gesamte Belegschaft repräsentativen sozialen Gruppe war der Umstand, dass die genannten Aspekte (hohe persönliche Bindung an den Betrieb aufgrund der Erfahrung einer Kultur der Anerkennung) für die meisten Beschäftigten bei Weitem nicht (mehr) so zutrafen. Letztere hatten oft prekäre Arbeitsverhältnisse (vor allem befristete Arbeitsverträge) und waren auch nur kurz im Betrieb; die Fluktuation ist in den Randbelegschaften von Dienstleistungsbetrieben generell hoch. In unserem Sample betrug die Fluktuation in dem Hotel und der Einzelhandelsfiliale bis zu 40% der Beschäftigten im Jahr. Im Hotelgewerbe ist es zudem gang und gäbe, dass man zu Beginn der beruflichen Karriere öfters das ‚Haus' wechselt und daher nur eine geringe persönliche Bindung an ein bestimmtes Hotel entwickelt. Da es normalerweise problemlos möglich ist, in ein anderes Hotel zu wechseln, dürfte sich hier bei der Reaktion auf Konflikte oder schlechte Behandlung durch Vorgesetzte eher eine Kultur des ‚Exit' denn des ‚Voice' entwickelt haben (Hirschman 1974). Dies gilt vermutlich in ähnlicher Weise für den Einzelhandel und die Gastronomie. Man überlegt sich sicher zweimal, ob man eine Betriebsratsinitiative offen unterstützt, wenn man trotz eines repressiven Arbeitsklimas auf die Verlängerung eines befristeten Arbeitsvertrags aus ist. Um die Randbelegschaft(en) für eine Unterstützung des Betriebsrats zu gewinnen, müsste es diesem gelingen, ihre Arbeitsbedingungen zu verbessern. Aufgrund des weiter unten geschilderten Verhaltens der Geschäftsleitungen ist es fraglich, ob der Betriebsrat hierfür genügend Zeit bekommt.

Ob die Initiator/inn/en und auch die späteren Betriebsratsmitglieder des Betriebsratsgründungtyps *Vertretung von Partialinteressen* aufgrund der geschilderten Kombination von hoher Fluktuation und prekären Beschäftigungsverhältnissen von den übrigen Beschäftigten, die den Großteil der Belegschaft stellten, als ‚ihre' Repräsentant/inn/en angesehen wurden, muss daher fraglich bleiben (vgl. dazu Abschnitt 4.5.6).

4.5.5 *Verlaufsformen: strategische Planung und massive Repression*

Wie auch in dem anderen Typus *(Schutz der gemeinschaftlichen Sozialordnung)* einer anlassbezogenen Betriebsratsgründung fanden Betriebsratsgründungen des Musters *Vertretung von Partialinteressen* in der Regel schnell statt. Das wirkt erst einmal widersprüchlich, da es ja normalerweise eine gewisse Zeit braucht, bis sich die Auswirkungen einer veränderten Geschäftsführungspolitik zeigen. Und so ist es auch in den Fällen *Vertretung von Partialinteressen*, wo die Protagonist/inn/en zum Teil über Jahre beobachten, wie sich der Betrieb veränderte. Weswegen wir diese Fälle trotzdem zu den anlassbezogenen Betriebsratsgründungen zählen, liegt in dem Umstand begründet, dass in den Interviews deutlich wird, dass dann eine von der überbetrieblichen Geschäftsführung eingesetzte neue betriebliche Leitung (z.B. Hoteldirektorin, Bezirksleitung im Fall des Gastronomiebetriebs) bzw. ihr Verhalten der Auslöser für die Betriebsratsgründung war. Davor mussten die Initiator/inn/en noch nicht ‚leiden', sie waren trotz der Umbrüche im Betrieb kaum persönlich betroffen. Auf das Verhalten der neuen Vorgesetzten wurde dann aber sehr schnell – innerhalb eines Jahres – reagiert.

„Wenn Sie zwischendurch starke Persönlichkeiten sitzen haben in den einzelnen Abteilungen, die blocken ab. Der schreit von oben was runter, und im Normalfall filtert das ein guter Manager. Der filtert raus und gibt nur immer so praktische Hinweise weiter. [...] Das geht aber nur, wenn Sie starke Persönlichkeiten zwischendrin haben, aber die hat er ja alle ausgeschaltet, das ist wieder der Punkt:

niedrige Lohnstruktur, schlechte Ausbildung, schnell befördert. Diese Leute machen einfach nur das, was er hören will, weil sie wollen schnell befördert werden und dann in ein nächstes Unternehmen springen. [...] Und bei uns ging das noch, bis unsere Direktorin [...] in die Elternzeit gegangen ist. Die war noch ziemlich gut, die hat alles noch relativ im Griff gehabt, hat auch von (Name einer Stadt) noch ziemlich abgeschottet, also uns von den Ausbrüchen da abgeschottet und dann kam eine Neue. Und da haben wir wieder das gleiche Problem. Inkompetent, schwach und nur auf den Titel aus, und die hat von oben einfach alles durchrieseln lassen, [...] also ums Hotel kümmert sie sich eigentlich gar nicht. Hat sich mit dem Housekeeping überworfen, es sind auch viele persönliche Interessen mit rein geflossen und am Ende war's so, dass das Housekeeping unter einem permanenten Stress stand. [...] Also die wurden teilweise wirklich gemobbt. Das muss man ganz klar sagen, das war auch was ganz Neues für uns." (G04_BR1)

Die schnelle Reaktion der mittleren Führungskräfte auf das Verhalten der Geschäftsleitung entspricht sicherlich einem Verständnis von Manager/inne/n, auf erkannte Probleme schnell zu reagieren und nicht lange abzuwarten. Die Initiator/inn/en fühlten sich zudem ‚akut' und persönlich in ihrer betrieblichen Position bedroht – so dass schnelles Handeln geraten schien.

Bis zu dem Wirken der neuen Geschäftsführung war in der *Phase informeller Interessenrepräsentation* eine individuelle Selbstvertretung für die mittleren betrieblichen Führungskräfte im Rahmen einer Kultur des ‚Gebens und Nehmens' relativ problemlos möglich.[56] Da die ehemals gemeinschaftliche Betriebskultur bedroht oder schon weitestgehend zerstört war und man den Eindruck hatte, dass man selber schnell auf der ‚Abschussliste' stehen könnte, wurde versucht, die Idee einer Betriebsratsgründung schnell umsetzen. In der *Latenzphase* fand sich eine kleine Gruppe der mittleren Führungskräfte über persönliche Gespräche zusammen, die dann konsequent die Betriebsratsgründung vorantrieb. Die Initiator/inn/en kontaktierten – wie auch in fast allen anderen Fällen – sehr früh die Gewerkschaft, da ihnen bewusst war, dass sie für den Erfolg der Betriebsratsinitiative externe Beratung und Unterstützung brauchen. Sie traten dann im Zuge des Gründungsprozesses der Gewerkschaft bei und arbeiteten eng mit ihr zusammen. Vor den Veränderungen, die dazu geführt haben, dass sie einen Betriebsrat für notwendig hielten, hatten sie keinen Gewerkschaftsbezug und hatten sich auch eher auf Seiten des Arbeitgebers verortet. Nun planten die Initiator/inn/en jedoch zusammen mit der Gewerkschaft – aufgrund der erwarteten repressiven Reaktion der Geschäftsleitung – akribisch das Vorgehen bei der Betriebsratsgründung: Strategisch überlegt wurde etwa, wann die Geschäftslei-

---

56 Das galt zumindest für die Führungskräfte, wie es für die ‚normalen' Beschäftigten aussah, ist aus den Interviews nicht eindeutig rekonstruierbar, aber man kann davon ausgehen, dass der ‚Spirit', der sich bei ihren Vorgesetzten im Verhältnis zur Betriebsleitung zeigte, auch auf deren Verhalten gegenüber ihren Untergebenen ausgewirkt haben sollte.

tung informiert wird, damit sie möglichst wenig Zeit für Gegenmaßnahmen hat, wer die Wahlversammlung leiten soll und wie die Initiator/inn/en am besten geschützt werden können. Es wurde diskutiert, ob die Einladung zur Wahlversammlung durch die Gewerkschaft oder durch die Beschäftigten erfolgen soll, damit diese den im Betriebsverfassungsgesetz festgelegten besonderen Kündigungsschutz erhalten.

> „Das war uns dann zu heiß (Einladung durch die NGG, Anm. d. Verf.), weil die versuchen, dachten wir, herauszukriegen, wer dahintersteckt und erstmal vorsichtshalber alle rausschmeißen und da hätte keiner einen Kündigungsschutz gehabt." (G04_BR1)

Um die Akribie der Vorbereitung zu verdeutlichen, hier das Beispiel der Überlegungen, die die Initiator/inn/en der Betriebsratsgründung in dem Fallbeispiel des Hotels angestellt hatten:

- Die Einladung zu der Betriebsversammlung für eine Betriebsratsgründung wurde am 31. Dezember 2012 ausgehängt; an diesem Tag war die Hoteldirektorin nicht im Haus. Die Betriebsversammlung sollte am 8. Januar stattfinden.
- Es wurde darüber nachgedacht, welche Beschäftigte zur ‚Wahlversammlung' einladen sollten. Aufgrund dieser Überlegungen unterschrieben: a) die Bankettmanagerin (sie erschien aufgrund ihrer eingeworbenen Aufträge für das Hotel als unkündbar), b) eine Beschäftigte, die kurz vor der Zeit des gesetzlichen Mutterschutzes stand und c) die Leiterin der Housekeeping-Abteilung (diese war bereits durch die neue Hotelleiterin gemobbt worden). Es gab neben diesen Dreien, noch ein ‚zweite' und eine ‚dritte Reihe' von Initiator/inn/en, die einspringen sollten, falls die erste Reihe entlassen werden sollte. Die jetzige Betriebsratsvorsitzende war in der ‚zweiten' Reihe ‚eingeordnet'.

In unserem Sample lud letztlich in drei Fällen die Gewerkschaft zur Betriebsversammlung für die Wahl eines Wahlvorstands ein, nur in einem Fall die Beschäftigten. Essenziell war, dass solange wie möglich die Betriebsratsinitiative geheim gehalten wurde, da man (zu Recht) davon ausging, dass die Geschäftsleitung mit mehr oder weniger allen ihr zur Verfügung stehenden Mitteln versuchen würde, die Betriebsratsgründung zu verhindern. Die Erfolgschancen der Betriebsratsinitiative schienen also umso höher, je später die Geschäftsleitung davon erfuhr.

Der Erfolg dieser akribischen Vorplanung fiel dabei unterschiedlich aus. Im Prinzip gelang es allen Betriebsratsinitiativen aufgrund ihrer strategischen Vorbereitungen relativ problemlos, die Geschäftsleitung zu überraschen und eine Betriebsratswahl durchzuführen, was an und für sich schon ein Erfolg war. Betrachet man die Zusammensetzung des Betriebsrats oder Repressionsversuche der Geschäftsleitung, hat der Überraschungseffekt nicht in allen Fällen verhindern können, dass die Geschäftsleitung erfolgreich bzw. hart reagieren konnte. In einem Fall bekamen arbeitgebernahe Kandidat/inn/en die Mehrheit im Betriebsrat, in einem anderen Fall wurde als Reaktion gleich eine ganze Abteilung ausgegliedert.

Die Geschäftsleitungen versuchten mit einer Ausnahme in der *Formierungsphase* die Betriebsratsgründung in aller Regel (z.B. durch Einschüchterungsversuche in Einzelgesprächen, Kündigungen, Angebot von Aufhebungsverträgen, das ein Teil der Initiator/inn/en dann auch annahm, Ausgliederung von Betriebsteilen und Aufwiegelung anderer Beschäftigter) zu verhindern oder zu beeinflussen.

„Als das bekannt wurde (die Betriebsratsinitiative, Anm. d. Verf.), [...] dass dann dieser Chef mit seinen ganzen fünf Kräften, Tag und Nacht – also übertrieben, aber – nur noch konferiert hat, was man jetzt dagegen macht. [...] (Äußerungen wie:) ‚Wenn dann so ein Betriebsrat da ist, ihr werdet euch wundern; uns geht's wirtschaftlich so schlecht, wie viel Leute wir dann rauskicken müssen.'" (D13_BR1)[57]

„Wir haben am Mittwoch gesagt, Betriebsrat kommt, Donnerstag war sie (Name einer Initiator/in) weg." (D18_BR1)

„Ich war im Krankenstand bei der Kündigung, die wussten nicht dass ich daran beteiligt bin, die konnten das nur vermuten." (D18_Initiatorin)

In einem Fall führte die Agitation der Geschäftsleitung unter den Beschäftigten dazu, dass auf der Betriebsversammlung zur Bestimmung eines Wahlvorstands die mehrheitlich ‚arbeitgebernahen' Beschäftigten die Einsetzung eines Wahlvorstands ablehnten (dieser wurde dann durch den Konzernbetriebsrat eingesetzt). Nachdem der Wahlvorstand eingesetzt wurde, gelang es der Geschäftsleitung, trotz akribischer Planung der Initiator/inn/en, Gegenlisten oder Gegenkandidat/inn/en zur Mehrheit im Betriebsrat zu verhelfen.

In der gesamten Zeit der betriebsöffentlichen Auseinandersetzung blieben große Teile der Randbelegschaft eher passiv, auch wenn sie die Betriebsratsgründung zu unterstützen schienen, was sich an einer hohen Wahlbeteiligung zeigte (zwischen 70 und fast 100%).

Nach der Wahl, in der *Konstituierungsphase*, zeigten die Betriebsratsgremien mit einer ‚arbeitnehmernahen' Mehrheit ein großes Engagement. Sie versuchten sich schnell zu professionalisieren und über Themen wie Arbeitszeit etc. mit der Geschäftsleitung in Verhandlungen einzusteigen. Der Kontakt zur Ge-

---

57 In diesem Betrieb hatte es dann auch „*ein paar so Kündigungen*" gegeben, um „*die Liste zu reduzieren*" *(D13_BR1)*; d.h. Mitarbeiter/inne/n, die auf der gewerkschaftsnahen Liste standen, wurde gekündigt.

werkschaft war allerdings nicht mehr so eng wie in der Zeit der Wahlvorbereitung. Von Beginn der *Konstituierungsphase* an waren die Betriebsräte bzw. die Betriebsratsmitglieder allerdings einer massiven Repression der betrieblichen und/oder überbetrieblichen Geschäftsleitung ausgesetzt, z.b. durch Abmahnungen, Mobbing oder Verleumdungen sowie die Androhung von Betriebsausgliederungen.[58]

> „Ich klage persönlich nochmal gegen Abmahnungen, die sie mir geschickt haben [...], ich hab' drei Stück innerhalb von sechs Wochen bekommen oder so, nachdem ich gewählt wurde." (G04_BR1)

> „Ein paar Abmahnungen habe ich schon bekommen, also wegen Pillepalle. Ich weiß es grade gar nicht mehr, was da drin steht, weil die letzten zwei Jahre habe ich Abmahnungen schon fast immer in den Papierkorb geschmissen." (G07_BR1)

Die Abwehr der ‚Attacken' der Geschäftsleitung bindet viel Zeit auf Seiten der Betriebsratsmitglieder, was auf Kosten der eigentlichen Betriebsratsarbeit geht. Da der Machtkampf zwischen Betriebsrat und Management anhält und nicht sicher scheint, wer diesen am Ende gewinnen wird, bleibt der große Teil der Belegschaft lieber passiv.

4.5.6 Vertretungswirksamkeit: brüchige Repräsentationsbeziehungen und prekäre Zukunftsaussichten

Kennzeichnend für den Typ *Vertretung von Partialinteressen* war, dass die betriebliche Führung oder das übergeordnete Unternehmensmanagement nicht nur die Betriebsratsgründung verhindern wollte, sondern die arbeitnehmernahen Betriebsräte mit einer Ausnahme aktiv bekämpfte.[59] Hinzu kam, dass auch innerhalb des betrieblichen Managements immer mehr Personen eingestellt wurden, die aus Karrieregründen den Geschäftsführungen gegenüber ‚ergeben' sind. Von

---

58　Im Verhalten der Geschäftsleitungen gegenüber dem Betriebsrat zeigt sich ein weiterer fundamentaler Unterschied zwischen den Betriebsratsgründungen zur *Vertretung von Partialinteressen* (vgl. Kap. 4.5) und denen zum *Schutz der gemeinschaftlichen Sozialordnung* (vgl. Kap. 4.2). Die betrieblichen und/oder überbetrieblichen Geschäftsleitungen der Betriebe mit Betriebsratsgründungen zum *Schutz der gemeinschaftlichen Sozialordnung* hatten auch nach der Betriebsratsgründung eine sozialpartnerschaftliche Einstellung inne und akzeptierten mehr oder weniger den Betriebsrat als Repräsentanten der Belegschaft.

59　Die Ausnahme ist der Fall des Pflegebetriebs, in dem der Geschäftsführer im Prinzip nichts gegen einen Betriebsrat einzuwenden hatte, der sich aber kaum an dem Tagesgeschäft des Pflegeheims beteiligte und seinen jeweiligen Heimleitungen und Pflegedienstleitungen einen großen Spielraum in der Führung des jeweiligen Heimes ließ. In diesem Fall versuchte die Pflegedienstleitung zunächst, die Betriebsratsgründung zu verhindern, verhielt sich aber gegenüber dem Betriebsrat dann ‚neutral'.

dem Vorgehen der Geschäftsleitung sind dann aber nicht nur die Betriebsratsmitglieder (z.b. durch Abmahnungen) betroffen, sondern teilweise auch der Betrieb als solches (z.b. durch Ankündigung von Outsourcing von Abteilungen, in denen Betriebsratsmitglieder arbeiteten). Die Attacken belasteten die aktiven Betriebsratsmitglieder sehr, das harte Vorgehen der Geschäftsleitung beeinträchtigte in erheblichem Maß die Vertretungswirksamkeit des Betriebsrats. Die interviewten Betriebsratsmitglieder erklären sich die harte Reaktion zum Teil damit, dass die neuen betrieblichen bzw. überbetrieblichen Führungskräfte aufgrund ihres Charakters nicht in der Lage waren, mit Widerspruch oder Kritik umzugehen.

„Wir haben sie sofort attackiert, damit kann er (der Geschäftsführer des Unternehmens, Anm. d. Verf.) persönlich halt nicht umgehen." (G04_BR1)

Das dürfte aber nur ein Grund für das massive Vorgehen gegen die Betriebsratsmitglieder gewesen sein. Die Repressionsversuche der Geschäftsleitungen dürften auch deswegen so ‚hart' gewesen sein, da es sich hier um einen Machtkampf zwischen ihnen und dem mittleren betrieblichen Management handelte. Letztere versuchten sich mit Hilfe der ‚Institution' Betriebsrat gegen eine Politik und Unternehmensstrategie zu wehren, die sie als gegen sich gerichtet empfanden. Sie hatten den Betriebsrat als ‚Verteidigung' gegen den/die neue Vorgesetzte/n bzw. Geschäftsleitungen gegründet. Es erscheint als unrealistisch, unter diesen Umständen zu einer kooperativen und wechselseitig akzeptierenden Austauschbeziehung mit eben dieser Leitungskraft zu kommen. Aus Sicht der Geschäftsleitung mag die Betriebsratsgründung endgültig das Vertrauensverhältnis zwischen ihr und den ‚alten' betrieblichen Führungskräften zerstört haben, und den Eindruck endgültig bestärken, dass es sich hier um ‚renitente und unverbesserliche Unruhestifter/innen' handelt. In der Konsequenz scheinen die Managementstrategien jedenfalls darauf gerichtet gewesen zu sein, diese ‚aus dem Weg zu räumen'. Das Ziel scheint – auch nach ‚erfolgreicher' Wahl – die mittelfristige ‚Vernichtung' des Betriebsrats, damit die Geschäftsleitung oder die Unternehmenszentrale durch Neueinstellung von ihnen gegenüber loyalen Beschäftigten im mittleren Management (wieder) einen vollständigen Zugriff auf die betriebliche Ebene erlangen kann.[60]

Die Betriebsräte, die zur *Vertretung von Partialinteressen* gegründet wurden, sind aber auch deswegen wenig vertretungswirksam, da der Betriebsrat nicht die ‚ganze' oder wenigstens große Teile der Belegschaft repräsentiert. Im Gegensatz zu den vielen Betriebsräten, die der *Blockierten Partizipation* (vgl. Kap. 4.6) zugeordnet wurden, fehlte es ihnen nicht an Professionalität und Fä-

---

60 Vielleicht spielt auch das Alter der Beteiligten eine Rolle. Die neuen Geschäftsleitungen sind zum Teil erheblich jünger als die lange im Betrieb beschäftigten mittleren Führungskräfte.

higkeit zum strategischen Handeln. Um aber dem Druck der Geschäftsleitungen standhalten zu können, hätte es eines starken Rückhalts des Betriebsrats in der Belegschaft bedurft. Dieser war aber nur bedingt gegeben. Zum einen mussten die übrigen Beschäftigten ebenfalls befürchten, bei offener Unterstützung des Betriebsrats ‚abgestraft' zu werden. Zum anderen stammten die Betriebe aus Branchen, in denen generell eine hohe Fluktuation unter den Beschäftigten herrscht, ihre Arbeitsbedingungen sind oft prekär. Sie haben verständlicherweise einen eher instrumentellen Betriebsbezug und identifizieren sich kaum mit dem Unternehmen. Die Repräsentationsbeziehung zwischen Betriebsrat und dem Großteil der Beschäftigten ist somit eher ‚brüchig'. Beide Seiten kennen sich eigentlich kaum, den Beschäftigten fehlt die Erfahrung der langjährigen Zusammenarbeit mit den Führungskräften, die jetzt im Betriebsrat sind. Es dürfte für sie fraglich gewesen sein, ob sie diesen vertrauen können und ob sich diese auch für ihre Interessen einsetzen werden. In der Folge verhielten sich große Teile der Belegschaft erst einmal passiv gegenüber dem Betriebsrat.

> „Man kann also wirklich sagen dass 80, 90% der Mitarbeiter die Geschäftsleitung hassen, das Problem ist, [...] dass sie nicht verstanden haben dieses Prinzip, wir halten zusammen und stehen in einer Gruppe. Sondern jeder kämpft für sich mit seinem Popo an die Wand und dann gucken wir mal. Der Hass, der uns verbindet, wird nicht positiv eingesetzt. Da haben wir es mal kurz geschafft, ganz kurz, sonst wären die nicht da alle aufgetaucht (gemeint ist die Wahlversammlung, Anm. d. Verf.). Jetzt ist es damit schon vorbei, weil er (der überbetriebliche Geschäftsführer, Anm. d. Verf.) halt massiv Druck auf bestimmte Positionen ausübt. [...] Und inoffiziell spürt man schon noch den Rückhalt, aber es wird keiner aufstehen." (G04_BR1)

In diesem Fall verhalf nicht einmal der gemeinsame „Hass" auf die Geschäftsleitung, dass sich ein Großteil der Beschäftigten hinter den Betriebsrat stellte. Generell wird die in vielen Branchen und Unternehmen anzutreffende Politik der Befristung von Neueinstellungen (zum Teil eben auch nur Ein-Jahres-Verträge) dazu führen, dass zu dem Zeitpunkt einer Betriebsratsgründung große Teile der Belegschaft nicht schon länger im Betrieb waren. Es ergibt sich gerade in Betrieben mit einer hohen Fluktuation unter den Beschäftigten das Problem, dass nicht genug Zeit vorhanden ist, dass Beschäftigte der Randbelegschaft einschätzen können, inwieweit sie ihren Vorgesetzten vertrauen können, inwieweit sich diese als Betriebsrat im Konfliktfall mit der Geschäftsleitung für ihre Interessen und Rechte einsetzen würden. Zum Aufbau einer ‚funktionierenden' Repräsentationsbeziehung zwischen Betriebsrat und Beschäftigten bräuchte es Zeit. Der Betriebsrat müsste Erfolge aufweisen können, von denen auch die Randbelegschaft profitiert. Diese Zeit bekommt der Betriebsrat aber kaum, aufgrund des ‚Kampfes' der Geschäftsleitung gegen ihn.

Im Zuge der Betriebsratsgründung waren die meisten Initiator/inn/en in die Gewerkschaft eingetreten und waren durchaus dankbar für die gewerkschaftliche Hilfe. Sie hatten weder einen rein instrumentellen noch einen besonders normativen Bezug zur Gewerkschaft. Nach der Betriebsratsgründung fühlten sich manche Betriebsräte in ihrem Kampf gegen die Zumutungen der Geschäftsleitungen teilweise von ihrer Gewerkschaft im Stich gelassen.

„Dann gab es halt so ein Treffen vom (Name des Gewerkschaftssekretärs) mit dem Konzernbetriebsrat, [...] wo ein großer Machtmensch damals bei der (Name des Konzerns) war und dann eben Personalchef von (Name des Unternehmens). Dem haben wir gesagt: ‚Ja das ist jetzt so und so und so', und was dieser Chef gemacht hat. Dann haben sie sich drauf geeinigt, das Ganze wird jetzt von beiden Seiten, die Anfechtungen an die Betriebsratswahl wird dann jetzt eingestellt, auch von ver.di-Seiten, wenn dieser Chef dann geht. Das ist dann passiert. Dann hat die ver.di natürlich keine Anfechtungen mehr gemacht gegen die manipulierte Betriebsratswahl und Einmischungen, Einschüchterungen. Jetzt haben wir diesen beschissenen Betriebsrat." (D13_BR1)

„Erstmal sagt die Gewerkschaft, dass [...] es kaum möglich ist, die Presse für so einen Fall zu interessieren. Das hebt die nicht an [...]. Da (in dem Konflikt, Anm. d. Verf.) ist keine Gewerkschaft da, die irgendwo eintritt. Keine Fahnen vor der Tür. Keine Presse [...]. Also ich sage Ihnen, was meine Kollegen von ver.di sagten [...]: ‚Wenn das bei uns passiert, stehen wir mit Fahnen vor der Tür. Den Laden machen wir zu.' Das ist jetzt übertrieben, aber das haben wir erwartet. Einen Punkt. Klar wir müssten, wir könnten nicht in Vorleistung gehen, weil wir noch keine Mitglieder haben. Wir haben vielleicht 15 Mitglieder gehabt bei der NGG, ne. Aber ich bin mir sicher, dass die Fahnen und die Demonstration und das Pfeifen und das Trällern und das Ansprechen der Kunden das Ganze schon längst zu einem Stopp gebracht hätte. Aber es ist nichts passiert." (G04_BR1)

Für die prekäre Vertretungswirksamkeit arbeitnehmernaher Betriebsratsgremien spielte auch der Umstand eine Rolle, dass in allen Betrieben der Anteil der Gewerkschaftsmitglieder unter den Beschäftigten auch nach der Betriebsratsgründung weiterhin (sehr) niedrig war, auch wenn fast alle Betriebsratsmitglieder im Zuge des Gründungsprozesses in die Gewerkschaft eingetreten waren. Erschwerend kam hinzu, dass es auch keine externe Unterstützung durch einen Gesamt- oder Konzernbetriebsrat geben konnte, da dieser entweder nicht existierte oder zu wenige Ressourcen für eine aufwändige Betreuung hatte.[61]

---

61 Dass von mittleren Führungskräften initiierte Betriebsräte nicht zwangsläufig ‚scheitern' müssen, zeigt ein Fall in unserem Sample, den wir dem Gründungstypus *Kollektive Emanzipation* zugeordnet haben. Der von einer stellvertretenden Restaurantleiterin initiierte Betriebsrat ist trotz der Repressionsversuche von Seiten der Unternehmenszentrale vertretungswirksam. Die Initiatorin ist mittlerweile zur ‚Gewerkschaftsaktivistin' geworden.

Es lässt sich aufgrund der geringen Fallzahl keine ‚endgültige' Aussage über das ‚typische' Schicksal eines Betriebsrats zur *Vertretung von Partialinteressen* treffen. Die vier untersuchten Fälle unterschieden sich sehr in ihren Entwicklungsmöglichkeiten:

- Im Fall des Pflegeheims hat sich der Geschäftsführer von den Betriebsratsinitiator/inn/en überzeugen lassen, dass die neue Pflegedienstleistung nicht gut für das Betriebsklima und den Betrieb sei. Die wichtigste Initiatorin wird, vom Geschäftsführer unterstützt, eine Weiterbildung machen und nach dieser die Pflegedienstleitung übernehmen. Man kehrt dann gewissermaßen wieder zur alten „gemeinschaftlichen Sozialordnung" zurück. Ob die Beschäftigten dann noch eine Notwendigkeit für einen Betriebsrat sehen, ist zumindest fraglich.
- Im Fall des Gastronomiebetriebs hatte der Betriebsratsvorsitzende (zum Zeitpunkt des Interviews knapp 60 Jahre alt) eine sehr gute Abfindung ausgehandelt und verließ den Betrieb. Ob ohne ihn der Druck auf die übrigen Betriebsratsmitglieder abnehmen wird, ist eher unwahrscheinlich und ob der Betriebsrat ohne ihn bestehen kann, erscheint fraglich – das Unternehmen hatte zum Zeitpunkt des Interviews schon seit Längerem eine bekannte ‚Anti-Betriebsrats-Anwaltskanzlei' engagiert.
- Im Fall des Hotels hatte die Geschäftsleitung angekündigt, ganze Abteilungen aufzulösen und deren Aufgaben an Fremdfirmen zu vergeben. Weiter soll das Hotel in ein ‚Hotel garni' umgewandelt werden (d.h. in ein Hotel ohne Küche). Das waren die Bereiche, in denen fast alle Betriebsratsmitglieder arbeiteten. Es ist unklar, ob sich nach den vollzogenen Umstrukturierungsmaßnahmen bei den regulären Neuwahlen überhaupt noch ‚arbeitnehmernahe' Beschäftigte finden lassen werden, die bereit sind, für den Betriebsrat zu kandidieren.
- In der Einzelhandelsfiliale hat aufgrund des Agierens der Geschäftsleitung und einiger betrieblicher Führungskräfte eine Gegenliste die deutliche Mehrheit im Betriebsrat gewonnen, eine aktive Betriebsratspolitik war zu dem Zeitpunkt der Interviews nicht vorhanden. Auch hier ist unklar, ob überhaupt wieder genug Kandidat/inn/en für eine weitere Betriebsratswahl antreten werden.

Die Fallbeispiele zeigen, dass Betriebsräte, die aufgrund der *Vertretung von Partialinteressen* gegründet wurden, eine ungewisse Zukunft haben und wahrscheinlich in der Mehrzahl der Fälle nicht lange existieren werden, zumindest nicht als arbeitnehmernahes Gremium. Wenn es auch den Initiator/inn/en gelungen sein mag, bei einem Großteil der Beschäftigten die Idee ‚besonderer' Interessen der Belegschaft zu wecken, ist es ihnen nicht gelungen, einen großen Teil der Be-

Gründungen von Betriebsräten 193

schäftigten davon zu überzeugen, dass ihre besonderen Interessen besser *kollektiv* als individuell durchgesetzt werden können.

4.5.7 Exkurs: *Der Betriebsrat als Mittel der Durchsetzung überbetrieblicher Interessen*

Unter unseren über 50 Betriebsratsgründungsfällen befand sich ein einziger Fall, bei dem die Betriebsratsgründung direkt vom überbetrieblichen Management initiiert wurde. Es handelt sich dabei um eine Einzelhandelsfiliale mit ca. 200 Beschäftigten.[62] Dem Unternehmen ging es wirtschaftlich gut und es war tarifgebunden. Es handelt sich um einen weltweit tätigen Einzelhandelskonzern, der Wert darauf legt, dass in jeder neu gegründeten Filiale ein Betriebsrat entsteht. Allerdings findet die Betriebsratsgründung schon vor der eigentlichen Eröffnung der Filiale statt, d.h. noch bevor alle für den Betrieb der Filiale nötigem Beschäftigten eingestellt worden sind. Die Betriebsratswahl wird – sozusagen als Teil der Vorbereitungen zur Filialeröffnung – von Mitgliedern des oberen und mittleren Managements der Filiale initiiert und durchgeführt, und zwar ohne Beteiligung der Gewerkschaft oder des Gesamtbetriebsrats. Eine Kandidatur für den Betriebsrat wird von der Unternehmensspitze mehr als nur wohlwollend gesehen, sie kann förderlich für die zukünftige Laufbahn sein.

Da ein großer Teil der ‚normalen' Beschäftigten noch gar nicht in der Filiale arbeitete, setzte sich auch der Betriebsrat aus Mitgliedern des betrieblichen Managements zusammen. Das Unternehmen sieht sicherlich die Gründung von Betriebsräten auch als Bestandteil seiner Politik eines kollegial-kooperativen Umgangs mit den Beschäftigten; der wichtigere Grund aber für das Interesse, einen Betriebsrat in jeder Filiale zu haben, ist vermutlich darin zu suchen, dass nur bei der Existenz eines Betriebsrats wichtige unternehmensweite Regelungen bzw. Betriebsvereinbarungen in den Filialen durch eine lokale Betriebsvereinbarung umgesetzt werden können. Ein Betriebsrat wird also als probates Regulierungsinstrument für die Durchsetzung unternehmensweiter personalpolitischer Strategien genutzt und geschätzt.

„Das ist von uns natürlich auch ein Wunsch, dass sich Betriebsräte früh gründen, weil das liegt natürlich auch daran, viele Betriebsvereinbarungen zu verhandeln." (D04_M)

Der Betriebsrat ist gewissermaßen als ein „Organ der Geschäftsleitung" (Kotthoff 1994) konzipiert. Bei einer derartigen Gründungsgeschichte dürfte klar sein, dass es zunächst nicht zu einem glaubwürdigen und aktiven Repräsentationsverhältnis zwischen Betriebsrat und Belegschaft kommen kann. Ein Groß-

---

62 Die folgende Darstellung beruht auf Interviews mit lokalen Betriebsräten, Gesamtbetriebsratsmitgliedern und einem Vertreter des überbetrieblichen Personalmanagements.

teil der Beschäftigten hatte ja keine Möglichkeit, seine Interessenvertreter/innen selber zu bestimmen. Der Betriebsrat ist nicht aufgrund des Wunsches der Beschäftigten entstanden, sondern auf Initiative der Unternehmensspitze, die mit Hilfe des Betriebsrats gewissermaßen ihre ‚Partialinteressen' in der lokalen Filiale durchgesetzt sehen möchte.

Diese Betriebsräte können dann eventuell vertretungswirksam werden, wenn die erste Generation der Betriebsratsmitglieder abtritt und reguläre Betriebsratsneuwahlen stattfinden. Dies stand in der Einzelhandelsfiliale für das Jahr 2014 an. Fast alle Gründungsbetriebsratsmitglieder wollten aus den verschiedensten persönlichen Gründen (z.b. Arbeitsüberlastung) kein weiteres Mal kandidieren, so dass ein nahezu kompletter ‚Personalaustausch' bevorstand.

Nur durch weitere empirische Untersuchungen könnte geklärt werden, ob dieses Muster einen eigenständigen Typus von Betriebsratsgründungen darstellt, der häufiger in der empirischen Realität vorkommt, und – falls ja – wie dieses Muster letztendlich einzuschätzen ist.

4.6 Blockierte Partizipation

Das fünfte Muster von Betriebsratsgründungen, das in unserem Sample identifiziert werden konnte, haben wir *Blockierte Partizipation* genannt. *Blockiert* deswegen, weil es in den jeweiligen Fällen zwar zu einer Betriebsratsgründung gekommen ist, aber der Betriebsrat im Anschluss an seine Wahl anhaltende Probleme hat, eine aktive und vertretungswirksame Betriebsratspolitik zu betreiben. Ähnlich wie in den Fällen von Betriebsratsgründungen als Mittel zur *Kollektiven Emanzipation*, die in Kapitel 4.4 vorgestellt wurden, ist die Betriebsratsgründung eine Reaktion auf über Jahre andauernde Problemlagen im Betrieb, wie autokratisches Verhalten von Vorgesetzten, schlechtes Betriebsklima, schlechte Arbeitsbedingungen etc. Anders als in den Fällen *Kollektiver Emanzipation* werden die aus diesen Gründen gewählten und teils machtpolitisch durchgesetzten Betriebsratsgremien jedoch nur partiell handlungsfähig. Die Probleme, eine einheitliche Interessenartikulation und -formierung zu erreichen, zeigen sich dabei nicht erst nach der Betriebsratsgründung, sondern schon im Verlauf des Gründungsprozesses selbst. Das zentrale Problem ist, dass es nicht gelingt, ein aktives und glaubwürdiges Repräsentationsverhältnis zwischen Belegschaft und den Betriebsratsinitiator/inn/en aufzubauen.

Das kann mehrere Ursachen haben, die zum Teil miteinander verknüpft sind:

- Die Belegschaft ist häufig interessenpolitisch gespalten. Aus unterschiedlichen Gründen stehen relevante Teile der Belegschaft der Idee einer Betriebsratsgründung und/oder der zentralen Aktivist/inn/engruppe skeptisch

Gründungen von Betriebsräten 195

bis ablehnend gegenüber. Diese Spaltung bzw. Fraktionierung der Belegschaft spiegelt sich dann letztlich auch im gewählten Betriebsratsgremium wider und kann von den Geschäftsleitungen genutzt werden, die Arbeit des Betriebsrats (massiv) zu behindern.

- Die Geschäftsleitung hat eine ablehnende bis repressive Haltung sowohl gegenüber der Absicht, einen Betriebsrat zu gründen, wie dann auch gegenüber dem gegründeten Betriebsrat. Der Betriebsrat findet keine Mittel, sich in wichtigen Punkten gegen die Blockadehaltung der Geschäftsleitung zu wehren und wird vielfach einfach übergangen.
- Im Betriebsratsgremium fehlt es an Personen, die die Betriebsratsarbeit aktiv vorantreiben, auch aufgrund eines unklaren Rollenverständnisses und unklarer Zielsetzungen. Es mangelt zudem und gleichzeitig an einer Professionalisierung der Betriebsratsarbeit (z.B. aufgrund fehlender Schulungen).

Die folgende Darstellung des Gründungsmusters *Blockierte Partizipation* beruht fast ausschließlich auf Interviews mit Betriebsratsmitgliedern.[63] Zehn Betriebsratsgründungen können in ihren wesentlichen Ausprägungen dem Betriebsratsgründungstyp *Blockierte Partizipation* zugeordnet werden (vgl. Tab. 13 im Anhang). Er weist folgende Charakteristika auf:[64]

- *Strukturelle Merkmale der Betriebe:* Die Betriebe stammen zu fast gleichen Teilen aus dem Verarbeitenden Gewerbe wie aus dem Bereich einfacher/ niedrig bezahlter Dienstleistungen. Es handelt sich um Klein- und Mittelbetriebe, die überwiegend zu einem größeren Unternehmen bzw. einem Konzern gehören; un- und angelernte Tätigkeiten sind weit verbreitet. Keiner der Betriebe des Verarbeitenden Gewerbes ist tarifgebunden, die Dienstleistungsbetriebe sind teils tarifgebunden, teils nicht. Ein Gesamt- bzw. Konzernbetriebsrat besteht nur in einer Minderheit der Konzerne.
- *Innerbetriebliche Austauschbeziehungen und kollektive Interessendefinition:* Die innerbetrieblichen Austauschbeziehungen sind wie bei dem Typus *Kollektive Emanzipation* durch eine große Machtasymmetrie zwischen den Betriebsleitungen und den Beschäftigten geprägt. Die Sozialordnung der Be-

---

63 Zwar war es in zwei Betrieben möglich, die Geschäftsführer zu interviewen, diese waren aber zum Zeitpunkt der Betriebsratsgründung noch nicht im Betrieb und konnten daher nur wenig zu dem Verlauf der Betriebsratsgründung erzählen.
64 Da es hinsichtlich der strukturellen Merkmale, den innerbetrieblichen Austauschbeziehungen und den Anlässen viele Gemeinsamkeiten mit dem Gründungsmuster *Kollektive Emanzipation* gibt, werden diese Punkte im Folgenden nicht mehr so ausführlich dargestellt. Die Unterschiede, die dann zu einem eher vertretungswirksamen (im Sinne *Kollektiver Emanzipation*) oder vertretungsdefizitären Betriebsrat (im Sinne *Blockierter Partizipation*) führen, zeigen sich vor allem bei der Konstituierung der repräsentativen sozialen Gruppe und dem Verlauf der Betriebsratsgründung.

triebe vor der Betriebsratsgründung kann man nach Kotthoff/Reindl (1994) als „instrumentell" charakterisieren; im Großteil der Betriebe war sie ‚schon immer' instrumentell, bei einer Minderheit wandelte sie sich im Lauf einiger Jahre vor der Betriebsratsgründung von einer gemeinschaftlichen zu einer instrumentellen. Die Beschäftigten werden von den Führungskräften als ‚Befehlsempfänger' betrachtet und auch so behandelt. Eine individuelle Interessenvertretung von Beschäftigten ist nicht gänzlich ausgeschlossen, hängt aber von der Bereitschaft der direkten Vorgesetzten ab, auf die geäußerten Wünsche einzugehen. Das willkürliche Agieren der Vorgesetzten zeigt sich nicht zuletzt darin, dass sich die Entlohnung (bei gleicher Arbeit) erheblich zwischen den einzelnen Beschäftigten unterscheiden kann. In den nicht tarifgebundenen Betrieben wird zum Teil deutlich unter Tarif gezahlt, in den tarifgebundenen Betrieben werden ‚zumindest' die tariflichen Grundvergütungen eingehalten.

- *Anlässe:* Es gibt nicht ‚das eine' Ereignis, das die Betriebsratsgründung auslöst, die Betriebsratsinitiative ist eine Reaktion auf die seit Jahren wahrgenommenen Arbeitsbedingungen. Die Betriebsratsinitiator/inn/en führten folgende Gründe für die Notwendigkeit eines Betriebsrats an: fehlende Anerkennung und Würdigung der Arbeit der Beschäftigten, ein autoritäres Verhalten der Vorgesetzten, ungleiche Bezahlung bei gleicher Arbeit, eine geringe Entlohnung und Flexibilitätszumutungen. Mit Hilfe eines Betriebsrats soll es, so die Hoffnung der Initiator/inn/en, nach einer langen Zeit des ‚Leidens' gelingen, die Ungerechtigkeiten abzustellen und bessere Arbeitsbedingungen im Betrieb zu erreichen. Es braucht allerdings in aller Regel mehrere Jahre, bis bei einem (kleinen) Teil der Beschäftigten die Unzufriedenheit über die betriebliche Situation so groß wird, dass sie die Gründung eines Betriebsrats trotz der antizipierten Repressionen der Geschäftsleitung wagen.
- *Konstituierung der repräsentativen sozialen Gruppe:* Die Initiator/inn/en der Betriebsratsgründung kennen sich in aller Regel persönlich schon länger und stammen aus der Stammbelegschaft. Sie sind meist schon mehrere Jahre im Betrieb und üben qualifizierte Tätigkeiten aus. Die sich herausbildende Gruppe, die die Betriebsratsgründung vorantreibt, stammt oft aber nur aus bestimmten Teilen des Betriebs. Es gelingt nicht bzw. wird nicht versucht, Beschäftigte aus anderen Abteilungen einzubinden. Deswegen stehen die Initiator/inn/en, wenn die Betriebsratsinitiative öffentlich gemacht worden ist, vor dem Problem, dass sie von den restlichen Mitgliedern der Stammbelegschaft erst einmal nicht – und oft auch auf Dauer – als glaubwürdige zukünftige Interessenvertreter/innen angesehen werden. Manchmal sehen auch erhebliche Teile der Belegschaft nicht die Notwendigkeit einer Betriebsratsgründung bzw. bewerten die damit verknüpften Risiken als zu hoch.

- *Verlaufsformen:* In der Zeit vor der Betriebsratsinitiative gibt es aufgrund des Verhaltens der betrieblichen Führung und/oder der Unternehmenspolitik kaum überindividuelle *Vorformen der Repräsentation* bzw. keine informellen Repräsentant/inn/en der Belegschaft. Aufgrund der antizipierten Verhinderungsversuche der Geschäftsleitung agieren die Initiator/inn/en in der *Latenzphase* im Geheimen und suchen so gut wie immer sehr früh die Hilfe und Unterstützung der Gewerkschaft. Vor der Zeit der Betriebsratsgründung sind sie in aller Regel nicht Mitglied einer Gewerkschaft gewesen, nur ein geringer Teil hat vorher in einem Betrieb mit einem Betriebsrat gearbeitet. Die Unterstützung durch die Gewerkschaft ist wichtig für den Zusammenhalt der Initiator/inn/en und für den (formalen) Erfolg der Betriebsratsinitiative. Typischerweise versuchen die Geschäftsleitungen durch Agitation die Betriebsratsgründung zu verhindern und/oder durch ihnen genehme Kandidat/inn/en die Zusammensetzung des Betriebsrats zu beeinflussen. In der *Formierungsphase* gelingt es typischerweise nicht, relevante Teile der Belegschaft von der Betriebsratsgründung zu überzeugen. Da die Initiator/inn/en auch nicht oder nur teilweise als glaubwürdige Repräsentant/inn/en der Belegschaft anerkannt werden, bilden sich Gegenlisten. Teilweise gefördert durch die Geschäftsleitung kandidieren Beschäftigte für den Betriebsrat, die gegenüber den eigentlichen Initiator/inn/en negativ eingestellt sind. Die ‚managementnahen' Gegenlisten sind bei der konstituierenden Wahl mehr oder minder erfolgreich. Teilweise gibt es in den neu gewählten Betriebsratsgremien eine starke arbeitgebernahe (und den Betriebsrat im Grunde ablehnende) Minderheitsfraktion; im Extremfall stellen die die Betriebsratsinitiative ablehnenden Mitglieder die Mehrheit. In dieser Konstellation gelingt es dem Betriebsrat in der *Konstituierungsphase* nur sehr eingeschränkt, arbeitsfähig zu werden. In den Gremien, die von der Zusammensetzung her kohärenter sind, d.h. von den ursprünglichen Initiator/inn/en dominiert werden, führt vor allem mangelnde Professionalisierung und eine hohe Fluktuation an der Betriebsratsspitze zu einer Blockade der Betriebsratsarbeit.
- *Vertretungswirksamkeit:* Die in der *Formierungs- und Konstituierungsphase* auftauchenden Probleme setzen sich dauerhaft fort, so dass der Betriebsrat nur eingeschränkt vertretungswirksam werden kann. Die Geschäftsleitungen verhalten sich weiter entweder neutral (in der Minderzahl der Fälle) oder ablehnend gegenüber einem die Beschäftigteninteressen vertretenden Betriebsrat; sie können mit Hilfe der im Gremium stark vertretenen, ihnen wohlgesonnenen Betriebsratsmitglieder weiterhin die Arbeit des Betriebsrats behindern. Sowohl in diesen Fällen wie auch denen, in denen es aus anderen Gründen nicht zu einer kontinuierlichen und professionalisierten Betriebsratsarbeit kommt, kann der Betriebsrat nur geringe Erfolge seiner Ar-

beit, d.h. Verbesserungen für die Beschäftigten aufweisen, was auf Dauer zu zusätzlichen Akzeptanzproblemen führen kann. Es fehlt in den Konzernbetrieben zudem an der Unterstützung durch einen Gesamt- bzw. Konzernbetriebsrat, da dieser entweder nicht vorhanden ist oder aufgrund fehlender Ressourcen zu schwach ist, einzelne Betriebsräte intensiv zu unterstützen.

4.6.1 Strukturelle Merkmale der Betriebe

Zu fast gleichen Teilen stammten die Betriebe mit Betriebsratsgründungen des Musters *Blockierte Partizipation* aus dem Verarbeitenden Gewerbe (fünf Betriebe: Metallindustrie [1], Metallhandwerk [2] und Chemie- und Kunststoffindustrie [2]) und aus dem Bereich einfacher bzw. niedrig bezahlter Dienstleistungen (sechs Betriebe: Einzelhandel/Kfz [2], Pflege [2]. Postdienste/Logistik [1] und Gebäudereinigung [1]; vgl. Tab. 13 im Anhang). Keiner der Betriebe des Verarbeitenden Gewerbes war zum Zeitpunkt der Betriebsratsgründung tarifgebunden,[65] für drei der sieben Dienstleistungsbetriebe galt ein Tarifvertrag. Acht der Betriebe gehörten zu einem Konzern, davon waren sechs inhabergeführt. Nur in drei der Unternehmen bzw. Konzerne gab es einen Gesamtbetriebsrat oder einen Konzernbetriebsrat. Die Zahl der Beschäftigten pro Betrieb lag zur Zeit der Betriebsratsgründung zwischen 32 und ca. 500 (davon vier Betriebe mit weniger als 55 Beschäftigten, fünf zwischen 120 und 170 Beschäftigten und zwei mit ca. 300 und 500 Beschäftigten). Auch wenn in den meisten Betrieben (vor allem in denen des Verarbeitenden Gewerbes) qualifizierte Tätigkeiten überwogen, waren un- und angelernte Tätigkeiten weit verbreitet. Hinsichtlich des Anteils von prekären Beschäftigungsverhältnissen waren die Betriebe uneinheitlich, es sind sowohl Betriebe mit einem geringen wie einem sehr hohen Anteil vertreten (vor allem in den Dienstleistungsbetrieben). Hinsichtlich des Anteils von weiblichen und männlichen Beschäftigten lässt sich festhalten, dass tendenziell in den Dienstleistungsbetrieben die weiblichen Beschäftigten und in den Betrieben des Verarbeitenden Gewerbes die männlichen Beschäftigten die Mehrheit stellten.

Der gewerkschaftliche Organisationsgrad unter den Beschäftigten war vor den Aktivitäten zur Betriebsratsgründung sehr gering, er dürfte in keinem Betrieb über 5% gelegen haben. Mit der Ausnahme von zwei Betrieben bestand der Betrieb vor der Betriebsratsgründung länger als 15 Jahre. Die Betriebe waren sowohl in Groß- wie Kleinstädten beheimatet, einer stammte aus Ostdeutschland und zwei aus Berlin.

---

65 In einem Fall war unklar, ob nicht doch ein Tarifvertrag für das Metallhandwerk angewendet wurde. Der Geschäftsführer führte jedenfalls im Interview Regelungen an, die darauf hindeuten, dass zumindest Teile eines – zwischen CGM und der jeweiligen Innung abgeschlossenen – Tarifvertrags angewendet wurden, der Betriebsrat ging davon aus, dass der Betrieb nicht tarifgebunden sei.

4.6.2 Innerbetriebliche Austauschbeziehungen und kollektive Interessendefinition: asymmetrische Machtverhältnisse und ein Dasein als Befehlsempfänger

Die innerbetrieblichen Austauschbeziehungen vor der Betriebsratsgründung sind aus Sicht derjenigen, die die Betriebsratsgründung initiiert haben, im Laufe der Jahre von (zu) vielen Ungerechtigkeiten und Machtasymmetrien gekennzeichnet. Die ‚aktuellen' betrieblichen Verhältnisse, die die Betriebsratsgründung ‚auslösen', können dabei das Resultat zweier unterschiedlicher Entwicklungsverläufe sein: a) Wandel einer gemeinschaftlichen Sozialordnung hin zu einer instrumentellen (in unserem Sample vor allem in den Betrieben des Verarbeitenden Gewerbes zu finden) oder b) eine gewissermaßen seit Langem bestehende, eventuell seit dem Zeitraum der Gründung des Betriebs, instrumentelle Sozialordnung (in unserem Sample vor allem in den Dienstleistungsbetrieben dominant).

Zu a): Eine ehemals „gemeinschaftliche" Sozialordnung – die zumindest der Gruppe von Beschäftigten, die die Betriebsratsgründung initiiert hatte, noch gut in Erinnerung war – ‚drohte' sich, entweder durch einen Eigentümerwechsel oder durch ein verändertes Managementverhalten, in eine „instrumentelle" Sozialordnung zu verwandeln. Der üblicherweise in Industrie- und Handwerksbetrieben mit einem hohen Facharbeiteranteil vorherrschende betriebliche Interaktionsmodus „Anerkennung und Loyalität" (Lücking 2009) war aus Sicht der Beschäftigten in Auflösung begriffen oder verschwunden.

> „Die alte (Name)-Gruppe war ein Familienbetrieb, wo es uns, muss ich eigentlich sagen, relativ sehr gut ging und [...] wir müssen uns organisieren, dass die mal sehen (die neuen Eigentümer, Anm. d. Verf.), dass sie mit uns nicht alles machen können." (M08_BR2)

In den ehemals inhabergeführten Betrieben, in denen vor der Übernahme durch ein größeres Unternehmen die Geschäftsführung immer in derselben Familie blieb, wurde zum Teil auch angeführt, dass die Enkelgeneration den Betrieb ruiniert habe.

> „Und dann hat's der Junior gemacht. [...] Und dann wie es halt im Leben ist: Einer baut's auf, der andere hält's, der dritte macht's kaputt. [...] Er ist halt ein Lebemann gewesen, sagen wir mal so. Politiker war er dann auch, sogar Stadtrat. [...] Na ja, hat sich um alles gekümmert, bloß nicht um die Firma." (M11_BR1)

Die Erinnerungen der Befragten an den fast schon ‚mythischen' Betriebsgründer drehten sich um das gemeinsame schwere Arbeiten, dass der Chef selber mit anpackte, darum, dass der Chef einem auf die Schulter klopfte, wenn man gute Arbeit verrichtet hatte und auch um relativ großzügige Entlohnungen.

„Ja gut, der alte (Name Firmengründer) hat früher immer gesagt, [...] er braucht keinen Betriebsrat, [...] Urlaubs-, Weihnachtsgeld und jede Überstunde wurde bezahlt. [...] Der (Firmengründer) hat damals zu mir gesagt: [...] geht's mir (mit dem) Geld gut, geht's Dir gut und wenn's mir schlecht geht, geht's Dir schlecht.'" (M08_BR2)

„Also es war immer eine gute Adresse hier. Leider durch die Umstände ist das dann alles schlechter geworden." (M11_BR1)

Die neuen Geschäftsführer, eingesetzt von den neuen Eigentümern (größere Unternehmen oder Konzerne), wurden dagegen als ‚sozial kalt' wahrgenommen und zum Teil als unfähig charakterisiert.

„Weil das Problem war, die Führungspersönlichkeiten, [...] na ja gut, das waren ja auch nicht unbedingt die hellsten Kerzen auf der Torte [...]. Es ist auch investiert worden, es ist auch geplant worden [...] also man hat gemerkt, es war viel Aufbruchsstimmung. Na ja gut, aber gut, wenn sie halt vorne weg Leute haben, die nicht fähig sind, damit was anzufangen, dann hat man halt das Problem. [...] Weil, früher war es so, da sind manche in Führung gegangen, die angesehen waren, die ihren Werdegang von unten nach oben gemacht haben. Heute gibt's einen Haufen solcher Fachidioten. Die setzt man dann halt hin: ‚Die Leute sind mir egal, Hauptsache meine Kohle stimmt. Von dem her, ich hab' eh von nix eine Ahnung, aber das kann ich gut vertuschen.'" (M11_BR1)

Im Gegensatz zu den ‚guten' alten Zeiten, in denen die Arbeitsleistung der Beschäftigten von dem Firmeneigentümer gewürdigt wurde, haben die Beschäftigten nun den Eindruck, dass dies nicht mehr der Fall ist. Die fehlende Anerkennung symbolisierte sich für sie in dem Umstand, dass es seit Jahren keine Lohnerhöhungen mehr gegeben hatte, es inzwischen zum Teil erhebliche Unterschiede in der Entlohnung von Beschäftigten mit gleicher Tätigkeit gab und zudem die Beschäftigten ungleich behandelt wurden. Diese Betriebe waren und sind auch heute (d.h. nach der Betriebsratswahl) nicht tarifgebunden.

„Die am längsten dabei sind, bekommen fast das wenigste und die, die neu dazu kommen, die bekommen mehr." (M08_BR3)

„Ich sag' mal flapsig, die (Betriebsleiter, Anm. d. Verf.) haben sich da ausgelebt, die Sau rausgelassen auf dem Rücken der Azubis, der Mitarbeiter. Zweiklassengesellschaft, wo die Lieblinge hofiert, die anderen, sag' ich mal, gedrückt und eben mit Abmahnungen und, und, und. Also richtig so, wie man es eigentlich nicht machen sollte, von der Führung her." (M11_M)

Typisch war zudem, dass die Geschäftsleitungen den Gewerkschaften gegenüber ablehnend eingestellt waren, und zum Teil versuchten, jeden Versuch einer gewerkschaftlichen Organisierung des Betriebes zu verhindern.

„Kurz vorher gab es einen Vorfall, [...] der war Meister in Konservierung und hatte ein IG-Metall-T-Shirt an [...] und wurde dann zum Chef hoch zitiert, zum Herrn (Name) und wurde von Herrn (Name) aufgefordert, dieses T-Shirt auszuziehen, was er nicht tat und er wurde dann entlassen." (M06_BR)

Zu b): Für die Dienstleistungsbetriebe trifft das zu, was auch schon für Betriebsratsgründungen des Typs *Kollektive Emanzipation* beschrieben wurde. Die innerbetrieblichen Austauschbeziehungen sind durch eine große Machtasymmetrie zwischen den Geschäftsleitungen und den Beschäftigten gekennzeichnet, sie entsprechen dem im Rahmen des Forschungsprojektes „Betriebe ohne Betriebsrat" beschriebenen Interaktionsmodus „Repression und Ohnmacht" (vgl. Lücking 2009). Die betriebliche Sozialordnung kann man als „instrumentell" Kotthoff/ Reindl (1990) charakterisieren. Im Zentrum des ‚Interessenhandelns' der Führungskräfte steht das ‚Betriebswohl', das mit der Steigerung des Profits gleichgesetzt wird.

„Also da wird wirklich Lohn, Kosten eingespart, um irgendwo das Unternehmen wirtschaftlicher zu machen. [...] Da geht's irgendwo meines Erachtens, ich kann es vielleicht auch falsch interpretieren, aber irgendwo nur um reinen Profit, zu Lasten der Mitarbeiter. [...] Also die Löhne wurden richtig gedrückt, definitiv." (D22_BR)

„Ich würde es einfach mal als hochkriminell bezeichnen. [...] Ja ansonsten sehr, sehr dreckig, sag' ich mal. [...] Die Leute werden wirklich ausgelutscht bis zum geht nicht mehr. (Bei) jeder Lohnerhöhung werden die zu reinigenden Flächen erhöht, dass es eigentlich faktisch gar keine wirkliche Lohnerhöhung gibt. Dann wird der Anspruch von Urlaub, Krankengeld, alles Mögliche versucht auszuhebeln, indem man sagt: ‚Ihr seid doch nur geringfügig beschäftigt.' Ich mein, das hat sich gebessert durch die Aufklärung, durch die Betriebsräte. Aber es gibt eben viele, die dann immer noch glauben, dass sie keine Rechte haben, weil sie ja nur geringfügig (beschäftigt, Anm. d. Verf.) sind." (B02_BR1)

Für das Erreichen der bestimmter Gewinnmargen wird wenig Rücksicht auf die Belange der Beschäftigten genommen, zum Teil werden gesetzliche Arbeitszeit- und Arbeitsschutzbestimmungen und/oder, im Falle einer Tarifbindung, tarifliche Regelungen missachtet.

„Aber irgendwann kommst du zu diesem Standpunkt und siehst zum Beispiel deine Abrechnung, und da fehlt dies und das, und dann gehst du halt mal zu der Leitung und versuchst mit der vernünftig zu reden und dann heißt das: ‚Das wird hier so gemacht.' Ja, was heißt das, wird hier so gemacht? Es gibt Tarifverträge [...], man muss sich daran halten." (D09_BR)

„Also das war ein ganz konkretes Beispiel damals, hier hatten sämtliche Kollegen ganz viele Überstunden. Und teilweise bis zu 200 Überstunden, und auf einmal war es dann so, dass wir dann wieder einen Dienstplan erhalten hatten und auf einmal waren dann diese Überstunden weg gewesen. Die waren dann auf null gesetzt. Obwohl die Kollegin weder die Überstunden abbummeln konnte oder durfte, es wurde ihr auch nichts ausgezahlt und das war, wie gesagt, so das Allerschlimmste, was uns hier so passiert war." (D16_BR)

Der Umgang der Geschäftsleitung und Führungskräfte mit ihren Mitarbeiter/inne/n war entweder geprägt durch einen ‚herablassenden Ton von oben' oder durch einen ‚Befehlston':

„Da, in dem Unternehmen habe ich immer die Empfindung gehabt: Na ja, du bist so der kleine Mitarbeiter.' Also wenn der Gesellschafter, der kam ja auch immer alle paar Monate vorbei, hat nach dem Rechten geschaut, und dann ging es wirklich immer nur so von oben herab. Er hat grundsätzlich immer irgendwas gefunden, was ihm nicht gefallen hat. [...] Oder er hat zum Beispiel seinen Marktleiter, ich weiß nicht, was da vorgefallen ist, hat er im Endeffekt bei uns im Markt vorgeführt, [...] also er hat ihn im Endeffekt richtig vorgeführt. Und das sind auch Punkte, die ich so nicht nachvollziehen kann, wie man einfach so auch mit den Menschen umgehen kann. [...] Also generell vom Führungsverhalten her, muss ich sagen, also gab auch mit Sicherheit positive Aspekte, also es war nicht alles schlecht, aber im Großen und Ganzen für mich negativ. Ich habe es sehr negativ empfunden." (D22_BR)

Auch wurde jedes (kleinste) Vergehen sofort ‚bestraft':

„Ich hab' als Teamleitung öfter mal Gespräche gehabt, wo er (der Geschäftsführer, Anm. d. Verf.) dann wissen wollte, wie's denn so mit bestimmten Mitarbeitern steht, und da hab' ich dann auch aufgehört, Namen zu nennen, weil [...] er alles aufgeschrieben hat und auch die Namen aufgeschrieben hat. Und am nächsten Tag haben die Mitarbeiter dann quasi zu hören bekommen, wenn sie dann gekündigt worden sind: ‚Ja, ich habe ein Gespräch mit Frau (Name) gehabt und Frau (Name) hat das und das gesagt, und wir können Sie hier nicht behalten.'" (D11_BR)

Dabei war für die Konzernbetriebe bzw. -filialen für die Ausgestaltung der Arbeitsbedingungen zu beachten, dass die betrieblichen Geschäftsführer nur relativ geringe Entscheidungsbefugnisse hatten und ‚Befehle' auszuführen hatten:

„Das wird immer über (Name der Stadt, in der die Konzernzentrale sitzt) gesteuert, das kann man drehen und wenden, wie man will, sicherlich haben die Geschäftsführer ein paar Sachen, die sie entscheiden, aber eigentlich immer, deutschlandweit gleich. [...] Mit dem (der Regionalleiter, Anm. d. Verf.) haben wir so gut wie nichts zu tun. Der macht das über den Niederlassungsleiter, der führt dann die Befehle quasi aus, entscheidet aber selber nichts." (B02_BR1)

Hinzu kam, dass die Betriebs- oder Niederlassungsleiter zudem oft wechselten oder ausgewechselt wurden, so dass sie keine persönliche oder soziale Bindung an den Betrieb oder Filiale entwickelten.

Als Fazit kann man festhalten, dass die Betriebsratsinitiator/inn/en die betrieblichen Führungskräfte so wahrnahmen, dass diese sie als Befehlsempfänger ansahen und dementsprechend behandelten. Aus Sicht der Geschäftsleitungen gab es keine legitimen ‚besonderen Interessen' der Beschäftigten bzw. der Belegschaft; das Erreichen vorgegebener Ertragsziele hatte oberste Priorität. Bei Widerspruch gegen die Entscheidungen von Vorgesetzten musste man mit persönlichen Angriffen oder auch einer ‚Bestrafung', z.b. durch Entlassung, rechnen. Eine individuelle Interessenvertretung der Beschäftigten war zwar nicht völlig ausgeschlossen, aber ihre Wirksamkeit hing von subjektiven Erwägungen und Eigenschaften der direkten Vorgesetzten ab, ob sie auf die geäußerten Wünsche eingingen oder eben auch nicht. Das führte zu dem weit verbreiteten Eindruck der nicht objektiv gerechtfertigten Bevorzugung einzelner Beschäftigter, nämlich solcher, die die ‚Lieblinge' ihrer Vorgesetzten waren. Auf die Bedürfnisse der meisten Beschäftigten wurde hingegen bei der Planung der betrieblichen Abläufe wenig bis gar keine Rücksicht genommen. Infolgedessen schien das Betriebsklima häufig geprägt von Zerrissenheit, internen Konkurrenzbeziehungen, mangelnder Solidarität und Kollegialität.

4.6.3 Anlässe: „wir müssen ja um unsere Rechte kämpfen"

In den Betrieben, in denen es zu einer Betriebsratsgründung des Musters *Blockierte Partizipation* kam, gab es kein im eigentlichen Sinne singuläres Ereignis, dass die Betriebsratsgründung ‚auslöste'. Es dauerte in aller Regel mehrere Jahre, bis bei einem (kleinen) Teil der Beschäftigten die Unzufriedenheit über die Zustände im Betrieb so groß wurde, dass sie die Gründung eines Betriebsrats in Angriff nahmen. Die Betriebsratsinitiative ist somit eine Reaktion auf die seit Jahren bestehenden Verhältnisse im Betrieb bzw. der Arbeitsbedingungen: autoritäres, willkürliches Verhalten der Vorgesetzten sowie Verletzung von Gerechtigkeitsempfindungen durch eine geringe Entlohnung, die nicht nachvollziehbare Bevorzugung einzelner Beschäftigter sowie Flexibilitätszumutungen und Arbeitsüberlastungen. Hinzu kam die regelmäßige Verletzung gesetzlicher oder tariflicher Regelungen. Diejenigen, die dann die Betriebsratsgründung initiierten, taten es aus dem Gefühl heraus, dass dauerhaft ihre Rechte missachtet wurden:

> „Warum eigentlich nicht? Warum sollen wir uns hier weiter unterdrücken lassen? Und warum sollen wir nicht um unsere Rechte kämpfen dürfen? [...] Wir hatten halt immer schon im Gespräch mit Betriebsrat und wir müssen ja um unsere Rechte kämpfen, weil wir halt immer das Gefühl hatten, wir werden hier immer nicht ernst genommen, beziehungsweise hier passieren Sachen, die über unseren Kopf entschieden werden, was eigentlich auch uns betrifft." (D16_BR)

„Und das war halt der Antrieb für mich, ja wirklich einen Betriebsrat zu gründen bei uns in der Firma, weil viele Sachen, die uns zustehen, nicht angewendet werden." (D09_BR)

Ein Ausdruck der Willkür war dann auch der Umstand, dass nicht alle Beschäftigten gleich behandelt wurden:

„Ja also während der Insolvenz, weil da sind dann so ja einige Dinge passiert, also auch hier in der Kurzarbeit. Da sind also Leute, gute Leute in Kurzarbeit geschickt worden. Manche haben dann gute Connections zum Chef gehabt, die dann fast machen konnten, was sie gewollt haben. Und es war halt ein sehr großes Ungleichgewicht da. Na, also manche, die wirklich gearbeitet haben, das waren die Dummen. Und manche, die nichts gemacht haben, das waren die Guten. Und irgendwann hat man dann halt gesagt: ‚Jetzt reicht's. Jetzt muss da mal was dagegen getan werden.' Und dann sind so einige von uns eben drauf gekommen, dass wir uns das nicht mehr länger gefallen lassen, und haben mal ein bisschen in der Firma rumgefragt, wer wie wo was Interesse hat und mitmachen würde und so was. Und der Druck war im Kessel zu hoch, gerade bei den Lehrlingen auch. [...] Das war ja auch so ein Beweggrund von mir, weil das mit den Lehrlingen mir absolut gegen den Strich gegangen ist. Wir haben vier Lehrlinge, zwei davon waren die [...] Stiefelknechte und die anderen zwei waren halt gut angesehen. Und sowas, und dann waren halt Leute hier, wie gesagt, wer kriecht, kann nicht stolpern. Und das ist mir absolut zuwider, das kann nicht sein." (M11_BR1)

Trotz des wirtschaftlichen Erfolgs der Betriebe, wurde den Beschäftigten eine Anerkennung und Würdigung ihrer Arbeit vorenthalten, was sich nicht zuletzt auch in der Entlohnung und der Arbeitszeit zeigte:

„Aber der Betriebsrat entstand hier aufgrund großer Unzufriedenheit [...], hier arbeiten laut unseres Arbeitsvertrages, hat jeder hier für 40 Stunden unterschrieben, und die alte Geschäftsleitung hatte zu der Zeit noch so viele Aufträge gehabt, die abgearbeitet werden mussten, dass die Leute halt eben Samstag, Sonntag auch kommen mussten. Also da wurden schon Arbeitszeiten hier gefahren von weit über 50 Stunden in der Woche, und es gab keine Zuschläge für Sonntag, es gab keine Zuschläge für Nachtarbeit, es gab keine Zuschläge, es gab eben nur den reinen Verdienst und, man kann rum hören und weiß, dass es in anderen Firmen auch nicht so ist, auch in den ganz schrecklichen. [...] Man hat viel gearbeitet, es wurden hier auch Gewinne eingefahren, das war ganz klar, aber es kam von den Leuten in der Geschäftsleitung nichts zurück. Eine, in dieser Zeit ist eine Lohnerhöhung durchgegangen, halt 15 Cent, das war schon mehr als lächerlich." (C04_BR)

„Als stellvertretende Teamleitung [...] ist man ja auch Ansprechpartner für die Pflegehelfer, die mit im Team sind, das war ja die Mehrheit und es gab da viel Unzufriedenheit, weil durch die Geschäftsführung, in den Teamsitzungen hieß es, dass die Mitarbeiter immer erreichbar sein müssen, also 24 Stunden, und es gab

Gründungen von Betriebsräten 205

dann so Sachen, zwölf Nachtdienste hintereinander und so, und das war mir ein bisschen zu viel. Na ja, und wenn man sich dann als Teamleitung an die Geschäftsleitung gewandt hat, gab's dann auch die unterschiedlichsten Aussagen wie: ‚In der Pflege sind die Gesetze anders und vor allem in der ambulanten, und wir als Mitarbeiter haben die Versorgungspflicht und wenn jemand ausfällt, dann müssen wir einspringen', und auch aus dem Urlaub wird man angerufen und solche Sachen." (D11_BR)

Das Gefühl, dass die eigenen legitimen Ansprüche von der Geschäftsleitung nicht wahrgenommen und erst recht nicht respektiert werden, die Arbeit nicht anerkannt wird, fand sich sowohl in den Betrieben, deren betriebliche Sozialordnung sich gewandelt hatte, als auch in denen mit einer seit Langem bestehenden instrumentellen Sozialordnung. Allerdings hatten die Initiator/inn/en im letzteren Fall deutlich mehr Angst vor möglichen Repressionen der Geschäftsleitung. Mit der Betriebsratsgründung war aber in allen Fällen die Hoffnung verbunden, dass man mit einem Betriebsrat besser um seine Rechte kämpfen kann, dass die einem zustehenden Rechte zukünftig gewahrt werden, und dass sich generell die Arbeitsbedingungen verbessern werden.

4.6.4 Konstituierung der repräsentativen sozialen Gruppe: Heterogenität, Spaltung und räumliche Zersplitterung als systematische Problemlagen

Wie auch in den anderen vier Mustern von Betriebsratsgründungen stammten die Initiator/inn/en der Betriebsratsgründung aus der Stammbelegschaft und arbeiteten schon länger im Betrieb. Sie kannten sich daher persönlich gut und teilten die Sicht auf die betrieblichen Verhältnisse; sie hatten alle persönlich Erfahrungen mit als willkürlich und ungerecht empfundenen Entscheidungen ihrer Vorgesetzten oder der Betriebsleitung gemacht. Bis sich diese kleine Anzahl von Beschäftigten dann aber wirklich aufraffen konnte die Betriebsratsgründung anzugehen, konnten Jahre vergehen. Die Initiator/inn/en hatten so gut wie immer eine abgeschlossene Berufsausbildung und übten eine Tätigkeit aus, die eine gewisse Qualifizierung erforderte. Sie hatten in der großen Mehrzahl der Fälle keine Vorgesetztenfunktion inne, falls doch, dann auf der Ebene von Team- oder Abteilungsleiter/inne/n.

Obwohl die Initiator/inn/en seit Langem im Betrieb arbeiteten und somit – nach Bourdieu (1983) – über ein gewisses ‚soziales Kapital' im Betrieb verfügten, reichte dieses jedoch nicht aus, um von einer breiten Mehrheit der Belegschaft als glaubwürdige Repräsentant/inn/en ihrer Interessen angesehen zu werden. Dies lag häufig nicht so sehr an einer mangelnden Eignung der Kandidat/inn/en als Interessenvertreter/innen, sondern daran, dass es während des Betriebsratsgründungsprozesses überhaupt nicht gelang, ‚den Belegschaftswillen' als imaginiertes, *einheitliches* kollektives Interesse zu konstruieren, das von einigen Personen in glaubwürdiger Weise vertreten werden könnte. Zuweilen existierten ausgeprägte mentale Trennungslinien zwischen einzelnen Belegschaftsteilen, etwa zwischen dem Angestellten- und Arbeiterbereich, zwischen Stamm- und Randbelegschaft (die quantitativ zum Teil sehr groß war und in der auch viel Fluktuation herrschte). Zu dem Problem ‚habitueller Schranken' zwischen einzelnen Beschäftigtengruppen sowie objektiv stark differenter Beschäftigungssituationen und Interessenlagen kam zum Teil noch das Problem der räumlichen Fragmentierung, etwa in Betrieben des Verarbeitenden Gewerbes mit vielen auswärtigen Montageeinsätzen oder in Dienstleistungsbranchen, in denen es keinen zentralen gemeinsamen Arbeitsort gibt.[66] Unter solchen Bedingungen sind Prozesse der kollektiven Meinungsbildung schwierig, da sich viele der Beschäftigten nicht persönlich kennen und kaum in einem kontinuierlichen Kontakt zueinanderstehen.

Ist eine Belegschaft in dieser Weise fraktioniert oder fragmentiert, so haben es Aktivist/inn/en für eine Betriebsratsgründung besonders schwer: Sie kommen oft nur aus einem einzigen von vielen Betriebsorten und/oder haben lediglich Kontakte zu einem Teil der Belegschaft. Kamen die Initiator/inn/en der ‚ersten Stunde' beispielsweise aus dem gewerblichen Bereich und/oder aus der Stammbelegschaft, vertreten sie meistens aus Sicht der anderen Beschäftigtengruppen zuerst nur ‚partikulare' Interessen.

„Ich hab' immer noch ziemlich wenig Kontakt ins kaufmännische, weil man einfach gewerblich ist." (D09_BR)

In den Betrieben mit einer großen Randbelegschaft stellt sich für die Mitglieder der Randbelegschaft die Frage, inwieweit sie den Initiator/inn/en aus der Stammbelegschaft vertrauen können, dass diese auch ihre Interessen vertreten werden. Das Überbrücken von betriebsinternen Differenzen, Misstrauensbeziehungen und Animositäten zugunsten einer kohärenten und solidarischen Interessenvertretung ist eine Aufgabe, an der die Betriebsratsinitiator/inn/en sowie der neu gegründete Betriebsrat (partiell) scheiterten, sei es weil von allen Seiten anerkannte Integrationsfiguren an der Betriebsratsspitze fehlten (oder vielleicht auch gar nicht existieren konnten); sei es, weil die Geschäftsleitung diese Situation der Spaltung und des wechselseitigen Misstrauens systematisch nutzen konnte, um die Vertretungsinitiative zu delegitimieren und zu schwächen. In einer Situation mangelnder Kohärenz und Einheit ist die Gefahr besonders groß, dass es einer Geschäftsleitung, die der Betriebsratsgründung negativ gegenübersteht, gelingt, einzelne Beschäftigtengruppen gegeneinander auszuspielen und aufzuwiegeln; die Herausbildung einer repräsentativen sozialen Gruppe kann so zuweilen nachhaltig ‚blockiert' werden.

---

66 Beispiele hierfür wären etwa die Gebäudereinigung oder auch die ambulante Krankenpflege.

In der Konsequenz sind im Regelfall relevante Teile der Belegschaft nicht von der Initiative, einen Betriebsrat zu gründen, überzeugt – sei es, weil sie ihre persönlichen Arbeitsbedingungen als gut empfinden (da sie eventuell auch zu den Nutznießer/inne/n der ‚Gerechtigkeitsdefizite' im Betrieb zählen), sei es, weil sie den Verlautbarungen der Geschäftsleitung glauben, wonach ein Betriebsrat schädlich für das Wohlergehen des Betriebes sei, sei es, weil sie die Aussichten auf einen vertretungswirksamen Betriebsrat als gering und die Risiken auf dem Weg dahin (nicht zuletzt wegen virulenter Drohungen der Geschäftsleitung) als hoch einschätzen.

All die genannten Punkte, die die Konstituierung einer repräsentativen Gruppe verhindern bzw. erschweren, müssen vor dem Hintergrund betrachtet werden, dass wir es in den Fällen der *Blockierten Partizipation* mit Geschäftsleitungen zu tun hatten, die sich bestenfalls neutral gegenüber der Betriebsratsinitiative bzw. dem dann gegründeten Betriebsrat verhielten, im Regelfall aber versuchten, die Gründung eines Betriebsrats zu verhindern und/oder Einfluss auf dessen Zusammensetzung zu nehmen. Spaltung und Repression sind somit zwei zentrale Erklärungsfaktoren für die Blockierung von Vertretungsinitiativen, zuweilen begleitet von mangelnder Professionalität und Tendenzen der ‚Selbstblockierung' der Aktivist/inn/en. In diesen Fällen war die gewerkschaftliche Unterstützung ‚von außen' extrem wichtig, um die (formal wie machtpolitisch) hohen Hürden auf dem Weg zu einem Betriebsrat zu überwinden. Sie reichte jedoch häufig nicht aus, um den Betriebsrat ins ‚Laufen' zu bringen.

4.6.5 Verlaufsformen: Verhinderungsversuche durch die Geschäftsleitung, aber „da hatten wir auch mit Kollegen ganz viel Stress"

Wie bereits skizziert, lagen die Ursachen für die Betriebsratsgründung aus Sicht der Initiator/inn/en in dem instrumentellen Umgang mit den Beschäftigten. In der *Phase der informellen Repräsentation* waren für diese Beschäftigten die Möglichkeiten der ‚Selbstvertretung' der Beschäftigten nur gering, eine Art informelle Repräsentation oder formelle Gremien wie sogenannte Andere Vertretungsorgane gab es nicht. In den Dienstleistungsbetrieben gab es teilweise schon vor der dann geglückten Betriebsratsgründung Versuche, einen Betriebsrat zu gründen, die aber von den Geschäftsleitungen unterbunden wurden:

> „Dann hatten wir mal eine Kollegin, die hatte dann den Fehler gemacht natürlich, sie hat in einer großen Versammlung hat sie mal gefragt, die Leitung hat sie mal gefragt, wie wäre es denn, wenn wir hier einen Betriebsrat gründen dürften? Und die Resonanz darauf war dann, dass sie ihre Kündigung erhalten hat, weil sie dann halt als Unruhestifterin hier galt." (D16_BR)

Wie auch bei den anderen Typen von Betriebsratsgründungen ‚beschloss' meistens eine kleine Gruppe von Beschäftigten, einen Betriebsrat zu gründen, im Fall der *Blockierten Partizipation* nach einer langen Zeit des ‚Leidens'. In der *Latenzphase* suchten die Initiator/inn/en dann normalerweise schnell den Kontakt zu der Gewerkschaft. Die deutliche Mehrzahl von ihnen war vor dieser Zeit weder Gewerkschaftsmitglied, noch hatten sie in einem Betrieb mit Betriebsrat gearbeitet. Die Unterstützung durch die Gewerkschaft wurde sehr positiv bewertet:

> „Wir sind gleich an die (Name d. Gewerkschaftssekretärin) gegangen. Das war unser großer Vorteil, wir haben auch sehr schnell Vertrauen zu ihr gefasst. Also wir haben uns da auch gut beraten gefühlt." (M11_BR1)

Die Kontaktaufnahme und alle Vorbereitungen geschahen im Geheimen, da man davon ausging, dass die Geschäftsleitung eine Betriebsratsgründung verhindern will und die Initiator/inn/en, wenn sie sich zu früh zu erkennen geben, persönlich unter Druck gesetzt werden würden oder ihnen gekündigt würde. Nach der Beratung durch die Gewerkschaft und nachdem man genug Mitstreiter/innen gefunden hatte, die bereit waren, eventuell auch für den Betriebsrat zu kandidieren, wurde die Absicht der Betriebsratsgründung öffentlich gemacht. In der einen Hälfte der Fälle hatte die Gewerkschaft gegenüber der Geschäftsleitung die Betriebsratsgründung ‚angezeigt', in der anderen Hälfte unterschrieben die Initiator/inn/en den Aushang zur Einladung der ‚Wahlversammlung'. Im Einzelnen wurde immer abgewogen, was den Initiator/inn/en die bessere Option erschien, erstmal weiter anonym zu bleiben oder den erweiterten Kündigungsschutz zu genießen.

Mit Beginn der *Formierungsphase* unterschieden sich dann die Gründungsverläufe bei den Betriebsratsgründungen *Blockierte Partizipation* von denen der *Kollektiven Emanzipation* (vgl. Kap. 4.4) erheblich. Bei den Initiator/inn/en im Fall der *Blockierten Partizipation* scheint es deutlich mehr Unklarheiten und Unwissen gegeben zu haben, was man mit einem Betriebsrat erreichen will und kann:

> „Dadurch dass ich ja schon wenig über Betriebsratsarbeit wusste, aber die anderen eigentlich noch weniger darüber wussten, war das sehr konfus alles, also es ging wirklich nur, einfach es ist was Neues aufgetaucht, musste drüber diskutiert werden und es war auch sehr konfus alles wirklich und völlig am Thema vorbei auch die Diskussion. Da ging's nur wer gewinnt die Wahl, wer nicht, [...] also es waren auch riesige Erwartungshaltungen, was der dann gewählte Betriebsrat dann auch zu tun hat, völlig weit weg von der Realität, also Quatsch war das." (B02_BR1)

Hinzu kam, dass sich viele Beschäftigte nicht mit einer Betriebsratsgründung anfreunden konnten, zum Teil weil sie gerade von dem ‚alten' System profitiert hatten:

> „Die einen waren die Lieblinge, die haben gesagt, Betriebsrat brauchen wir nicht. Und die anderen sind halt gedrückt worden und haben gesagt: ‚Wir können uns nicht anders helfen.'" (M11_M)

Die Spannbreite der Reaktionen der Geschäftsleitungen bewegte sich zwischen Hinnahme und, in der Mehrzahl der Fälle, aktiven Verhinderungsversuchen bzw. Einflussnahme auf die Betriebsratszusammensetzung.[67] Letzteres konnte sich darauf ‚beschränken', in Einzelgesprächen die Initiator/inn/en über ihre Gründe für eine Betriebsratsgründung zu befragen. Es konnte aber auch passieren, dass man systematisch versuchte, sie zu diskreditieren und sogar zu entlassen, indem man ihnen Unregelmäßigkeiten in ihrer Arbeit nachzuweisen versuchte:

> „Am dritten September haben wir dann den Aushang gemacht für die Wahl zum Wahlvorstand [...] und am nächsten Tag stand die Geschäftsführung dann morgens um sieben mit der Pflegedienstleitung und der Assistentin bei mir in der WG und haben dann die Akten kontrolliert, vier Stunden lang. Also das war dann so, die haben sehr schnell reagiert. War angeblich eine Routine, aber ich weiß von langjährigen Mitarbeitern, dass sowas noch nie gemacht wurde. [...] Und eine Woche später, [...] da kam dann kurz vor Ende meine Dienstes um 21 Uhr rum der Geschäftsführer mit seiner Assistentin und die haben mir da gesagt, dass die Aktenkontrolle ganz, ganz katastrophal war und dass die Mitarbeiter sich auch über mich beschwert hätten und dass ich jetzt versetzt werde in die ambulante Pflege. [...] Meine Kollegin, also die Teamleiterin, die da auch mit mir mitgemacht hat bei der Betriebsratsgründung, die ist dann auch versetzt worden. Die anderen Fachkräfte, die da jetzt immer mit dabei waren, die nicht und dann fing das Ganze an mit dem Mobbing und mit dem schlecht reden durch die Geschäftsführung." (D11_BR)

Ein weiteres Mittel konnte sein, mit dem Verlust von Arbeitsplätzen durch Betriebsausgliederungen zu drohen oder sogar noch vor der Betriebsratsgründung die Beschäftigten zu ‚bestrafen':

> „Daraufhin [...] liefen dann Kündigungen raus. Unsere komplette Küche wurde gekündigt und unsere komplette Reinigung. Das waren 13 oder 14 Mitarbeiter, die gekündigt worden sind. [...] Küche und Reinigung komplett. Das war von der Leitung einfach nur ein Zeichen dafür: ‚Leute passt auf, was Ihr macht! Hier fliegen jetzt Kündigungen raus!' Ne, und das waren, wie gesagt, auch nicht wenige an der Zahl, um uns halt einfach noch mal so ein bisschen Druck auszuüben und halt die Gründung zu verhindern beziehungsweise zu erschweren, weil verhindern haben sie es ja nicht können." (D16_BR)

Darüber hinaus wurde auch versucht, die Gründung durch Aufstachelung ‚getreuer' Beschäftigter zu verhindern, was aufgrund der Fragmentierung der Belegschaft in einem Fall fast gelungen wäre:

---

[67] Bei den elf Betriebsratsgründungen des Gründungsmusters *Blockierte Partizipation* gab es nur zwei (Metallhandwerksbetriebe), bei denen sich die Geschäftsleitung in der *Formierungsphase* völlig neutral verhielt. Die Geschäftsleitungen der Dienstleistungsbetriebe verhielten sich ‚durchschnittlich' aggressiver gegenüber den Initiator/inn/en als die der Betriebe des Verarbeitenden Gewerbes.

„Bei der erste Versammlung haben wir direkt richtigen Widerstand von der Firma bekommen, da sind halt nur die Kaufmännischen gekommen und es wurde denen sogar, nicht nur empfohlen, sondern [...] es wurde drauf gedrängt, dass die zu dieser Versammlung kommen und ihre Meinung sagen, so und die Meinung war selbstverständlich negativ: ‚Wer braucht schon Betriebsrat, ja ohne Betriebsrat geht's viel besser ja, und [...] wer arbeiten will, der wird auch arbeiten, der wird auch richtig entlohnt.' [...] und wir wurden also richtig niedergemacht, richtig beschimpft und [...] dass kein Mensch Betriebsrat braucht, ja was fällt den Gewerblichen ein, einen Betriebsrat zu gründen, was soll das, ja das werden halt Kosten usw., obwohl wir Kosten sparen müssen, kein Mensch braucht das ja, irgendwie der Chef macht das alles gut und wir brauchen keinen Betriebsrat, ja so war das halt und da wurden wir halt von verschiedenen Leuten wirklich da richtig zur Sau gemacht." (D09_BR)[68]

Durch solche Maßnahmen der individuellen oder kollektiven negativen Sanktionierung, der Verbreitung von Angst und systematischen ‚Meinungsmache', gelang es der betrieblichen Führung in nicht wenigen Fällen, relevante Teile der Belegschaft entweder gegen die Betriebsratsgründung zu mobilisieren oder sie davon zu überzeugen, als Kandidat/inn/en auf einer arbeitgebernahen Liste zu kandidieren. Aufgrund teils massiver Einflussnahme der Geschäftsleitung sowie eines zuweilen ‚rauen Gegenwinds' auch aus Teilen der Belegschaft haben die Gründungsinitiator/inn/en in der Formierungsphase teils erhebliche Probleme, weitere Unterstützer/innen und ‚arbeitnehmernahe' Kandidat/inn/en zu gewinnen. Die Auseinandersetzungen zum Thema Betriebsrat sind machtpolitisch stark aufgeladen und werden von der Geschäftsleitung teils mit ‚harten Bandagen' geführt. Die Betriebsratsinitiative ist dafür kaum ausreichend solide gerüstet und in der Belegschaft verankert. Dieses ‚ungünstige' Machtverhältnis erschwert es zusätzlich, weitere Unterstützer/innen in der Belegschaft zu gewinnen.

Wenn eine Betriebsratsgründung trotz aller Interventionen der Geschäftsleitung nicht verhindert werden konnte (wie in unseren Fallbeispielen), so ist es typisch, dass das Management versucht, Einfluss zu nehmen auf die Zusammensetzung des zukünftigen Betriebsrats. Diese Versuche waren zum Teil auch recht erfolgreich:

„Also er (der Geschäftsführer, Anm. d. Verf.) hat sehr viel also zur Wahlmanipulation mit beigetragen, er hat die Leute angerufen und gesagt: ‚Geht wählen, aber wählt die richtige Liste', er hat seine Stellvertreter quasi auf eine andere Liste setzen lassen und, na ja leider ist ein Betriebsrat in der Pflege nicht so populär, ich denk' mal, es liegt vielleicht so'n bisschen an dem Helfersyndrom. Ich weiß es nicht, also die meisten wissen nichts damit anzufangen und dadurch bekam die andere Liste ein bisschen mehr Stimmen und jetzt sind's drei gegen vier." (D11_BR)

---

68 In diesem Fall musste dann der Wahlvorstand vom Arbeitsgericht eingesetzt werden.

Arbeitgebernahe Listen oder Kandidat/inn/en für die Betriebsratswahl zu finden, fiel den Geschäftsleitungen zum Teil auch deswegen nicht schwer, weil die Initiator/inn/en, die sich in der *Latenzphase* zusammenfanden, aufgrund der Fragmentierung der Arbeitsplätze oft nur aus einer oder wenigen Abteilungen stammten und auch wenig Kontakt zu den anderen Abteilungen hatten, trotz einer geringen Betriebsgröße. Dies führte in manchen Fällen zu Unmut unter den Beschäftigten, die sich von den Initiator/inn/en nicht ausreichend eingebunden fühlten:

„,Oh, ihr wollt hier einen Betriebsrat gründen! Wieso denn? Warum habt ihr uns denn nichts gesagt? Warum habt ihr das denn so heimlich unter euch gemacht? Ihr habt uns ausgegrenzt!' Da hatten wir auch mit Kollegen dann ganz viel Stress. Also es ist eigentlich, wenn man so überlegt, ein Betriebsrat ist ja eigentlich etwas Positives, also für Arbeitnehmer natürlich, aber wie gesagt mit unseren Kollegen hatten wir schon so ein bisschen, ja so kleine Auseinandersetzungen, weil die sich halt ausgegrenzt gefühlt hatten. Dann haben wir denen halt versucht zu erklären, dass das halt erstmal intern bleiben musste." (D16_BR)

In der *Formierungsphase* zeigt sich, dass vor allem in den Dienstleistungsbetrieben vielfach relevante Teile der Belegschaft nicht von der Notwendigkeit einer Betriebsratsgründung überzeugt werden konnten. In den Betrieben des Verarbeitenden Gewerbes waren die Beschäftigten hingegen häufig zwar vom Sinn der Betriebsratsinitiative überzeugt, aber nicht unbedingt von den Initiator/inn/en. So war es in einigen Fällen ausgesprochen schwierig, eine/n für große Teile der Belegschaft akzeptablen Kandidatin/en für den Betriebsratsvorsitz zu finden. In einem Betrieb hatte z.B. die Initiativgruppe und auch der ‚Hauptinitiator' den Eindruck, dass dieser wegen seiner manchmal recht kompromisslosen Haltung die Belegschaft eher polarisiere und auch seine Gewerkschaftsnähe nicht von allen geteilt werde. Deshalb wurde schon im Vorfeld ein Kompromisskandidat für den Vorsitz unterstützt, der nicht bei der ursprünglichen Initiativgruppe dabei gewesen war und als Betriebsratsvorsitzender beide Teile der Belegschaft repräsentieren sollte:

„Wir haben dann halt dafür gesorgt, dass er gewählt wird." (M11_BR1)

Nach dessen Wahl stellte sich der ‚Kompromisskandidat' jedoch als ungeeignet für eine nachhaltige Interessenvertretung heraus und wurde nach recht kurzer Zeit ausgewechselt – gegen eine neue ‚Kompromisskandidatin'. Der ‚starke Mann' im Betriebsrat schien jedoch weiterhin der ursprüngliche ‚Hauptinitiator' zu sein, so dass die neue Betriebsratsvorsitzende ebenfalls erhebliche Probleme zu haben schien, als zentrale Repräsentantin des Belegschaftswillens ernst genommen zu werden.

In sechs Betrieben gab es letztlich eine Persönlichkeitswahl, in fünf eine Listenwahl. In drei Fällen gewannen ‚arbeitgebernahe' Listen oder Kandidat/inn/en die Betriebsratswahl und stellten die Mehrheit der Betriebsratsmitglieder; in drei weiteren Fällen gab es eine starke arbeitgebernahe ‚Minderheitsfraktion' im Betriebsrat. Die Wahlbeteiligung war übrigens – gerade wegen der intensiven machtpolitischen Auseinandersetzungen – im Normalfall hoch, d.h. über 80%.

Kennzeichnend für die Betriebsratsgründungen des Musters *Blockierte Partizipation* war weiter, dass nach der Wahl die meisten Betriebsratsgremien Probleme hatten, arbeitsfähig zu werden. Die Probleme, die sich in der *Formierungsphase* zeigten, ein aktives und glaubwürdiges Repräsentationsverhältnis zwischen Betriebsratsinitiator/inn/en und der Belegschaft aufzubauen, setzten sich nun in der *Konstituierungsphase* fort. Repressionen des Managements alleine können nicht den Unterschied zwischen dem Gründungsverlauf *Kollektive Emanzipation* und *Blockierte Partizipation* erklären, da es hinsichtlich des Verhaltens der Geschäftsleitungen, was Verhinderungsversuche oder Einflussnahme auf die Zusammensetzung des Betriebsrats anbelangt, nur wenige Unterschiede gab.[69] Die Betriebsratsgremien im Gründungsmuster *Kollektive Emanzipation* agierten jedoch geschlossen und arbeiteten konsequent an ihrer Themenagenda, im Gegensatz zu den Betriebsratsgremien des Typs *Blockierte Partizipation*: Entweder ‚blockierte' sich der Betriebsrat selbst in seiner Arbeit aufgrund der ständigen Querelen zwischen arbeitnehmer- und arbeitgebernahen Mitgliedern. Oder, in den Fällen, in denen das Betriebsratsgremium relativ kohärent mit den Befürwortern der Betriebsratsgründung besetzt war, beruhten die Probleme in der *Konstituierungsphase* weniger auf der ablehnenden Haltung der Geschäftsleitungen gegenüber dem Betriebsrat sondern mehr auf mangelnder Professionalisierung (kein Besuch von Seminaren zur Betriebsratsschulung, fehlende Arbeitsteilung im Gremium, ‚Sich-verzetteln' in zu vielen Themen, keine Strategie bei der Themenwahl) oder auf einer Fluktuation im Betriebsrat, vor allem in der Betriebsratsspitze. Manchmal fühlten sich die Betriebsratsmitglieder von der neuen Rolle überfordert. Sie waren emotional nicht in der Lage, sich der anhaltenden Konfrontation mit der Geschäftsleitung auf Dauer zu stellen:

> „Der Erste, der aufgehört hat, der hat gemerkt, dass Betriebsratsarbeit überhaupt gar nicht sein Dings ist, also weder dass er sich mit der Geschäftshaltung dort ordentlich, vernünftig auseinandersetzen konnte und da hat er dann beschlossen: ‚Nein ist nichts für mich, ich möchte das nicht mehr.'" (M06_BR)

---

69 Lediglich für die Dienstleistungsbetriebe ist festzustellen, dass die Geschäftsführungen der Betriebe des Musters *Blockierte Partizipation* tendenziell ‚repressiver' gegen die Betriebsratsgründung vorgingen als die Geschäftsführungen der Betriebe des Typs *Kollektive Emanzipation*. Insbesondere im Pflegebereich scheint das Thema ‚Mitbestimmung' kulturell bislang wenig etabliert und es finden sich teils extrem rigide Managementstrategien zur Verhinderung von Mitbestimmung.

Zuweilen hatten sie auch den zeitlichen Aufwand für die Betriebsratsarbeit unterschätzt oder hatten sich falsche Vorstellungen über die Handlungsmöglichkeiten eines Betriebsrats gemacht (z.B. hinsichtlich der Möglichkeit, Lohnerhöhungen durch einen Betriebsrat erreichen zu können). Aufgrund der Unerfahrenheit versuchte der Betriebsrat in einigen Fällen – zum Teil ohne vorherige Betriebsratsschulung – über zu viele Themen gleichzeitig mit der Geschäftsleitung zu verhandeln, mit dem Ergebnis, dass man keine einzige Betriebsvereinbarung abschließen konnte. Dann setzte eine Enttäuschung ein, dass man mit einem Betriebsrat so wenig erreichen konnte. Die letztgenannten Punkte führten nicht selten dazu, dass Betriebsratsmitglieder ihr Amt recht schnell wieder aufgaben und damit die Betriebsratsarbeit durch die Fluktuation unter den Betriebsratsmitgliedern zusätzlich litt.

In manchen Gremien fand sich auch einfach niemand, der mit Energie und Tatkraft die Leitung übernahm und ‚das Ruder in die Hand nahm'. Das vergleichsweise ‚schwache' und noch unerfahrene Engagement der neu gewählten Betriebsratsmitglieder reichte einfach nicht aus, um die schwierige und aufwändige Konstituierungsphase erfolgreich zu meistern und ein professionelles Arbeiten zu initiieren:

> „Also nachdem wir unseren Betriebsrat gegründet hatten im Juni, da war dann auf einmal von unserer Seite wieder so ein bisschen Ruhe. Das war ganz komisch, ich glaube, das lag aber auch eher daran, dass wir halt so viel erlebt hatten, dass uns das halt alles so ein bisschen niedergeschlagen hat, wo wir dann gesagt haben: ‚Okay jeder braucht, glaube ich, jetzt erstmal für sich so ein bisschen wieder Abstand!'. Da hätte ich mir aber zum Beispiel von uns gewünscht, dass wir gesagt hätten: ‚Na ja, grade jetzt weil wir so viel durchgemacht haben, müssen wir jetzt volle Power hier gehen!'. Aber das hatten wir halt wie gesagt nicht [...]. Also es wurde dann nichts gemacht, also wir hatten keine Sitzungen dann am Anfang." (D16_BR)

Auch nach der Betriebsratswahl standen die Geschäftsleitungen dem Betriebsrat meistens ablehnend gegenüber, was sich u.a. auch darin zeigte, dass die gesetzlich vorgeschriebenen Ressourcen wie ein Betriebsratsbüro oder Arbeitsmaterialien nur schleppend bereit gestellt wurden und versucht wurde, Betriebsratsschulungen im Ausmaß zu beschränken oder sie sogar zu verhindern.

4.6.6 Vertretungswirksamkeit: eine Negativspirale aus Repression, Spaltung und mangelnder Professionalisierung

Die neu gegründeten Betriebsräte hatten also erhebliche Probleme, in der *Konstituierungsphase* handlungsfähig und damit vertretungswirksam zu werden. Der Versuch, den Betriebsrat arbeitsfähig zu machen, bestimmte dann auch die weitere Geschichte der Betriebsräte. Die Probleme zeigten sich dabei nicht erst nach der Betriebsratsgründung, sondern wie gezeigt schon im Verlauf des Gründungsprozesses selbst. Hintergrund hierfür waren, wie zum Teil bereits geschildert, vor allem drei Faktoren, die sich häufig auch wechselseitig bedingten und miteinander verknüpft waren: Spaltung der Belegschaft, Repression der Geschäftsleitung und mangelnde Fähigkeit des gewählten Gremiums zur Professionalisierung.

Die interessenpolitische Spaltung der Belegschaft setzte sich häufig auch nach der formalen Wahl des Betriebsrats fort. In gewisser Weise ist die Existenz einer arbeitgebernahen Mehrheit oder einer starken arbeitgebernahen Minderheitsfraktion im Betriebsrat auch als authentischer Ausdruck der sozialen Verfasstheit der Belegschaft zu betrachten und als kollektives Meinungsbild ernst zu nehmen. Dennoch ist ein derart gespaltener Betriebsrat freilich nur bedingt handlungsfähig und durchsetzungsfähig gegenüber einer Geschäftsleitung, die ihn als Repräsentanten der Belegschaft meist nach wie vor nicht ernst nimmt. In gewisser Weise kann sie dies auch begründen, denn selbst dann, wenn die ‚ursprünglichen' Initiator/inn/en die Betriebsratswahl gewonnen haben, wird der Betriebsrat von relevanten Teilen der Belegschaft weiterhin abgelehnt.

> „Ja das sind [...] einige, die stehen da voll dahinter. Die meisten stehen dahinter (hinter dem Betriebsrat, Anm. d. Verf.). Aber da gibt's welche, Betriebsrat ist denen wurscht egal und braucht man nicht und ist eh Scheiße und sind Kommunisten oder was auch immer. [...] Aber das sind dann halt die, die wo immer Stimmung machen oder versuchen, Stimmung zu machen. An die kommt man aber auch nicht ran." (M11_BR1)

Die Geschäftsleitung kann es sich unter diesen Bedingungen oft dauerhaft ‚leisten' den Betriebsrat zu ignorieren oder zu marginalisieren. Im schlimmeren Fall führt sie ihren Kampf gegen die Existenz einer formalen Belegschaftsvertretung gar weiterhin fort – mit ähnlich repressiven Mitteln wie bereits während der Gründungsphase, etwa durch Wahlanfechtungen, Abmahnungen, Maßregelungen oder gar Entlassungen von Betriebsratsmitgliedern, wie die nachfolgenden Interviewauszüge belegen:

> „Und dann halt wie gesagt, das Unternehmen ist halt nicht so gewesen, dass sie gesagt haben: ‚Oh toll wir haben jetzt einen Betriebsrat, jetzt stellen wir denen mal alles, was sie brauchen, oder überall wo sie mitbestimmen dürfen, da dürfen sie jetzt mitbestimmen'. Also jedes Einzelne musste man sich da erkämpfen und immer wieder und Anschreiben machen und mal mit einem Rechtsanwalt drohen und ja, war schon anstrengend." (M06_BR)

> „Schlimm, schlimm, also das ging gar nicht. Wir hatten richtig Stress dann. also Druck auch am Anfang. [...] Die haben uns gar nicht für voll genommen. [...] Aus heutiger Sicht würde ich sagen: ‚Schlimm'. Aber damals da haben wir um die Bü-

roklammern halt gestritten, um jedes Ding, was wir wollten, mussten wir erst zum Gericht laufen. [...] Also es gibt freiwillige (Betriebsvereinbarungen, Anm. d. Verf.) und es gibt erzwingbare, und es ging nur um die erzwingbaren, freiwillige kriegen wir sowieso nicht hin. [...] (Informierung bei Einstellungen) mit mehreren Beschlussverfahren hat es trotzdem noch nicht geklappt, also wir kriegen immer noch die unterschriebenen Arbeitsverträge." (B02_BR1)

„[...] und nachher sind diese Leute, die damals hier das auch angeregt haben, alle 2008 entlassen worden. Die waren nicht im Wahlvorstand und die waren auch nicht in den Betriebsrat gewählt, aber man wusste, dass die das angeregt haben." (C04_BR)

„Also überhaupt kein Verständnis für Betriebsrat, es ist immer noch nicht akzeptiert, wird nicht akzeptiert, wird nur, weil es schon da ist. Weil wir das durchgesetzt haben. Wird halt gesagt: ‚Ja wir unterstützen den Betriebsrat'. Aber das sind nur leere Worte, was da rauskommt. Das wird noch ein langer Kampf sein und besonders schwierig, weil eben das Gremium nicht die Macht hat, sich durchzusetzen." (D09_ BR)

„Meine Kollegin die hat's jetzt nicht leicht da, sie ist jetzt noch in der ambulanten Pflege, sie [...] hat gesagt: ‚Okay ich möchte halt meine mein Teamleiterzuschuss noch behalten, dann bleib' ich auch in der ambulanten Pflege', hat der Geschäftsführer dann [...] ihr zugesichert, dass das auch so bleibt, aber letztendlich geht sie jetzt wieder vor Gericht, weil er ihr die Zuschläge jetzt doch jetzt nicht gegeben hat [...] und er hat ihr auch nahegelegt, dass sie da austritt aus dem Betriebsrat, und jetzt hat sie auch irgendwie schon sechs Abmahnungen bekommen wegen irgendwelchen Sachen, die an den Haaren herbeigezogen sind und jetzt wird auch überwacht während der Arbeit." (D11_BR)

„Wir werden hier nicht für voll genommen [...] (die Mitbestimmungsrechte des Betriebsrats) werden zurzeit mit den Füßen getreten." (M08_BR4)

„Dann gab' s einen Betriebsrat in dieser Firma, der noch sehr grün war natürlich und dieser Betriebsrat nahm die Funktion des Betriebsrates nicht wahr, denn dieser Betriebsrat war, ich sag' mal mit guten Vorsätzen an die Sache rangegangen, ist aber dann von der damaligen Geschäftsleitung von dieser Firma halt eben untergebuttert worden, wenn ich das mal so sagen darf. Die haben mit sehr hohem, in einem sehr hohem Niveau mit Angst gespielt, mit diesen damaligen Betriebsratsmitgliedern." (C04_BR)

Dass es unter diesen Bedingungen schwer ist, „was hinzukriegen", ist einsichtig; doch die fehlenden interessenpolitischen Erfolge unterminieren das Renommee des Betriebsrats bei der Belegschaft oft noch zusätzlich. Besonders schwierig ist die Situation in Fällen, in denen nur eine Minderheit der gewählten Betriebsratsmitglieder versucht, eine vertretungswirksame Betriebsratsarbeit durchzusetzen:

„Also der Betriebsrat ist eher auf Geschäftsführerseite als auf Arbeitnehmerseite und wir versuchen da zu dritt ein bisschen was hinzukriegen. Die Mitarbeiter sind zur Zeit alle ein bisschen unzufrieden, was vielleicht gar nicht mal schlecht ist, da man jetzt vielleicht auch mal sagen kann: ‚Naja, was will denn auch die stellvertretende Pflegedienstleitung in dem Betriebsrat'." (D11_BR)

In anderen Fällen scheinen die Argumente der Geschäftsführung auch zum hegemonialen Diskurs im Betriebsrat selbst geworden zu sein:

„Wenn irgendwie eine Sache ist, wo um's Geld geht, wo wir zum Beispiel jetzt was klagen müssen, weil der Chef dagegen ist, wird halt richtig diskutiert und der Chef wird verteidigt usw.: ‚Und ja das können wir nicht machen und wir verursachen schon so hier, weil wir hier sitzen, weil wir nicht unserer Arbeit nachgehen können, ja unserer tatsächlichen Arbeit, verursachen wir Kosten usw.' Und so ist es jedes Mal. Also es hat jetzt nichts mit ver.di- oder Nicht-ver.di-Kollegen zu tun, ja das ist nicht die Sache, weil es gibt wie gesagt ver.di-Kollegen, wie der Vorsitzende jetzt bei uns, der einfach mal auch meistens, ja mit den anderen Kollegen der gleichen Meinung ist: ‚Wir wollen keine Kosten verursachen.' Wenn wir zum Beispiel Betriebsversammlung machen, dann sagt unser Vorsitzender: [...] ‚Ich komm mit dem Bus, ist mir scheißegal, ich brauch keine Fahrtkosten, ich brauch den Tag nicht bezahlt bekommen'. [...] Ich sag' immer: ‚Wir machen am Samstag Betriebsversammlung, wir müssen Minimum 70 Euro Pauschale den Leuten geben, weil die halt am Samstag dann die drei Stunden hierher kommen müssen und weil die Fahrtzeit haben, weil das ein Extratag ist, wo du zur Arbeit kommst, das ist ja deine Arbeit, das ist nicht deine Vergnügung'. So kämpft man halt, da sind halt Gespräche hin und her." (D09_BR)

Hinzu kommt in manchen Fällen auch eine unzureichende Professionalisierung in Kombination mit einer wenig fokussierten Betriebsratsarbeit.[70] Das kann folgende Ursachen haben:

- Im Betriebsrat gibt es kein Mitglied, dass gewissermaßen das ‚Heft in die Hand nimmt' und die Betriebsratsarbeit vorantreibt und professionalisiert.
- Der Betriebsrat ist sich intern nicht einig, wie konfliktbereit man sich gegenüber der Geschäftsleitung verhalten soll und weicht daher auch Konflikten mit der Geschäftsleitung aus. Man kann keine gemeinsame Strategie entwickeln, geschweige denn umsetzen.
- Infolge mangelnder Schulung und Kenntnisse der Rechte eines Betriebsrats kann man sich gegen die Geschäftsleitung und ihre Verzögerungstaktiken bei Verhandlungen nicht durchsetzen oder lässt sich vereinnahmen. In man-

---

[70] Die Betriebsräte der Betriebe des Verarbeitenden Gewerbes und die der Dienstleistungsbetriebe unterschieden sich tendenziell dahingehend, dass bei letzteren hauptsächlich der Kampf der Geschäftsleitung gegen den Betriebsrat und/oder die Spaltung des Betriebsratsgremiums die Betriebsratsarbeit beeinträchtigte, während bei ersteren eher die fehlende Entschlossenheit und Professionalisierung die wichtigste Ursache für die *Blockierte Partizipation* war.

chen Fällen ist die mangelnde Professionalisierung mit einer nur gering ausgeprägten gewerkschaftlichen Anbindung des Betriebsrats verbunden.
- Einige Betriebsratsvorsitzende und -mitglieder sind auf Dauer einer Konfrontation mit der Geschäftsleitung oder der erhöhten Arbeitsbelastung durch die Betriebsratsarbeit nicht gewachsen. Das führt entweder zu einem arbeitgeberfreundlichen Verhalten oder zu Rücktritten (in einem Fall gab es drei Betriebsratsvorsitzende während des ersten Jahres des Bestehens). Beides verhindert bzw. verzögert eine effektive Betriebsratsarbeit.

„Das hat ein Weilchen gedauert, dass wir unsere ersten Schulungen gemacht [...] und ein Fehler war zum Beispiel, dass wir versucht ha'm, alles gleichzeitig zu machen, da kommst du nicht zum Erfolg." (M06_BR)

Die Geschäftsleitungen nehmen dann solche Betriebsratsgremien nicht sonderlich ernst. Ein interviewter Geschäftsführer äußerte sich despektierlich über den Betriebsrat, er kümmere sich um *„Kleinigkeiten, [...] ich will jetzt nicht sagen Toilettenpapier, aber so irgendwo" (M11_M)*.

Die zuständigen Gewerkschaftssekretäre/Gewerkschaftssekretärinnen konnten bei ‚blockierten' Betriebsratsgremien nur begrenzt helfen, ihnen fehlten einfach auch die Ressourcen, sich intensiv um solche Problemfälle zu kümmern. Zwar waren die ‚arbeitnehmernahen' Betriebsratsmitglieder zum größten Teil gewerkschaftlich organisiert, aber nicht alle besuchten auch Betriebsratsschulungen. Zudem erhöhte sich unter der Belegschaft der Organisationsgrad tendenziell nur wenig, es wurde auch nur begrenzt vom Betriebsrat Werbung für einen Gewerkschaftsbeitritt gemacht. Diesen Betriebsratsgremien fehlte es gewissermaßen sowohl an Know-how wie auch an aktiver Unterstützung durch die Belegschaft. Das Fehlen eines Gesamt- oder Konzernbetriebsrats erschwerte die Etablierung des Betriebsrats als handlungsfähigen Akteur häufig noch zusätzlich.

In dem Betriebsratsgründungstyp *Blockierte Partizipation* fanden sich folgende Ursachen, die die Vertretungswirksamkeit des Gremiums stark einschränkten: Spaltung der Belegschaft, Repression bzw. Einflussnahme der Geschäftsleitung, Spaltung des Betriebsrats, mangelnde Professionalisierung und fehlende Vertretungswirksamkeit. Zum Teil standen diese auch in einem engen Zusammenhang. Ein Problem kam selten allein.

„Und das sind halt so Sachen, da haben wir dann versucht immer wieder (eine Betriebsvereinbarung zur Arbeitszeit, Anm. d. Verf.) und [...] da ist man natürlich an einem Punkt, da will man was vom Unternehmen und das zieht sich natürlich, gerade ohne Erfahrung und [...] am Anfang war eben diese Dynamik in der ganzen Geschichte drinnen, die ist so ein bisschen verloren gegangen, weil wir uns da am Anfang doch schwer getan haben, wie gesagt, da war dann niemand, der [...] sagt: ‚Mensch Jungs, das müsst ihr so machen', und dann hält man sich viel an Kleinigkeiten auf [...]. Wir haben uns ein bisschen verzettelt ja und dann haben noch zwei Betriebsratsmitglieder aufgehört, die da eigentlich auch sehr wichtig waren für die Geschichte und so ging des, immer wenn man so halbwegs wieder Fuß gefasst hat und sich wieder ein bisschen so organisiert hat, hat wieder irgendjemand aufgehört." (M06_BR)

Wenn man die Voraussetzungen für eine erfolgreiche, arbeitnehmernahe Betriebsratsarbeit bedenkt (vgl. Kap. 2.2) – eine gemeinsam geteilte Interessendefinition unter den Beschäftigten (und dann auch unter den Betriebsräten), die Mobilisierung von Beschäftigten, die eine Veränderung wünschen und die Anerkennung einer sozialen Gruppe, die legitimerweise die Interessen der Beschäftigten vertreten ‚darf' – so waren in den Betriebsratsgründungen des Typs *Blockierte Partizipation* diese Voraussetzungen nicht oder nur unzureichend gegeben. Die Probleme, eine einheitliche Interessenartikulation und -formierung zu erreichen und ein glaubwürdiges Repräsentationsverhältnis zwischen Betriebsrat und Belegschaft herzustellen, sind in Betrieben mit einer (ob mental oder räumlich) fragmentierten Belegschaft oft strukturell verankert und somit schwer zu lösen. Die Zukunft der Betriebsratsgremien des Typs *Blockierte Partizipation* muss offen bleiben. Man kann sich bei einigen Gremien vorstellen, dass sie aktiver werden, anderen droht dagegen das Schicksal, „isoliert" oder „ignoriert" oder ein „Organ der Geschäftsleitung" (Kotthoff 1981) zu bleiben. Der Zustand der *Blockierten Partizipation* muss aber nicht für immer festgeschrieben sein – und die Fallbeispiele der *Kollektiven Emanzipation* zeigen, dass man sich auch gegen eine repressive Geschäftsleitung erfolgreich durchsetzen kann. Wie und unter welchen Bedingungen eine solche ‚Vitalisierung' von Betriebsratsarbeit möglich ist,[71] ist sicherlich ein interessantes und wichtiges Thema für weitere Forschungen.[72]

---

71 Wie ein solcher Prozess der Vitalisierung von Betriebsräten aussehen kann, wurde von Röbenack/Artus (2015) an ausgewählten Beispielen ostdeutscher Betriebsräte im Zuständigkeitsbereich der IG Metall und IG BCE untersucht.
72 In unserem Sample war ein solcher Fall anzutreffen, in dem ein Betriebsrat nach über zwei Jahren dann doch (noch) vertretungswirksam wurde, und zwar aufgrund einer neuen Betriebsratszusammensetzung nach einer regulären Betriebsratswahl und eines neuen Geschäftsführers.

5 Die Rolle externer Akteure bei Betriebsratsgründungen

5.1 Die Rolle von Gewerkschaften

5.1.1 Aufgaben und Funktionen der Gewerkschaften bei Betriebsratsgründungen

Fast alle im Rahmen der Studie untersuchten Betriebsräte[1] wurden *mit* Beteiligung der jeweils zuständigen Gewerkschaften gegründet; dabei variierten Intensität als auch Formen der gewerkschaftlichen Unterstützung zwischen ‚*Gegen- und Schutzmacht*' auf der einen Seite und ‚*Mentorin und professionelle Dienstleisterin*' auf der anderen. Die übergroße Mehrheit der Befragten war mit der jeweiligen Hilfestellung zufrieden. Mit Rückgriff auf frühere Untersuchungen der Autor/inn/en sowie andere Studien kann man davon ausgehen, dass dieser Befund generell den derzeitigen *Normalfall* von Betriebsratsneugründungen darstellt.[2]

Die systematische Beteiligung der Gewerkschaften ist wenig überraschend, da angesichts der, auch in der vorliegenden Untersuchung festgestellten, weit verbreiteten Unkenntnis über das Betriebsverfassungsgesetz und der rechtlichen Komplexität des Wahlprozesses einerseits sowie der zum Teil massiven Angst der Initiator/inn/en vor den (repressiven) Reaktionen der Geschäftsführungen andererseits, angenommen werden kann, dass gelingende Betriebsratsgründungen nur selten *ohne* professionell-rechtliche und auch moralische Unterstützung sowie Schutz durch externe Akteure stattfinden (vgl. u.a. Rudolph/Wassermann 2006).[3] Zwar gibt es mittlerweile auch nicht-gewerkschaftliche Einrichtungen oder auf Betriebsräte spezialisierte Anwaltskanzleien, die potenzielle Betriebsratsgründer/innen bei der Vorbereitung und Durchführung der Betriebsratswahl unterstützen. Dennoch galten die Gewerkschaften selbst für (anfänglich) gewerkschaftsferne Aktivist/inn/en unseres Samples als *die* zentrale Instanz bei Be-

---

[1] Lediglich in drei Untersuchungsbetrieben waren die zuständigen Gewerkschaften nicht in die Betriebsratsgründung involviert.
[2] Im Folgenden werden in Einzelfällen Interviewauszüge erneut präsentiert, auch wenn sie bereits bei einzelnen Gründungstypen angeführt wurden, da es sich um besonders typische bzw. aussagekräftige Zitate handelt.
[3] Die Aussage bezieht sich auf ausschließlich mit einer Wahl formal abgeschlossene Betriebsratsgründungsprozesse. Hierbei wird eine gravierende Forschungslücke zum Thema Betriebsratsgründungen deutlich: Es existieren sowohl auf Seiten der Wissenschaft wie auch der Gewerkschaften kaum systematische Informationen über gescheiterte Versuche von Betriebsratsgründungen – insbesondere wenn die Gewerkschaften *nicht* in die Gründungen einbezogen waren.

triebsratsgründungen – und das nicht nur wegen ihrer rechtlichen Expertise in Sachen Betriebsverfassung, sondern vor allem wegen der rechtlich garantierten und damit auch Schutz und Sicherheit gewährenden Eingriffsmöglichkeiten. So können z.B. im Betrieb vertretene Gewerkschaften im Unterschied zu anderen externen Akteuren zu einer Betriebsversammlung mit dem Ziel der Wahl eines Wahlvorstandes einladen. Auf diese Weise verlängert sich quasi die Phase schützender Anonymität für die potenziellen Betriebsratsgründer/innen, was angesichts oft vorhandener Ängste und Befürchtungen häufig die Überwindung einer wichtigen Hürde bedeutet, wie ein Betriebsratsmitglied eines großen IT-Unternehmens deutlich machte:

„Also die ver.di war, sagen wir es mal so, die Einzige, die es hätte tun können, weil es hat sich sonst keiner getraut, diese Betriebsversammlung einzuberufen." (D03_BR3)

Anders formuliert: Gewerkschaften und Betriebsräte wurden von den befragten Aktivist/inn/en fast schon selbstverständlich zusammengedacht. Neben den bereits genannten Interventionsmöglichkeiten hing das mit der unterstellten wie erwiesenen Kompetenz und Erfahrung der Gewerkschaften bei Betriebsratsgründungen zusammen. Aus vielen Äußerungen der Befragten ließ sich entnehmen, dass die Gewerkschaftsfunktionäre/Gewerkschaftssekretärinnen mit ihren gut aufbereiteten und eng getakteten Beratungs- und Unterstützungsangeboten ziemlich genau die Interessen und Bedürfnisse der Aktivist/inn/en und Belegschaften vor allem auch in kleinbetrieblichen Facharbeitermilieus oder in mittel und niedrig qualifizierten Dienstleistungsbereichen trafen, wie ein Betriebsratsvorsitzender aus einem Metallbetrieb stellvertretend zum Ausdruck brachte:

„Also ich bin wirklich froh über die Unterstützung, ich bin froh über die Begleitung, die wirklich step by step gemacht wird, und die auch heute noch so ist. Wenn heute ein Problem ist [...], kann man dem Gewerkschaftssekretär die Sachlage schildern. Der schaltet die Rechtsabteilung ein, und dann wird eben ein Schreiben aufgesetzt für die Geschäftsleitung [...], wir können das so schon mal gar nicht, auch von der Begründung her schon nicht, finde ich, da ist der normale Arbeiter total überfordert mit. Wie will er das machen, ja? Man sagt: ‚Okay, wir müssen einen Betriebsrat gründen.' Ja, das ist ja schön, wenn sich fünf Leute sagen: ‚Wir gründen jetzt mal einen Betriebsrat.' Und dann? Wie gründen wir denn einen Betriebsrat? Sollen wir das googeln oder wie, jetzt einfach so? Nein! Es ist wirklich so, dass man sagen kann, man setzt sich mit der Gewerkschaft zusammen an einen Tisch, die haben die fertigen Formulare, die haben den fertigen Ablauf, und man geht das wirklich step by step durch, man wird an die Hand genommen [...]." (M09_BR1)

Eine wichtige Rolle kam dabei der spezifischen Verkopplung von Organisationsmacht und Rechtsschutz zu; die DGB-Gewerkschaften können auf diese Weise als eine wirklich umfassende Schutzmacht für ihre Mitglieder auftreten. Genau das war bei manchen Betriebsratsgründungen vielleicht sogar eine notwendige Bedingung dafür, dass Beschäftigte schlussendlich den Mut aufbrachten, Betriebsräte gegen die oft jahrelang erduldeten Missstände in ihren Betrieben zu gründen, wie im folgenden Interviewauszug deutlich wird:

> „Und dadurch (durch die Unterstützung seitens der Gewerkschaft, Anm. d. Verf.) haben wir es geschafft, eine, eine Sicherheit irgendwo für uns hinzukriegen und auch für die anderen, die beteiligt werden wollten, zu sagen: ,Pass mal auf! Du hast hier einen Partner auch, eine Gewerkschaft! Wir sind nicht nur alleine, sondern wir haben auch eine Gewerkschaft!' Das war ein psychologischer Effekt, der wirklich wichtig war für die Leute dort." (G01_BR1)

Insofern war die Beteiligung z.B. von Anwaltskanzleien bei den von uns untersuchten Betriebsratsgründungen die Ausnahme, die eher in Großbetrieben mit hochqualifizierten und gewerkschaftsfernen bis gewerkschaftsfeindlichen Belegschaften genutzt wurde, und auch nur dann, wenn keine starke externe ,Gegen- oder Schutzmacht' notwendig erschien (vgl. z.B. Gründungstyp *Erweiterung der individuellen Interessenvertretung*, vgl. Kap. 4.3).[4] Interessanterweise waren die DGB-Gewerkschaften aber auch in jenen Betrieben nicht völlig ,außen vor'. Vielmehr wurde von den Aktivist/inn/en und späteren Betriebsratsmitgliedern häufig eine Art ,Doppelgleisigkeit' verfolgt, d.h. sie nutzten *sowohl* gewerkschaftliche Angebote *als auch* juristische Beratungen anderer Akteure. Bei Letzteren handelte es sich teils um externe Jurist/inn/en, die bereits mit den Unternehmen zusammenarbeiteten, teils aber auch um Mitarbeiter/innen interner Rechtsabteilungen der Unternehmen. Dies war zwar teilweise innerhalb des Kreises der Aktivist/inn/en bzw. Betriebsräte umstritten, entsprach aber pragmatischen Überlegungen, wollte man damit doch Geschäftsführungen bzw. gewerkschaftskritisch eingestellten Betriebsratskandidat/inn/en entgegenkommen.

> „Es gab natürlich Unterstützung von Seiten der Gewerkschaften, das ist auch so vorgeschrieben, es mussten Gewerkschaftsvertreter im Wahlvorstand[5] sein. Na-

---

4   Obgleich Juristen äußerst selten von den Betriebsratsaktivist/inn/en bemüht wurden, waren sie jedoch häufiger indirekt an den Betriebsratsgründungen beteiligt. Offensichtlich suchten ,überraschte' Geschäftsführungen juristische Expertise bzw. Beratung zum Betriebsverfassungsgesetz. Nur in ganz wenigen Fällen ging es dabei um die Ver- bzw. Behinderung von Betriebsratsgründungen durch einschlägig bekannte Anwaltskanzleien (vgl. u.a. Rügemer/Wigand 2014). In den meisten Fällen rieten Juristen zum *„proaktiven Umgang"* mit der Betriebsratswahl – im Interesse einer regen Wahlbeteiligung und eines *„gut durchmischten Betriebsrates"* (D02_BR4).

5   § 16 Abs. 1 BetrVG „Jede im Betrieb vertretene Gewerkschaft kann zusätzlich einen dem Betrieb angehörenden Beauftragten als nicht stimmberechtigtes Mitglied in den Wahlvorstand entsenden, sofern ihr nicht ein stimmberechtigtes Wahlvorstandsmitglied angehört."

türlich wurden dann dem Wahlvorstand von der (Name d. Unternehmens) ein, ein Heer von Arbeitsrechtlern an die Hand gegeben, die den Wahlvorstand unterstützt haben, das durchzuführen, was auch unüblich ist, dass der Arbeitgeber das unterstützt, was aber bei uns hoch willkommen war, man konnte es sich gar nicht anders vorstellen." (D01_BR)

Typisch für die Mehrheit der Untersuchungsbetriebe war, dass es *vor* den Initiativen zur Betriebsratsgründung keinen oder nur einen losen Bezug der Belegschaften zur Gewerkschaft gab. Lediglich in einigen wenigen traditionellen Industriebetrieben der Metall- und Chemieindustrie war der gewerkschaftliche Organisationsgrad bereits vor der Betriebsratsgründung hoch und lag über 50%. Meistens jedoch war der gewerkschaftliche Organisationsgrad der Beschäftigten wie auch der meisten Betriebsratsaktivist/inn/en niedrig (unter 10%) bzw. tendierte gegen Null. Das war nachvollziehbar, denn es gab in den untersuchten Betrieben bis dahin keine ausgeprägte Mitbestimmungs- oder Gewerkschaftskultur oder gar Tarifbindungen. In einigen Betrieben waren Geschäftsführungen und Belegschaften lange Zeit der Ansicht, Probleme und Konflikte intern und informell lösen zu wollen und auch zu können, d.h. Gewerkschaften und Betriebsräte waren keine Handlungsoption (wie z.B. typisch bei den Gründungstypen *Schutz der betrieblichen Sozialordnung* oder auch *Erweiterung der individuellen Interessenvertretung*). Dagegen waren insbesondere klein- und mittelständische inhabergeführte Betriebe sowie Unternehmen aus dem niedrig *und* (hoch-)qualifizierten Dienstleistungsbereich bestrebt, gewerkschaftliche Einflüsse auf ‚ihre' Unternehmen von vornherein einzudämmen bzw. zu verhindern, wie ein Betriebsratsmitglied eines Dienstleistungsbetriebes formulierte:

„[...] weil bei uns, die Geschäftsleitung scheut eigentlich die Gewerkschaft, warum weiß ich zwar nicht, aber irgendwie ist das wie Feuer und Wasser." (D06_BR1)

Die Mittel hierfür reichten, wie schon in anderen Studien belegt, von ‚Alternativ*angeboten*' tarifähnlicher Arbeits- und Entlohnungssysteme und/oder ‚alternative' Belegschaftsvertretungen (vgl. u.a. Rudolph/Wassermann 2006; Hauser-Ditz et al. 2008, 2009) bis hin zu verschiedenen Formen beruflicher Benachteiligung bzw. Repression von Belegschaftsangehörigen, die sich erkennbar gewerkschaftlich engagierten (vgl. u.a. Artus 2008a; Behrens/Dribbusch 2014). Die untersuchten Betriebe waren darin bis zu den Betriebsratsgründungen auch sehr erfolgreich.

Tendenziell kam es im Zuge der Betriebsratsgründungen bzw. danach zu einer Intensivierung des Gewerkschaftsbezuges sowie zur Erhöhung des gewerkschaftlichen Organisationsgrades der Initiator/inn/en und späteren Betriebsratsmitglieder. Allerdings war dies, wie im Folgenden noch näher erläutert wird, je nach Gründungstyp recht unterschiedlich ausgeprägt. Stand für einige Aktivist/inn/en zunächst der Rechtsschutz im Vordergrund, fühlten sich andere gewissermaßen als Dank oder Gegenleistung für die gewährte intensive Betreuung verpflichtet, selbst Gewerkschaftsmitglied zu werden sowie andere Beschäftigte vom Gewerkschaftsbeitritt zu überzeugen. So lag dann auch bei der Mehrheit der untersuchten Betriebsräte der gewerkschaftliche Organisationsgrad zum Interviewzeitpunkt zwischen 60 und 75%, bei einigen wenigen sogar bei 100%.

Die gewerkschaftliche Organisierung der Belegschaften blieb dagegen insgesamt deutlich hinter der der Aktivist/inn/en zurück; in den meisten Untersuchungsbetrieben verharrte die Zahl der Gewerkschaftsmitglieder unter den Beschäftigten auf niedrigem Niveau. Nur in etwa 20 bis 25% der Betriebe kam es zu deutlichen Steigerungen des gewerkschaftlichen Organisationsgrades der Belegschaften auf 40 bis (in Ausnahmen) fast 100%. Besonders hohe Organisationsgewinne sowohl bei den Betriebsratsgremien als auch Beschäftigten wurden vor allem dort erzielt, wo die neu gegründeten Gremien im Verlauf der engen Zusammenarbeit mit den Gewerkschaften mehr und mehr zu der Überzeugung gelangten, dass die Betriebsratsgründung nur der erste Schritt auf dem Weg zu einer grundlegenden Verbesserung der betrieblichen Arbeits- und Entlohnungsbedingungen war und deshalb mittelfristig eine Tarifbindung angestrebt wurde; häufig – aber nicht nur – handelte es sich hierbei um Betriebe des Gründungstypus *Kollektive Emanzipation* (vgl. Kap. 4.4).

„Es waren auch ganz wenig nur organisiert jetzt, gewerkschaftlich. Es waren vielleicht drei, vier Leute, die zu dem Zeitpunkt in einer Gewerkschaft waren. Die schon länger drin waren. Von vorigen Firmen noch, wie die angefangen haben irgendwann, die in der Gewerkschaft dringeblieben sind. Also, das waren wirklich nur drei, vier Leute, die da organisiert waren, das sieht natürlich jetzt heute ein bisschen anders aus, natürlich, aber wir haben jetzt, glaub' ich, von unsern knapp Mitte 90 Mitarbeitern sind, glaub' ich, knapp 40 organisiert mittlerweile, könnte immer noch besser sein, natürlich." (M09_BR2)

Hohe Organisationsgrade sind allerdings kein ausreichender Indikator für eine enge gewerkschaftliche Ausrichtung der Betriebsratsgremien; Gewerkschaftseintritte können auch aus instrumentellen Gründen erfolgen, wie unsere Ergebnisse belegen. Jedoch konnte sich aus einer zunächst eher formalen und vielleicht auch instrumentellen Organisationsmitgliedschaft auch eine enge *normative* Bindung der neuen Betriebsratsmitglieder an die Gewerkschaften entwickeln, wie das Beispiel des Betriebsratsvorsitzenden aus einem Metallunternehmen verdeutlicht:

„Jetzt bin ich Gewerkschafter ganz klar, jetzt, jetzt, durch Seminare (der IG Metall, Anm. d. Verf.), durch das Ganze, da ist man eben sensibler geworden, und passt ein bisschen auf, was machen die (Geschäftsführung, Anm. d. Verf.), ja? Das ist jetzt kein Misstrauen, aber doch ein bisschen skeptisch ist man da dann schon geworden. Das ist normal. Ich glaub' auch, das ist auch unser Job dann, das gehört eben mit dazu ja, dass man nicht einfach alles so mit sich machen lässt und erstmal prüft, ist das auch wirklich so." (M09_BR1)

Im Vergleich zum Betriebsratsgründungstypus *Kollektive Emanzipation* gab es in Betrieben, in denen Betriebsräte zum *Schutz der betrieblichen Sozialordnung* oder als *Erweiterung der individuellen Interessenvertretung* gegründet wurden, zwar auch Gewerkschaftseintritte der Aktivist/inn/en und späteren Betriebsratsmitglieder – aber in einem deutlich geringeren Ausmaß (vgl. Kap. 4.2 und 4.3). Wie bereits an anderer Stelle ausgeführt, hing das mit dem Zusammentreffen von spezifischen betrieblichen Sozialordnungen, einer traditionellen Gewerkschaftsferne der Belegschaften, dem Rollenverständnis der Betriebsratsmitglieder, besonderen Konstellationen der Gründungsprozesse und schließlich auch mit der signifikant geringeren Hilfe- und Schutzbedürftigkeit der Aktivist/inn/en bzw. Gremien zusammen. Eine Erhöhung des gewerkschaftlichen Organisationsgrades der Belegschaft, wie z.b. in einem Betrieb der Gründungskonstellation *Erweiterung der individuellen Interessenvertretung* blieb hier die Ausnahme und hing vor allem mit dem Streben nach einer Tarifbindung zusammen. Auf der anderen Seite gab es, wenngleich eher als Randphänomen, z.B. bei drohenden Insolvenzen oder Entlassungen und den damit im Zusammenhang stehenden Betriebsratsgründungen zum *Schutz der betrieblichen Sozialordnung* auch opportunistische Gewerkschaftseintritte von Beschäftigten und teilweise auch Aktivist/inn/en, die recht bald nach Überwindung der Krise wieder austraten.

Die gewerkschaftliche Unterstützung war aber nicht nur *während* des Gründungsprozesses notwendig. Nach der gelungenen formellen Wahl mussten die neuen Gremien handlungsrelevantes Wissen erwerben, ihre neue Rolle ausgestalten und sich dabei eine (stabile) Position im innerbetrieblichen Sozialgefüge erarbeiten. Auch hierbei war vielfach die Unterstützung durch die Gewerkschaften unerlässlich, um die Handlungs- und vor allem Vertretungsfähigkeit der jungen Gremien relativ zügig her- bzw. sicherzustellen. Erste grundlegende Kenntnisse über Funktion und Aufgaben des Betriebsrates erwarben die neugewählten Betriebsräte in den Basisqualifizierungen, die, insofern sie zum Interviewzeitpunkt schon absolviert worden waren, mehrheitlich durch gewerkschaftseigene Schulungseinrichtungen erfolgten. Genauso wichtig war jedoch die Begleitung und Beratung im Betriebsratsalltag. Nach den vorliegenden Befunden, die sich auch mit den Einschätzungen der befragten Gewerkschaftsexpert/inn/en decken, bedurfte es meistens noch ca. ein bis zwei Jahre nach der Wahl einer mehr oder weniger intensiven gewerkschaftlichen Betreuung, um das Überleben und die Vertretungswirksamkeit der Betriebsräte nachhaltig zu sichern.

„Also ich fand, der (Kontakt zur Gewerkschaft, Anm. d. Verf.) war sehr wichtig, weil, wie gesagt, wir sind ja von Null auf Hundert gefahren, es musste alles relativ schnell und zügig gehen, wir wussten ja auch nicht die Reaktionen unsrer Geschäftsleitung, das konnten wir ja nicht einschätzen, weil die erste Reaktion, die sie bekommen haben und das erste Mal war quasi ein Schreiben, dass wir das Geld einfordern (einseitig ausgesetzte Zahlungen des vereinbarten Weihnachtsgeldes, Anm. d. Verf.) [...] so und dann die Betriebsratsgründung, da war's schon gut, dass die Gewerkschaft dabei war, muss ich ganz ehrlich sagen, und ich dachte auch immer, mit der (Name d. Gewerkschaftssekretärin), die hat sich auch persönlich ganz schön engagiert, also die ist, da konnte man auch jederzeit anrufen und die hat uns beraten und dann sind wir ja quasi als frisch gewählter Betriebsrat gleich in Verhandlungen mit der Geschäftsleitung und mit einer Unternehmensberatung gezwungen worden, um Kündigungen auszuhandeln, also dann ein Sozialplan zu erstellen und dann für den Sozialplan Abfindungen auszuhandeln und, und, und, weil, und das ist halt so, selbst wenn nix zum Verteilen ist, musst du auch noch darüber verhandeln, und da war die Gewerkschaft schon sehr wichtig [...]." (M10_BR)

Bei den Betriebsräten der (hoch-)qualifizierten Produktions- und Dienstleistungsbetrieben (vor allem bei den Betriebsratsgründungskonstellationen *Erweiterung der individuellen Interessenvertretung* bzw. *Schutz der gemeinschaftlichen Sozialordnung*, vgl. Kap. 4.3 und 4.2) war dagegen eine solche intensive Nachbetreuung oft nicht in dem Maße erforderlich, weil die Akteure aufgrund ihrer beruflichen Professionalität sowie ihrer externen Netzwerke relativ schnell handlungsfähig und vertretungswirksam wurden. Hier war der Bedarf der gewerkschaftlichen Expertise meist auf das eigentliche Gründungsprocedere beschränkt. Insofern wurde gerade in diesen Betrieben bei den nachfolgenden Schulungen bzw. Beratungen im Alltag häufiger auf gewerkschaftsunabhängige Anbieter/innen[6] und/oder Rechtsanwälte zurückgegriffen.

Fasst man die bisherigen Ausführungen zusammen, wird deutlich, dass sich Rolle und Funktion der zuständigen Gewerkschaften bei Betriebsratsgründungen je nach betrieblicher Konstellation klar unterschieden. Dementsprechend variierten auch die Intensität und Qualität der sich daraus entwickelnden Beziehungen zwischen den neu gewählten Betriebsräten und den örtlichen Gewerkschaften. Wenn man die skizzierten Unterschiede entlang der Betriebsratsgründungstypen bündelt, dann zeichnen sich zwei grundlegende Muster ab, die nachfolgend kurz zusammengefasst werden:

---

6 Acht Betriebsräte griffen auf Schulungsangebote von W.A.F. (Institut für Betriebsräte-Fortbildung AG), Ifb (Institut zur Fortbildung von Betriebsräten) und SoBi Göttingen (Gesellschaft für Sozialwissenschaftliche Beratung und Information e.V.) zurück, fünf davon sind dem Betriebsratsgründungstypus *Erweiterung der individuellen Interessenvertretung* zuzurechnen.

(1) Gewerkschaft als Motivatorin, Taktgeberin und Schutzmacht – enger normativer Gewerkschaftsbezug

Bei den Betriebsratsgründungen, die den Gründungskonstellationen *Kollektive Emanzipation, Blockierte Partizipation* und auch *Vertretung von Partialinteressen* zugerechnet werden, mussten die zuständigen Gewerkschaften die häufig schwierigen und auch konfliktreichen Betriebsratsgründungsprozesse sehr intensiv und auf vielfältige Art und Weise unterstützen (vgl. Kap. 4.4, 4.5 und 4.6). In den meisten Betrieben ging es dabei um eine grundlegende Verbesserung der Arbeits- und Entlohnungsbedingungen, die letztlich nur durch eine Tarifbindung zu erreichen war. Insofern war die Betriebsratsgründung nur der erste Schritt auf dem Weg dahin. Im Regelfall war die Hilfe für die Akteure zeitlich eng getaktet, d.h. sie konnte bis hin zu einer 24-Stunden-rund-um-Betreuung reichen, und sie war darüber hinaus detailliert auf die je betrieblichen Belange ausgerichtet. Die Aktivist/inn/en mussten zunächst umfassend über die grundlegenden Aufgaben, aber auch Grenzen eines Betriebsrates informiert werden. In einem zweiten Schritt musste systematisch eruiert werden, ob eine Betriebsratswahl unter den gegebenen betrieblichen Voraussetzungen und Bedingungen überhaupt erfolgversprechend war. Hierbei ging es nicht nur um eine ausreichende Zahl an Kandidat/inn/en für den Betriebsrat, sondern auch um die erwarteten Reaktionen von Geschäftsführung und Belegschaft. In den meisten Fällen traten die Aktivist/inn/en im Vorfeld der Betriebsratswahl auch in die Gewerkschaften ein. War der Entschluss für die Betriebsratsgründung gefällt, benötigten die Initiator/inn/en vor allem Schutz. So luden denn auch häufiger als bei den anderen Betriebsratsgründungstypen die Gewerkschaften zu Betriebsversammlungen zur Wahl des Wahlvorstandes ein. Außerdem mussten die Gewerkschaftsvertreter/innen vielfach emotional-moralische Unterstützung leisten, d.h. die Initiator/inn/en von Fall zu Fall immer wieder motivieren bzw. ‚aufbauen'. In Einzelfällen waren sie zeitweise sogar die nahezu einzigen Ansprechpartner/innen, da die Aktivist/inn/en von den übrigen Beschäftigten angefeindet oder ängstlich gemieden wurden. Die Gewerkschaft fungierte außerdem oft als Taktgeberin in der Mobilisierungsdynamik während der Formierungsphase; und in einigen Fällen kompensierten die betreuenden Gewerkschaftsfunktionäre/Gewerkschaftssekretärinnen sogar die fehlende oder unzureichende Führungsstärke (innerhalb) der Betriebsratsinitiativen. Angesichts der komplexen Unterstützungsleistungen kann durchaus behauptet werden, dass die Gewerkschaft mitunter der kritisch-entscheidende Faktor dafür war, ob eine Betriebsratsgründung formal erfolgreich sein würde und ob die Interessenvertretung nach der Wahl relativ schnell vertretungswirksam wurde. Anders formuliert: Es hing *nicht nur,* aber *auch* von der jeweiligen Intensität und Qualität der gewerkschaftlichen Betreuung ab, ob sich Betriebsräte eher in Richtung des vertretungswirksamen Musters *Kollektive*

Emanzipation entwickelten oder in Richtung einer vertretungsdefizitären *Blockierten Partizipation*.

In vielen Betrieben der Gründungskonstellation *Kollektive Emanzipation* (vgl. Kap. 4.4) entwickelten sich im Zuge der Gründungsprozesse und danach zwischen den Betriebsräten und den Gewerkschaften enge normative und zum Teil auch emotionale Bindungen. Die Betriebsratsmitglieder beschränkten sich nicht nur auf ihre Betriebsratstätigkeit, sondern engagierten sich darüber hinaus ehrenamtlich innerhalb der Gewerkschaften. Außerdem demonstrierten sie ihre Überzeugung und Loyalität in intensiver Mitgliederwerbung. Gerade Betriebsratsgremien, die relativ schnell ihre Position im innerbetrieblichen Machtgefüge stabilisieren und mit Verhandlungserfolgen untermauern konnten, erzeugten einen positiven Ausstrahlungseffekt auf die Haltung der Beschäftigten zur Gewerkschaft. Deutlich wurde aber auch, dass das nicht im Selbstlauf geschah, sondern vermittelt über die offensive Vorbildwirkung anerkannter Betriebsratsmitglieder. Solche Betriebsräte betrachteten Gewerkschaften und betriebliche Interessenvertretung als eine funktionale und normative Einheit, die nur in ihrer engen Verkopplung die Beschäftigteninteressen wirksam durchsetzen können, wie ein Betriebsratsvorsitzender und Gesamtbetriebsratsmitglied klar zum Ausdruck brachte:

„Die Gewerkschaften spielen genau die Rolle (im Betrieb, Anm. d. Verf.), wie die Zusammenarbeit zwischen Betriebsrat und Gewerkschaft läuft [...]. Vor allem als Betriebsrat bin ich ja eigentlich in der Pflicht – ich bin Gewerkschaft im Betrieb. Wenn wir als Betriebsräte die Tarifpolitik nicht voranbringen, wird es keine geben [...]. In den ehrenamtlichen Gremien der Gewerkschaft sitzen überwiegend Betriebsräte [...]. Als arbeitender Betriebsrat muss ich auch gewerkschaftsorientiert sein. Die sicherste Sache ist für mich ein Tarifvertrag, das ist höherwertiges Recht als die Betriebsvereinbarung oder der Einzelvertrag." (D23_BR2)

Da in der vorliegenden Studie viele sehr junge Betriebsräte untersucht wurden, ist an dieser Stelle schwer abzuschätzen, in welchen Fällen sich ein solcher Aktivierungsprozess mitunter noch entwickeln könnte. Es ist jedoch davon auszugehen, dass erfolgreiche Gründungsprozesse und schnell erzielte, spürbare Verbesserungen für die Belegschaften, an denen Gewerkschaften maßgeblich und sichtbar beteiligt waren, einen positiven Rückkopplungseffekt in Gang setzen können.

(2) Gewerkschaft als Mentorin und Dienstleisterin auf Abruf – eingeschränkter Gewerkschaftsbezug

Eine eher beratende bzw. Mentoren-Rolle hatten die Gewerkschaften dagegen bei den meisten Fällen der Betriebsratsgründungsmuster *Schutz der gemeinschaftlichen Sozialordnung* bzw. *Erweiterung der individuellen Interessenver-*

tretung inne (vgl. Kap. 4.2 und 4.3). Zwar suchten auch hier die Initiator/inn/en den Kontakt zu den Gewerkschaften, um sich zum Thema Betriebsratsgründungen informieren und beraten zu lassen. Ihre Informationsstrategien waren aber in der Regel breiter angelegt, d.h. im Vorfeld der formalen Betriebsratsgründung nutzten die Protagonist/inn/en auch Internet sowie interne und externe soziale Netzwerke oder die Expertise von Jurist/inn/en. Dennoch kam auch hier dem Know-how bzw. der Erfahrung der Gewerkschaften in Bezug auf das Gründungsprocedere eine zentrale Rolle zu. Gefragt waren insbesondere detailliertes Rechtswissen und Rechtsberatung, was je nach Betrieb durchaus sehr aufwändig sein konnte. Im Unterschied zu den anderen Betriebsratsgründungstypen können die Beziehungen zwischen den Protagonist/inn/en und den betreuenden Gewerkschaftssekretär/inn/en als relativ ‚gleichgewichtig' oder ‚auf Augenhöhe' charakterisiert werden. Die Gewerkschaften mussten so gut wie nie steuernd eingreifen und auch nur in Ausnahmefällen zu Betriebsversammlungen zur Wahl des Wahlvorstandes einladen. Sie hielten sich, auf Wunsch der Aktivist/inn/en, häufig im Hintergrund und standen als eine Art ‚Instanz für den Notfall' bereit. Die Hintergründe hierfür sind sicher zum einen in der Professionalität und dem innerbetrieblichen Standing der meist (hoch-)qualifizierten Angestellten zu suchen, wodurch sich ihr Bedarf an Hilfe in puncto Quantität und Qualität deutlich von dem anderer Betriebsratsgründer/innen unterschied. Des Weiteren wollten die Protagonist/inn/en die oft gewerkschaftlich distanzierten Belegschaften (insbesondere bei Betriebsratsgründungen als *Erweiterung der individuellen Interessenvertretung*) nicht durch allzu offensive (oder offensichtliche) Gewerkschaftsbeteiligung brüskieren und damit die Betriebsratsgründung gefährden. Zum anderen waren auch die Gründungsverläufe, bis auf Ausnahmen, deutlich weniger konflikthaft oder repressiv. Aufgrund der vorhandenen bzw. schnell erworbenen Kompetenzen und Ressourcen wurden die Initiativgruppen und späteren Gremien relativ früh handlungsfähig und vertretungswirksam. Die Beziehungen zwischen Initiator/inn/en und Gewerkschaften waren und blieben daher vielfach oft auf ein eher sachlich-kooperatives, in Einzelfällen auch instrumentell-distanziertes Niveau beschränkt – selbst wenn die Initiator/inn/en in die Gewerkschaften eintraten. Obwohl die fachliche Expertise überaus geschätzt und selbst die ordnungs- bzw. tarifpolitische Rolle der Gewerkschaften anerkannt wurde, betrachteten dennoch viele Befragte die Gewerkschaft primär als die kompetente und erfahrene Dienstleisterin im Hintergrund, auf die man fallweise zurückgreifen konnte. Das hing auch damit zusammen, dass aufgrund der vergleichsweise guten bis sehr guten Arbeits- und Entlohnungsbedingungen weder Betriebsratsmitglieder und noch weniger Beschäftigte die Notwendigkeit eines weitergehenden betrieblichen Engagements für eine Tarifbindung sahen, wie ein Betriebsratsmitglied eines Dienstleistungsunternehmens stellvertretend zum Ausdruck bringt:

„Also, wir haben einen losen Kontakt, also, wenn ich gern irgendwelche Informationen hätte oder so, wende ich mich durchaus auch an die Gewerkschaft, ansonsten ist ihm (dem zuständigen Gewerkschaftsbetreuer, Anm. d. Verf.), glaub' ich auch klar, dass aufgrund der nicht gewerkschaftsüblichen Probleme hier jetzt nicht gar so viel zu holen ist [...]. Weil, das muss man natürlich auch klipp und klar sagen, wir haben nicht die typischen Probleme [...]. Die Probleme haben wir hier nicht. Also insbesondere die Leute, die hier lange sind, die wurden mit sehr guten Gehältern seinerzeit eingestellt. Jetzt die Neueinstellungen, da hat sich das auch alles relativiert, aber die Bezahlung ist gut." (D02_BR2)

Kritik an der gewerkschaftlichen Unterstützung wurde von diesen Initiator/innen/en, wenn überhaupt, dann mitunter an der Ideologielastigkeit oder Konfliktorientierung der betreffenden Gewerkschaftsfunktionäre/Gewerkschaftssekretärinnen geäußert. Ob die neuen Gremien nach den Wahlen dann gewerkschaftliche oder sogenannte freie Weiterbildungseinrichtungen in Anspruch nahmen, hatte aber weniger mit normativen Grundsatzentscheidungen zu tun als vielmehr mit der Angebotsstruktur und/oder Rücksichtnahme auf Befindlichkeiten der Geschäftsführungen, Belegschaften oder einzelner Betriebsratsmitglieder.

Dennoch gab es auch bei diesen beiden Gründungskonstellationen – wenn auch nur vereinzelt – eindrucksvolle ‚Entwicklungsgeschichten', wie das Beispiel eines Betriebsratsmitgliedes aus einem großen Dienstleistungsunternehmen zeigt; hier hatte eine anfänglich nicht gewerkschaftlich organisierte Befragte bereits in der ersten Wahlperiode eine ver.di-Betriebsgruppe gegründet und im Lauf der Zeit ein völlig neues Verständnis für betriebliche Mitbestimmung und Gewerkschaften entwickelt:

„Ja, das hatte eigentlich drei Gründe. Das eine war, dass ich gemerkt hab', dass die Beratung, was Betriebsratsarbeit betrifft von den Gewerkschaften, besser war als die, die von unabhängigen Instituten kam, ja, nach meiner Einschätzung. Dann hab' ich gemerkt, dass die IG-Metall-Kollegen einfach auch in rechtlichen Fragestellungen immer einen heißen Draht hatten, ja, die konnten sich immer relativ schnell Auskunft holen, die hatten auch Backups [...]. Genau, das eine war der Zugriff einfach auf eine kompetente und schnelle Beratung, und zwar auch bei der Betreuung von Einzelfällen, ja, wo ich als Betriebsrat nicht weiter komme, da kann ich dann eben auch mal jemand von der Gewerkschaft einschalten oder einen Juristen, der da weiterhelfen kann, und das ist halt ein Instrumentarium, das ein normaler Betriebsrat nicht zur Verfügung hat in der Form. Das zweite ist, ich hab' gesehen, dass über die Gewerkschaften einfach viel Vernetzung auch läuft, Vernetzung mit anderen Betriebsräten [...]. Und dieser Austausch, das finde ich etwas wahnsinnig Wichtiges, weil ich merke einfach, dass die Probleme in der IT-Industrie, die sind gar nicht so sehr (Name d. Unternehmens) spezifisch, sondern da haben alle die gleichen Probleme, wie zum Beispiel, dass Verlagerungen nach Indien stattfinden, ausufernde Arbeitszeiten, dass diese ursprüngliche Autonomie der Programmierer und Entwickler immer weiter zurückgefahren wurde, und dass sie heute sehr eingeschränkt in ihrem Entscheidungsspielraum sind. Die älter werdende Belegschaft, das sind alles so Themen, die eigentlich bei anderen IT-Firmen die gleichen sind. Und da hab' ich einfach gesehen, da kriegt man über so eine Gewerkschaft, die in dem Bereich aktiv ist, eine Vernetzung hin, die man ansonsten nicht hinkriegt. Und das dritte ist einfach die Überzeugung, früher oder später werden wir es brauchen. Also ich bin überzeugt, diese Betriebsratsgründung war fünf vor zwölf. Und ich denk, es ist jetzt fünf vor zwölf, um so allmählich gewerkschaftliche Strukturen hochzufahren, weil irgendwann funktioniert dieses Prinzip, Vorstand beschließt eine Gehaltserhöhung und mit der sind dann alle noch irgendwie zufrieden, das funktioniert nicht mehr, ja, also irgendwann werden wir auch bei (Name d. Unternehmens) so was wie einen Tarifvertrag verhandeln müssen, weil die Kosten immer weiter, grad für Deutschland, zurückgefahren werden. Und genau genommen wachsen wir momentan nur noch über Zukäufe. Wir haben aber hier Heerscharen von Entwicklern sitzen. Und meine Befürchtung ist, irgendwann, dass wir ein paar Hundert zu viel haben, und dann gibt es hier vielleicht auch betriebsbedingte Kündigungen, und spätestens dann braucht man eine Gewerkschaft an der Seite. Also ich glaub' einfach, dass wir sie brauchen werden, dass es ein Schritt in die Zukunft ist. Ich hab' damals [...] die Zukunftsorientierung der Betriebsratsgründung nicht verstanden, aber ich hab' gesagt: ‚Ein zweites Mal mach ich den Fehler nicht!' Jetzt ist es Zeit, das vorzudenken, was wir vielleicht erst in fünf Jahren brauchen werden." (D01_BR)

Das Beispiel verdeutlicht eindrücklich, dass Gewerkschaften nicht nur grundlegende Rechtskenntnisse bereitstellen, sondern auch hoch spezialisiertes Branchen-Know-how beisteuern können, was gerade qualifizierte Angestellten-Betriebsräte zu schätzen wissen. Außerdem vermochte ver.di hier überdies den Austausch zwischen den Betriebsräten der Großunternehmen der Branche zu organisieren. Es steht zu vermuten, dass auch und gerade dieser ‚Blick über den Tellerrand' bei einigen Betriebsräten den Anstoß zum ‚Voraus-Denken' und gewerkschaftlichen Engagement gegeben hat.

5.1.2 Kritische Einschätzung gewerkschaftlicher Unterstützung aus der Sicht der Befragten

So positiv die Rolle und Leistungen der Gewerkschaften bei den Betriebsratsgründungen von den befragten Betriebsratsmitgliedern insgesamt bewertet wurden, gab es an der einen oder anderen Stelle auch kritische Bemerkungen. Einige Kritiken, die mehrfach geäußert wurden, werden nachfolgend kurz skizziert. Man kann grob unterscheiden zwischen (a) Kritik am Verhalten einzelner Gewerkschaftsfunktionäre/Gewerkschaftssekretärinnen, d.h. am Engagement, der ideologischen Haltung oder auch fachlichen Eignung einzelner örtlicher Gewerkschafter/innen sowie (b) kritischen Hinweisen zur Organisation bzw. zu gewerkschaftlichen Strukturen.

*(a) Kritik am Verhalten einzelner Gewerkschaftsfunktionäre/*Gewerkschaftssekretär*innen:* Während sich die meisten Betriebsräte lobend und vielfach auch dankbar über das konkrete Engagement der zuständigen Gewerkschafter/innen bei den Betriebsratswahlen äußerten, gab es in einzelnen Fällen[7] auch Kritik. So wurde u.a. die mitunter schwierige telefonische und/oder persönliche Erreichbarkeit der Gewerkschaftsbetreuer/innen bemängelt. Sicher mussten nicht alle Probleme sofort gelöst werden. Aber wenn Aktivist/inn/en oder neu gegründete Gremien in sehr dringenden oder kritischen Entscheidungssituationen tagelang versuchen (mussten), Auskünfte einzuholen, erzeugte das oft Verunsicherung. Blieb dies die Ausnahme, wurde es meistens mit der Überlastung der Betreffenden entschuldigt. Bei wiederholter Erfahrung erzeugte es allerdings teilweise erheblichen Unmut. Die betroffenen Betriebsräte fühlten sich dann nicht nur allein gelassen, sondern vermuteten recht schnell Desinteresse. In einem Fall schilderte der Betriebsratsvorsitzende, dass die zuständige Gewerkschaftssekretärin ‚stets' im Urlaub, krank oder anderweitig beschäftigt war, wenn sie gebraucht wurde. Reagierten die meisten Betriebsräte auf solche Erfahrungen eher mit Abwendung von den Gewerkschaften, sah sich der Betriebsratsvorsitzende in dem konkreten Fall dazu veranlasst, selbst nach einer anderen Gewerkschaftssekretär/in zu suchen:

„Also die Unterstützung (der Betriebsratswahl seitens der Gewerkschaftssekretärin, Anm. d. Verf.) war Null, traurig, richtig, richtig traurig [...] (Der Kontakt zu ver.di, Anm. d. Verf.) läuft jetzt eigentlich mehr über (Bundesland A) als über (Bundesland B) im Moment [...]. Wo ich von der GBR-Sitzung zurückgekommen bin, hab' ich gefragt: ‚Was können wir machen?' Also Termin ausmachen mit der Gewerkschaftssekretärin. Hab', hab' ich gesagt: ‚Ja, wir haben da und da unsere Sitzung. Ja, nee', an dem, ja da hat sie schon 'ne Betriebsversammlung und dann gönnt sie sich da die Tage Urlaub. Das ist Standard. Wir sind auf der Suche nach einem neuen Gewerkschaftssekretär, wir versuchen also die Region zu wechseln, wir wollen nach (Name d. Stadt) rüber [...]." (D23_BR1)

Ein ebenfalls befragtes Mitglied des Gesamtbetriebsrates des Unternehmens unterstützte das Ansinnen des Filial-Betriebsrates angesichts zu erwartender Konflikte:

---

[7] Die letztlich doch sehr hohe Zufriedenheit mit der Arbeit der örtlichen Gewerkschaftsfunktionäre/Gewerkschaftssekretärinnen könnte unter Umständen auch damit zusammenhängen, dass im Sample bis auf wenige Ausnahmen primär ‚erfolgreiche' Betriebsratsgründungen untersucht wurden, mit Gremien, die dank der professionellen Unterstützung der örtlichen Gewerkschaftsgliederungen relativ zügig handlungsfähig und vertretungswirksam wurden. So wurde im Rahmen des DFG-Projektes ‚Betriebe ohne Betriebsräte' deutlich mehr Kritik an den zuständigen Gewerkschaftsfunktionär/inn/en geäußert (vgl. Artus 2008a).

„Das ist dann natürlich bitter für mich. Ich weiß, wenn dann ein Konflikt ist, wird sie (die Gewerkschaftssekretärin, Anm. d. Verf.) auch nicht da sein." (D23_GBR)

In anderen, ebenfalls Einzelfällen, vorrangig von ostdeutschen Betriebsräten, wurde die ideologische bzw. offensive Konfliktorientierung *(„mit der Brechstange", M01_BR2)* einzelner Gewerkschaftsvertreter/innen angesprochen. Selbst wenn diese Erfahrung schon einige Jahre zurücklag, war sie einigen Befragten noch sehr präsent. Etwas allgemeiner ließe sich formulieren, dass es offensichtlich einer gewissen Passfähigkeit bedarf zwischen der Haltung bzw. Strategie und auch Sprache der betrieblichen Akteure auf der einen und der Vorgehensweise der gewerkschaftlichen Vertreter/innen auf der anderen Seite. Nur so ließe sich das Vertrauen auch der Belegschaften gewinnen, wie das Beispiel eines ostdeutschen Betriebes zeigt:

„Ja, die (Gewerkschafter, Anm. d. Verf.) haben wohl auch Fehler gemacht, indem sie, sagen wir mal, in der Anfangszeit wie die Äxte im Wald aufgetreten sind, in dem Sinn, dass sie rein auf Konfrontation gegangen sind und, was aber bei der Belegschaft nicht gut angekommen ist, und dann kam so jemand wie (Name d. neuen Gewerkschaftssekretär), der generell die Ruhe bewahrt, fantastisch. Der hat 'ne allgemeine Ruhe reingebracht, hat der IG Metall zu neuem Ansehen eigentlich verholfen in der Firma, im Unternehmen und das war, das war schon sehr gut [...]." (M03_BR1)

Andernfalls könnten sich, wie das Betriebsratsmitglied weiter ausführt, nicht nur bestehende Vorurteile oder eine latent vorhandene Abneigung einzelner Beschäftigtengruppen gegenüber der Gewerkschaft verstärken, sondern ebenso Spaltungen im Betriebsrat vertiefen:

„Na ja, das ist halt jemand (ein früherer zuständiger Gewerkschaftssekretär, Anm. d. Verf.), der die Spaltung vom Betriebsrat noch weiter gefördert hat: ‚Du bist IG Metall, du nicht, dich beraten wir nicht' [...] weil dann ist da 'ne Spaltung im Betriebsrat und das war halt ein bissl ungünstig gelaufen [...] also er war 100%, bei Betriebsversammlungen ist er regelrecht auf Konfrontation gegangen, ja, was ihm aber nicht bloß Sympathien, Sympathisanten eingebracht hat. Natürlich sind, sobald er drangekommen ist, auch schon ein Teil aufgestanden und gegangen [...]." (M03_BR1)

Über drastische Fehleinschätzungen bzw. Fehlberatung seitens der Gewerkschaft wurde nur in einem Fall berichtet. Das mag vor allem daran gelegen haben, dass das Ziel des Projektes die Untersuchung ‚gelungener' Betriebsratsgründungen war, und bis auf zwei Ausnahmen alle analysierten Betriebsratsgründungen daher bereits formal abgeschlossen waren. In jenen beiden Betrieben wurde der Gründungsprozess quasi in unterschiedlichen Phasen beobachtet. Während sich eine Initiative zum Befragungszeitpunkt de facto noch an der Schwelle zur Latenzphase befand, war im zweiten Fall die Betriebsratsgründung in der kurzen

Zeit zwischen Kontaktaufnahme zu den Initiator/inn/en und Interviewtermin ‚gescheitert'. Im Interview selbst, das dennoch stattfand, wurde folglich die Geschichte der Initiative und ihres Scheiterns thematisiert. Berichtet wurde dabei von unzureichender und auch Fehlberatung sowie unterlassenen rechtlichen Schritten[8] seitens der zuständigen ver.di-Funktionärin, was letztlich für das Scheitern der Betriebsratsgründung mit verantwortlich sein dürfte.

„Na ja bei ver.di geht man da (bei der Betriebsratsgründung, Anm. d. Verf.) relativ geschäftsmäßig vor, zumindest hier [...] ‚Na ja, ihr wollt 'nen Betriebsrat machen, ihr seid zu dritt – wunderbar.' Wir machen das Formelle, ihr hängt dann einfach das aus und los geht's! Dann kriegen wir das schon irgendwie durch'. Das war dann im Kern so die Beratung. ‚Und selbst wegen Kündigung, ihr habt ja Kündigungsschutz und alles – kein Mensch wird da auf die Idee kommen, euch einfach zu kündigen.' [...] Ich hatte den Eindruck, als das dann alles so kam (Kündigung der Aktivisten und Abwehr der Betriebsratsgründung, Anm. d. Verf.), war dann auch ver.di plötzlich relativ sprachlos und sich auch nicht mehr so ganz sicher, wie sie damit jetzt umgehen sollen. [...] Es gab dann (im Nachhinein, Anm. d. Verf.) eine Informationsveranstaltung, wo dann vor allem die IG Metall ver.di sehr große Vorwürfe gemacht hat. Von wegen: ‚Wie könnt ihr denn drei junge Leute mit so wenig Unterstützung sowohl von euch als auch organizingmäßig in so einen Betrieb lassen, wo zumal schon mal 'ne Betriebsratsgründung gescheitert ist. Also wie bescheuert seid ihr eigentlich?' Und diese Frage muss man tatsächlich stellen. Ich würde das jetzt im Nachhinein auch alles ein bisschen anders angehen. Aber na ja mein Gott, ich wüsste auch nicht, wann bei der (Name d. Betriebs) noch mal jemand auf die Idee kommen sollte, 'nen Betriebsrat zu gründen [...]. Von uns bereut niemand, was er getan hat, vielleicht unsere Naivität ein bisschen; das hätte man wirklich anders angehen können, würd' ich auch anders angehen in Zukunft. Aber ich hab' dadurch nichts verloren. [...] Das ist jetzt mal ein eindrucksvolles Beispiel, wie es halt in die Hose geht." (D05_BR1)

Die jungen Aktivist/inn/en haben inzwischen das Unternehmen verlassen. Ihre relativ unverkrampfte Art mit der gescheiterten Betriebsratsgründung umzugehen, war vermutlich auch dem Umstand geschuldet, dass alle drei zu jener Zeit noch studiert haben. Allerdings ist ihrer Einschätzung zuzustimmen, dass in jenem ostdeutschen Dienstleistungsbetrieb eine Betriebsratsgründung in absehbarer Zeit keine Chance haben dürfte.

Gerade das letzte Beispiel verdeutlicht, wie zentral eine umfassende und kontextsensible Information und Beratung für das Gelingen von Betriebsratsgründungen war. Denn nach unseren Befunden verfügten die ja zunächst oft mitbestimmungs- und gewerkschaftsunerfahrenen Initiator/inn/en und folglich auch die Belegschaften anfänglich über ausgesprochen wenig oder gar kein Wissen in

---

8 Zum Beispiel wurden einstweilige Verfügungen gegen die Kündigungen der Protagonist/inn/en zu spät bzw. gar nicht beantragt.

Bezug auf Betriebsräte bzw. das Betriebsverfassungsgesetz. Insofern waren Belegschaften in den dynamischen und mitunter auch konflikthaften Formierungsphasen des Gründungsverlaufs besonders anfällig für negative Deutungen oder Drohungen seitens der Geschäftsführungen. Hier war es oft entscheidend, wer – Betriebsratsprotagonist/inn/en oder Geschäftsführungen – letztlich die Deutungshoheit über Zwecke und Nutzen resp. Kosten eines Betriebsrates für sich beanspruchen konnten.

Wie eingangs angesprochen, war die Kritik an einzelnen Funktionär/inn/en vor Ort die Ausnahme, und sie hatte in der Regel keinen negativen Ausstrahlungseffekt auf die Haltung der Befragten zur Gewerkschaft im Allgemeinen. Nichtsdestotrotz gab es auch Kritik an der Gewerkschaft als Organisation.

(b) Kritik an der Organisation: Die kritischen Äußerungen zur Gewerkschaft allgemein bzw. zu konkreten gewerkschaftlichen Strukturen gingen in unterschiedliche Richtungen; es wurden z.B. die geringe Kampagnen- und Konfliktfähigkeit und mangelnde Öffentlichkeitsarbeit angesprochen, ebenso Modernisierungsdefizite oder auch Unzufriedenheit mit den gewerkschaftlichen Tarifforderungen bzw. -abschlüssen zum Ausdruck gebracht. In den meisten Fällen verwiesen solche kritischen Äußerungen auf jeweils akute Probleme der Betriebsräte, aber letztlich verbargen sich dahinter auch strukturelle Problemlagen.

So war es durchaus nachvollziehbar, wenn manche Betriebsratsgründer/innen im Organisationsbereich der NGG in einer Großstadt bedauerten, dass ihre Gewerkschaft nicht zu ähnlich medienwirksamen Kampagnen bzw. Aktionen fähig sei, wie sie von ver.di demonstriert würden:

> „Da (in dem Konflikt, Anm. d. Verf.) ist keine Gewerkschaft da, die irgendwo eintritt. Keine Fahnen vor der Tür. Keine Presse. [...] Also ich sage Ihnen, was meine Kollegen von ver.di sagten [...]: ‚Wenn das bei uns passiert, stehen wir mit Fahnen vor der Tür. Den Laden machen wir zu.' Das ist jetzt übertrieben, aber das haben wir erwartet. Einen Punkt. Klar wir müssten, wir könnten nicht in Vorleistung gehen, weil wir noch keine Mitglieder haben. Wir haben vielleicht 15 Mitglieder gehabt bei der NGG, ne. Aber ich bin mir sicher, dass die Fahnen und die Demonstration und das Pfeifen und das Trällern und das Ansprechen der Kunden das Ganze schon längst zu 'nem Stopp gebracht hätte. Aber es ist nichts passiert." (G04_BR1)

Selbstverständlich war den Aktivist/inn/en bewusst, dass dies auch der objektiven Ressourcenlage der kleinen Gewerkschaft geschuldet war, was für sie jedoch angesichts ihres dringenden Unterstützungsbedarfs kaum ein Trost war. An diesem Beispiel zeigt sich, dass kleinere Gewerkschaften auch an den großen konfliktfähigen, kampagnenstarken Gewerkschaften wie der IG Metall oder ver.di und eventuell auch an den neuen Berufsgewerkschaften gemessen werden – gerade in Großstädten.

Die in allen Gewerkschaften virulenten Kapazitäts- oder Ressourcenfragen spielten aber auch in anderer Hinsicht eine Rolle. So wurde mehrfach die mittlerweile in einigen Gewerkschaften gängige Praxis angesprochen, dass erst ab einem bestimmten gewerkschaftlichen Organisationsgrad Betriebsratsgründungen unterstützt würden. Auch wenn dies aus machtpolitischen Erwägungen durchaus als nachvollziehbar eingestuft wurde, schien diese ‚Vorleistung' seitens der Initiator/inn/en gerade in Kleinbetrieben mitunter eine (zu) hohe Hürde zu sein. Hieran wird ein spezifisches Dilemma deutlich, welches alle Gewerkschaften betrifft: Wie an anderer Stelle dargelegt, ist gerade in kleinen Industrie- und Handwerksbetrieben oder Filialen des prekären Dienstleistungssektors das ‚Leiden' der Beschäftigten besonders ausgeprägt und damit auch der Bedarf an betrieblicher Mitbestimmung ausgesprochen groß. Gleichzeitig ist hier auch der Betreuungsaufwand oft unverhältnismäßig hoch, der zu erwartende Mitgliederzuwachs dagegen eher gering. Gewerkschaften sind als Mitgliederorganisationen natürlich auch dem sparsamen Ressourceneinsatz verpflichtet und müssen daher abwägen, wie sie ihre begrenzten personellen Kapazitäten investieren (sollen und wollen). Dass die Betroffenen dies zum Teil anders sehen, ist jedoch ebenso verständlich, wie die Äußerungen von Betriebsratsmitgliedern aus Betrieben der Organisationsbereiche der NGG und ver.di zeigen:

„Na, also das haben wir ja auch erlebt, und ich denke, das haben andere auch miterlebt, es wird so stark nach den Mitgliederzahlen geguckt. Also ich denke, es wär für eine Gewerkschaft echt gut, wenn sie erst mal in Vorleistung tritt und nicht immer gleich sagt: ‚Nö, ihr seid ja nur sieben Mitglieder, ich kann euch nicht unterstützen.' Ist natürlich klar, die haben nicht mehr so viel Gelder, die sind auch zeitlich überfordert. Aber du (als Gewerkschaft, Anm. d. Verf.) musst einfach in Vorleistung gehen, wenn es Aufgabe ist im Moment Mitglieder zu halten [...]. Weil die treten ja auch aus, weil nichts passiert, und das ist ja auch Geld, was einem dann fehlt." (G03_BR)

„Man muss es schon so sehen, dass ver.di schon etwas guckt, dass sie Projekte haben, die auch öffentlich wirksam sind, die auch von der Mitgliederzahl im Hintergrund relativ hoch sind und dann kommt's auf den Sekretär an [...]. Das ist Basisarbeit von der Gewerkschaft, da bin ich nicht einverstanden mit der großen Linie. Ich bin zwar Gewerkschafter, aber ich muss ja nicht mit allem einverstanden sein. Hier müsste etwas anders sein. Auch diese (kleinen, Anm. d. Verf.) Betriebe sind wichtig, sie entwickeln sich auch. Sie kriegen auch laufend Mitglieder mit rein. Die Gewerkschaftssekretäre bringen die wenigsten Mitglieder, es sind die Betriebsräte, die Mitglieder einsammeln, sonst keiner." (D23_BR2)

Ein anderes Problem gerade bei der Mitgliedergewinnung bzw. -bindung ist das Image, welches die Gewerkschaften in der Öffentlichkeit haben bzw. von sich zeichnen. Während die beiden großen Industriegewerkschaften offenbar mit einem klaren Leitbild bzw. Profil in der (Medien-)Öffentlichkeit und damit auch von Betriebsratsaktivist/inn/en und Beschäftigten wahrgenommen werden, scheint dies ver.di (bei der Vielzahl unterschiedlicher Branchen) nicht immer zu gelingen. So kritisierten z.b. Betriebsräte aus dem Einzelhandel eine unzureichende Bezugnahme von ver.di auf die Einzelhandelsbranche, was die Mitgliederwerbung im Betrieb erschwere. So würde ver.di von den Kolleg/inn/en eher als eine Gewerkschaft des öffentlichen Dienstes und vielleicht noch als Rechtsschutzversicherung wahrgenommen, keineswegs aber als eine starke Branchengewerkschaft für den Einzelhandel. Hierbei dürfte es sich tatsächlich eher um ein ver.di-spezifisches Problem handeln; zwar hat der Zusammenschluss der Dienstleistungsgewerkschaften eine schlagkräftige große Organisation geschaffen, aber auch auf Kosten unverwechselbarer Branchenbezüge. Die fehlende Präsenz in den Betrieben wurde ebenso kritisiert wie die unzureichende und unspezifische Öffentlichkeitsarbeit, wie stellvertretend ein Betriebsratsmitglied aus einem Einzelhandelsbetrieb zum Ausdruck bringt:

> „Also, also diese Öffentlichkeitsarbeit fehlt mir in letzter Zeit sehr, sehr stark. Hätten wir jetzt nicht unseren eigenen Blog, wüsste ich gar nicht, was ver.di eigentlich macht. Also man muss sich als Privatmann extremst informieren, um überhaupt Informationen zu bekommen [...]. Es muss mehr Präsenz da sein. [...] Also bei mir im Betrieb ist extremst aufgefallen, die wissen gar nicht: Was macht ver.di überhaupt? Die wissen nur, ja, ich geh' in ver.di, dann hab' ich 'nen Schutz. Welchen Schutz hab' ich denn? Was macht ver.di für mich? [...] Bei IG Metall ist es so, ich fang' mit der Lehre an, unterschreib' den Ausbildungsvertrag und unterschreib automatisch die Mitgliedschaft in der IG Metall. Wieso ist das im Handel nicht so? Das ist nicht nachvollziehbar. Ja, und da müsste man, denk' ich, deutlich mehr dran arbeiten. [...] durch die Zusammenführung vor einigen Jahren hab' ich eigentlich gedacht, oh, jetzt geschieht was [...] es ist nicht mehr geworden, ganz im Gegenteil, es ist eher noch ruhiger geworden. Ich hab' das Gefühl gehabt, dass die HBV mehr auf'n Putz geschlagen hat, jetzt als ver.di das macht." (D23_BR1)

Dennoch scheint sich nach den Ansehens- und Mitgliederverlusten der 1990er Jahre das generelle Bild der Gewerkschaften in der Öffentlichkeit wieder zu wandeln. Fast alle befragten Betriebsratsmitglieder und sogar einzelne Vertreter/innen des Managements[9] sprachen den Gewerkschaften eine wichtige und notwendige Rolle im gesellschafts- und wirtschaftspolitischen System der Bundesrepublik und für den Schutz der abhängig Beschäftigten zu. Die Betriebsräte bescheinigten den Gewerkschaften zudem Reformwillen sowie Reformerfolge. Dennoch waren einzelne der Ansicht, dass sich die Gewerkschaften noch mehr

---

9 So würdigten Manager/innen z.B. den (historischen) Kampf der Gewerkschaften für Arbeits- und Gesundheitsschutz: *„Und ohne Gewerkschaft, wären wir nicht, wo, da, wo wir heute sind, ne. Muss man schon sagen. Ja. Gerade was Arbeitsschutz betrifft, ne? Oder Arbeitsbedingungen, ne. Ja. Das stimmt schon."* (M09_M).

Die Rolle externer Akteure bei Betriebsratsgründungen

als bisher den aktuellen Gegebenheiten der Wirtschaft bzw. Situation in den Betrieben anpassen müssten. Wirtschaftlicher und struktureller Wandel, die zunehmende Geschwindigkeit betrieblicher Reorganisation mit ihren Folgen für Betriebsstrukturen, Standorte und Beschäftigte verlangten auch von den Gewerkschaften mehr Flexibilität und Anpassungsfähigkeit hinsichtlich ihrer Ziele, aber auch Strategien und Aktionen; die Zeit der großen, stabilen Produktionsbetriebe mit erwartbaren, auskömmlichen Entlohnungsstrukturen sei vorbei, wie die Betriebsratsvorsitzende eines Spezialnahrungsmittelherstellers meinte:

„[...] auch die NGG geht ja jetzt Richtung Mindestlohn und solche Geschichten [...]. Sie (die Gewerkschaften, Anm. d. Verf.) sind natürlich auch noch in ihren bürokratischen Strukturen aus den siebziger Jahren verhaftet, aber es gibt ja jetzt auch eine Umwälzung, die müssen sich ja auch öffnen, die müssen auch ihre Politik (anders gestalten, Anm. d. Verf.) [...]. Also sie sind schon, ich denk' schon, ein wichtiger Punkt im Wirtschaftssystem, die haben schon ihre Berechtigung, aber sie müssen und sind auch schon auf dem Weg der Modernisierung." (G03_BR)

So unstrittig unter den befragten Betriebsratsaktivist/inn/en die grundlegende Tariffunktion der Gewerkschaften war, so umstritten waren mitunter die konkret erzielten Tarifabschlüsse. Das ist kein wirklich neues Phänomen, denn Beschäftigte, so auch die Befragten, beurteilen tarifliche Forderungen in der Regel vor dem Hintergrund ihrer betriebsspezifischen Voraussetzungen bzw. Erfahrungen sowie dementsprechenden Erwartungen. Insofern werden tarifliche Forderungen teils als überzogen, teils aber auch als zu zurückhaltend wahrgenommen. Typisch für die jüngere Vergangenheit war allerdings die Warnung vor ‚überzogenen' Tarifforderungen – auch seitens der Belegschaften, die hierdurch eine wirtschaftliche Bedrohung ‚ihrer' Betriebe fürchteten. Solche Befürchtungen wurden auch in den Interviews geäußert. Meistens wurden sie von Betriebsräten aus kleinen Betrieben vorgebracht oder aus Betrieben, die aus unterschiedlichen Gründen in wirtschaftliche Schieflagen geraten waren. Auch ostdeutsche Betriebsräte plädierten häufig für moderate Forderungen, wie z.B. ein Betriebsratsmitglied aus einem ostdeutschen Metallunternehmen:

„Sicher kann jeder sagen: ‚Okay, ich sag', mir steht's ja zu', aber andersherum, besser moderater rangegangen, und ich sag' mal, alle Arbeitsplätze gesichert, als, ich sag' mal, mit Kampf dort reingehen, alles mit, mit einmal gleich verlangen und im nächsten Jahr dastehen und sich über 'nen Sozialplan Gedanken machen, weil vielleicht hundert Leute zu viel hier beschäftigt sind." (M01_BR1)

Es gab allerdings auch die gegenteilige (und zwar harsche) Kritik, wonach die Gewerkschaften mit ihren niedrigen Abschlüssen der jüngeren Vergangenheit eher im Interesse der Unternehmensprofite als der Beschäftigten gehandelt hätten. Die Kritik an schwachen Tarifabschlüssen könnte man in zweierlei Hinsicht deuten: Einerseits könnte sie bereits ein Widerhall auf das von den DGB-Gewerkschaften nach der Krise 2008/2009 geforderte „Ende der Bescheidenheit" (Dettmer/Hawranek 2010) sein; andererseits ging die Lohnzurückhaltung in den letzten 15 Jahren bekanntermaßen mit Reallohneinbußen einher, die gerade für Beschäftigte in den unteren und mittleren Einkommensklassen deutlich spürbar waren. Einige Betriebsratsinitiator/inn/en beurteilten das als ungerecht und letztlich inakzeptabel, so wie der Betriebsratsvorsitzende einer Einzelhandelsfiliale:

> „Zum Teil ist es eine Institution (die Gewerkschaft, Anm. d. Verf.), die ihre Berechtigung hat, die wir auch benötigen. Zum anderen hab' ich aber in den letzten Jahren immer mehr das Gefühl bekommen, dass sie mehr den Unternehmer, die Unternehmen gefördert haben als den Arbeitnehmer. Speziell jetzt bei ver.di ist es einfach so, dass die minimalen Gehaltserhöhungen, die sie da rausgeschlagen haben (die unter der Inflationsrate lagen, Anm. d. Verf.) [...] da zahlen wir drauf [...] und die Armutsgrenze steigt an, und da denk' ich, müssten die Gewerkschaften einfach noch mehr aktiv werden, in Zukunft." (D23_BR1)

Der Normalfall war jedoch eine positive Einschätzung der Rolle der Gewerkschaften bei den untersuchten Betriebsratsgründungen im Besonderen wie auch in der Gesellschaft im Allgemeinen. Was die Befragten schätzten, war vor allem die Mischung aus fachlich-kompetenter Information und Beratung, (Rechts-) Schutz und emotional-moralischer Unterstützung, die für eine vergleichsweise geringe ‚Vorleistung' gewährt wurde. Viele Befragte meinten, dass die Arbeitnehmer/innen in Deutschland darüber viel umfassender informiert werden müssten, oder wie ein überzeugtes Betriebsratsmitglied eines IT-Unternehmens formulierte:

> „Dies (die Gewerkschaft, Anm. d. Verf.) ist unverzichtbarer Bestandteil unserer Gesellschaft, ja, weil, ich meine, die Leute sehen immer nur die Flughafenstreiks und (die Gewerkschaft, Anm. d. Verf.) wird ja dann auch gerne in der Presse immer als großes Hindernis ausgegeben, aber was Gewerkschaften, die Arbeitnehmerbewegungen insgesamt an Rechten erkämpft haben, ja, das ist scheinbar in der Bevölkerung nicht so präsent, ne." (D02_BR2)

5.2 Die Rolle von Gesamt- und Konzernbetriebsräten

Betriebsratsgründungen finden sowohl in Einzelbetrieben bzw. -unternehmen statt wie auch in Betriebsstätten, Niederlassungen oder Filialen großer Unternehmen oder Konzerne. In letzteren können Gesamt- oder Konzernbetriebsräte bei Betriebsratsgründungen eine wichtige Rolle spielen, da sie seit der Novellierung des Betriebsverfassungsgesetzes im Jahr 2001 das Recht haben, Betriebsratswahlen in bisher betriebsratslosen Betrieben ihres Unternehmens einzuleiten. Da in unserem Forschungsprojekt auch Betriebsratsgründungen in Konzernen und Unternehmensgruppen mit stark filialisierten Strukturen untersucht wurden, war von vornherein im Forschungsdesign eine gesonderte Betrachtung von Gesamt- bzw. Konzernbetriebsräten und ihrer Rolle bei Betriebsratsgründungen vorgesehen. Dabei war u.a. von Interesse, inwieweit Gesamt- bzw. Konzernbetriebsräte die ihnen seit der Novellierung des Betriebsverfassungsgesetzes eingeräumten Rechte nutzten, betriebsratslose Betriebe ihres Unternehmens aktiv zu ‚erschließen'. Bevor die Ergebnisse der Erhebung dargestellt werden (vgl. Abschnitt 5.2.2), wird nachfolgend kurz auf die rechtlichen Voraussetzungen und den Stand der Forschung zu Gesamt- bzw. Konzernbetriebsräten eingegangen.

5.2.1 Rechtliche Möglichkeiten von Gesamt- und Konzernbetriebsräten zur Initiierung eines Betriebsrats und Forschungsergebnisse zur Umsetzung

Seit der Novellierung des Betriebsverfassungsgesetzes im Jahr 2001 haben Gesamtbetriebsräte – und beim Fehlen eines Gesamtbetriebsrats dann der Konzernbetriebsrat – die Möglichkeit, Betriebsratsgründungen in betriebsratslosen Betrieben ihres Unternehmens zu ‚initiieren', vor allem durch das Recht, in betriebsratslosen Betrieben einen Wahlvorstand einzusetzen. Dieses Recht ist in § 37 Abs. 1 des Betriebsverfassungsgesetzes festgelegt:

> „Besteht in einem Betrieb, der die Voraussetzungen des § 1 Abs. 1 Satz 1 erfüllt, kein Betriebsrat, so bestellt der Gesamtbetriebsrat oder, falls ein solcher nicht besteht, der Konzernbetriebsrat einen Wahlvorstand."[10]

Daraus leitet sich allerdings keine zwingende Verpflichtung für einen Gesamt- oder Konzernbetriebsrat ab, in betriebsratslosen Betrieben einen Betriebsrat zu initiieren. Ein Gesamtbetriebsrat kann zwar auch nach der Novellierung des Betriebsverfassungsgesetzes nicht einfach einen Betriebsrat ‚einsetzen'; der Gesetzgeber hat ihm aber die rechtlichen Möglichkeiten verschafft, aktiv betriebsratslose Betriebe zu erschließen – die Unternehmens- bzw. Konzernleitung muss ihm alle Betriebe ohne einen Betriebsrat nennen, er hat ein Zutrittsrecht zu diesen Betrieben und kann dort für eine Betriebsratsgründung werben und den Wahlvorstand einsetzen (vgl. Fitting et al. 2012: 391).

Bisher gab es aber nur eine Untersuchung von Wassermann/Rudolph (2005) zu der Frage, inwieweit Gesamtbetriebsräte ihre neuen Rechte nutzen bzw. die Regelung des § 37 BetrVG Betriebsratsgründungen tatsächlich erleichtert.[11] Ihre

---

10 Die Mitglieder des Wahlvorstands müssen aber wahlberechtigte Arbeitnehmer/innen des entsprechenden Betriebs sein (vgl. Fitting et al. 2012: 390f.).
11 Es gibt bis dato überhaupt nur wenige unternehmensübergreifende Untersuchungen über Gesamtbetriebsräte bzw. allgemeiner über „komplexe Gremienstrukturen" (Behrens 2005) neben der Studie von Wassermann und Rudolph. Sie beschäftigen sich vor allem mit drei Themenkomplexen: 1.) mit der Frage, ob die vom Betriebsverfassungsgesetz festgelegte und durch die Rechtsprechung ‚präzisierte' Kompetenzverteilung zwischen

Einschätzung, „dass das neue Initiativrecht den Gesamtbetriebsräten offensichtlich ein wirksames Instrument zur Verdichtung des Betriebsrätenetzwerkes im Unternehmen in die Hand gegeben hat" (Wassermann/Rudolph 2005: 74), beruht allerdings nur auf fünf Fallstudien. Auch wenn die Möglichkeit der Einsetzung eines Wahlvorstands ‚häufig' genutzt wurde, zeigen die Fallstudien, dass manchmal betriebsratslose Betriebe aktiv ‚aufgesucht' worden sind, manchmal ‚nur' auf Initiative der Beschäftigten reagiert wurde. Weitere Faktoren, die einen Einfluss auf den Erfolg einer Gesamtbetriebsratsinitiative hatten, waren die Unternehmenspolitik (Akzeptanz von Betriebsratsgründungen oder Unterstützung des ‚Kampfes' lokaler Geschäftsführungen gegen diese), die Betriebsgrößenstruktur sowie eine enge Zusammenarbeit zwischen Gesamtbetriebsräten und Gewerkschaften – diese ist auch nach der Betriebsratsgründung bei der Betreuung der Gremien notwendig. Die Fallstudien von Wassermann/Rudolph zeigen nicht zuletzt, dass Gesamtbetriebsratsinitiativen für Betriebsratsgründungen dann keinen Erfolg haben (können), wenn sich (z.B. aufgrund befürchteter Repressionen lokaler Geschäftsleitungen) keine Beschäftigten für die Besetzung des Wahlvorstands finden lassen. Unsere Untersuchung verfolgte nun das Ziel, den nur auf einer kleinen Zahl von Fallstudien basierenden Wissenstand über das Verhalten von Gesamt- bzw. Konzernbetriebsräten zu vergrößern.

5.2.2 Gesamt- bzw. Konzernbetriebsräte und ihre unterschiedlichen Beteiligungsformen

Ein Ziel, das die damalige rot-grüne Bundesregierung mit der Novellierung des Betriebsverfassungsgesetzes verfolgte, war die Schließung von „Betriebsrätelücken" vor allem in Unternehmen mit einer stark filialisierten Betriebsstruktur (Wassermann/Rudolph 2005: 60). Die weiter oben skizzierte Ausweitung der Rechte des Gesamtbetriebsrats bei einer Betriebsratsinitiierung sollte Betriebsratsgründungen erleichtern. Was der Gesetzgeber aber damals nicht bedacht hatte, war, dass Gesamtbetriebsräte ihre Rechte nur dann nutzen können, wenn entsprechende Ressourcen bereitgestellt werden. Dies zeigt sich deutlich in unserer Untersuchung.

(lokalem) Betriebsrat und Gesamt- bzw. Konzernbetriebsrat in modernen Unternehmensstrukturen noch ‚sinnvoll' sei (Rancke 1982; Britz 2006); 2.) mit der ‚tatsächlichen' Zuständigkeitsverteilung zwischen Betriebsrat und Gesamtbetriebsrat (Rancke 1982; Wassermann/Rudolph 2005; Behrens/Kädtler 2008) und 3.) mit dem Verbreitungsgrad „komplexer Gremienstrukturen", der Größe von Gesamtbetriebsratsgremien, der Auswirkung „komplexer Gremienstrukturen" auf die Betriebsratsarbeit und dem Verhältnis von Gesamtbetriebsräten zu den Beschäftigten und den Gewerkschaften (Behrens 2005; Behrens/Kädtler 2008). Zusätzlich zu nennen wäre hier noch die Studie von Weimer (2013) zur Interessenvertretung im Handwerk, die u.a. auf die Probleme der Arbeit von Gesamtbetriebsräten in Handwerkskonzernen eingeht.

Die Rolle externer Akteure bei Betriebsratsgründungen 241

In unseren Fallstudien finden sich große Unterschiede hinsichtlich der Beteiligung von Gesamt- bzw. Konzernbetriebsräten am Gründungsprozess von lokalen Betriebsräten: eine Initiierung, eine (zum Teil massive) Unterstützung von Initiativgruppen, die sich an den Gesamt- bzw. Konzernbetriebsrat gewandt haben, die Weiterleitung betrieblicher Anfragen an die zuständige Gewerkschaft, eine Beteiligung nach einer Intervention durch die Geschäftsleitung; aber auch die ‚Abwesenheit' oder sogar Verweigerung einer Unterstützung des Gesamt- bzw. Konzernbetriebsrats kommt vor. Die Formen der Beteiligung werden in Abschnitt 5.2.2.1 skizziert. Danach wird diskutiert, inwieweit Gesamt- bzw. Konzernbetriebsräte dazu beitragen konnten, dass neu entstandene Betriebsratsgremien handlungsfähig wurden (Abschnitt 5.2.2.2). Vor der Darstellung der Ergebnisse noch ein paar Bemerkungen zum Teilsample der ‚Gesamt- bzw. Konzernbetriebsratsfälle'.

Grundlage der Analyse des Handelns von Gesamt- bzw. Konzernbetriebsräten sind 14 Betriebsratsgründungsfälle (11 davon im Dienstleistungsbereich: Handel/Kfz, Postdienste/Logistik, Systemgastronomie und Hotelgewerbe), bei denen zum Zeitpunkt der Betriebsratsinitiative im Unternehmen ein Gesamt- und/oder Konzernbetriebsrat bestand.[12] Alle elf Unternehmen aus dem Dienstleistungsbereich wiesen eine (stark) filialisierte Betriebsstruktur auf; ‚Spitzenreiter' sind ein Unternehmen der Systemgastronomie und ein Kfz-Zubehör-Unternehmen mit jeweils ca. 600 Niederlassungen. Der Anteil der betriebsratslosen Betriebe in den 14 Unternehmen zum Zeitpunkt der lokalen Betriebsratsgründungen lag dabei zwischen 0 und 99%. Die Zahl der in einem Gesamtbetriebsrat vertretenen Betriebsratsgremien variierte erheblich: zwischen weniger als zehn und ca. 120.

Betrachtet man alle Betriebsratsgründungen unseres Samples, konnte es in 25 per Definition keine Beteiligung eines Gesamt- bzw. Konzernbetriebsrats geben, da es sich hierbei um Einzelbetriebe oder Einzelunternehmen handelte. Neben den erwähnten 14 Betriebsratsgründungsfällen in Unternehmen bzw. Konzernen mit einem Gesamt- bzw. Konzernbetriebsrat gab es noch zwölf weitere Betriebsratsgründungen in einem Konzernbetrieb, nur existierte in diesen Fällen kein Gesamt- oder Konzernbetriebsrat zum Zeitpunkt der Betriebsratsgründung. Warum dies so war, kann aufgrund der Interviews nicht für alle Fälle geklärt werden, für die meisten dürfte aber gelten, dass es noch keinen Gesamt- oder Konzernbetriebsrat gegeben hatte.[13]

---

12 In fünf Unternehmen konnten dabei Interviews mit Gesamtbetriebsratsmitgliedern und einem ‚lokalen' Betriebsratsmitglied geführt werden. In den übrigen Fällen stammen die Informationen über die Beteiligung der Gesamt- bzw. Konzernbetriebsräte ausschließlich aus Interviews mit den Betriebsratsinitiator/inn/en vor Ort.
13 In einem Unternehmen mit mindestens zwei Betriebsräten *muss* nach § 47 Abs. 1 BetrVG ein Gesamtbetriebsrat eingerichtet werden, die Errichtung eines Konzernbetriebsrats ist

5.2.2.1 Zur Rolle von Gesamt- bzw. Konzernbetriebsräten bei Betriebsratsgründungen

Die 14 Fälle, in denen ein Gesamt- bzw. Konzernbetriebsrat in welcher Form auch immer an der Betriebsratsgründung hätte beteiligt sein können, kann man dahingehend ordnen, ob ein Kontakt zwischen den Betriebsratsinitiator/inn/en und dem Gesamt- bzw. Konzernbetriebsrat bestand und falls ja, wie dieser Kontakt zustande kam und wie der Gesamt- bzw. Konzernbetriebsrat auf die Betriebsratsinitiative reagiert hat. Die Gesamt- bzw. Konzernbetriebsräte kann man grundlegend in zwei Gruppen einteilen: a) Aktive Gesamt- bzw. Konzernbetriebsräte und b) Inaktive bzw. unsichtbare Gesamt- bzw. Konzernbetriebsräte.

Zu a) Aktive Gesamt- bzw. Konzernbetriebsräte: In der Tabelle 6 sind die zehn Betriebe aufgeführt, bei denen Gesamt- bzw. Konzernbetriebsräte bei der Betriebsratsgründung mitwirkten.

Unter den zehn Fällen befinden sich zwei Betriebe aus dem Verarbeitenden Gewerbe und acht aus den vier verschiedenen Dienstleistungsbranchen. In sieben der zehn Betriebsratsgründungsfälle mit *aktiven* Gesamt- bzw. Konzernbetriebsräten wurde der Wahlvorstand vom Gesamt- bzw. Konzernbetriebsrat eingesetzt. Die Möglichkeiten für einen Gesamt- bzw. Konzernbetriebsrat, eine Betriebsratsgründung zu unterstützen, sind dabei vielfältig und erschöpfen sich nicht in der Einsetzung des Wahlvorstands, sondern zeigen sich auch in Beratung, moralischer Unterstützung, Druck-Ausüben auf die Geschäftsleitung, Einbindung der Gewerkschaft etc.

Die Novellierung des Betriebsverfassungsgesetzes 2001 sollte ja eine ‚aktive' Erschließung betriebsratsfreier Betriebe durch einen Gesamt- bzw. Konzernbetriebsrat ermöglichen. Es wurde daher ausgewertet, ob die Initiative zu

---

dagegen fakultativ. Die Errichtung eines Gesamtbetriebsrats ist eine „Rechtspflicht" der einzelnen Betriebsratsgremien, die Nichtentsendung von Mitgliedern in einen bestehenden Gesamtbetriebsrat stellt eine „grobe Pflichtverletzung" dar (Fitting et al. 2012: 850f.). Somit kann eine ‚lokale' Betriebsratsgründung Auswirkungen auf das gesamte Unternehmen haben, wenn sie die Errichtung eine Gesamtbetriebsrats ‚auslöst', denn hinsichtlich der Angelegenheiten, die überbetrieblich geregelt werden müssen, erstreckt sich die Zuständigkeit des Gesamtbetriebsrats auch auf Betriebe ohne Betriebsrat (vgl. Fitting et al. 2012: 878). Insgesamt bestand also für knapp die Hälfte unserer Betriebsratsgründungbetriebe ein Gesamt- und/oder Konzernbetriebsrat. Dass „komplexe Gremienstrukturen" (Behrens 2005) ein weit verbreitetes Phänomen sind, hatte schon Behrens (2005: 639f.) anhand der Auswertung der WSI-Betriebsrätebefragung 2004/2005 zeigen können: In der repräsentativen Befragung gaben nur 36,8% der Betriebsräte an, „Solo-Betriebsräte" zu sein, 38% dagegen gaben an, dass für ‚ihr Unternehmen' ein Gesamtbetriebsrat gebildet wurde.

Tab. 6: *Unternehmen mit aktiven Gesamt- bzw. Konzernbetriebsräten (N = 10)*[a]

Fall-Nr.	Branche	Betriebs-größe[b]	Führung (Management, Inhaber)	Unternehmensstruktur/ Eigentümer[c]	Tarifbindung/ (Gewerkschaft)
C01	Kunststoffindustrie	ca. 500	Management	Konzern-NL	Nein (IG BCE)
D07	Logistik/Postdienste	197	Management	Konzern-NL	HTV/ ver.di
D08	Logistik/Postdienste	145	Management	Konzern-NL/britische Kapitaleigner	Nein (ver.d)i
D13	Einzelhandel	ca. 120	Management	Konzern-NL	FTV/ ver.di
D14	Einzelhandel	74	Management	Konzern-NL/schwedische Kapitaleigner	FTV/ ver.di
D23	Einzelhandel	26	Management	Inhabergeführter Konzern	Nein (ver.di)
G08	Systemgastronomie	19	Management	Konzern-NL/britische Kapitaleigner	HTV/ NGG
G09	Hotel	16	Management	Konzern-NL/französische Kapitaleigner	FTV/ NGG
M05	Metallindustrie	ca. 200	Management	Konzern-NL/asiatischer inhabergeführter Konzern	Nein (IG Metall)
M14	Handel/Kfz	29	Management	Konzern-NL/inhabergeführter Konzern	FTV/ IG Metall

a – Alle Angaben beziehen sich auf den Zeitpunkt der Betriebsratsgründung, falls nicht anders vermerkt; b – Bei den Angaben sind Leiharbeitnehmer/innen mit berücksichtigt; c – Unternehmens- und Eigentumsstruktur vor Übernahmen, Verkäufen usw.

Abkürzungen: FTV (Flächentarifvertrag), HTV (Haustarifvertrag), NL (Niederlassung)

einer Betriebsratsgründung und damit auch die Kontaktanbahnung von einem Gesamt- bzw. Konzernbetriebsrat ausging – suchten deren Mitglieder gezielt betriebsratslose Betriebe auf, um dort Beschäftigte von einer Betriebsratsgründung zu ‚überzeugen' –, oder ‚mussten' sich Beschäftigte an den Gesamtbetriebsrat wenden und wurden dann im weiteren Gründungsprozess unterstützt? Im ersten Fall könnte man von einem *erschließenden* Gesamt- bzw. Konzernbetriebsrat sprechen, im zweiten Fall von einem *unterstützenden*. Eine Unterstützung kann auch dadurch initiiert werden, dass ein/e Gewerkschaftssekretär/in, aufgrund von Anfragen von Beschäftigten zur Unterstützung einer Betriebsratsgründung einen Gesamt- bzw. Konzernbetriebsrat informiert, dass in seiner Vertretungsdomäne eine Betriebsratsgründung beabsichtigt wird.

Von den zehn als *aktiv* charakterisierten Gesamt- bzw. Konzernbetriebsratsgremien in unserem Sample kann man allenfalls ein einziges als *erschließend* charakterisieren. Es handelt sich allerdings auch hierbei um alles andere als ein

‚Vorzeigebeispiel': Der Konzernbetriebsrat eines Unternehmens des Verarbeitenden Gewerbes hatte jahrelang keinen Kontakt mit den Beschäftigten des betriebsratslosen Betriebs gesucht. Er initiierte auch im konkreten Fall die Betriebsratsgründung nicht, indem er etwa die betreffende Niederlassung aufgesucht hätte, sondern sprach einige (dort) Beschäftigte an, die vorübergehend in der Konzernzentrale an neuen Maschinen geschult wurden. Diese Ansprache hatte Erfolg, aber im Zuge des Gründungsprozesses engagierte sich der Konzernbetriebsrat kaum vor Ort, vielmehr überließ er die Beratung, Betreuung und Unterstützung komplett der Gewerkschaft vor Ort. Diese lud auch zur Betriebsversammlung zwecks Einsetzung des Wahlvorstandes ein. Der Konzernbetriebsratsvorsitzende sorgte jedoch durch eine Intervention bei der Konzernleitung dafür, dass die lokale Geschäftsleitung die Betriebsratsgründung ‚duldete'.

Mit einer Ausnahme reagierten also auch die *aktiven* Gesamt- oder Konzernbetriebsräte unseres Samples erst auf eine Kontaktaufnahme durch die Beschäftigten oder durch die Gewerkschaft oder Unternehmensspitze (in einem Fall brachte die Unternehmensspitze den Gesamtbetriebsrat ins Spiel). Unter diesen neun unterstützenden Gesamt- bzw. Konzernbetriebsräten befanden sich aber wiederum zwei Fälle, die nicht den Wahlvorstand einsetzten. Es zeigt sich aber, dass die Einsetzung eines Wahlvorstands nur bedingt etwas über das Engagement eines Gesamt- bzw. Konzernbetriebsrat im Gründungsprozess aussagt. Manche belassen es in ihrer Unterstützung bei dem formalen Akt der Einsetzung des Wahlvorstands – in unserem Fall war dies in zwei Betriebsratsgründungsfällen so, dass ein Gesamt- und ein Konzernbetriebsrat darüber hinaus die Betriebsratsinitiator/inn/en weder betreute noch unterstützte –, während andere Gesamt- bzw. Konzernbetriebsräte aktiv den Gründungsprozess begleiteten – in unserem Sample war dies fünfmal der Fall.

Es zeigt sich also, dass die Begleitung einer Betriebsratsgründung durch aktive Gesamt- bzw. Konzernbetriebsräte sehr unterschiedliche Formen annehmen kann. Im ‚Normalfall' eines unterstützenden Gesamt- bzw. Konzernbetriebsrats begleitet dieser die lokalen Betriebsratsgründungen jedoch über einen längeren Zeitraum in mehr oder weniger intensiver Form. Kennzeichnend für unsere Fälle eines aktiven Gremiums war, dass sie sofort auf eine Betriebsratsinitiative reagierten und Kontakt mit den Initiator/inn/en aufnahmen. Dabei wandten sich die Initiator/inn/en entweder ursprünglich selbst an den Gesamtbetriebsrat, weil sie von seiner Existenz wussten[14] oder die Gewerkschaft vermittelte den Kontakt. Allein oder zusammen mit der Gewerkschaft versuchten dann ein-

---

14 Die Kenntnis, dass es einen Gesamt- bzw. Konzernbetriebsrat gibt, beruhte auf verteilten Flyern, Info-Mails oder Aushängen am Schwarzen Brett im Betrieb oder aber auch auf Zufall: Ein Betriebsratsinitiator durchsuchte eine firmeninterne E-Mail-Adressenliste und schrieb einen Kollegen an, dessen E-Mailname den Zusatz „Betriebsrat" trug.

zelne Gesamtbetriebsratsmitglieder durch Treffen und Gespräche die Motivation der Aktivist/inn/en zu erfragen und die betriebliche Situation abzuklären – auch mit Blick auf mögliche Erfolgsaussichten der Betriebsratsinitiative. Sie trugen dann den Initiator/inn/en meist auf, weitere Unterstützer/innen zu akquirieren. Gut organisierte Gesamtbetriebsratsgremien zeichneten sich dadurch aus, dass es designierte Personen oder kleine Gruppen gab, die sich speziell um die Unterstützung von Betriebsratsgründungen kümmerten. Hier existierten auch vorab zusammengestellte Unterlagen, die man umgehend an die Initiator/inn/en aushändigte.

„Die rufen mich an oder schreiben mir eine Mail, dann antworte ich denen und dann sag' ich, sie sollen mich anrufen. [...] Und dann erkläre ich den Leuten, dass sie halt einen Wahlvorstand brauchen, mindestens drei Leute und dann kriegen die von mir einen Antrag, [...] auf jeden Fall krieg' ich von denen den Antrag, dann werden die bestellt und dann bekommen die von mir eine zentimeterdicke Wahlmappe also per Mail und ja dann mach' ich mit denen einen Termin klar, [...] lass denen immer so drei, vier Tage Zeit, sag' ich, schaut bitte da rein, weil man merkt sofort, wenn man mit denen ein Gespräch führt, ob sie reingeguckt haben oder nicht und dann schauen die da rein und dann mach' ich mit denen einen Termin klar [...] das ist immer so ca. eineinhalb Stunden [...] am Telefon und dann besprechen wir mit denen die komplette Wahl von A bis Z." (M14_GBR)

„Ich bin 24 Stunden für die Kollegen erreichbar. Die kriegen jedes Schreiben von mir, die kriegen einen Sitzungsplan; was sie in welcher Sitzung zu tun haben. [...] Checkliste, alles Drum und Dran und alle vorgelegten und vorgefertigten Schreiben. [...] Wir stellen denen alles zusammen, das Wahlausschreiben; der muss mal durchgeben, wie viele Männer, wie viel Frauen; wie viele Wahlberechtigte. Dann fertige ich dem das komplette Wahlausschreiben und Zeitplan. [...] Mit dem Start, sprechen wir die Wahl durch [...]: wann muss ich Sitzung machen und was muss ich in der Sitzung abarbeiten. Da ist man immer für die Kollegen erreichbar." (D23_GBR)

In den Gesprächen mit den Initiator/inn/en wurde dabei über mögliche Probleme im Verlauf einer Betriebsratsgründung gesprochen, z.B. über Reaktionen und Strategien des Managements. Der mögliche Druck von Seiten der Geschäftsleitung wurde so realistisch wie möglich geschildert. Wichtig war zudem, neben einer rechtlichen Beratung, den Initiator/inn/en bei Konflikten den Rücken zu stärken, sie zu motivieren, trotz möglicher Widerstände ‚durchzuhalten'. Eine Intervention vor Ort durch ein Mitglied des Gesamtbetriebsrats oder beim zentralen Management konnte zudem sehr hilfreich sein, wie in einer Filiale eines Einzelhandelsunternehmens. Die Betriebsratsinitiator/inn/en wurden in Einzelgesprächen von der Filialleitung unter Druck gesetzt, bis ein Gesamtbetriebsratsmitglied die Filiale besuchte und die Filialleitung zur Rede stellte.

> „Ihr wollt Krieg? Den könnt ihr gerne haben. Ich kann auch heute eine Pressemitteilung abgeben, was ihr hier veranstaltet." (D14_BR)

Für den Fall, dass es für den Erfolg einer Betriebsratsinitiative bei einer gegenüber der Betriebsratsgründung negativ eingestellten lokalen Betriebsleitung wichtig ist, sehr kurzfristig einen Wahlvorstand einsetzen zu können, hatten manche Gesamtbetriebsratsgremien organisatorisch vorgesorgt, zum Beispiel indem der Gesamtbetriebsrat das Recht zur Einsetzung eines Wahlvorstands dem Gesamtbetriebsratsausschuss übertrug, damit bei einer Gründungsinitiative nicht auf die vierteljährlichen Sitzungen des Gesamtbetriebsrates gewartet werden muss. Dass nicht in allen Fällen ein Gesamt- bzw. Konzernbetriebsrat den Wahlvorstand einsetzte, sondern die Gewerkschaft vor Ort sich um die Wahl kümmerte, beruhte zum Teil auf der Überlegung, wer schneller handeln kann.[15]

Die skizzierten Unterstützungsleistungen (Bereitstellung von Unterlagen, intensive Beratung und Betreuung, Intervention beim Management, Einsetzung des Wahlvorstands) verlangen ein hohes persönlichen Engagement einzelner Gesamt- bzw. Konzernbetriebsratsmitglieder, das auf Dauer jedoch nur bei einer Freistellung für die Gesamtbetriebsratsarbeit möglich sein dürfte. Daher ist es nicht verwunderlich, dass in einem Fall von einem Gesamtbetriebsratsmitglied eine zu hohe Arbeitsbelastung für die Gesamtbetriebsratsspitze als Grund dafür angegeben wurde, dass man das Thema ‚Betreuung von Betriebsratsgründungen' lieber der Gewerkschaft zuwies.

> „Nein, das hat man bewusst dann vermieden vom Gesamtbetriebsrat her, weil das hätte ja dann wieder Arbeit beinhaltet: Wer kümmert sich drum? Das müsste ja der Vorsitzende oder der Stellvertreter des Gesamtbetriebsrates machen. [...] Weil um als Betriebsrat da irgendwohin zu kommen, muss ich das in meiner Freizeit machen, weil offiziell darf ich nicht. [...] Ist ein ver.di-Mitglied dort [...], dann sag' ich: ‚ver.di, da gibt's ein Mitglied und da hat man mich gefragt wegen Betriebsrat. Kümmer dich mal drum!'" (D07_GBR)

Die Frage der (prekären) Ressourcenausstattung von Gesamtbetriebsratsmitgliedern erwies sich überhaupt als das zentrale Thema, von dem die aktive Betreuung von Betriebsratsinitiativen und Betriebsräten abhängig war. Gerade in stark filialisierten Unternehmensstrukturen ist es nicht sicher, dass Mitglieder oder

---

15 Dazu muss angemerkt werden, dass sich die Rechte von Gesamt- bzw. Konzernbetriebsräten und Gewerkschaften hinsichtlich einer Betriebsratsgründung deutlich unterscheiden: Ein Gesamt- bzw. Konzernbetriebsrat kann einen Wahlvorstand einsetzen, während eine Gewerkschaft ‚nur' zu einer Betriebsversammlung einladen kann, um einen Wahlvorstand zu wählen. Dass die Gewerkschaft vor Ort die Wahl einleitet, macht deshalb eigentlich nur dann Sinn, wenn eine Gesamtbetriebsratssitzung erst Wochen nach der Anfrage von Betriebsratsinitiator/inn/en stattfinden würde, es aber schnell gehandelt werden muss.

Die Rolle externer Akteure bei Betriebsratsgründungen 247

auch Vorsitzende des Gesamtbetriebsrates über Freistellungen für die Betriebsratsarbeit verfügen. Ist dies nicht der Fall, so leidet nicht nur die Betriebsratsarbeit vor Ort, sondern insbesondere die Gesamtbetriebsratsarbeit unter eklatantem Zeit- und Ressourcenmangel. ‚Neben dem normalen Job' am Arbeitsplatz müssen die Betriebsräte nicht nur die Mitbestimmung in der eigenen Filiale organisieren, sondern sollen auch noch überbetrieblich unterwegs sein, um die Vernetzung der Mitbestimmungsakteure im Unternehmen zu koordinieren.

„Ja, so eine betriebliche Arbeit die könnte man ja schaffen, aber nicht GBR und KBR (Gesamtbetriebsrat, Konzernbetriebsrat, Anm. d. Verf.) , das geht doch nicht, bin jetzt schon zweimal unterwegs gewesen, nächste Woche bin ich auch drei Tage unterwegs, ist einfach nicht drin. [...] Mit Urlaub zusammen bin ich dies Jahr von vier Wochen immer nur drei Wochen da und eine Woche bin ich eigentlich nicht da, das lässt sich mit meinem Job eigentlich gar nicht vereinbaren, weil wir ein kleiner Betrieb sind und so viel Funktionen auf eine Person jetzt gebündelt haben." (G10_BR)

Bis auf wenige Ausnahmen hätte es in den Unternehmen mit einer stark filialisierten Struktur in unserem Sample der Gesamt- bzw. Konzernbetriebsratsfälle aufgrund der geringen Betriebsgrößen keinerlei dauerhafte Freistellungen für Betriebsratsmitglieder gegeben, also auch nicht für Gesamtbetriebsratsmitglieder oder -vorsitzende. In drei dieser Unternehmen gab es daher Freistellungen für Betriebsrats- und Gesamtbetriebsratsmitglieder aufgrund eines Tarifvertrags nach § 3 BetrVG,[16] in fünf weiteren Fällen akzeptierte die Unternehmensleitung freiwillig eine De-facto-Freistellung einiger Betriebsratsmitglieder und damit auch Gesamtbetriebsratsmitglieder.[17] Diejenigen Gesamtbetriebsräte, die Betriebsratsgründungen von Anfang an massiv unterstützten, zum Teil auch den Kontakt zu betriebsratslosen Betrieben suchten, waren im Regelfall auch diejenigen, in denen es Freistellungen von Betriebsratsmitgliedern gab. Diese Gesamtbetriebsratsgremien setzten dann auch deutlich häufiger einen Wahlvorstand

---

16 Darunter befanden sich die zwei Unternehmen (einmal Systemgastronomie und einmal Kfz/Handel) mit der höchsten Anzahl an Niederlassungen (ca. 600). Auch aufgrund der Freistellungen von Gesamtbetriebsräten konnte im Fall des Kfz/Handel-Unternehmens in über der Hälfte der Niederlassungen ein Betriebsrat gegründet werden, in dem Unternehmen der Systemgastronomie (mit einem sehr hohen Anteil von Niederlassungen mit weniger als 20 Beschäftigten) in einem Fünftel der ‚Betriebsstätten'.
17 Zählt man zu den in den Interviews geschilderten Freistellungen nach § 3 BetrVG und den Freistellungen aufgrund eines ‚Entgegenkommens' der Unternehmensleitungen noch die zwei Fälle dazu, in dem einzelne Betriebsratsmitglieder und damit auch Gesamtbetriebsratsmitglieder aufgrund der Größe ihres ‚Herkunftsbetriebs' von der normalen Arbeit freigestellt waren, gab es in zwei Drittel der filialisierten Unternehmen mit einem Gesamtbetriebsrat ‚dauerhaft' freigestellte Gesamtbetriebsratsmitglieder. Die Zahl könnte aber noch höher sein, da in einigen Interviews nicht deutlich wurde, ob nicht eventuell der Gesamtbetriebsratsvorsitzende, der aus der Unternehmenszentrale kam, freigestellt war.

ein als solche ohne Freistellungen und versuchten zudem stärker die ‚Betriebsratslücken' in ihren Unternehmen zu verkleinern. Falls es jedoch keine solchen tariflichen Regelungen oder De-facto-Freistellungen gab, arbeiteten die Gesamtbetriebsratsmitglieder allein im Rahmen zeitweiser Freistellungen unter Verweis auf § 37 Abs. 2 des BetrVG[18], der bestimmt, dass Betriebsratsmitglieder für die Erfüllung ihrer Aufgaben von der Arbeit freizustellen sind. Eine solche extensive Nutzung der Freistellungsmöglichkeiten verursacht jedoch gerade in kleinen Betrieben immer wieder Probleme, da der Verweis auf den § 37 Abs. 2 nicht dazu führt, dass den jeweiligen Betriebseinheiten eine Kompensation für die ‚ausgefallene' Arbeitskraft von den Unternehmen gewährt wird. Das heißt, die Arbeit des/der Beschäftigten, der/die sich für Betriebsratsarbeiten freistellen lässt, muss von den übrigen Beschäftigten übernommen werden. Das verursacht bei den Betriebsratsmitgliedern ein permanent schlechtes Gewissen und ist insbesondere dann schwer zu legitimieren, wenn die Arbeit nicht einmal für die Interessenvertretung vor Ort, sondern für andere Betriebseinheiten investiert wird. Informelle Absprachen über eine ‚richtige' Freistellung können zudem jederzeit von den Unternehmen widerrufen werden, wie das folgende Beispiel zeigt.

> „Ich hatte die Freistellung für dienstags [...], die hat jetzt der (Name d. Unternehmensgeschäftsführers) halt erst mal komplett gestrichen. [...] Das war früher mit dem Personaler, der ist jetzt noch da und den Gebietsleitern die ja 'zig mal gewechselt haben, da haben wir am Anfang bei jedem Wechsel von Gebiets- oder Restaurantleiter haben wir ein Monatsgespräch gemacht, ein offizielles und darin wurde das dann protokollarisch festgehalten sozusagen, aber jetzt nicht irgendwie nochmal gesondert, also wir haben's immer wieder wiederholt das Monatsgespräch, dann so und so und so, ja ist okay und da war ich dann Dienstag immer freigestellt." (G06_GBR)

Ein weiterer wichtiger Faktor für eine gute Betreuung und Unterstützung von Betriebsratsinitiativen war im Regelfall zudem eine gute Zusammenarbeit und/ oder Aufgabenteilung zwischen Gesamtbetriebsrat und Gewerkschaft.[19]

> „Also ich persönlich kenn' eben ganz, ganz viele NGG Betreuungssekretäre [...] und ja mit denen zusammen geht man auch öfter in die Betriebe. Einfach damit die auch einen Ansprechpartner auf Gewerkschaftsseite mal kennengelernt haben und da kann man sich ja auch prima aufteilen." (G08_GBRV)

---

18 „Mitglieder des Betriebsrats sind von ihrer beruflichen Tätigkeit ohne Minderung des Arbeitsentgelts zu befreien, wenn und soweit es nach Umfang und Art des Betriebs zur ordnungsgemäßen Durchführung ihrer Aufgaben erforderlich ist."
19 Insofern konnte in unserem qualitativen Sample nicht die von Behrens/Kädtler (2008: 304) anhand einer Befragung von Gesamtbetriebsratsmitgliedern im Rahmen der WSI-Betriebsrätebefragung 2006 festgestellte Tendenz einer „Schwächung der Identität des Verhältnisses zwischen Gesamtbetriebsräten und Gewerkschaften" beobachtet werden.

Die Rolle externer Akteure bei Betriebsratsgründungen 249

Zu b) Inaktive bzw. unsichtbare Gesamt- bzw. Konzernbetriebsräte: Bei Inaktiven bzw. unsichtbaren Gesamt-/Konzernbetriebsräte bestand im Gegensatz zu den eben geschilderten Fällen entweder kein Kontakt zwischen den Betriebsratsinitiator/inn/en und dem Gesamt- bzw. Konzernbetriebsrat oder letzterer verweigerte sogar nach einer Kontaktaufnahme durch Beschäftigte eine Unterstützung. Diese Gruppe umfasst vier Fälle, drei Betriebe aus dem Dienstleistungsbereich und einer aus dem Verarbeitenden Gewerbe (vgl. Tab. 7).

Tab. 7: Unternehmen mit einem Inaktiven Gesamt- bzw. Konzernbetriebsrat (N = 4)[a]

Fall	Branche	Belegschafts-größe[b]	Führung (Manage-ment, Inhaber)	Unternehmensstruktur/Eigentümer[c]	Tarifbindung/ (Gewerkschaft)
D04	Einzelhandel	ca. 200	Management	Konzern-NL/ skandinavische Kapitaleigner	FTV/ ver.di
D12	Logistik/ Postdienste	120	Management	Konzern-NL	FTV/ ver.di
G10	Systemgastronomie	12	Management	Konzern-NL/ französische Kapitaleigner	Nein (NGG)
M07	Metallindustrie	ca. 70	Management	Konzern-NL (ehem. inhabergeführter Einzelbetrieb)	Nein (IG Metall)

a – Alle Angaben beziehen sich auf den Zeitpunkt der Betriebsratsgründung, falls nicht anders vermerkt; b – Bei den Angaben sind Leiharbeitnehmer/innen mit berücksichtigt; c – Unternehmens- und Eigentumsstruktur vor Übernahmen, Verkäufen usw.
Abkürzungen: FTV (Flächentarifvertrag), HTV (Haustarifvertrag), NL (Niederlassung)

Es lassen sich verschiedene Gründe identifizieren, warum in diesen vier Unternehmen eine Betriebsratsgründung ohne Beteiligung des Gesamt- bzw. Konzernbetriebsrats stattfand. In zwei der vier Fälle war den Betriebsratsinitiator/inn/en nicht bekannt, dass es einen Gesamt- oder Konzernbetriebsrat gab und dieser wurde auch nicht von der Gewerkschaft kontaktiert. Warum in den beiden Fällen der Gesamtbetriebsrat ‚unsichtbar' war, lässt sich nicht sicher klären, da für diese Fälle kein Interview mit einem Gesamtbetriebsratsmitglied vorliegt, das auch schon zum Zeitpunkt der Betriebsratsgründung Mitglied des Gesamtbetriebsrats gewesen war. Da aber in beiden Fällen die befragten Betriebsratsvorsitzenden dann auch Mitglied im Gesamtbetriebsrat wurden, lässt sich aufgrund ihrer Aussagen folgendes vermuten: In dem einen Fall war der Betrieb einfach von der räumlichen Lage und von der Größe her peripher, so dass ihn der ansonsten recht aktive Gesamtbetriebsrat einfach nicht im Blick hatte. In dem anderen Fall schien sich der Gesamtbetriebsrat nicht für die Erschließung betriebsratsfreier Betriebe zu interessieren. Dieser Fall war gekennzeichnet durch einen geringen Anteil von Betriebsratsbetrieben an allen Betrieben des Unternehmens und daher auch einer geringen Zahl von im Gesamtbetriebsrat vertretenen Betriebsratsgremien. Zu diesen zwei Fällen eines ‚unsichtbaren' Gesamtbetriebsrat kann man noch einen Fall eines ‚unsichtbar gehaltenen' Gesamtbetriebsrats hinzunehmen: Die Betriebsratsgründung in einer noch nicht eröffneten Filiale eines Einzelhandelskonzerns wurde von der Konzernleitung initiiert, die Betriebsratsgründung wurde von betrieblichen Führungskräften durchgeführt, ohne den Gesamtbetriebsrat einzuschalten, dieser wusste auch nichts von der Filialeröffnung. In dem letzten verbleibenden Fall der vier nicht an der Betriebsratsgründung beteiligten Gremien wusste der Initiator von der Existenz eines Konzernbetriebsrats und kontaktierte ihn, trotzdem unterstützte der Konzernbetriebsrat die Betriebsratsgründung nicht.[20]

5.2.2.2 Zur Bedeutung von Gesamt- bzw. Konzernbetriebsräten für die Stabilisierung und Professionalisierung neugegründeter Betriebsratsgremien

Ein Ergebnis unserer Studie besteht darin, dass ein arbeits- und handlungsfähiger Gesamtbetriebsrat mit dabei helfen kann, dass ein neu gegründeter Betriebsrat seine Konstituierungsphase gut übersteht und vertretungswirksam wird. Je aktiver ein Gesamt- bzw. Konzernbetriebsrat war, desto wahrscheinlicher war es auch, dass durch dessen Unterstützung ein Betriebsrat vertretungswirksam werden konnte.[21] Gut organisierte, aktive Gesamtbetriebsräte versuchten, die Betriebsräte durch Schulungen im Rahmen von Betriebsräteversammlungen und Vernetzungsangebote mit anderen Betriebsräten zu stärken, sie unterstützten sie in der alltäglichen Betriebsratsarbeit und bei schwierigeren Themen wie Wider-

---

20 Nach der Betriebsratsgründung unterstützte der Konzernbetriebsrat nach Aussage des Befragten den Betriebsrat dann aber doch erheblich, z.B. bei der Gründung eines Gesamtbetriebsrats für den entsprechenden Teilkonzern.
21 Dass die Existenz eines Gesamt- bzw. Konzernbetriebsrat keine Garantie für eine Vertretungswirksamkeit der neuen Gremien vor Ort ist, zeigen einige Fälle von Betriebsratsgründungen des Musters *Blockierte Partizipation* (vgl. Kap. 4.6): Trotz Gesamt- bzw. Konzernbetriebsrates und auch gewerkschaftlicher Unterstützung können die Betriebsratsgremien ihre ‚Selbstblockade' nicht überwinden. Ein Vergleich zwischen den vertretungsdefizitären Betriebsratsgründungen und den vertretungswirksamen des Musters *Kollektive Emanzipation* (vgl. Kap. 4.4) zeigt aber die prinzipielle Bedeutung der Gesamtbetriebsräte. In nur einem Viertel der unternehmens- oder konzerngebundenen Betriebe mit Gründungsmustern *Vertretung von Partialinteressen* (vgl. Kap. 4.5) und *Blockierte Partizipation* (vgl. Kap. 4.6) gab es einen Gesamt- oder Konzernbetriebsrat, dagegen in über 80% der entsprechenden Betriebe des Gründungstyps *Kollektive Emanzipation*.

spruch gegen Kündigung, Eingruppierung etc.[22] Normalerweise versuchten sie auch, die gewerkschaftliche Anbindung zu fördern oder auch einzufordern. Inwieweit ein Gesamt- bzw. Konzernbetriebsrat bzw. einzelne Mitglieder in der Lage waren, Betriebsratsgremien zu unterstützen oder zu betreuen, hing wiederum davon ab, ob einzelne Mitglieder freigestellt waren. Auch war eine enge und arbeitsteilige Zusammenarbeit mit lokalen Gewerkschaftssekretär/inn/en für die Betreuung der Betriebsratsgremien wichtig. Dies galt vor allem für die Klein- und Kleinstbetriebe in Unternehmen mit einer stark filialisierten Betriebsstruktur.

Die deutliche Mehrzahl der Gesamtbetriebsräte wurde in den Interviews von den Betriebsratsinitiator/inn/en als ‚arbeitnehmernah' eingeschätzt. Es gab aber auch Ausnahmen. In zwei Interviews wurde von den befragten Betriebsratsmitgliedern und Gesamtbetriebsratsmitgliedern angegeben, dass der Gesamtbetriebsrat aufgrund der Mehrheitsverhältnisse – die gewerkschaftsnahen Betriebsratsgremien waren in der Minderheit – ein „Organ der Geschäftsleitung" (Kotthoff 1994) sei.

„Also der Gesamtbetriebsrat ist voll auf Seite der Obrigkeit, definitiv [...]. Der Gesamtbetriebsratsvorsitzende ist in der Funktion als Seniormanager bei der (Unternehmenszentrale, Anm. d. Verf.) in der IT tätig, und er weiß, wo er hingehört." (D08_BR1)

„Er (der Gesamtbetriebsrat, Anm. d. Verf.) versucht nämlich die örtlichen Betriebe zu bevormunden, indem er regelt, wie eigentlich vorzugehen ist." (D08_Gew)

„Der GBR-Vorsitzende, der ist sowieso der arbeitgeberfreundliche [...] In dem GBR-Gremium sind vielleicht zwei Betriebsräte, die versuchen wirklich nur die Gesetze durchzusetzen und wir wären halt, wir sind halt das aktivste gewesen bis vor Kurzem ja, weil wir halt da wirklich viel Energie reingesteckt haben von Anfang an, aber jetzt werden wir unterdrückt wieder." (D09_BR)

In einem weiteren Fall, wurde der Gesamtbetriebsratsvorsitzende als inaktiv wahrgenommen, ohne dass der Befragte wusste, warum sich dieser so verhielt.

„Und mein Druck ist geblieben, in Sachen Tarifverhandlung unvermindert, dann hatte der GBR-Vorsitzende die Sache wieder verschleppt, sich nicht darum gekümmert." (G10_BR)

Wie wichtig das Handeln des/der Gesamtbetriebsvorsitzenden für ein strukturierte Gesamtbetriebsratsarbeit ist, wird auch in einem weiteren Beispiel deutlich:

---

22 Wie es ein Gesamtbetriebsratsmitglied eines Einzelhandelsunternehmens schilderte: „Der nächste Schritt nach der Wahl ist die Qualifizierung des Betriebsrats." (D21_GBR) In diesem Unternehmen erhalten die Betriebsratsmitglieder vom Gesamtbetriebsrat einen Schulungsplan und einen Startordner mit Hinweisen für die Gestaltung von Sitzungen, Betriebsversammlungen, Gesamtbetriebsvereinbarungen etc. Dieser Ordner wird Stück für Stück ergänzt.

„Der GBR ist für uns wichtig, dass wir eine Plattform haben, aber es hat ihn bisher noch keiner zum Laufen gebracht. [...] Der erste Vorsitzende, der hatte die Sache überhaupt nicht im Griff, das war am ersten Tag nur wilde Diskussion. Dann gab's keine ordentlichen Protokolle, wo man sagen konnte, Leute wir haben letztes Mal das und das gesagt, jetzt könnt ihr nicht wieder anders entscheiden. Und ja, das war die Anfangsphase, war hauptsächlich, denk' ich mal, diese mangelnde Organisation durch den Vorsitzenden, der hat sich einfach übernommen. Der zweite Vorsitzende, der [...] konnte zwar ganz gut organisieren, aber der konnte die Leute nicht mitziehen, weil der zu egozentrisch war, [...] und dann hat er [...] einfach Themen nicht weitergetragen, die wir ihm beauftragt haben, [...] der hat immer nur dann reagiert, wenn der Arbeitgeber ein Thema in den GBR gebracht hat [...]. Ja der, der jetzt gerade noch Vorsitzende [...] hat am Anfang gar nicht die Sitzung selbst geleitet, die ersten beiden, das hat der Stellvertreter gemacht und [...] jetzt (wo wir, Anm. d. Verf.) ordentliche Protokolle haben [...], Arbeitsgruppen jetzt anfingen zu gründen, die von uns heraus entstanden sind, tritt der zurück." (G06_GBR)

Gemeinsam ist diesen vier Fällen, dass erstens die Unternehmensleitung versucht hatte, die Betriebsratsgründung(en) zu verhindern, dass zweitens nur relativ wenige Betriebe der Unternehmen einen Betriebsrat besaßen, daher nur eine relativ geringe Anzahl von Betriebsratsgremien in dem Gesamtbetriebsrat vertreten waren und folglich der Gesamtbetriebsrat aufgrund der Stimmenverhältnisse von den Betriebsräten der Konzernzentralen ‚dominiert' wurde.

5.2.3 Zusammenfassung zur Rolle von Gesamt- und Konzernbetriebsräten

In unserem Sample findet sich eine große Bandbreite an Einflussnahmen von Gesamt- bzw. Konzernbetriebsräten auf die Betriebsratsgründungen. Zwar waren sie größtenteils aktiv an Betriebsratsgründungen beteiligt und ‚arbeitnehmernah' ausgerichtet – auch wenn sie so gut wie nie eine Betriebsratsgründung ‚initiiert' hatten –, aber es fanden sich auch ‚inaktive', ‚unsichtbare' und ‚arbeitgebernahe' Gremien. Für die Betriebsratsgründungen unseres Samples zeigt sich, dass die Unterstützung durch einen Gesamt- bzw. Konzernbetriebsrat – bis auf eine Ausnahme immer in Zusammenarbeit mit der Gewerkschaft – in einigen Fällen deutlich dazu beigetragen hatte, dass die Betriebsratsinitiative von Erfolg gekrönt war. Bei entsprechenden Ressourcen gab es einen speziellen Ausschuss bzw. Personenkreis, der intensiv die Inititiator/inn/en einer Betriebsratsinitiative unterstützte und diese im Gründungsprozess begleitete. Der Gesamtbzw. Konzernbetriebsrat schützte bei Bedarf die lokalen Betriebsratsinitiator/inn/en gegen das lokale Management, indem er z.B. bei der zentralen ‚Unternehmensführung' intervenierte. Ob der Wahlvorstand vom Gesamt- bzw. Konzernbetriebsrat eingesetzt wird, ist zwar ein wichtiges, aber kein ausschließliches Indiz dafür, ob ein Gesamt- bzw. Konzernbetriebsrat bereit ist, sich aktiv an Betriebsratsgründungsprozessen zu beteiligen. Betrachtet man ausschließlich, inwiefern Gesamt- bzw. Konzernbetriebsräte den Wahlvorstand einsetzen, zeigt sich in unserem Sample, dass die Hälfte der Gesamt- bzw. Konzernbetriebsräte regelmäßig von diesem Recht Gebrauch machte. Ob dies nun als positiv oder negativ zu bewerten ist, soll an dieser Stelle offen gelassen werden.

Wie schon in der Studie von Wassermann/Rudolph (2005) zeigte sich somit auch in unserer Untersuchung, dass es unterschiedliche Vorgehensweisen und Strategien von Gesamtbetriebsräten hinsichtlich der Initiierung oder Unterstützung von Betriebsratsgründungen gibt, die nicht zuletzt davon abhängen, wie wichtig einem Gesamtbetriebsrat die ‚Erschließung' betriebsratsfreier Betriebe und die Arbeitsfähigkeit der neuen Gremien ist. Bei entsprechendem Willen zur Unterstützung und vorhandenen Ressourcen sind Gesamt- bzw. Konzernbetriebsräte (sehr) wichtig für den Erfolg einer Betriebsratsinitiative, meistens können sie mit dazu beitragen, dass die neu entstandenen Betriebsratsgremien, gerade in den zum Teil Kleinst- und Klein-Betrieben in stark filialisierten Unternehmensstrukturen, ‚vertretungswirksam' werden. Es zeigt sich aber auch, worauf auch schon Weimer (2013) in ihrer Studie zu überbetrieblichen Betriebsratsgremien im Handwerk hingewiesen hat, dass das Fehlen von Ressourcen – Freistellungen für die Gesamtbetriebsratsarbeit, spezielle Gesamtbetriebsratsschulungen, Erstattung von Fahrtkosten etc. – die Arbeitsfähigkeit eines Gesamtbetriebsrats erheblich einschränken kann.[23] Es dürfte daher kein Zufall gewesen sein, dass die ‚schlagkräftigen' Gesamtbetriebsratsgremien unseres Samples diejenigen waren, in denen es aufgrund eines Tarifvertrags nach § 3 BetrVG oder eines Entgegenkommens der Unternehmenszentrale mindestens ein ‚freigestelltes' Gesamtbetriebsratsmitglied gab, dass sich auf die Gesamtbetriebsratsarbeit konzentrieren konnte. Aus den Ergebnissen unserer Untersuchung könnte man schlussfolgern, dass das eine Ziel der Novellierung des Betriebsverfassungsgesetzes von 2001, die „Betriebsrätelücken" vor allem in Unternehmen mit einer stark filialisierten Betriebsstruktur zu schließen (Wassermann/Rudolph 2005: 60), nur bedingt erreicht werden konnte. Zwar hat der Gesetzgeber den Gesamt- bzw. Konzernbetriebsräten mehr Rechte bei einer Betriebsratsgründung eingeräumt, es aber versäumt, den Gesamt- bzw. Konzernbetriebsräten die für die Ausfüh-

---

23 Weimer stellt fest, dass in ‚Handwerkskonzernen', deren Einzelbetriebe meistens weiterhin eine klein(st)betriebliche Struktur aufweisen, eine wirksame Interessenvertretung auf überbetriebliche Betriebsratsgremien (Gesamt- bzw. Konzernbetriebsräte oder Betriebsratsgremien nach § 3 BetrVG) mit entsprechender Ressourcenausstattung angewiesen wäre. Die Gesamtbetriebsräte könnten ihrer gestiegenen interessenpolitischen Bedeutung aber nicht gerecht werden, da im Betriebsverfassungsgesetz keine entsprechenden Ressourcen vorgesehen sind. „Damit fehlen die grundlegenden Voraussetzungen für eine wirksame, kontinuierliche und diesen Unternehmensnetzwerken adäquate überbetriebliche Interessenvertretungsarbeit." (Weimer 2013: 270).

rung ihrer Arbeit notwendigen Ressourcen gesetzlich zu garantieren. Das betrifft gerade die Gremien in Unternehmen mit einer stark filialisierten Betriebsstruktur, die aufgrund der fehlenden Ressourcenausstattung gar nicht in der Lage sind, aktiver als bisher Betriebsratsgründungen zu unterstützen.

6 Fazit

Der Betriebsrat ist in Deutschland die zentrale Institution zur betrieblichen Partizipation und Mitbestimmung der Beschäftigten. Seine Wahl ist eine gesetzlich garantierte Option für die Belegschaft in allen (privatwirtschaftlichen) Betrieben mit mehr als fünf Beschäftigten. Trotz dieses gesetzlich verbrieften Rechts besitzen jedoch aktuell nur knapp 10% aller betriebsratsfähigen Betriebe tatsächlichen einen Betriebsrat. Dieser Anteil blieb in den letzten 15 bis 20 Jahren relativ stabil. Dahinter verbirgt sich jedoch eine beträchtliche Dynamik von ‚wegsterbenden' Betriebsräten auf der einen Seite und neu gewählten Betriebsräten auf der anderen Seite. Das Forschungsprojekt, dessen Endbericht hiermit vorgelegt wurde, befasste sich mit der Frage, warum und wie Betriebsräte gegründet werden, welche Anlässe und Akteure typisch sind, wie die Verlaufsdynamiken der Gründungsprozesse aussehen und welche Probleme dabei auftreten können. Eine zusätzliche Teilfrage des Projekts betraf zudem die Rolle der Gesamt- und Konzernbetriebsräte im Zuge von Betriebsratsgründungen. Empirische Grundlage für die Beantwortung dieser Fragen waren 76 qualitative Interviews mit Mitgliedern neu gegründeter Betriebsräte sowie Managementvertreter/inne/n in insgesamt 54 Betrieben. Dabei handelte es sich mehrheitlich um Klein- und Mittelbetriebe, wobei die Branchenzugehörigkeit und auch die regionale Verteilung nach Bundesländern breit streuen.

Der theoretische Rahmen zur Analyse des erhobenen empirischen Materials kombinierte verschiedene einschlägige Konzepte der Soziologie industrieller Beziehungen. Kernbegriffe waren dabei *Interesse, Repräsentation* und *Mobilisierung:* Um die interessenpolitischen Deutungsmuster zu analysieren, die handlungsleitend für die Initiative zur Gründung von Betriebsräten waren, haben wir Anleihen beim *interessentheoretischen Ansatz* (nach Bosch et al. 1999; Schmidt/ Trinczek 1999) gemacht. Dieser konzipiert innerbetrieblich interaktiv ausgehandelte Interessendefinitionen als ein – kontextgebunden jeweils differentes – ‚Mischungsverhältnis' unterschiedlicher und gemeinsamer Interessenlagen von Kapital und Arbeit. Das französische Konzept der *représentation au quotidien* (Dufour/Hege 2002; vgl. zur Verknüpfung der interessen- und repräsentationstheoretischen Perspektive auch Artus 2008a) wurde genutzt, um das Wechselspiel zwischen sozialer Gruppenbildung, Herausbildung einer kollektiven Identität und der Möglichkeit aktiver sowie glaubwürdiger Repräsentation derselben durch ein legitimiertes Vertretungskollektiv analytisch angemessen in den Blick zu bekommen. Eine spezifische Variante der sogenannten *Mobilisierungstheorie*, wie sie insbesondere von Kelly (1998) (im Anschluss u.a. an Tilly 1978) ausgearbeitet wurde, lässt sich mit den oben genannten interessenpolitischen sowie repräsentationstheoretischen Überlegungen gut verknüpfen und lieferte zusätzliche Hinweise dafür, welche Voraussetzungen gegeben sein müssen, damit das kollektive Empfinden von Ungerechtigkeit in gemeinsames Handeln transformiert werden kann. Momente der Delegitimierung des betrieblichen Herrschaftsverhältnisses, der Organisierung und Existenz glaubwürdigen ‚Leaderships' sowie eine positive Einschätzung der Erfolgsaussichten sind demnach (einige) wichtige Bedingungen für das Entstehen kollektiver Aktion.

Ein zentrales Ergebnis des Forschungsprojekts ist zunächst die Erkenntnis, dass die Gründung eines Betriebsrats äußerst voraussetzungsvoll ist. Es bedarf hierfür (im Regelfall) einer einigermaßen kohärenten Sicht der Beschäftigten auf die ‚betriebliche Welt'. Diese zeichnet sich dadurch aus, dass in Abgrenzung zu den bisherigen innerbetrieblichen Verhältnissen ein Betriebsrat zur Vertretung der spezifischen Belegschaftsinteressen (oder auch zur verbesserten Vertretung des ‚Betriebswohls') notwendig und legitim erscheint. Der Prozess der allmählichen Herausbildung einer solchen kollektiven ‚Weltsicht', der Formierung eines handlungsfähigen Kollektivs zur Initiierung des rechtlich vorgegebenen Procedere für die Wahl eines Betriebsrats und zur Etablierung eines vertretungswirksamen Gremiums ist lang und kann mit vielfältigen Problemen behaftet sein. Auf Basis des empirischen Materials konnte dabei ein *typischer Phasenverlauf* rekonstruiert werden: In Betrieben ohne Betriebsrat existieren im Regelfall vielfältige informelle Formen der Interessenvertretung, vielleicht auch sogenannte ‚andere Vertretungsorgane', die nicht rechtlich legitimiert sind. Auf diese ‚ursprünglich' existierende Situation *informeller Interessenrepräsentation* folgt zunächst eine *Latenzphase,* in der sich meist einige wenige Aktivist/inn/en zusammenfinden, die die Überzeugung eint, dass eine rechtlich verfasste, formalisierte Institution kollektiver Interessenvertretung der Belegschaft im Betrieb gegründet werden sollte. Wichtig ist in dieser Phase, dass die Idee der Betriebsratsgründung noch nicht betriebsöffentlich wird, d.h. sie muss sich (noch) nicht der allgemeinen Diskussion, den widerstreitenden Positionen und eventuell auch der Repression der Geschäftsleitung aussetzen. ‚Verdeckt' werden zunächst ‚Mitstreiter/innen' gesucht, denen man eine ähnliche ‚Weltsicht' unterstellt; im diskursiven Schonraum wird die Veränderungsidee normativ bekräftigt, man versichert sich der wechselseitigen Unterstützung, Entschlossenheit und Solidarität – und sammelt professionellen Sachverstand zum Thema. Im Regelfall wenden sich die ‚Gründungsaktivist/inn/en' in dieser Phase an die zuständige Gewerkschaft mit der Bitte um juristische und auch organisatorische Unterstützung. Spätestens wenn ein offizielles Wahlausschreiben erfolgt, endet jedoch die Latenzphase. Es beginnt die – zuweilen turbulente und schwierige – *Formierungsphase,* in der die Gesamtbelegschaft und auch das Management sich gegenüber der Initiative einer Betriebsratswahl positionieren. Diese Phase zeichnet sich im Regelfall durch eine erheblich dynamisierte soziale Meinungs- und Gruppenbildung aus.

Spätestens jetzt ist die Initiative auch mit dem – mehr oder weniger – ‚rauen Gegenwind' aus der Geschäftsleitungsetage konfrontiert. Mit der offiziellen Wahl des Betriebsrats endet der soziale Prozess der Etablierung einer repräsentativen Belegschaftsvertretung nicht, es ändern sich lediglich dessen formaljuristischen Voraussetzungen. Der Erwerb des Vertrauens der Belegschaft und die Herstellung eines aktiven, wechselseitigen Repräsentationsverhältnisses ist die schwierige Aufgabe in der nun folgenden *Konstituierungsphase*. In deren Verlauf muss der neu gewählte Betriebsrat im Regelfall nicht nur Kompetenzen erwerben, sondern auch die Arbeitsteilung und das Rollenverständnis im neuen Gremium klären, den Kontakt zur Belegschaft aufrecht erhalten bzw. verstärken und innerbetriebliche Kommunikationsweisen etablieren, um schließlich praktisch *vertretungswirksam* zu werden. Mit diesem Begriff ist gemeint, dass die neu gegründete Institution nicht nur formal existiert, sondern praktischen Einfluss auf die betrieblichen Bedingungen ausübt und mit einem Mindestmaß an Professionalität sowie Vertretungs*macht* als Instrument demokratischer Partizipation der Belegschaft wirkt.

Während der oben skizzierte Phasenverlauf in seiner allgemeinen Typik (nicht zuletzt wegen des fixen juristischen Rahmens) für Betriebsratsgründungen in Deutschland als quasi ‚universell' gelten kann, unterscheidet sich freilich die konkrete Ausgestaltung und Verlaufsdynamik in den Betriebsfällen. Wir haben insgesamt *fünf typische Muster von Betriebsratsgründungen* rekonstruiert. Diese differieren zum einen entlang der Frage, ob kurzfristige, einschneidende Ereignisse oder eher langfristige, kumulative ‚Leidensprozesse' der Belegschaft den Ausschlag für die Betriebsratsgründung gaben; zum anderen entlang der Frage, ob die neu gewählten Betriebsräte letztlich vertretungswirksam wurden oder nicht:

Betriebsräte, die als Schutz der gemeinschaftlichen Sozialordnung gegründet werden, sind klassische ‚Ereignisgründungen' und kommen besonders häufig in eher industriell geprägten Mittelbetrieben vor. Einschneidende Veränderungen, z.B. eine betriebliche Insolvenz oder der Wechsel der Geschäftsführung, gefährden hier die angestammte vertrauensvolle Betriebskultur. Das bedrohliche Ereignis sorgt meist für eine starke Mobilisierung der Belegschaft, die im Regelfall auch das mittlere, eventuell sogar das höhere Management einschließt. Die vergleichsweise kohärente Sozialordnung mit bereits existierenden ‚informellen Sprecher/inne/n' begünstigt ebenfalls einen meist zügigen und vergleichsweise problemlosen Gründungsverlauf, an dessen Ende meist recht schnell vertretungswirksame Gremien stehen.

Betriebsräte, die als Erweiterung individueller Interessenvertretungsstrategien gegründet werden, kommen überproportional häufig (aber nicht nur) in sogenannten ‚Wissens-Betrieben' mit vergleichsweise hochqualifizierten Beschäftigten vor. Systematische Problemlagen wie etwa die Zunahme von Intransparenz, Ungerechtigkeiten oder Autonomiebeschränkungen kumulieren hier häufig ‚nach und nach' im Zuge des Größenwachstums der Betriebe oder auch organisatorischer Restrukturierungen. Latenz- und Formierungsphase sind in diesen Fällen häufig nicht unproblematisch, weil die betrieblichen Interessenlagen stark individualisiert sind, gewerkschaftlich geprägte Mitbestimmungspolitik kulturell (zunächst) wenig anschlussfähig ist und zuweilen konkurrierende Vertretungsinitiativen existieren. Eine (wenigstens einigermaßen) kohärente betriebliche ‚Weltsicht' ebenso wie legitime ‚Sprecher/innen' müssen sich häufig in einem recht mühsamen Prozess erst nach und nach herauskristallisieren. Nach zum Teil turbulenten und auch konflikthaften Gründungs- und Konstituierungsphasen erweisen sich diese Betriebsräte im Regelfall jedoch als betriebskulturell ebenso zweckmäßige wie passfähige Erweiterung individueller Interessenvertretungsstrategien und etablieren sich letztlich meist als vertretungswirksame Gremien.

Insbesondere in Betrieben des prekären Dienstleistungsbereichs werden Betriebsräte häufig als *Mittel der kollektiven Emanzipation* gegründet. Die prekären betrieblichen Verhältnisse implizieren hier Arbeitsbedingungen unterhalb gesellschaftlich gültiger bzw. üblicher rechtlicher und tariflicher Standards, die systematische Verletzung von Ansprüchen auf Würde und Anerkennung sowie vergleichsweise große Randbelegschaften und eine starke Fluktuation der Belegschaft. Grund für die erstaunlich hartnäckige Persistenz dieser ‚bad jobs' ohne relevante Gegenwehr ist neben der hohen Fluktuation die explizite Angstkultur, die durch repressive Managementmethoden etabliert und stabilisiert wird. Trotz meist explizit ablehnender Haltung der Geschäftsführungen kann es hier jedoch durchaus gelingen durch interne Solidarisierung, die Existenz glaubwürdiger und durchsetzungsfähiger Anführer/innen, enge Anbindung an die Gewerkschaft und gegebenenfalls durch die Unterstützung von Gesamtbetriebsräten sowie intensive Qualifizierung der Belegschaftsvertreter/innen, letztlich die Wahl vertretungswirksamer Gremien durchzusetzen.

Letzteres gelingt hingegen typischerweise nicht, wenn Betriebsräte primär zur *Vertretung von Partialinteressen* einzelner Beschäftigten oder Beschäftigtengruppen gegründet werden. Ohne so weit zu gehen wie etwa Schlömer-Laufen/Kay (2012), die für ähnliche Fälle den recht stark stigmatisierenden Begriff von „Egoisten-Gründungen" verwenden, so gibt es doch zweifellos Betriebsratsgründungen, bei denen das Betriebsverfassungsgesetz von einzelnen Akteuren machtpolitisch genutzt wird, um auf bestimmte Einzelereignisse zu reagieren, die nicht die gesamte Belegschaft betreffen. Manchmal gleichen solche Prozesse eher innermanagerialen Machtkämpfen als der Herausbildung eines umfassenden, kollektiv repräsentativen Vertretungsgremiums.

Aber auch in anderen Fällen und aus anderen Gründen können Betriebsratsgründungen mangelhaft vertretungswirksam bleiben, d.h. es existieren Fälle von *Blockierter Partizipation*, in denen zwar die formale Gründung eines Betriebsrats gelingt, nicht jedoch die nachhaltige Veränderung der innerbetrieblichen Austauschbeziehungen durch ein vertretungswirksames Belegschaftsgremium. Wesentliche Faktoren in dem meist heterogenen Ursachenbündel solcher ‚blockierten' Mitbestimmungsinitiativen sind eine anhaltende Spaltung der Belegschaft, das (oft damit zusammenhängende) Fehlen überzeugender, legitimer und auch qualifizierter ‚Sprecher/innen' der Beschäftigten sowie anhaltender Widerstand und zum Teil auch hartnäckige Repression von Seiten der Geschäftsleitung.

Ziel der hier vorgelegten Untersuchung war es, einen möglichst vollständigen Überblick über unterschiedliche Dynamiken von Betriebsratsgründungen zu erhalten. Sie zielt somit auf die Erlangung qualitativer, nicht jedoch quantitativer Repräsentanz. Von Interesse mag jedoch dennoch sein, dass Betriebsratsinitiativen, die aufgrund von kurzfristigen Ereignissen entstehen, sogenannte ‚Krisen'- oder ‚Ereignisgründungen', im Sample (mit insgesamt 16 Fällen) doch recht deutlich in der Minderheit waren. Es überwogen Gründungen, die aufgrund vergleichsweise langwieriger Prozesse der Kumulation von Problemlagen oder des ‚dauerhaften Leidens' der Beschäftigten erfolgten. Dies lässt vermuten, dass in der betrieblichen Realität vergleichsweise viele Fälle existieren, in denen seit längerer Zeit eigentlich genug Gründe für die Implementierung einer kollektiven Interessenvertretung vorhanden wären, wo jedoch der ‚letzte Funke' oder auch die ‚richtigen' Personen für die Initiierung rechtlich verfasster Mitbestimmung fehlen. Oder anders ausgedrückt: Möglicherweise ist die Nicht-Existenz eines Betriebsrats in 90% aller betriebsratsfähigen Betriebe weniger der Tatsache geschuldet, dass die Beschäftigten ‚kein Interesse' an einem solchen Organ haben, sondern dass es niemanden gibt, der dieses Interesse in überzeugender und durchsetzungsfähiger Weise formuliert bzw. dessen Vertretung tatkräftig in Angriff nimmt. Die Realisierung des gesetzlich garantierten Rechts auf Mitbestimmung wird in Deutschland möglicherweise also in vielen Fällen verhindert durch typische Probleme kollektiven Handelns (vgl. Olson 1992).

Interessant ist in diesem Zusammenhang freilich auch ein etwas intensiverer Blick auf die *typischen Akteure*, die solche – insgesamt eher seltenen und höchst voraussetzungsvollen – Initiativen kollektiver Mobilisierung vorantreiben. Bei diesen handelt es sich im Regelfall um langjährige Mitglieder der Stammbelegschaft mit einer überdurchschnittlich guten Ausstattung an – im Sinne von Bourdieu – kulturellem und sozialem Kapital. Das heißt, es sind Beschäftigte mit meist guten fachlichen Kompetenzen, die nicht zuletzt deshalb auch Respekt sowohl bei Kolleg/inn/en als auch bei Vorgesetzten genießen. Nicht selten haben sie (deshalb) auch untere Managementfunktionen inne. Da sie oft alltäglich bereits informell oder auch formell (als Vorgesetzte) als Sprecher/innen der Belegschaft bzw. als Mediator/inn/en zwischen den Hierarchieebenen agieren, ist für sie der Weg zu offiziellen Belegschaftsrepräsentant/inn/en weniger weit als für andere.[1] Eine weitere ‚typische Eigenschaft' der Aktivist/inn/en ist ferner, dass sie über persönliche Erfahrungen und einen normativen Referenzrahmen verfügen, der es ihnen ermöglicht, die betrieblichen Verhältnisse zumindest teilweise (auch) ‚von außen' und damit ‚kritisch' zu sehen. Damit ist die Fähigkeit gemeint, sich von den betrieblich gegebenen Verhältnisse zumindest ein Stück weit zu distanzieren und diese ‚im Lichte ihrer Möglichkeiten' zu sehen. Es klingt banal, ist jedoch essenziell: Veränderung benötigt immer die Idee davon und den Glauben daran, dass etwas anderes möglich ist als das, was ist. Solche Ideen und Überzeugungen werden erleichtert, wenn z.B. der Ehemann oder die Freundin in einem Betrieb mit Betriebsrat arbeitet oder selbst Gewerkschaftsfunktionär/in ist, wenn im Betrieb nebenan oder beim früheren Arbeitgeber auch ein Betriebsrat existierte, wenn politische oder auch christliche Überzeugungen es nahe legen, dass ungerechte Verhältnisse nicht auf Dauer ertragen werden müssen, wenn eine Gewerkschaftsschulung oder eine einfache juristische Information vermittelt hat, dass man Rechte hat, von denen man bislang nichts wusste. Solche Erfahrungen und Ideen sind übrigens zwar offenbar branchenspezifisch ungleich verteilt; insbesondere im Dienstleistungsbereich und in ‚typischen Frauenbranchen' sind Erfahrungen mit gewerkschaftlicher Mitbestimmungskultur vergleichsweise seltener und ‚weiter weg' als in Industriebranchen. Wir haben jedoch keinerlei Anzeichen dafür gefunden, dass der prinzipielle Wille oder die Fähigkeiten zur mitbestimmungspolitischen Aktivierung sich geschlechts- oder auch altersspezifisch wesentlich unterscheiden würden (vgl. hierzu Artus/Röbenack 2014).

Wie reagiert das Management typischerweise auf Initiativen einer Betriebsratsgründung?

Die Begeisterung ist im Regelfall nicht allzu groß. In unserer empirischen Erhebung, in die (mit einer einzigen Ausnahme) lediglich formal ‚erfolgreiche' Betriebsratsgründungen einbezogen waren, waren massive Repressionsversuche jedoch eher selten.[2] Insbesondere im Fall der ‚Krisen-Gründungen' kommt es sogar vor, dass die Wahl eines Betriebsrats vom Management unterstützt wird. In vielen anderen Fällen ist die Haltung des Managements zwar eher negativ, sie schwankt jedoch zwischen Missbilligung und Indifferenz; explizite massive Verhinderungsstrategien sind in der Minderheit. Dies deutet darauf hin, dass

---

1   Vgl. hierzu z.B. auch die Anmerkungen über „verrückte Aktivist/inn/en" in Artus 2008a, c.
2   Ein anderes Bild würde sich sicherlich ergeben, wenn auch gescheiterte Initiativen der Betriebsratsgründung in die empirische Untersuchung einbezogen worden wären. Dies zeigte sich sowohl in vergangenen Studien über betriebsratslose Betriebe (Artus 2008a, c) als auch in einer aktuellen Studie zu Fällen von ‚union busting' (Rügemer/Wigand 2014a, b)

sich in weiten Bereichen der deutschen Betriebslandschaft mittlerweile die Legitimität der gesetzlichen Legalität durchgesetzt hat. Betriebsräte werden vom Management zwar als möglicherweise lästige und unnötige Einrichtungen interpretiert, das grundlegende Recht der Belegschaft auf Mitbestimmung wird jedoch weitgehend toleriert. Wenn diese Diagnose stimmt, würde das doch einen deutlichen kulturellen Wandel gegenüber Verhältnissen bedeuten, wie sie noch in den 1970er und 1980er Jahren geherrscht haben. Dies zeigt sich vielleicht besonders gut am Beispiel der vergleichsweise ‚unproblematischen' Betriebsratsgründungen zum *Schutz der gemeinschaftlichen Sozialordnung*. Sie fanden häufig in kleineren oder mittelgroßen Industriebetrieben statt, in denen eine patriarchal geprägte Betriebskultur ‚legitimer Dominanz' des Managements (bzw. Eigentümers) typisch ist. Vormals waren es gerade diese Betriebe, in denen die Wahl eines Betriebsrats auf vehementen Widerstand stieß (vgl. Kotthoff 1994). Mittlerweile, so scheint es, werden gerade hier in bestimmten (kritischen) Situationen Betriebsratswahlen von (fast) allen Seiten als legitimes Mittel zur Wahrung von Belegschafts- und sogar Betriebsinteressen akzeptiert. Möglicherweise zeigt sich hier ein gewisser historischer Trend zur Durchsetzung von mehr Demokratie im Industriebetrieb. Möglicherweise hat sich der ‚Hort des managerialen Widerstands' allerdings auch ‚nur' verlagert. Zumindest in unserer Studie fanden die heftigsten Auseinandersetzungen nicht so sehr in patriarchal geprägten industriellen Eigentümerbetrieben statt, sondern in global agierenden Dienstleistungskonzernen mit höchst professioneller juristischer Expertise sowie in typischen Frauenbranchen, in denen die Durchsetzung von Mitbestimmung gegen etablierte Normen weiblicher Dienstfertigkeit, Fürsorge und Unterordnung verstieß. Und es sei einmal mehr betont: Dort, wo das Management sich für repressive Strategien der Betriebsratsbe- und -verhinderung entschied, waren diese höchst wirksam. Es brauchte ein immenses Maß an individueller Durchsetzungsfähigkeit und Belastbarkeit der Initiator/inn/en, solider interner Einigkeit der Belegschaft sowie auch ein erhebliches Maß äußerer Unterstützung (durch Gewerkschaften, Gesamt- bzw. Konzernbetriebsräte etc.), um Betriebsratsgründungen gegen den manifesten Willen der Geschäftsleitungen konflikthaft und erfolgreich durchzusetzen. Solidarität und ‚langer Atem' waren hier die zentralen ‚Waffen' der Beschäftigten. Der gesetzliche Schutz ist in solchen Fällen ziemlich beschränkt.

Obwohl nun vieles schon angesprochen wurde, ist es abschließend interessant, noch einmal zusammenfassend die zentralen Faktoren für den Erfolg oder auch das Scheitern von Betriebsratsgründungen zu resümieren. Oder anders formuliert: *Was ist nötig für eine erfolgreiche Betriebsratsgründung? Welche Gründe sind zentral für das Scheitern von Betriebsratsgründungen?*

Die Initiierung von Betriebsräten ist im Regelfall Ausdruck einer spezifischen Interpretation innerbetrieblicher Interessenlagen: Es scheint nötig, die Belegschaftsinteressen als ‚besondere Interessen' zu vertreten, oder auch das ‚Betriebswohl' als gemeinsames Interesse von Kapital und Arbeit durch eine neue Institution zu wahren, weil dieses vermeintlich vom amtierenden Management ‚vernachlässigt' wird. Zudem bedarf es der Überzeugung, dass eine durchsetzungsfähige Interessenvertretung am besten kollektiv (nicht individuell) erfolgen kann. Nicht einfach ist jedoch die Herstellung eines (möglichst weitgehenden) innerbetrieblichen Konsenses der Beschäftigten über eine solche Interessendeutung. Schließlich geht es bei der Wahl eines Betriebsrats um nicht weniger als eine grundlegende Umgestaltung der innerbetrieblichen Sozialbeziehungen. In manchen Fällen wird eine solche ‚Umorientierung' relativ schnell durch einschneidende äußere Ereignisse gefördert, von denen alle oder viele betroffen sind. In anderen Fällen finden sich – manchmal erstaunlich lange – Phasen des ‚Leidens' unter vielfältigen betrieblichen Problemlagen, der Verletzung von Bedürfnissen nach Würde, Anerkennung und Gerechtigkeit. In jedem Fall braucht es jedoch überzeugungsfähige und engagierte Aktivist/inn/en, die im betrieblichen Diskurs einflussreich und fähig sind, die Initiative für einen Betriebsrat sowohl als legitime als auch als aussichtsreiche Forderung zu thematisieren. Die wahrgenommene ‚Chancenstruktur' der Betriebsratsinitiative spielt eine wichtige Rolle für ihre Überzeugungsfähigkeit. Die Etablierung einer ‚echten' Repräsentationsbeziehung im Sinne eines aktiven Vertretungsverhältnisses zwischen Repräsentant/inn/en und Repräsentierten setzt jedoch nicht nur die formale Wahl eines Betriebsrats, sondern auch eine ‚gelungene' soziale Gruppenbildung und die Herstellung einer – möglichst spaltungsfreien und umfassenden – kollektiven Identität der Belegschaft voraus, die sich – im besten Fall – in der Institution und auch in den letztlich gewählten Personen des Betriebsratsgremiums inkarniert. Für die Konstruktion einer solchen kohärenten Gruppenmeinung bedarf es vielfältiger Interaktions- und Überzeugungsprozesse. Der Zeitpunkt und die Art der Einflussnahme des Managements auf diesen Konstruktionsprozess sind dabei nicht unwichtig. Sie kann sowohl die Einschätzung der Erfolgsaussichten der Initiative beeinflussen als auch im Fall einer frühzeitigen Einflussnahme die notwendige allmähliche Aggregierung der Interessenlagen und notwendige Überzeugungsarbeit nachhaltig stören. ‚Demokratie' ist machtpolitisch beeinflussbar. Daher spielt die Unterstützung der Initiativen durch die Gewerkschaften (und eventuell existierende Gesamt- oder Konzernbetriebsräte) als ‚Schutzinstitutionen', Machtfaktoren und auch zur professionellen und strategischen Beratung oft eine wichtige Rolle. Dieser sozial anspruchsvolle Gründungsprozess gelingt insbesondere dort gut, wo bereits soziale Vorformen aktiver Repräsentationsbeziehungen existieren, d.h. in Betrieben mit gemeinschaftlicher Belegschaftskultur, kollektiv geteilten Interessendeutungen, vielfältigen informellen Repräsentationsbeziehungen sowie im Fall der Tolerierung oder gar Unterstützung der Gründungsinitiativen durch das Management. Die zentralen

Ursachen für das Scheitern oder auch die mangelnde Vertretungswirksamkeit von Gründungsinitiativen lassen sich – zugegebenermaßen etwas reduziert, aber dafür in pointierter Weise – auf den Nenner von zwei Begriffen bringen: Spaltung und Repression. Dort, wo die Herausbildung einer kohärenten Gruppenmeinung der Belegschaft problematisch ist, wo eine starke interne Interessenheterogenität oder sogar -widersprüche in der Belegschaft existieren, ist es oft auch schwierig kollektiv legitimierte Sprecher/innen zu finden. Die Logik gilt fallweise auch umgekehrt: Fehlen überzeugungsfähige und professionell agierende Aktivist/inn/en, ist es schwierig, interne Solidarisierungsprozesse mit dem Ziel einer Betriebsratsgründung zu organisieren. Eine ablehnende bis repressive Haltung der Geschäftsleitungen erhöht häufig die Widersprüche bis hin zu Spaltungen innerhalb der Belegschaft; sie treibt ‚die erwarteten Kosten' einer Unterstützung der Initiative ‚in die Höhe'. Insofern ist sie häufig geeignet, einen ‚Keil' in die kollektive Interessenformierung der Beschäftigten zu treiben – und im Fall ohnehin gespaltener Belegschaften einen *circulus vitiosus* zu initiieren aus fraglichen Erfolgsaussichten der Initiativen, mangelnder Unterstützung, fehlender kollektiver Handlungsfähigkeit und geringen Vertretungserfolgen. Eine fehlende oder defizitäre Unterstützung ‚von außen' (Gewerkschaften und/oder Gesamt- bzw. Konzernbetriebsräte) mag dann ein weiterer und vielleicht entscheidender Faktor dafür sein, weshalb sich kein vertretungswirksames Gremium etablieren kann.

Gewerkschaften sowie Gesamt- bzw. Konzernbetriebsräte sind im Zuge von Betriebsratsgründungen wichtige Akteure. Ihr Engagement und ihre Unterstützungsleistungen können den Ausschlag geben dafür, ob eine Betriebsratsgründung erfolgreich ist und ein vertretungswirksames Gremium entsteht – oder nicht. Während die Haltung der Gesamt- bzw. Konzernbetriebsräte (in unserem Sample) zwischen mehr oder weniger ausgeprägter „Unterstützung" und völliger „Inaktivität" variierte, fand so gut wie keine Betriebsratsgründung jenseits der Gewerkschaften statt. Typisch ist, dass sich ein zuvor kaum vorhandener oder loser Gewerkschaftsbezug der Beschäftigten im Laufe der Gründung allmählich herausbildet, festigt und teils erheblich intensiviert. Dies gilt insbesondere für Gründungsprozesse zur *kollektiven Emanzipation* der Belegschaft, die einerseits besonders schwierig, voraussetzungsvoll und auch betreuungsintensiv für die Gewerkschaften sind; andererseits sorgen die oft klare Zielsetzung einer tariflichen Anbindung und die dafür ‚auf der Hand liegenden' nötigen Rekrutierungs- und Mobilisierungsprozesse häufig für eine deutliche Erhöhung des gewerkschaftlichen Organisationsgrads in der gesamten Belegschaft und für eine dauerhaft enge gewerkschaftliche Anbindung der neu gewählten Betriebsratsgremien. Generell variiert die Rolle der Gewerkschaften bei Betriebsratsgründungen zwischen einer beratenden und massiv unterstützenden Funktion. Insbesondere im Fall managerialer Repressionsstrategien spielen sie häufig eine kritisch-entscheidende Rolle. Auch im ‚verflixten ersten Jahr' nach den ersten Betriebsratswahlen kommt ihnen generell eine wichtige Bedeutung für die Qualifizierung, Stärkung, Beratung und Hilfe zur Professionalisierung der neuen Gremien zu.

Welche Möglichkeiten bzw. Gefahren implizieren gewerkschaftliche ‚Organizing'-Strategien, die auf die Wahl von Betriebsräten zielen?

Es wurde bereits mehrfach betont, dass gewerkschaftliche Betreuung ein wichtiger unterstützender Faktor im Zuge von Betriebsratsgründungen darstellt. Die damit verbundenen innerbetrieblichen Mobilisierungsprozesse implizieren im Regelfall vielfältige Möglichkeiten zur Intensivierung von Gewerkschaftskontakten und Werbung von Mitgliedern. Sie sind häufig der Anfang einer engen Kooperation zwischen Belegschaften und Gewerkschaften bzw. einer normativen Integration von Beschäftigten in den gewerkschaftlichen Solidarverband. Aber: Organizing ‚von außen' kann im besten Fall interne Willensbildungsprozesse unterstützen, diese jedoch nicht ersetzen. Eine allzu massive ‚Hilfe zur Selbsthilfe' birgt die Gefahr, jene innerbetrieblichen Interaktions- und Interessenformierungsprozesse, die für die Herausbildung einer interessenpolitisch vertretungsfähigen Kollektivmeinung notwendig sind, zu *ersetzen* statt zu fördern. Ebenso können gewerkschaftliche Aktivist/inn/en ‚von außen' zwar innerbetrieblichen Akteuren bei der Strategiebildung, Überzeugungs- und Argumentationsarbeit helfen, sie können jedoch nicht dauerhaft die Rolle legitimer Sprecher/innen übernehmen. Wenn die etablierten Repräsentationsbeziehungen daher zu stark auf betriebsexternem ‚Leadership' basieren, droht im Extremfall nach Wegfall der Organizing-Aktivitäten (und -Aktivist/inn/en) der Zusammenbruch der durch gewerkschaftliche Initiative aufgebauten Vertretungsmacht (vgl. ähnlich Nachtwey/Thiel 2014). Dies ist jedoch kein Argument gegen gewerkschaftliches Engagement im Zuge von Betriebsratsgründungen. Im Gegenteil: Die Ergebnisse des Projekts belegen deutlich die strategische Relevanz einer Unterstützung ‚von außen' gerade im Fall repressiver Managementstrategien sowie stark heterogener Belegschaftsstrukturen. Und sie zeigen auch: Der Aufbau durchsetzungsfähiger Vertretungsstrukturen ist möglich – auch im Fall heterogener Belegschaften und auch gegen den Widerstand des Managements.

Welche Konsequenzen für die rechtliche Ausgestaltung der Mitbestimmung legt die Studie nahe?

Obwohl, wie bereits erläutert, keine quantitative Repräsentanz unserer Studie beansprucht werden soll, ist es doch interessant, dass die Mehrheit (etwa zwei Drittel) der von uns untersuchten Betriebsratsgründungen (nach einer mehr oder weniger langen Institutionalisierungsphase) letztlich ‚erfolgreich' ist, nicht nur in dem Sinne, dass überhaupt ein Betriebsrat gewählt wird, sondern auch in dem

Sinne, dass dieses Gremium letztlich vertretungswirksam wird. Ein Grund hierfür mag möglicherweise in der rechtlichen Verfasstheit der Wahlprozedur liegen. Indem das Betriebsverfassungsgesetz die Wahl eines Betriebsrats nämlich als eine ‚Option', nicht als ‚Pflicht' konzipiert, setzt es ein gewisses Maß an kollektiver Handlungsfähigkeit und auch normativer Integration der Belegschaft voraus. Bereits in der Formierungsphase vor der Betriebsratswahl braucht es ein nicht unerhebliches Maß sowohl an rechtlicher Expertise als auch an kollektiver Durchsetzungsfähigkeit, um die Wahl eines Betriebsrats überhaupt ‚auf den Weg' zu bringen. Diese Konzeption scheint insofern adäquat, als sie bis zu einem gewissen Grad sicherstellt, dass ein Mindestmaß an kollektiver Interessenformierung und auch an professionellem ‚Leadership' im Fall einer Betriebsratsgründung gegeben ist. Die Wahl von zahnlosen ‚Papiertigern', die kaum auf Rückhalt in der Belegschaft bauen können und eher eine bürokratische als interessenpolitisch wirksame Institution darstellen, scheint damit bis zu einem gewissen Grad verhindert zu werden. Zugleich lässt sich jedoch auch begründeter Weise argumentieren, dass das deutsche Betriebsverfassungsgesetz eine Art ‚survival of the fittest' stimuliert, d.h. nur solche Belegschaften, die die recht hohen ‚Hürden' für die Einleitung eines formalen Wahlverfahrens überspringen, kommen in den Genuss von Mitbestimmungsrechten. Dabei herrschen zudem je nach betrieblicher Konstellation recht ungleiche Voraussetzungen: Das deutsche Modell der Betriebsverfassung passt recht gut für Betriebe mit ‚traditionellen', kohärenten Betriebsstrukturen und grundsätzlich kooperativ gestalteter Managementpolitik. Kollektive Meinungsbildungsprozesse scheinen hier vergleichsweise einfach, in ‚fairer' Weise und ohne allzu große Behinderungen möglich. Beschäftigte in Betrieben mit netzwerkartigen, stark fluktuierenden oder heterogenen Betriebsstrukturen (z.B. in der Bauwirtschaft, aber auch im Einzelhandel, in personennahen Dienstleistungen, der Systemgastronomie, dem Reinigungsgewerbe etc.) bzw. mit einem explizit repressionswilligen Management sind hingegen systematisch benachteiligt. Die Herausbildung wechselseitig geteilter Überzeugungen oder gar eine kollektiven Belegschaftsidentität ist hier stark erschwert. Einschüchterungs- und Spaltungsversuche des Managements haben leichtes Spiel. Zu erwägen wären daher möglicherweise rechtliche Reformen, die einen Art ‚Nachteilsausgleich' in bestimmten betrieblichen Konstellationen beinhalten. Zu denken wäre etwa an eine klarere Definition des Betriebsbegriffs und die Gewährung von mehr Ressourcen, mehr Schutz und eventuell auch mehr Rechten für die Initiator/inn/en von Betriebsratswahlen. In solchen (z.B. branchenspezifisch oder auch unternehmensstrukturell zu definierenden) ‚schwierigen' Fällen könnte auch über eine verpflichtende Einrichtung von Betriebsräten nachgedacht werden, die freilich keine Garantie für die Etablierung vertretungswirksamer Gremien ist, wohl aber für die Einrichtung ‚organisationeller Hülsen', derer sich die Beschäftigten vermutlich einfacher ‚bemächtigen' können als im Fall einer grundsätzlichen Neugründung. Auch mehr Ressourcen oder Rechte von Gesamt- bzw. Konzernbetriebsräten scheinen (nicht nur) in solchen Fällen angebracht. Nicht allein unsere Studie, sondern generell die Zunahme öffentlich diskutierter Fälle von ‚union busting' weisen zudem darauf hin, dass die momentane Gesetzgebung und vielleicht mehr noch die etablierten Praktiken der Rechtsprechung nicht ausreichten, um legale interessenpolitische Vertretungsinitiativen der Beschäftigten vor (häufig illegalen) Repressionsmethoden der Geschäftsleitungen zu schützen. Einschlägige Urteile kommen häufig viel zu spät, um noch Einfluss auf innerbetriebliche Auseinandersetzungen zu haben. Und sie sind so moderat, dass es sich aus Sicht der Verurteilten häufig lohnt, die Strafen zu zahlen.

Welche weiterführenden wissenschaftlichen Fragestellungen ergeben sich aus der vorliegenden Untersuchung?

Die hiermit vorgelegte Untersuchung von Betriebsratsgründungen schließt thematisch, konzeptionell und zum Teil auch personell an eine ältere Studie zum Thema „Betriebe ohne Betriebsrat" an (vgl. Artus et al. 2006; Lücking 2009). Insofern ist es sicherlich nicht zufällig, dass die Ergebnisse dieser beiden Studien potenziell anschlussfähig und aufeinander beziehbar sind. Es scheint typische ‚Wahlverwandtschaften' zwischen bestimmten Konstellationen von ‚Betrieben ohne Betriebsrat' und gewissen Modi von Betriebsratsgründungen zu geben. Diese ‚Wahlverwandtschaften' wurden in den vorangegangenen Kapiteln teilweise bereits expliziert,[3] ohne dass jedoch systematischer über die Begründung dieser Zusammenhänge hätte nachgedacht werden können. Nicht nur dies ist ein wissenschaftliches Desiderat, sondern auch die empirische Erforschung des anderen, bislang wissenschaftlich kaum beleuchteten ‚Pols institutioneller Dynamik': das ‚Sterben' oder auch die dauerhafte betriebliche Irrelevanz und Marginalisierung von Betriebsräten. Von erheblicher politischer Relevanz wären auch Studien über gescheiterte Betriebsratsgründungsversuche sowie über Wege der ‚Vitalisierung' von Gremien, die bislang mangelhaft vertretungswirksam sind.[4] Insgesamt gilt, dass die Untersuchung *institutioneller Dynamik* im Sinne der Analyse der *Entwicklung* von Mitbestimmungshandeln im zeitlichen Verlauf noch erheblich intensiviert werden müsste.

---

3 In Betrieben ohne Betriebsräte mit innerbetrieblichen Austauschbeziehungen nach dem Muster „Loyalität versus Anerkennung" scheinen die Beschäftigten besonders häufig Betriebsräte „als Schutz der gemeinschaftlichen Sozialordnung" zu initiieren. Das Muster „Angst versus Repression" scheint mit „Betriebsräten als kollektive Emanzipation" assoziiert; das Muster „Einbindung – Autonomie" korreliert mit „Betriebsräten als Erweiterung der individuellen Interessenvertretung".

4 Erste Schritte hierzu wurden im Rahmen der OBS-Studie über die Vitalisierung betrieblicher Mitbestimmung in Ostdeutschland von Röbenack/Artus (2015) unternommen.

Fazit

Für die Beleuchtung der Wechselwirkungen zwischen spezifischen institutionellen Vorgaben und gleichsam universellen interessenpolitischen Logiken wären zudem komparative, ländervergleichende Untersuchungen hochinteressant. Wie interagieren rechtliche Voraussetzungen mit sozialen Mobilisierungsprozessen und -notwendigkeiten? Inwiefern setzen bestimmte legale Rahmenbedingungen kollektive Interessenformierungsprozesse voraus, unterstützen oder behindern diese? Welche Rolle spielen hier möglicherweise auch gewerkschaftliche oder gesellschaftspolitische Organisationskulturen und ideologische Rahmungen? Solche und ähnliche Fragen müssen zukünftigen Studien überlassen bleiben.

Literatur

Abel, J./Ittermann, P. (2006): Strukturen und Wirksamkeit von Beschäftigtenpartizipation in Neue-Medien-Unternehmen. In: Artus, I./Böhm, S./Lücking, S./Trinczek, R. (Hg.): Betriebe ohne Betriebsrat. Frankfurt/M., New York, S. 197–221

Artus, I. (2007): Prekäre Interessenvertretung. Ein deutsch-französischer Vergleich von Beschäftigtenrepräsentation im niedrig entlohnten Dienstleistungsbereich. In: Industrielle Beziehungen, Jg. 14, H. 1, S. 5–29

Artus, I. (2008a): Interessenhandeln jenseits der Norm. Mittelständische Betriebe und prekäre Dienstleistungsarbeit in Deutschland und Frankreich. Frankfurt/M., New York

Artus, I. (2008b): Unternehmenskulturen pro und contra Betriebsrat. Ein interessentheoretisch fundierter Zusammenhang. In: Benthin, R./Brinkmann, U. (Hg.): Unternehmenskultur und Mitbestimmung. Betriebliche Integration zwischen Konsens und Konflikt. Frankfurt/M., New York, S. 147–175

Artus, I. (2008c): Prekäre Vergemeinschaftung und verrückte Kämpfe. In: Prokla 150, H. 1, S. 27–48

Artus, I. (2010): Interessenhandeln jenseits der Norm: Ein deutsch-französischer Vergleich betrieblicher Interessenvertretung in peripheren und prekären Wirtschaftssegmenten. In: Industrielle Beziehungen, Jg. 17, H. 4, S. 317–344

Artus, I. (2014): Mitbestimmung und Leiharbeit. In: WSI Mitteilungen, Jg. 67, H. 2, S. 113–121

Artus, I./Böhm, S./Lücking, S./Trinczek, R. (Hg.) (2006): Betriebe ohne Betriebsrat. Informelle Interessenvertretung in Unternehmen. Frankfurt/M., New York

Artus, I./Liebold, R./Lohr, K./Schmidt, E./Schmidt, R./Strohwald, U. (2001): Betriebliches Interessenhandeln, Band 2, Zur politischen Kultur der Austauschbeziehungen zwischen Management und Betriebsrat in der ostdeutschen Industrie. Opladen

Artus, I./Röbenack, S. (2014): Frauen-Arbeitskämpfe: „Wir ham was zu sagen". In: lunapark 21, H. 27, S. 34–36

Becke, G. (2008): Soziale Erwartungsstrukturen in Unternehmen. Zur psychosozialen Dynamik von Gegenseitigkeit im Organisationswandel. Berlin

Behrens, M. (2003): Wie gut kehren neue Besen? Das neue Betriebsverfassungsgesetz in der Praxis. In: WSI –Mitteilungen, Jg. 56, H. 3, S. 167–176

Behrens, M. (2005): Die Arbeit des Betriebsrats in komplexen Gremienstrukturen. In: WSI-Mitteilungen, Jg. 58, H. 11, S. 638–644

Behrens, M./Dribbusch, H. (2014): Arbeitgebermaßnahmen gegen Betriebsräte: Angriffe auf die betriebliche Mitbestimmung. In: WSI-Mitteilungen, Jg. 67, H. 2, S. 140–148

Behrens, M./Kädtler, J. (2008): Gesamtbetriebsräte: Neue Zuständigkeiten und die Folgen für betriebliche Arbeitsbeziehungen. In: WSI Mitteilungen, Jg. 61, H. 6, S. 297–304

Bluhm, K./Schmidt, R. (2008) (Hg.): Change in SMEs. Towards a New European Capitalism? Hampshire, New York

Böckler Impuls (2012), H. 6

Boes, A. (2005): IT-Beschäftigte und Mitbestimmung nach dem New Economy-Hype. In: http://rayserv.upb.de/fiff/themen/IT-arbeit/Boes053

Boes, A. (2006): Die wundersame Neubelebung eines vermeintlichen Auslaufmodells. IT-Beschäftigte und Mitbestimmung nach dem Ende des New-Economy-Hype. In: Artus et al. 2006, S. 223–262

Boes, A./Baukrowitz, A. (2002): Arbeitsbeziehungen in der IT-Industrie. Erosion oder Innovation der Mitbestimmung? Berlin

Boes, A./Trinks, K. (2006): „Theoretisch bin ich frei!" Interessenhandeln und Mitbestimmung in der IT-Industrie. Berlin

Böhm, S./Lücking, S. (2006): Orientierungsmuster des Managements in betriebsratslosen Betrieben – Zwischen Willkürherrschaft und Human Ressource Management. In: Artus et al. 2006, S. 107–139

Bosch, A./Ellguth, P./Schmidt, R./Trinczek, R. (1999): Betriebliches Interessenhandeln, Band 1, Zur politischen Kultur der Austauschbeziehungen zwischen Management und Betriebsrat in der westdeutschen Industrie. Opladen

Bosch, G./Kalina, T. (2005): Entwicklung und Struktur der Niedriglohnbeschäftigung in Deutschland. In: Jahrbuch Arbeit und Technik 2005, S. 29–46

Bosch, G./Kalina, T./Weinkopf, C. (2008): Niedriglohnbeschäftigte auf der Verliererseite. In: WSI Mitteilungen, H. 8, S. 423–430

Bosch, G./Weinkopf, C. (Hg.) (2007): Arbeiten für wenig Geld. Niedriglohnbeschäftigung in Deutschland. Frankfurt/M., New York

Bourdieu, P. (1983): Ökonomisches Kapital, kulturelles Kapital, soziales Kapital. In: Kreckel, R. (Hg.): Soziale Ungleichheiten. Soziale Welt Sonderband 2. Göttingen, S. 183–198

Bourdieu, P. (1998): La précarité est aujourd'hui partout. In: Bourdieu, P.: Contre-feux. Propos pour servir à la résistance contre l'invasion néo-libérale, Paris: raisons d'agir, S. 95–107

Brehmer, W./Seifert, H. (2008): Sind atypische Beschäftigungsverhältnisse prekär? Eine empirische Analyse sozialer Risiken. In: Zeitschrift für ArbeitsmarktForschung, H. 4, S. 501–531

Bremme, P./Fürniß, U./Meinecke, U. (Hg.) (2007): Never work alone. Organizing – ein Zukunftsmodell für Gewerkschaften. Hamburg

Brinkmann, U./Choi, H.-L./Detje, R./Dörre, K. /Holst, H./Karakayali, S./Schmalstieg, C. (2008): Strategic Unionism: Aus der Krise zur Erneuerung? Umrisse eines Forschungsprogramms. Wiesbaden

Brinkmann, U./Dörre, K./Röbenack, S. (2006): Prekäre Arbeit. Ursachen, Ausmaß und subjektive Verarbeitungsformen unsicherer Beschäftigungsverhältnisse. Hg. vom Wirtschafts- und sozialpolitischen Forschungs- und Beratungszentrum der Friedrich-Ebert-Stiftung. Bonn

Britz, G. (2006): Gesamt- und Konzernbetriebsrat: Nur zuständig, wenn unvermeidbar?. In: Die Personalvertretung, Jg. 49, H. 4, S. 131–132

Castel, R. (2000): Die Metamorphosen der sozialen Frage. Eine Chronik der Lohnarbeit. Konstanz

Castel, R./Dörre, K. (Hg.) (2009): Prekarität, Abstieg, Ausgrenzung. Die soziale Frage am Beginn des 21. Jahrhunderts. Frankfurt/M., New York

Dettmer, M./Hawranek, D. (2010): Das Ende der Bescheidenheit. http://www.spiegel.de/spiegel/a-715974-druck.html (letzter Zugriff am 19.08.2014)

Deutschmann, C. (2002): Postindustrielle Industriesoziologie. Theoretische Grundlagen, Arbeitsverhältnisse und soziale Identitäten. Weinheim, München

Dörre, K. (2005): Prekarität. Eine arbeitspolitische Herausforderung. In: WSI-Mitteilungen, Jg. 58, H. 5, S. 250–258

Dörre, K. (2008): Armut, Abstieg, Unsicherheit: Die soziale Frage am Beginn des 21. Jahrhunderts. In: Aus Politik und Zeitgeschichte, H. 33–34, S. 3–6

Dörre, K. (2010): Prekarisierung und Macht. Vortrag auf dem WSI Herbstforum 2010 zum Thema „Prekarität im Lebenszusammenhang", 25. November 2010, Berlin

Dörre, K./Röttger, B. (2003) (Hg.): Das neue Marktregime. Konturen eines nachfordistischen Produktionsmodells. Hamburg

Dörre K./Kraemer, K./Speidel, F. (2004): Prekäre Arbeit. Ursachen, soziale Auswirkungen und subjektive Verarbeitungsformen unsicherer Beschäftigungsverhältnisse. In: Das Argument 256/2004, S. 378–397

Dribbusch, H. (2003): Gewerkschaftliche Mitgliedergewinnung im Dienstleistungssektor. Ein Drei-Länder-Vergleich im Einzelhandel. Berlin

Dufour, C./Hege, A. (2002): L'Europe syndicale au quotidien. La représentation des salariés en France, Allemagne, Grande-Bretagne et Italie, Collection„Travail & Société". Bruxelles u.a.O.

Dufour, C./Hege, A. (2006): Akteure und Sozialbeziehungen in französischen Betrieben mit und ohne institutionalisierte Interessenvertretung. In: Artus et al. 2006, S. 333–362

Dufour, C./Hege, A./Murhem, S./Rudolph, W./Wassermann, W. (2006): Les relations sociales dans les petites entreprises. Une comparaison France, Suède, Allemagne. Bruxelles u.a.O.

Edwards, P. K. (1986): Conflict at Work. A Materialist Analysis of Workplace Relations. Oxford

Eichmann, H. (2006): Entgrenzte Arbeit, begrenzte Partizipation. Fallstudien in österreichischen Softwareunternehmen. In: Artus et al. 2006, S. 263–288

Ellguth, P. (2004): Erosion auf allen Ebenen? Zur Entwicklung der quantitativen Basis des dualen Systems der Interessenvertretung. In: Artus, I./Trinczek, R. (Hg.): Über Arbeit, Interessen und andere Dinge. Phänomene, Strukturen und Akteure im modernen Kapitalismus. München, Mering, S. 159–179

Ellguth, P. (2006): Betriebe ohne Betriebsrat – Verbreitung, Entwicklung und Charakteristika – unter Berücksichtigung betriebsspezifischer Formen der Mitarbeitervertretung. In: Artus et al. 2006, S. 43–80

Ellguth, P./Kohaut, S. (2010): Tarifbindung und betriebliche Interessenvertretung: Aktuelle Ergebnisse aus dem IAB-Betriebspanel 2009. In: WSI Mitteilungen, Jg. 63, H. 4, S. 204–209

Ellguth, P./Kohaut, S. (2013): Tarifbindung und betriebliche Interessenvertretung: Ergebnisse aus dem IAB-Betriebspanel 2012. In: WSI-Mitteilungen, Jg. 66, H. 4, S. 281–288

Ellguth, P./Kohaut, S. (2014): Tarifbindung und betriebliche Interessenvertretung: Ergebnisse aus dem IAB-Betriebspanel 2013. In: WSI-Mitteilungen, Jg. 67, H. 4, S. 286–295

Ellguth, P./Kohaut, S. (2015): Tarifbindung und betriebliche Interessenvertretung: Ergebnisse aus dem IAB-Betriebspanel 2014. In: WSI-Mitteilungen, Jg. 68, H. 290–297

Fitting, K./Engels, G./Schmidt, I./Trebinger, Y./Linsenmaier, W. (2012): Betriebsverfassungsgesetz. Handkommentar [mit Wahlordnung] (26. Aufl.). München

Frege, C. M. (2000): Gewerkschaftsreformen in den USA: eine kritische Analyse des ‚Organisierungsmodells'. In: Industrielle Beziehungen, Jg. 7, H. 3, S. 260–280

Frerichs, P./Pohl, W./Fichter, M./Gerster, J./Zeuner, B. (2001): Zukunft der Gewerkschaften. Zwei Literaturstudien. Herausgegeben von der Hans-Böckler-Stiftung, Düsseldorf (Arbeitspapier 44, Zukunft der Gewerkschaften)

Greifenstein, R./Kißler, L. (2010): Mitbestimmung im Spiegel der Forschung. Eine Bilanz der empirischen Untersuchungen von 1952–2010. Berlin

Gumbrell-McCormick, R./Hyman, R. (2013): Trade Unions in Western Europe. Hard Times, Hard Choices. Oxford

Hauser-Ditz, A./Hertwig, M./Pries, L. (2006): Betriebsräte und andere Vertretungsorgane im Vergleich. Strukturen, Arbeitsweisen und Beteiligungsmöglichkeiten. In: WSI Mitteilungen, Jg. 59, H. 9, S. 500–506

Hauser-Ditz, A./Hertwig, M./Pries, L. (2008): Betriebliche Interessenregulierung in Deutschland. Arbeitnehmervertretung zwischen demokratischer Teilhabe und ökonomischer Effizienz. Frankfurt/M., New York

Hauser-Ditz, A./Hertwig, M./Pries, L. (2009): Andere Vertretungsorgane als Herausforderung für Betriebsräte?. In: WSI-Mitteilungen, Jg. 62, H. 2, S. 70–77

Hertwig, M. (2011): Die Praxis „Anderer Vertretungsorgane". Formen, Funktionen und Wirksamkeit. Berlin

Hertwig, M. (2013): Patterns, Ideologies and Strategies of Non-statutory Employee Representation in German Private Sector Companies. In: Industrial Relations Journal, Jg. 42, H. 6, S. 530–546

Hildebrandt, E./Seltz, R. (1989): Wandel der betrieblichen Sozialverfassung durch systemische Kontrolle. Berlin

Hirschman, A. O. (1974): Abwanderung und Widerspruch. Reaktionen auf Leistungsabfall bei Unternehmungen, Organisationen und Staaten. Tübingen

Institut für Mittelstandsforschung (2013): Branchenstruktur der Unternehmen 2010 in Deutschland (Internet: http://www.ifm-bonn.org/fileadmin/data/redaktion/statistik/entwicklungen_im_mittelstand/dokumente/Untreg_KMU_und_GU_2010_BR-STR.pdf; letzter Zugriff am 13.12.2013)

Ittermann, P. (2003): Mitbestimmung in der digitalen Wirtschaft. Trendreport. Bochum

Ittermann, P. (2007): Betriebliche Partizipation in Unternehmen der Neuen Medien. Innovative Formen der Beteiligung auf dem Prüfstand. Frankfurt/M., New York

Ittermann, P./Niewerth, C. (2004): „Bleibt alles anders?" Organisations- und Beteiligungsstrukturen in der digitalen Wirtschaft. Ergebnisse einer repräsentativen Befragung. SOAPS-Papers 4. Bochum: Ruhr-Universität Bochum

Jürgens, U. (1984): Die Entwicklung von Macht, Herrschaft und Kontrolle im Betrieb als politischer Prozeß – Eine Problemskizze der Arbeitspolitik. In: Jürgens, U./Naschold, F. (Hg.): Arbeitspolitik. Materialien zum Zusammenhang von politischer Macht, Kontrolle und betrieblicher Organisation der Arbeit (= Leviathan Sonderheft Nr. 5). Opladen, S. 58–91

Keller, B./Seifert, H. (2006a): Editoral. In: WSI-Mitteilungen, Jg. 59, H. 5, S. 234

Keller, B./Seifert, H. (2006b): Atypische Beschäftigungsverhältnisse. Flexibilität, soziale Sicherung und Prekarität. In: WSI-Mitteilungen, Jg. 59, H. 5, S. 235–240

Kelly, J. (1998): Rethinking Industrial Relations. Mobilization, collectivism and long waves. London

Kocsis, A./Sterkel, G./Wiedermuth, J. (Hg.) (2013): Organisieren am Konflikt. Tarifauseinandersetzungen und Mitgliederentwicklung im Dienstleistungssektor. Hamburg

Kotthoff, H. (1981): Betriebsräte und betriebliche Herrschaft. Eine Typologie von Partizipationsmustern im Industriebetrieb. Frankfurt/M., New York

Kotthoff, H. (1994): Betriebsräte und Bürgerstatus. Wandel und Kontinuität betrieblicher Mitbestimmung. München, Mering

Kotthoff, H. (2013): Betriebliche Mitbestimmung im Spiegel der jüngeren Forschung. In: Industrielle Beziehungen, 2013, H. 4, S. 324–341

Kotthoff, H./Reindl, J. (1990): Die soziale Welt kleiner Betriebe. Wirtschaften, Arbeiten und Leben im mittelständischen Industriebetrieb. Göttingen

Lévesque, C./Murray, G. (2010): Understanding union power: resources and capabilities for renewing union capacity. In: Transfer 16, S. 333–350

Lévesque, C./Murray, G. (2013): Renewing union narrative resources. How union capabilities make a difference. In: British Journal of Industrial Relations 51, S. 777–796

Lücking, S. (2009): Zwischen Neopaternalismus und Repression. In: WSI Mitteilungen, Jg. 62, H. 2, S. 63–69

Martens, H. (2005): Nach dem Ende des Hype. Zwischen Interessenvertretungsarbeit und Arbeitspolitik. Primäre Arbeitspolitik und Interessenvertretung in der informationalen Ökonomie. Münster

Mayer-Ahuja, N. (2003): Wieder dienen lernen? Vom westdeutschen „Normalarbeitsverhältnis" zu prekärer Beschäftigung seit 1973. Berlin

McAdam, D. (1988): Micromobilization contexts and recruitment to activism. In: International Social Movement Research, 1, S. 125–154

Moore, B. (1987): Ungerechtigkeit: Die sozialen Ursachen von Unterordnung und Widerstand. Frankfurt/M.

Mückenberger, U. (1985): Die Krise des Normalarbeitsverhältnisses – Hat das Arbeitsrecht noch Zukunft?. In: Zeitschrift für Sozialreform, H. 7, S. 415–434; H. 8, S. 457–475

Nachtwey, O./Thiel, M. (2014): Chancen und Probleme pfadabhängiger Revitalisierung. Gewerkschaftliches Organizing im Krankenhauswesen. In: Industrielle Beziehungen, Jg. 21, H. 3, S. 257–276

Nachtwey, O./Wolf (2013): Strategisches Handlungsvermögen und gewerkschaftliche Erneuerung im Dienstleistungssektor. In: Schmalz, S./Dörre, K. (Hg.): Comeback der Gewerkschaften? Machtressourcen, innovative Praktiken, internationale Perspektiven. Frankfurt/M., New York, S. 179–198

Nolting, N. J. (2004): Betriebsratsarbeit im Niedriglohnsektor. Eine Fallstudie in der Systemgastronomie. Dortmund: Veröffentlichung des Landesinstituts Sozialforschungsstelle

Olson, M. (1992): Die Logik des kollektiven Handelns: Kollektivgüter und die Theorie der Gruppen (3. Aufl.). Tübingen

Peter, G. (2006): Arbeit im Niedriglohnsektor. Erfahrungen aus der Gewerkschaft Nahrung-Genuss-Gaststätten. In: Sterkel, G./Schulten, T./Wiedemuth, J. (Hg.): Mindestlöhne gegen Lohndumping. Hamburg, S. 173–182

Prott, J. (2013): Organizing als riskante gewerkschaftliche Erneuerungsstrategie. In: Kocsis et al. 2013, S. 235–254

Rancke, F. (1982): Betriebsverfassung und Unternehmenswirklichkeit. Opladen

Rehder, B. (2008): Revitalisierung der Gewerkschaften? Die Grundlagen amerikanischer Organisationserfolge und ihre Übertragbarkeit auf deutsche Verhältnisse. In: Berliner Journal für Soziologie, Jg. 18, H. 3, S. 432–456

Rehder, B. (2014): Vom Korporatismus zur Kampagne? Organizing als Strategie der gewerkschaftlichen Erneuerung. In: Schroeder, W. (Hg.): Handbuch der Gewerkschaften. Wiesbaden, S. 241–264

Richter, G. (2006): 300 Stunden im Monat und trotzdem arm. Niedriglöhne im Wach- und Sicherheitsgewerbe. In: Sterkel, G./Schulten, T./Wiedemuth, J. (Hg.): Mindestlöhne gegen Lohndumping. Rahmenbedingungen – Erfahrungen – Strategien. Hamburg, S. 145–153

Röbenack, S./Artus, I. (2015): Betriebsräte im Aufbruch? Vitalisierung betrieblicher Mitbestimmung in Ostdeutschland, OBS-Arbeitsheft 82. Frankfurt/M.: Otto Brenner Stiftung

Royle, T. (2000): Working for McDonald's in Europe. The Unequal Struggle? London, New York

Rudolph, W./Wassermann, W. (2006): Übergänge zwischen Betriebsratslosigkeit und Betriebsratsgründung: Neue Betriebsratsgründungen im Bereich kleiner Betriebe und Reform der Betriebsverfassung 2001. In: Artus et al. 2006, S. 81–105

Rudoph, W./Wassermann, W. (2002): Zukunftsmusik. Trendreport Betriebsrätewahlen 2002. In: Mitbestimmung, H. 7, S. 62–65

Rügemer, W./Wigand, E. (2014a): Union-Bustung in Deutschland. Die Bekämpfung von Betriebsräten und Gewerkschaften als professionelle Dienstleistung. Eine Studie der Otto Brenner Stiftung. Frankfurt/M.

Rügemer, W./Wigand, E. (2014b): Die Fertigmacher. Arbeitsunrecht und professionelle Gewerkschaftsbekämpfung.. Köln

Schäfer, C. (2005): Die WSI-Befragung von Betriebs- und Personalräten 2004/05 – ein Überblick. In: WSI-Mitteilungen, Jg. 58, H. 6, S. 291–300

Schäfer, C. (2006): Der Niedriglohnsektor in der Verteilungsfalle. In: Sterkel, G./Schulten, T./Wiedemuth, J. (Hg.): Mindestlöhne gegen Lohndumping. Rahmenbedingungen – Erfahrungen – Strategien. Hamburg, S. 35–60

Schäfer, C. (2008): Die WSI-Betriebsrätebefragung 2007 – Methoden und ausgewählte Ergebnisse. In: WSI Mitteilungen, Jg. 61, H. 6, S. 291–296

Schimank, U. (2003): Gruppen und Organisationen. In: Joas, H. (Hg.): Lehrbuch der Soziologie (2. Aufl.). Frankfurt/M., New York, S. 199–222

Schlömer N./Kay, R./Backes-Gellner, U./Rudolph, W./Wassermann, W. (2007): Mittelstand und Mitbestimmung – Unternehmensführung, Mitbestimmung und Beteiligung in mittelständischen Unternehmen. Münster

Schlömer, N./Kay, R. (2010): Belegschaften als Initiatoren von Betriebsratsgründungen. Die Haltung von Belegschaften zur Gründung von Betriebsräten in kleinen und mittleren Unternehmen. Bonn: Institut für Mittelstandsforschung

Schlömer-Laufen, N./Kay, R. (2012): Betriebsratsgründungen in kleinen und mittleren Unternehmen. Die Rolle der Belegschaften. Berlin

Schmalz, S./Dörre, K. (2014): Der Machtressourcenansatz: Ein Instrument zur Analyse gewerkschaftlichen Handlungsvermögens. In: Industrielle Beziehungen, Jg. 21, H. 3, S. 217–237

Schmalz, S./Hinz, S./Woschnack, D./Schwetje, D./Paul, B. (2013): IG Metall mit Rückenwind: Zum wachsenden Engagement der Beschäftigten. In: Schmalz, S./Dörre, K. (Hg.): Comeback der Gewerkschaften? Machtressourcen, innovative Praktiken, internationale Perspektiven. Frankfurt/M., New York, S. 255–270

Schmidt, C. (2005): Analyse von Leitfadeninterviews. In: Flick, U./Kardorff, E. von/Steinke, I. (Hg.): Qualitative Forschung. Ein Handbuch. Reinbek, S. 447–456

Schmidt, R./Trinczek, R. (1999): Der interessentheoretische Ansatz. In: Theorieansätze für die Analyse Industrieller Beziehungen. Discussion-papers für die Jahrestagung der German Industrial Relations Association (GIRA) am 7. und 8. Oktober 1999, Trier, S. 183–222

Schnell, R. (2012): Survey-Interviews. Methoden standardisierter Befragungen. Wiesbaden

Scholz, J. (2013); Krise des korporatistischen Arrangements und gewerkschaftliche Revitalisierungsansätze im Handwerk. In: Schmalz, S./Dörre, K. (Hg.): Comeback der Gewerkschaften? Machtressourcen, innovative Praktiken, internationale Perspektiven. Frankfurt/M., New York, S. 199–212

Simmel, G. (1898): Die Selbsterhaltung der socialen Gruppe: sociologische Studie. In: Simmel, G.:(1992): Aufsätze und Abhandlungen 1894–1900, Gesamtausgabe, 5 Bände. Frankfurt/M., S. 311–372

Singe, I./Wolf, L. (2013): ‚Warum eigentlich nicht, es ist doch ganz normal'. – Grundlagen und Formen erfolgreicher Gewerkschaftsarbeit in Finanzdienstleistungsunternehmen. In: Schmalz, S./Dörre, K. (Hg.): Comeback der Gewerkschaften? Machtressourcen, innovative Praktiken, internationale Perspektiven. Frankfurt/M., New York, S. 242–254

Streeck, W./Thelen, K. (Hg.) (2005): Beyond Continuity. Institutional Change in Advanced Political Economies. Oxford

Terpe, S. (2009): Ungerechtigkeit und Duldung. Die Deutung sozialer Ungleichheit und das Ausbleiben von Protest. Konstanz

Tilly, C. (1978): From Mobilization to Revolution. New York

Trinczek, R. (1989): Betriebliche Mitbestimmung als soziale Interaktion. Ein Beitrag zur Analyse innerbetrieblicher industrieller Beziehungen. In: Zeitschrift für Soziologie, Jg. 18, H. 6, S. 444–456

Trinczek, R. (2004): Management und betriebliche Mitbestimmung. Eine interessentheoretisch fundierte Typologie kollektiver Orientierungsmuster. In: Artus, I./Trinczek, R. (Hg.): Über Arbeit, Interessen und andere Dinge. Phänomene, Strukturen und Akteure im modernen Kapitalismus. München, Mering, S. 181–211

Wassermann, W./Rhode, W. (2004): Konfliktfeld Kleinbetrieb. Mittelstand zwischen Alleinherrschaft und Mitbestimmung. Frankfurt/M.

Wassermann, W./Rudolph, W. (2005): Betriebsräte nach der Reform. Eine empirische Untersuchung ausgewählter Effekte der Reform des Betriebsverfassungsgesetzes 2001 in der Praxis. Münster

Wassermann, W./Rudolph, W. (2006): Betriebsratswahlen 2006. Gestärkte Betriebsräte. In: Mitbestimmung, H. 12, S. 64–67

Weimer, S. (2013): Strukturwandel und Zukunft der Interessenvertretung im Handwerk. In: WSI-Mitteilungen, Jg. 66, H. 4, S. 264–272

Wetzel, D. (Hg.) (2013): Organizing. Die Veränderung der gewerkschaftlichen Praxis durch das Prinzip Beteiligung. Hamburg

Verzeichnis der Abbildungen und Tabellen

Abbildungen

Abb. 1:	Phasen einer Betriebsratsgründung	38
Abb. 2:	Untersuchungsbetriebe nach Zeitraum ihrer Gründung	56
Abb. 3:	Untersuchungsbetriebe nach Zeitraum der Betriebsratsgründung	57
Abb. 4:	Untersuchungsbetriebe nach Bundesländern	58
Abb. 5:	Untersuchungsbetriebe nach Unternehmensstruktur	58
Abb. 6:	Untersuchungsbetriebe nach (Art) Tarifbindung	59
Abb. 7:	Typologie von Betriebsratsgründungen	62

Tabellen

Tab. 1:	Anteil der Betriebe mit Betriebsrat bzw. der Beschäftigten in Betrieben mit Betriebsrat im Zeitverlauf zwischen 1996 und 2014	16
Tab. 2:	Zugänge zu den Untersuchungsbetrieben	53
Tab. 3:	Untersuchungsbetriebe nach Branchen	55
Tab. 4:	Untersuchungsbetriebe nach Gewerkschaftsbereichen	55
Tab. 5:	Untersuchungsbetriebe nach Größe der Belegschaft (zum Zeitpunkt der Befragung)	56
Tab. 6:	Unternehmen mit aktiven Gesamt- bzw. Konzernbetriebsräten	243
Tab. 7:	Unternehmen mit einem inaktiven Gesamt- bzw. Konzernbetriebsrat	249
Tab. 8:	Untersuchungsbetriebe und Interviews nach Branchen	277
Tab. 9:	Untersuchungsbetriebe Typ Betriebsrat als Schutz der gemeinschaftlichen Sozialordnung	278
Tab. 10:	Untersuchungsbetriebe Typ Betriebsrat als Erweiterung der individuellen Interessenvertretung	280
Tab. 11:	Untersuchungsbetriebe Typ Betriebsrat als Mittel Kollektiver Emanzipation	282
Tab. 12:	Untersuchungsbetriebe Typ Betriebsrat als Vertretung von Partialinteressen	285
Tab. 13:	Untersuchungsbetriebe Typ Blockierte Partizipation	286

Anhang

Tab. 8: Untersuchungsbetriebe und Interviews nach Branchen

Branche	Anzahl Betriebe	Anzahl Interview Management	Anzahl Interview Betriebsrat/Aktivist/inn/en	*Anzahl Interviews Gesamt*
Verarbeitendes Gewerbe	17	5	18	*23*
Handel; Instandhaltung und Reparatur von Kfz	11	4	17	*21*
Information und Kommunikation	2	0	2	*2*
Erbringung von sonstigen wirtschaftlichen Dienstleistungen	2(1[a])	0	2(1[a])	*2(1[a])*
Gesundheits- und Sozialwesen	4	2	4	*6*
Erbringung von Finanz- und Versicherungsdienstleistungen	1	1	1	*2*
Erziehung und Unterricht	1	1	1	*2*
Kunst, Unterhaltung und Erholung	1	0	1	*1*
Verkehr und Lagerei	5	0	6	*6*
Gastgewerbe	8	0	9	*9*
Baugewerbe	2	0	2	*3*
Gesamt	54	13	63	*76*

a – gescheiterter Gründungsversuch

Tab. 9: *Untersuchungsbetriebe Typ Betriebsrat als Schutz der gemeinschaftlichen Sozialordnung*[a]

Fall-Nr.	Branche	Beleg-schafts-größe[b]	Betriebs-historie[c]	Unternehmens-struktur/Eigentümer	Führung	Qualifikations-struktur[d]	Umfang prekärer Beschäftigung	Standort	Tarifbindung/Gewerkschaft	Jahr d. Betriebsrats-gründung	Betriebs-ratsgröße
B01	Baugewerbe	ca. 700	2006 Insolvenz, Übernahme	Konzern-NL/österr. Konzerneigentümer (ehem. Konzern-NL)	Management	Hoher Anteil qualifizierter Tätigkeiten	Geringer Anteil Teilzeit, Befristg.	West/Großstadt	FTV/IG BAU	2006 (§ 3 BetrVG)	11
C03	Glasindustrie	83 (ca. 130[e])	2010 Übergang § 613a BGB	Konzernbetrieb/ital. (ehem. deutscher Konzernbetrieb)	Inhaber/Management	Überwiegend qualifizierte Tätigkeiten	Geringer Anteil Leiharbeit	West/Kleinstadt	HTV/IG BCE	2010	7
D03	Information Kommunikation	ca. 670 (ca. 470[e])	2010 Übernahme	eigenständiger Betrieb (Konzernbetrieb[e])	Inhaber/Management (Management[e])	Hoher Anteil hochqualifizierter Tätigkeiten	Geringer Anteil Teilzeit	West/Großstadt	Nein (ver.di)	2009 (§ 3 BetrVG)	11
D10	Handel	150	ca. 1955 gegr.	Unternehmenszentrale/Holding	Inhaber	Hoher Anteil qualifizierter Tätigkeiten	Geringer Anteil Teilzeit	West/Mittelstadt	Nein (ver.di)	2004 AVO 2006 BR	7
D19	Finanzdienstleistung	ca. 50	1896 gegr.	Genossenschaft	Management	Hoher Anteil qualifizierter Tätigkeiten	Erheblicher Anteil Teilzeit	West/Kleinstadt	FTV/DHV-CGB (ver.di)	2002	5
D20	Kinder- und Jugendhilfe	ca. 20 (50[e])	2001 Übergang in private Trägerschaft	Konzernbetrieb (ehem. kommunaler Betrieb)	Inhaber	Hoher Anteil hochqualifizierter Tätigkeiten	Hoher Anteil Teilzeit (30h), 20% Honorarkräfte[e]	Ost/Großstadt	Nein (ver.di)	2002	3
M02[f]	Metallindustrie	ca. 450	2006 Übernahme (2001 gegr.)	Konzernbetrieb (ehem. inhabergeführter Betrieb)	Management	Hoher Anteil qualifizierter Tätigkeiten	Erheblicher Anteil LA, Befristg.	Ost/Mittelstadt	Nein (IG Metall)	2009	13
M07	Metallindustrie	ca. 70	2007 Verkauf (ca. 1970 gegr.)	Konzernbetrieb (ehem. inhabergeführter Betrieb)	Management	Hoher Anteil qualifizierter Tätigkeiten	Geringer Anteil LA	West/Großstadt	Nein (IG Metall)	2009	5

Tab. 9: (Fortsetzung)

Fall-Nr.	Branche	Belegschafts-größe[b]	Betriebs-historie[c]	Unternehmens-struktur/Eigentümer	Führung	Qualifikations-struktur[d]	Umfang prekärer Beschäftigung	Standort	Tarifbindung/ Gewerkschaft	Jahr d. Betriebsrats-gründung	Betriebs-ratsgröße
M09	Metall-handwerk	ca. 90	2004 Übernahme (1934 gegr.)	Konzernbetrieb/ franz. (ehem. inhabergeführter Betrieb)	Management/Inhaber	Erheblicher Anteil hochqualifizierter, hoher Anteil qualifizierter Tätigkeiten	Gering (Leiharbeit)	West/ Mittelstadt	HTV/ IG Metall	2009	5
M10	Metall-handwerk	ca. 100 (74[e])	1963 gegr.	Unternehmenszentrale	Inhaber	Überwiegend qualifizierte Tätigkeiten	Geringer Anteil LA, Befristg.	West/ Kleinstadt	FTV/ IG Metall	2002	5
M12	Kfz-Handel/ Gewerbe	47	2011 Verkauf	inhabergeführter Betrieb (inhabergeführter Konzernbetrieb[e])	Inhaber (Inhaber/Management[e])	Hoher Anteil qualifizierter Tätigkeiten	Geringer Anteil Teilzeit	West/ Industr. Ballungsraum	Nein (IG Metall)	2010	3

a – Alle Angaben beziehen sich auf den Zeitpunkt der Betriebsratsgründung, falls nicht anders vermerkt; b – Bei den Angaben sind Leiharbeitnehmer/innen mit berücksichtigt; c – Das Jahr kennzeichnet die letzte Veränderung in der Unternehmens- bzw. Eigentümerstruktur; d – Hoher Anteil: > 75%; Überwiegend: 50% bis 75%; Erheblicher Anteil: 25% bis 49%; Geringer Anteil: 0% bis 24%; e – Angaben zum Zeitpunkt der Befragung; f – Betrieb existierte zum Befragungszeitpunkt nicht mehr, er wurde mit dem Betrieb M03 des Typs *Kollektive Emanzipation* fusioniert.

Abkürzungen: LA (Leiharbeitnehmer/innen), FTV (Flächentarifvertrag), HTV (Haustarifvertrag), NL (Niederlassung), DHV (Die Berufsgewerkschaft e.V.), CGB (Christlicher Gewerkschaftsbund Deutschlands), AVO (Anderes Vertretungsorgan)

Tab. 10: *Untersuchungsbetriebe Typ Betriebsrat als Erweiterung der individuellen Interessenvertretung*[a]

Fall-Nr.	Branche	Belegschafts-größe[b]	Betriebs-historie[c]	Unternehmens-struktur/Eigentümer	Führung	Qualifikations-struktur[d]	Umfang prekärer Beschäftigung	Standort	Tarifbindung/ Gewerkschaft	Jahr d. Betriebsrats-gründung	Betriebs-ratsgröße
D01	Information/ Kommunikation	Mehr als 1.500	1988 AG (1972 gegr.)	Konzernzentrale	Management	Hoher Anteil hochqualifizierter Tätigkeiten	Gering	West/ Kleinstadt	Nein (ver.di/ IG Metall)	2006	mehr als 15
D02	Handel	1.200	1990 gegr.	Konzernbetrieb (asiat. Konzern)	Management	Überwiegend hochqualifizierte Tätigkeiten	Erheblicher Anteil LA	West/ Mittelstadt	Nein (ver.di)	2011	13
D15	Kunst, Unterhaltung, Erholung	42 (76[e])	1947 gegr.	eingetragener Verein	Management	Erheblicher Anteil hochqualifizierter Tätigkeiten, hoher Anteil qualifizierter Tätigkeiten	Gering	West/ Großstadt	Nein (ver.di/ GEW)	1996	3
D17	Erziehung und Unterricht	70	1997 gegr.	Betrieb (GmbH) einer Körperschaft öffentlichen Rechts	Management	Hoher Anteil hochqualifizierter Tätigkeiten	Erheblicher Anteil Befristung.	West/ Großstadt	Nein (ver.di/ GEW)	2011	5
D21	Handel	50 (40[e])	1949 gegr.	Inhabergeführter Einzelbetrieb	Inhaber	Hoher Anteil qualifizierter Tätigkeiten	Geringer Anteil Befristg.	West/ Großstadt	Nein (ver.di)	2006	5 (3[e])

Tab. 10: (Fortsetzung)

Fall-Nr.	Branche	Beleg-schafts-größe[b]	Betriebs-historie[c]	Unternehmens-struktur/Eigentümer	Führung	Qualifikations-struktur[d]	Umfang prekärer Beschäftigung	Standort	Tarifbindung/ Gewerkschaft	Jahr d. Betriebsrats-gründung	Betriebs-ratsgröße
G03	Nahrungs-mittel-industrie	ca. 72	2005 Übernahme (1977 gegr.)	Betriebsstätte eines Konzernbetriebes (inhabergeführter osteurop. Konzern)	Management	Überwiegend hochqualifizierte Tätigkeiten	Erheblicher Anteil Befristung	West/ Großstadt	Nein (NGG)	2012	5
M04	Metall-industrie	ca. 300	2004 Übernahme (1972 gegr.)	Konzernbetrieb einer Beteiligungs-gesellschaft	Management	Hoher Anteil qualifizierter Tätigkeiten	Geringer Anteil LA	West/ Großstadt	Nein (IG Metall)	2012	9

a – Alle Angaben beziehen sich auf den Zeitpunkt der Betriebsratsgründung, falls nicht anders vermerkt; b – Bei den Angaben sind Leiharbeitnehmer/innen mit berücksichtigt; c – Das Jahr kennzeichnet die letzte Veränderung in der Unternehmens- bzw. Eigentümer-struktur; d – Hoher Anteil: > 75%; Überwiegend: 50% bis 75%; Erheblicher Anteil: 25% bis 49%; Geringer Anteil: 0% bis 24%; e – Angaben zum Zeitpunkt der Befragung.

Abkürzungen: LA (Leiharbeitnehmer/innen), FTV (Flächentarifvertrag), HTV (Haustarifvertrag), NL (Niederlassung)

Tab. 11: Untersuchungsbetriebe Typ Betriebsrat als Mittel Kollektiver Emanzipation[a]

Fall-Nr.	Branche	Belegschafts-größe[b]	Betriebs-historie[c]	Unternehmens-struktur/Eigentümer	Führung	Qualifikations-struktur[d]	Umfang prekärer Beschäftigung	Standort	Tarifbindung/ Gewerkschaft	Jahr d. Betriebsrats-gründung	Betriebsratsgröße
C01	Kunststoff-industrie	ca. 500	1999 gegr.	Konzern-NL	Management	Hoher Anteil niedrigqualifizierter Tätigkeiten	10% bis 15% LA	Ost/ländlich-kleinstädtisch	Nein (IG BCE)	2011	11
D06	Logistik/ Postdienste	ca. 200	2002 gegr.	Konzern-NL/Inhabergeführter Konzern	Inhaber/Management	Hoher Anteil niedrigqualifizierter Tätigkeiten	Über die Hälfte Befristungen, (inzw. 60% LA)	West/ Großstadt	FTV/ ver.di	2008	7
D07	Logistik/ Postdienste	197	2006[c] Ausgliederung	Konzern-NL	Management	Hoher Anteil niedrigqualifizierter Tätigkeiten	ca. 50% Beschäftigte eines anderen Konzernbetriebs	Berlin u. neue Bundesländer	HTV/ ver.di	2012	7
D08	Logistik/ Postdienste	145	vor 1995 gegr.	Konzern-NL/ britisch	Management	Hoher Anteil niedrigqualifizierter Tätigkeiten	80% geringfügig Beschäftigte	West/ländlich-kleinstädtisch	Nein (ver.di)	2010	7
D12	Logistik/ Postdienste	120	2008[c] Übernahme	Konzern-NL	Management	Überwiegend qualifizierte Tätigkeiten	60% LA	West/ Großstadt	FTV/ ver.di	2012	5
D14	Einzelhandel	74	vor 1998 gegr.	Konzern-NL/ schwedisch	Management	Hoher Anteil niedrigqualifizierter Tätigkeiten	90% studentische Aushilfen	West/ Großstadt	FTV/ ver.di	2013	5

Anhang

Tab. 11: (Fortsetzung)

Fall-Nr.	Branche	Belegschafts-größe[b]	Betriebs-historie[c]	Unternehmensstruktur/Eigentümer	Führung	Qualifikationsstruktur[d]	Umfang prekärer Beschäftigung	Standort	Tarifbindung/Gewerkschaft	Jahr d. Betriebsratsgründung	Betriebsratsgröße
D23	Einzelhandel	26	2004 gegr.	Konzern-NL/ Inhabergeführter Konzern	Management	Überwiegend Fachqualifikationen	ca. 1/3 Befristung nach Filialeröffnung	West/ industr. Ballungsraum	Nein (ver.di)	2013	3
G01	Systemgastronomie	430	2008[c] Übernahme	Inhabergeführtes Unternehmen	Inhaber	Hoher Anteil niedrigqualifizierter Tätigkeiten	30% geringfügig Beschäftigte; 60% Befristung	Berlin	FTV/ NGG	2012	9
G02	Nahrungsmittelind.	426	1965 gegr.	Inhabergeführter Einzelbetrieb	Inhaber	Überwiegend qualifizierte Tätigkeiten	Gering	Westländlich-kleinstädtisch	Nein (NGG)	2012	11
G05	Systemgastronomie	80	vor 2003 gegr.	Konzern-NL/ US-amerikanisch	Management	Hoher Anteil niedrigqualifizierter Tätigkeiten	Bis zu 60% Befristung	Berlin	FTV/ NGG	2012	5
G06	Systemgastronomie	40	vor 2002 gegr.	Konzern-NL/ US-amerikanisch	Management	Hoher Anteil niedrigqualifizierter Tätigkeiten	Hoher Anteil Befristung	West/ Mittelstadt	FTV/ NGG	2008	1
G08	Systemgastronomie	19	vor 2000 gegr.	Konzern-NL/ britisch	Management	Überwiegend qualifizierte Tätigkeiten	Gering	West/ Großstadt	HTV/ NGG	2011	1
G09	Hotel	16	2001 gegr.	Konzern-NL/ französisch	Management	Überwiegend qualifizierte Tätigkeiten	Neueinstellungen nur befristet	Berlin	FTV/ NGG	2012	1

Tab. 11: (Fortsetzung)

Fall-Nr.	Branche	Beleg-schafts-größe[b]	Betriebs-historie[c]	Unternehmens-struktur/Eigentümer	Führung	Qualifikations-struktur[d]	Umfang prekärer Beschäftigung	Standort	Tarifbindung/ Gewerkschaft	Jahr d. Betriebsrats-gründung	Betriebs-ratsgröße
G10	Systemgastronomie	12	vor 2005 gegr.	Konzern-NL/ französisch	Management	Überwiegend qualifizierte Tätigkeiten	Gering	Ost/ Randlage Berlin	Nein (NGG)	2013	1
M01	Metallindustrie	ca. 570	1991[c] Übernahme	Konzern-NL/ spanisch	Management	Überwiegend qualifizierte Tätigkeiten	15% LA	Ost/ländlich	Nein (IG Metall)	2009	11
M03	Metallindustrie	ca. 200	1997 gegr.	Konzern-NL	Management	Hoher Anteil qualifizierter Tätigkeiten	Gering	Ost/ Großstadt	Nein (IG Metall)	2007	7
M05	Metallindustrie	ca. 55 (200[e])	2007/2011 Übernahme (2001 gegr.)	Produktionsstätte eines Konzernbetriebs (inhabergeführter asiat. Konzern)	Management	Hoher Anteil qualifizierter Tätigkeiten	Überwiegend LA	West/ Großstadt	Nein (IG Metall)	2009	3 (5[e])
M14	Handel/ Kfz	29	vor 1998 gegr.	Konzern-NL/ britisch	Management	Hoher Anteil qualifizierter Tätigkeiten		West/ industr. Ballungsraum	FTV/ IG Metall	2003	3

a – Alle Angaben beziehen sich auf den Zeitpunkt der Betriebsratsgründung, falls nicht anders vermerkt; b – Bei den Angaben sind Leiharbeitnehmer/innen mit berücksichtigt; c – Das Jahr kennzeichnet die letzte Veränderung in der Unternehmens- bzw. Eigentümerstruktur; d – Hoher Anteil: > 75%; Überwiegend: 50% bis 75%; Erheblicher Anteil: 25% bis 49%; Geringer Anteil: 0% bis 24%; e – Angaben zum Zeitpunkt der Befragung

Abkürzungen: LA (Leiharbeitnehmer/innen), FTV (Flächentarifvertrag), HTV (Haustarifvertrag), NL (Niederlassung)

Tab. 12: Untersuchungsbetriebe Typ Betriebsrat als Vertretung von Partialinteressen[a]

Fall-Nr.	Branche	Belegschaftsgröße[b]	Betriebshistorie[c]	Unternehmensstruktur/Eigentümer	Führung	Qualifikationsstruktur[d]	Umfang prekärer Beschäftigung	Standort	Tarifbindung/Gewerkschaft	Jahr d. Betriebsratsgründung	Betriebsratsgröße
D13	Einzelhandel	ca. 120	vor 1990 gegr.	NL/Konzern mit Minderheitsbeteiligung des Unternehmensgründers	Manager	Überwiegend un- und angelernte Tätigkeiten	Gering	West/Großstadt	FTV/ver.di	2010	7
D18	Pflege	62	2005 gegr.	Inhabergeführtes Unternehmen	Inhaber/Management	Überwiegend Fachqualifikationen	Gering	West/Kleinstadt	Nein (ver.di)	2012	3
G04	Hotel	82	2009 gegr.	NL/Inhabergeführtes Unternehmen	Management	Überwiegend Fachqualifikation	ca. 80% befristete Arbeitsverhältnisse	Berlin	Nein (NGG)	2013	5
G07	Gastronomie	28	vor 1990 gegr.	Unternehmens-NL/Inhabergeführtes Unternehmen	Inhaber/Management	Überwiegend un- und angelernte Tätigkeiten	Hoher Anteil zusätzlicher saisonaler Arbeitskräfte (bis zu 40)	Berlin	Nein (NGG)	2012	3
D04	Einzelhandel	ca. 200	2010 gegr.	Konzern-NL/skandinavische Kapitaleigner	Management	Erheblicher Anteil un- und angelernter Tätigkeiten	Hoher Anteil befristeter Arbeitsverhältnisse	Berlin	FTV/ver.di	2010	9

a – Alle Angaben beziehen sich auf den Zeitpunkt der Betriebsratsgründung, falls nicht anders vermerkt; b – Bei den Angaben sind Leiharbeitnehmer/innen mit berücksichtigt; c – Das Jahr kennzeichnet die letzte Veränderung in der Unternehmens- bzw. Eigentümerstruktur; d – Hoher Anteil: > 75%; Überwiegend: 50% bis 75%; Erheblicher Anteil: 25% bis 49%; Geringer Anteil: 0% bis 24%; e – Angaben zum Zeitpunkt der Befragung

Abkürzungen: LA (Leiharbeitnehmer/innen), FTV (Flächentarifvertrag), HTV (Haustarifvertrag), NL (Niederlassung)

Tab. 13: Untersuchungsbetriebe Typ Blockierte Partizipation[a]

Fall-Nr.	Branche	Belegschaftsgröße[b]	Betriebshistorie[c]	Unternehmensstruktur/Eigentümer	Führung	Qualifikationsstruktur[d]	Umfang prekärer Beschäftigung	Standort	Tarifbindung/Gewerkschaft	Jahr d. Betriebsratsgründung	Betriebsratsgröße
B01	Gebäudereinigung	ca. 300 (davon 90 wahlberechtigt; 700[e])	vor 1990 gegr.	Konzern-NL/ Inhabergeführter Konzern	Manager	Hoher Anteil un- und angelernter Tätigkeiten	Hohe Anzahl von Befristungen; Inzwischen 70% geringfügig Beschäftigte	West/ Großstadt	FTV/ IG BAU	2004	5 (11[e])
C02	Kunststoffindustrie	ca. 500	1992 gegr.	Konzern-NL	Manager			Ost/ kleinstädtisch-ländlich	Nein (IG BCE)	2011	11
C04	Chemieindustrie	ca. 120	2006 gegr.	Inhabergeführtes Unternehmen	Manager	Überwiegend Facharbeiterqualifikation	ca. 1/3 LA	West/ kleinstädtisch-ländlich	Nein (IG BCE)	2008	5
D09	Postdienste/ Logistik	145	vor 1990 gegr.	Konzern-NL/ Inhabergeführter Konzern	Manager	Überwiegend Fachqualifikationen		West/ Großstadt	FTV/ ver.di	2012	7
D11	Pflege	125	1995 gegr.	Inhabergeführtes Unternehmen	Inhaber	Überwiegend Fachqualifikation	ca. 1/3 geringfügig beschäftigt	Berlin	Nein (ver.di)	2012	7
D16	Pflege	ca. 55	1996 gegr.	Konzern-NL/ Inhabergeführter Konzern	Manager	Überwiegend angelernte Tätigkeiten	Knapp 20% LA	Berlin	Nein (ver.di)	2012	5

Tab. 13: (Fortsetzung)

Fall-Nr.	Branche	Belegschaftsgröße[b]	Betriebshistorie[c]	Unternehmensstruktur/Eigentümer	Führung	Qualifikationsstruktur[d]	Umfang prekärer Beschäftigung	Standort	Tarifbindung/ Gewerkschaft	Jahr d. Betriebsratsgründung	Betriebsratsgröße
D22	Einzelhandel	32	1998 gegr.	Inhabergeführtes Unternehmen/ Franchise	Manager/ Inhaber	Überwiegend Fachqualifikation	ca. 1/3 Teilzeit	West/ Kleinstadt	Nein (ver.di)	2012	3
M06	Metallindustrie	170 (99 Wahlberechtigte)	2008 gegr.	Konzern-NL/ Inhabergeführter Konzern	Inhaber/ Manager	Hoher Anteil Facharbeiterqualifikation	ca. 50% LA (konzerneigene Personalleasingfirma)	West/ Mittelstadt	Nein (IG Metall)	2010	5
M08	Metallhandwerk	120	1960 gegr.	Konzern-NL/ französisch (ehem. inhabergeführter Betrieb)	Manager	Hoher Anteil Facharbeiterqualifikation	Sehr gering	West/ Großstadt	Nein (IG Metall)	2011	7
M11	Metallhandwerk	50	1911 gegr.	Konzern-NL (ehem. inhabergeführter Betrieb)	Manager	Überwiegend Facharbeiterqualifikation	Sehr gering	West/ Großstadt	Nein (IG Metall)	2011	3
M13	Kfz/Handel	50	2003 gegr.	Inhabergeführter Konzern	Manager	Hoher Anteil von Fachqualifikation	Sehr gering	West/ Großstadt	Nein (IG Metall)	2010	5

a – Alle Angaben beziehen sich auf den Zeitpunkt der Betriebsratsgründung, falls nicht anders vermerkt;   b – Bei den Angaben sind Leiharbeitnehmer/innen mit berücksichtigt;   c – Das Jahr kennzeichnet die letzte Veränderung in der Unternehmens- bzw. Eigentümerstruktur;   d – Hoher Anteil: > 75%; Überwiegend: 50% bis 75%; Erheblicher Anteil: 25% bis 49%; Geringer Anteil: 0% bis 24%; e – Angaben zum Zeitpunkt der Befragung

Abkürzungen: LA (Leiharbeitnehmer/innen), FTV (Flächentarifvertrag), HTV (Haustarifvertrag), NL (Niederlassung)

Ebenfalls bei edition sigma – eine Auswahl

Ralph Greifenstein, Leo Kißler: **Wen Betriebsräte repräsentieren.** Sozialprofil von Interessenvertretungen und Belegschaftsstrukturen: Spiegelbild oder Zerrbild?
Forschung aus der Hans-Böckler-Stiftung, Bd. 166
2014　　　　150 S.　　　　ISBN 978-3-8360-8766-7　　　　€ 14,90

Thomas Haipeter, A. Brettschneider, T. Bromberg, St. Lehndorff: **Rückenwind für die Betriebsräte.** Eine Analyse betrieblicher Modernisierungskampagnen in der Metall- und Elektroindustrie
Forschung aus der Hans-Böckler-Stiftung, Bd. 137
2011　　　　262 S.　　　　ISBN 978-3-8360-8737-7　　　　€ 18,90

Hartmut Hirsch-Kreinsen, Heiner Minssen (Hg.): **Lexikon der Arbeits- und Industriesoziologie**
2013　　　　614 S.　　　　ISBN 978-3-8360-3592-7　　　　€ 24,90

Jürgen Kädtler, H. J. Sperling, V. Wittke, H. Wolf: **Mitbestimmte Innovationsarbeit.** Konstellationen, Spielregeln und Partizipationspraktiken
Forschung aus der Hans-Böckler-Stiftung, Bd. 154
2013　　　　286 S.　　　　ISBN 978-3-8360-8754-4　　　　€ 19,90

Nick Kratzer, W. Menz, K. Tullius, H. Wolf: **Legitimationsprobleme in der Erwerbsarbeit.** Gerechtigkeitsansprüche und Handlungsorientierungen in Arbeit und Betrieb
Forschung aus der Hans-Böckler-Stiftung, Bd. 173
2015　　　　438 S.　　　　ISBN 978-3-8487-2338-6　　　　€ 34,90

Karl Musiol: **Die Verdrossenheits-Falle.** Wie Beschäftigte ihren Betriebsrat wahrnehmen
2014　　　　135 S.　　　　ISBN 978-3-8360-3595-8　　　　€ 14,90

Nadine Schlömer-Laufen, Rosemarie Kay: **Betriebsratsgründungen in kleinen und mittleren Unternehmen.** Die Rolle der Belegschaften
Forschung aus der Hans-Böckler-Stiftung, Bd. 140
2012　　　　147 S.　　　　ISBN 978-3-8360-8740-7　　　　€ 12,90

Erhard Tietel, Simone Hocke: **Nach der Freistellung.** Beruflich-biografische Perspektiven von Betriebsratsmitgliedern
Forschung aus der Hans-Böckler-Stiftung, Bd. 180
2015　　　　416 S.　　　　ISBN 978-3-8487-2518-2　　　　€ 29,90

edition sigma in der Nomos Verlagsgesellschaft
Waldseestr. 3-5　D – 76530 Baden-Baden
Tel. [07221] 2104-37　Mail shop@nomos.de
www.edition-sigma.de
www.nomos-shop.de